国家出版基金项目
NATIONAL PUBLICATION FOUNDATION

General Textual Research
on Dissemination of Editions of
Marxist Classical Works

马克思主义经典文献传播通考

杨金海　李惠斌　艾四林　主编

《剩余价值理论》（第一卷）郭大力译本考

姜海波　著

Karl Marx

辽宁人民出版社

图书在版编目（CIP）数据

《剩余价值理论》（第一卷）郭大力译本考 / 姜海波著. —沈阳：辽宁人民出版社，2021.4
（马克思主义经典文献传播通考 / 杨金海，李惠斌，艾四林主编）
ISBN 978-7-205-10165-7

Ⅰ. ①剩… Ⅱ. ①姜… Ⅲ. ①剩余价值—马克思著作研究 Ⅳ. ①A811.23

中国版本图书馆CIP数据核字（2021）第040531号

出版发行：辽宁人民出版社
地址：沈阳市和平区十一纬路25号　邮编：110003
电话：024-23284321（邮　购）　024-23284324（发行部）
传真：024-23284191（发行部）　024-23284304（办公室）
http://www.lnpph.com.cn
印　　刷：辽宁新华印务有限公司
幅面尺寸：160mm×230mm
印　　张：34.5
字　　数：420千字
出版时间：2021年4月第1版
印刷时间：2021年4月第1次印刷
责任编辑：董　喃
装帧设计：晓笛设计工作室　舒刚卫
责任校对：耿　珺
书　　号：ISBN 978-7-205-10165-7

定　　价：158.00元

马克思主义经典文献传播通考

编辑委员会

本丛书研究得到“教育部哲学社会科学研究‘庆祝中国共产党成立百年’重大专项”资助

总序

呈献给读者的这套“马克思主义经典文献传播通考”，旨在立足于21世纪中国和世界发展的历史高度，对我国1949年以前马克思、恩格斯、列宁等重要著作的中文版本进行收集整理，并作适当的版本、文本考证研究，供广大读者特别是致力于深入研究马克思主义经典作家原著的读者阅读使用。计划出版100种，4年内陆续完成编写和出版工作。

一、“马克思主义经典文献传播通考”概念界定

“马克思主义经典文献传播通考”在我国学术界是一个全新的概念。之所以这样说，是因为过去从未有人用过这一术语，甚至未曾有过这一理念。在我国学术界，对中国传统经典文献的考据乃至通考性的整理研究并不鲜见，包括对儒、释、道等经典的通考性整理研究成果十分丰富，但对近百年来中文版马克思主义经典文献的考据以及整理性研究只是近年来才逐渐为人们所认识，至于在此基础上的通考性整理研究还几乎没有进入人们的视野。所以，首先有必要对这里所说的“马克思主义经典文献传播通考”这一概念

的含义进行说明。

第一，这里所说的“马克思主义经典文献”，主要是指中文版的马克思、恩格斯、列宁的著作，斯大林的重要著作也适当列入。这些经典文献在中国的翻译传播，如果从1899年初马克思、恩格斯的名字和《共产党宣言》的片段文字传入中国算起，迄今已有120年时间，而且经典著作的翻译传播今天仍然在进行中。但为了工作方便，我们这里主要收集整理1949年以前的经典文献。原因是中华人民共和国成立后的经典著作翻译成果比较系统、完整，又使用比较标准的现代汉语，翻译术语也比较一致，在可见的时间内不需要进行深入的考证说明，同时我们人力有限，也无力做如此浩大的经典文献整理研究工作，只好留待后人去做。再则，这里所列入的主要是比较完整的经典著作文本，不包括片段译文文本，因为这些片段译文太过繁多复杂，我们也无力进行全面的整理研究。当然，个别十分重要的片段译文，也会在考据说明中论及，有的还会附上原文或部分原文。但总体说来，片段译文整理研究工作，也只能留待后人去作分门别类的整理研究了。

第二，这里所说的马克思主义经典文献“传播”，主要是指上述经典文本的翻译、出版，有时也会涉及学习、运用这些著作及其社会影响的情况。这些经典文献在我国的片段翻译传播从清末就开始了。其中，中国资产阶级改良派、革命派等都做过一些工作，但那时人们只是把马克思主义作为西方学术思潮之一来介绍，并没有自觉地把它当作指导中国社会发展的思想来研究运用。真正自觉把马克思主义作为指导中国革命的思想是十月革命之后的事。毛泽东曾经说过：“十月革命一声炮响，给我们送来了马克思列宁主义。”[①]正是从这个意义上说的，是完全正确的。也正是在这个意义上说，李大钊是马克思主义中国化的第一人。在李大钊的引领下，五四新文化运动期间，马克思主义经典文献在中国的翻译传播形成了高潮。在这一时代大潮的推动下，1920年8月，陈望道翻译的《共产党宣言》完整中文译本在上海出版，这是我国历史上第一本完整的中文版马克思主义经典著作，从此开始了大量翻译马克思主义经典著作的历程。特别是1921年中国共产党成立后，我们党更加自觉地有组织、有计划地翻译经典著作。在土地革命战争、抗日战争、解放战争期间，在十分困难的条件下，这一工作始终没有停止。特别是在延安时期，于1938年5月5日马克思诞辰纪念日，中共中央成立了“马列学院”，其主要任务之一就是翻译马列经典著作。以此为阵地，我们党所领导建立的马克思主义翻译和理论研究队伍做了大量工作，到1949年中华人民共和国成立前，主要的马克思主义经典著作中文文本基本上都出版了。同时，在国民党统治区和日伪军占领区，很多进步人士和出版机构特别是三联书店，为马克思主义经典著作的翻译出版作出了重要贡献。设在苏联的莫斯科外国文书籍出版局的中文部为翻译出版中文版马克思主义经典著作作出了特殊重要的贡献。我们这套丛书就是要系统地反映经典著作翻译传播的这一历史过程。同时，也适当反映学习、运用马克思主义理论的历史面貌。

第三，这里所说的马克思主义经典文献传播“通考”，主要是指对上述经典文本的考据性整理和研究。文献考据或考证研究是中国学者作

① 毛泽东：《论人民民主专政》，载《毛泽东选集》第四卷，人民出版社1991年版，第1471页。

学问的优秀传统，也是中国学术的一个显著特点。比如古代的经学研究，一定要作相关的文字学、训诂学、版本学、辨伪学、音韵学等的考证研究。没有这些考证工作，得出的结论就靠不住。我们力求继承这个传统，同时，借鉴现代文献学研究方法，来从事马克思主义经典文献传播研究。按照古今文献考据方法，我们将深入考证研究马克思主义经典著作等文献传入中国的各个方面、各个环节，包括文本考据、版本考据、术语考据、语义考据、语用考据、辨伪考据、人物事件考证等。(1) 文本考据是对经典著作文本的翻译以及文本内容进行考证研究。如对《共产党宣言》1949年前多个中文版本的翻译情况进行考证并进行各个文本内容的比较研究，考证前人对有关重要思想理解的变化。(2) 版本考据是对经典著作等文献的出版性质和版次的考证研究。如《共产党宣言》的某个中文译本是否一个独立译本、是第几次印刷等，都要考证清楚。(3) 术语考据主要是对经典著作中的重要概念、术语以及人名、地名的考证研究。如“社会主义”这个概念在历史上曾经有多种译法，这就需要考证清楚。(4) 语义考据是对概念含义变化的考证研究。如对“社会主义”的理解在历史上曾经多种多样，需要考证清楚。(5) 语用考据是对概念的运用和发展的考证研究。(6) 辨伪考据是对有关文献的真假进行考证研究。如有的文章不是马克思写的，而被误认为是马克思写的，后来收入了《马克思恩格斯全集》中文第一版中，这就需要澄清。(7) 人物事件考证是对翻译者、传播者以及相关事件等进行考证，以期弄清经典文献翻译出版的来龙去脉。进一步讲，每一类考据又有很多种具体研究工作。如文本考据，包括中外文的文本载体形式研究、文本内容类别研究、文本收集典藏研究、文本整理利用研究、经典作家手稿研究、翻译手稿比较研究、文本研究的历史发展概况研究等。一句话，要做到“辨章学术，考镜源流”。这样，我们的文献考证工作才能做扎实。

同时，还力求借鉴西方解释学的方法，对有关重要概念作更深入的考证研究。既要对某一概念作小语境的考证，即上下文考证，又要作大语境考证，即对当时人们普遍使用此类术语的情况以及当时的历史文化背景作考证研究。进行这些考据工作很有意义，但绝非易事，这就要求我们掌握马克思主义经典著作的翻译史、传播史以及当时整个社会的语言文字环境，还要掌握外文，能够进行外文和中文的比较研究、各个中文版本的比较研究以及相关版本的比较研究。只有这样，才能准确把握经典作家思想的含义，对有关文本、译者的工作等作出公正合理的评价。

在这里，“通考”工作的两个方面即文献整理与考证研究是不可分割的。一方面要把这些文本整理出来，另一方面要把这些文本以及相关的问题考证研究清楚。文献整理是前提和基础，没有前期的文献收集整理就不可能进行深入研究；但考证研究又能够反过来促进文献整理，帮助我们进一步弄清文献之间的关系以及发现新文献，比较完整地再现经典文献的历史风貌。

第四，“马克思主义经典文献传播通考”是一个跨学科、跨专业、综合性、基础性的概念。总体上说，它是马克思主义学科的范畴，但也是文献学、传播学、翻译学、语言学、历史学、文化学、思想史等学科的概念。所以，要深化考证研究工作，需要各个学科的学者共同努力。我们这里只能为各个学科的研究做一些基础性工作。

还需要说明的是，正如大家所知道的，对任何概念的界定都有其局限性，它只能大致说明事物的本质、内涵，而不可能囊括一切。“马克思主义经典文献传播通考”这个概念也是如此，因为它涉及问题、学科太多，不可能十分精确，故而只能作上述大致说明。对这项工作内涵的理解，大家还可以进一步探讨。我们的想法是，“行胜于言”，无论如何，先把这一工作开展起来，在以后的工作中再逐步完善。

二、马克思主义经典文献传播通考何以必要

开展马克思主义经典文献传播通考这项工作之所以必要，是因为事出有因，且势在必然。总体而言，这是中国改革开放40多年实践发展的必然，也是马克思主义理论界乃至整个社会思想文化界深入研究探讨一系列重大理论问题的逻辑必然。

“问题是时代的呼声。”20世纪80年代和90年代初，伴随着改革开放的推进，人们对以往所理解的马克思主义基本理论、基本观点等提出了不少质疑。特别是在“什么是马克思主义”“什么是社会主义”这些重大问题上，人们普遍感觉到过去没有弄清楚，需要重新加以理解。邓小平曾经说过：“不解放思想不行，甚至于包括什么叫社会主义这个问题也要解放思想。”[①]他后来又强调说：“什么叫社会主义，什么叫马克思主义？我们过去对这个问题的认识不是完全清醒的。”[②]于是，如何真正全面而准确地理解马克思主义、社会主义成为改革开放时代的大问题。围绕着这个重大时代课题展开了多方面讨论，形成了很多不同

---

①《邓小平文选》第二卷，人民出版社1994年版，第312页。

②《邓小平文选》第三卷，人民出版社1993年版，第63页。

观点。

为回答时代面临的课题，人们重新回到“经典文本”，力图把握马克思主义、科学社会主义最原初最本真的含义。这种情况反映到理论界，就提出了“回到马克思”的口号。由此很多学者发表了一系列文章、著作，讨论了各种解读马克思主义经典文本的方式，如“以马解马”即用马克思的话解读，“以恩解马”即以恩格斯的话解读，“以苏解马”即以苏联式马克思主义解读，“以中解马”即以中国化马克思主义解读，等等。这些讨论对人们从不同角度深化对马克思主义的认识发挥了积极作用，但是，问题依然没有被很好解决，因为对文本的理解各有不同，争论仍然不可避免。

随着探讨的深入，人们进一步追问起“文本翻译”问题。有人力图回到经典著作的外文文本即欧洲语言文本，认为中文版的“文本翻译”存在问题。例如，有人认为《共产党宣言》中的“消灭私有制”翻译错了，影响了对所有制改造的理解，这是我们在很长时期内追求“一大二公”社会主义所有制的根源所在，应当翻译为“扬弃私有制”，即对私有制既克服又保留。此种理解似乎可以为改革开放政策提供理论支撑，但也有对马克思主义经典著作的实用主义解读嫌疑，由此同样遭到了批评。

随着对经典文本翻译问题探讨的深入，“版本研究”被提上日程。人们发现在不同历史时期，翻译者对经典著作中重要术语的翻译是不同的，这表明中国人对马克思主义重要观点的理解是在不断变化、不断深入的。比如，在中华人民共和国成立之前，《共产党宣言》有6个完整而独立的中文译本，其中对“消灭私有制”的翻译均不完全相同。1920年陈望道译本是："所以共产党的理论，一言以蔽之，就是：废止私有财产。"1930年华岗译本是："所以共产党的理论可以用一句话来综结，就是：废止私有财产。"1938年成仿吾、徐冰译本是："在这个意义上，共产党人可以把自己的理论归纳在这一句话内：废除私有财产。"1943年8月博古译本是："在这个意义上，共产党人可以用一句话表示自己的理论：消灭私有财产。"1943年9月陈瘦石译本是："从这一意义上说，共产党的理论可用一句话概括：废除私产。"1949年莫斯科译本是："从这个意义上说，共产党人可以把自己的理论概括为一句话：消灭私有制。"可见，关于"消灭私有制"这一重要语句的译法有一个越来越准确的过程。原来译为"废止私有财产"等，只看到了这一观点的表象，只有译为"消灭私有制"才能抓住实质，即从经济制度上解决资本主义国家的社会问题。陈瘦石（当时生活在国民党统治下的知识分子）译为"废除私产"，很不准确，甚至有曲解，因为共产党人要废除的是私有财产制度，而不是简单废除包括私人生活资料在内的私产。由于人们在不同时期、不同社会条件下对《共产党宣言》理解不同，这就需要深入研究这部书的各个版本，并在此基础上进行历史性的文本比较研究。

经典著作"版本研究"深化的一个重要标志应当说是对《共产党宣言》版本的全面考证研究。1998年是《共产党宣言》发表150周年。为纪念这部不朽经典，也为更好理解马克思主义的本质要义，中央编译局和中央电视台联合制作了大型电视文献纪录片《共产党宣言》，笔者作为本片的主要撰稿人，和老专家胡永钦研究员一起对《共产党宣言》的中文版本第一次作了比较全面的梳理，发现这部书总共有12个独立而完整的中文译本，中华人民共和国成立前后分别有6个译本。[①]后来中国人民大学的高放教授又作了进一步研究，认为连同中国香港、台湾等地中文译本，《共产党宣言》共有23个中译本。[②]此后，学术界研究《德意志意识形态》《资本论》等经典著作版本的成果也越来越多。通过版本比较研究，人们对经典作家思想的理解越来越深。

对经典文本、翻译、版本研究的深入，又促使马克思主义"传播史"研究兴盛起来。人们发现，只孤立研究某一经典著作的文本、翻译、版本还不够，要深入把握中国人对马克思主义基本观点理解的变化，还需要研究马克思主义在中国传播的完整历史，包括马克思恩格斯列宁名字的翻译、经典著作的片段翻译、经典文本的完整翻译以及出版传播等。比如，关于马克思的名字翻译在历史上就有十几种，包括"马克司""马尔克斯""马陆科斯""马尔格士""麦喀氏""马儿克""马尔克""马克斯"等。通过研究传播史，才能把各个历史阶段的各种经典著作文本的关系弄清楚，通过对其中话语体系主要是概念体系的研究，从整体上弄清中国人100多年来对马克思主义、社会主义的重要概念、主要思想观点的理解。比如"社会主义"一词，在1899年2月发表的《大同学》一文中被译为"安民新学"，这是按照中国传统儒家思想对社会主义的理解；后来借用日文翻译术语，学术界广泛认同并接受了"社会主义"一词的译法，但对它的理解仍然很不相同。比如，孙中山理解

① 杨金海、胡永钦：《〈共产党宣言〉在中国的翻译、出版和传播》，载《科学社会主义》1998年"纪念《共产党宣言》发表一百五十周年"特刊；又见杨金海：《〈共产党宣言〉与中华民族的百年命运》，载《光明日报》2008年7月3日。

② 高放：《〈共产党宣言〉有23种中译本》，载《光明日报》2008年10月16日。

的社会主义和后来共产党人理解的社会主义就很不相同。实际上，直到今天我们学术界乃至整个思想界对社会主义的理解还在深化。传播史研究就是要研究这种变化发展的历史，从中发现规律性的东西，澄清人们在一些重大理论问题上的模糊认识，特别是要避免重复劳动。因为有很多现在争论的问题在历史上曾经出现过，有的早已解决，但由于人们不了解历史，常常旧话重提，造成重复劳动甚至新的思想混乱。传播史研究可以有效弥补这方面的不足。

中央编译局的学者们在马克思主义传播史研究方面做了大量工作。从20世纪50年代开始，由于翻译马克思主义经典著作的需要，编译局前辈学者就在不断研究梳理前人的翻译成果，并开展了马克思主义传播史方面的初步研究和宣传普及工作。1954年，中央编译局举办了“马列主义在中国的传播”展览，之后编辑了《马克思列宁主义著作在中国的传播》一书；1957年，为纪念十月革命胜利40周年，又与北京图书馆（即现在国家图书馆前身）合作主办展览；1963年，中央编译局专家丁守和、殷叙彝出版了《从五四启蒙运动到马克思主义的传播》一书；1983年，为纪念马克思逝世100周年，举办了“马克思恩格斯著作在中国”展览，之后编辑整理并由人民出版社出版了《马克思恩格斯著作在中国的传播》一书；1998年，举办了“《共产党宣言》发表一百五十周年”展览，并与中央电视台合作创作了两集文献纪录片《共产党宣言》，笔者为主笔；2011年，为庆祝中国共产党成立90周年，建立了我国第一个“马克思主义传播史展览馆”，创作了8集文献纪录片《思想的历程》，并由中央编译出版社出版《思想的历程——马克思主义在中国的百年传播》一书，笔者为总撰稿；2018年，为纪念马克思诞辰200周年，在国家博物馆举办“真理的力量——纪念马克思诞辰200周年”主题展览。2018年，根据中央机构改革方案，中共中央编译局与中共中央党史研究室、中共中央文献研究室合并成立了中共中央党史和文献研究院，但中央编译局的牌子仍然保留，以便继续用该名出版马列著作，有关专家学者仍然奋斗在马克思主义传播史研究的前沿阵地。由笔者牵头、一批中青年学者参加承担的国家社科基金重点项目“马克思主义传播史研究”正在进行，其出版成果《马克思主义传播史（中国卷）》两卷本也即将推出。

我国各高校、科研机构以及有关学者在马克思主义传播史研究方面作出了重要贡献。1955年，苏联学者柯托夫的《马克思主义在俄国的传播》一书由于深翻译，在时代出版社出版；次年，苏联学者巴特里凯也夫的《俄国现代无产阶级的出现——马克思主义在俄国的传播》由孟世昌翻译，在上海人民出版社出版。受苏联专家的影响，中国学者也开始研究马克思主义传播问题。比如，北京大学的黄楠森教授等于20世纪50—60年代，就开始研究马克思主义哲学史，其中包括马克思主义传播史内容，70年代初编成油印本。改革开放后，他与施德福、宋一秀教授一起正式出版了三卷本的《马克思主义哲学史》；后来黄楠森又与庄福龄、林利一起主编了八卷本《马克思主义哲学史》，其中第四卷讲马克思主义哲学在俄国的传播与发展，第七卷讲马克思主义哲学在中国的传播和发展。北京大学的林代昭、潘国华于1983年编辑了《马克思主义在中国——从影响传入到传播》，作为“中国近代思想和文化史料集刊”出版。中国人民大学的林茂生于1984年出版了《马克思主义在中国的传播》一书。中国社会科学院近代史研究所的唐宝林于1997年出版了《马克思主义在中国100年》，后来又再版，影响很大。此外，还有其他学者发表了若干关于马克思主义传播史的著作和文章。如姜义华在1983年《近代史研究》第1期发表《马克思主义在中国的初期传播与近代中国的启蒙运动》一文；高军在1986年完成《五四运动前马克思主义在中国的介绍与传播》一书，由湖南人民出版社出版；王炯华于1988年出版《李达与马克思主义哲学在中国》；桂遵义于1992年出版《马克思主义史学在中国》等。

进入21世纪后，我国学者在马克思主义传播史方面的研究成果更多，视野更广阔，特别是深化了分门别类的研究。一是加强早期传播的研究。如王东等于2009年出版《马列著作在中国出版简史》；田子渝等于2012年出版《马克思主义在中国初期传播史（1918—1922）》；方红于2016年出版《马克思主义在中国的早期翻译与传播》等。二是加强分支学科传播史的研究，包括马克思主义哲学、经济学、法学、新闻学、文艺理论、党建理论、宗教理论等传播史研究。如谈敏于2008年出版《回溯历史——马克思主义经济学在中国的传播前史》；庄福龄于2015年出版《中国马克思主义哲学传播史论》；胡为雄于2015年出版《马克思主义哲学在中国传播与发展的百年历史》；文正邦于2014年出版《马克思主义法哲学在中国》；张小军于2016年出版《马克思主义法学理论在中国的传播与发展（1919—1966）》；丁国旗于2017年出版《马克思主义文艺理论在中国》等。三是加强地方传播史研究。如淮北市委党史研究室于2004年出版《中国共产党淮北地方史》第一卷，专门用一节讲述了“马克思主义在淮北的传播”；闫化川于2017年出版《马克思主义是怎样生根中国的——马克思主义在山东早期传播研究》；2017年，黄进华出版《马克思主义在哈尔滨传播的历史经验和现实启示》。四是加强对马克思主义翻译家和理论家的研究。如叶庆科于2006年出版《杨匏安：我国传播马克思主义的先驱》；郭刚于2010年出版《中国早期马克思主义的传播——梁启超与西学东渐》；笔者主编的《姜椿芳文集》《张仲实文集》分别于2011年、2015年问世，其中包括对姜椿芳、张仲实两位马克思主义翻译大家所作贡献的研究介绍；西南财经大学经济学院和马克思主义经济学研究院编《陈豹隐全集》于2013年之后陆续出版；湖南常德市赵必振研究会对我国马克思主义传播的早期学者赵必振的文献进行整理编纂，于2018年出版《赵必振文集》。五是加强对经典文本解读史、概念史的研究。如王刚于2011年出版《马克思主义中国化的起源语境研究——20世纪30年代前马克思主义在中国的传播及中国化》；尹德树于2013年出版《文化视域下马克思主义在中国的早期传播与发展》。近几年来，一些学者还发表了一系列关于马克思主义概念史的文章，深化了传播史研究。

随着马克思主义传播史研究的深化，系统性的马克思主义“文献编纂”乃至“马藏编纂”工作被提上日程。人们越来越发现，要完整把握马克思主义精髓，特别是要完整把握100多年来中国人对马克思主义理解的情况，需要系统整理马克思主义经典文献。在经典文献典藏方面，中央编译局做了较多工作。由于工作需要，这里的专家学者收集整理了国内最丰富、最齐全的马克思主义经典文献，其中包括中华人民共和国成立后所有中文版的马克思主义经典文献，以及各种外文版的马克思主义经典文献，也包括中华人民共和国成立前的不少经典著作文本文献。国家图书馆、上海图书馆等也拥有丰富的马克思主义经典文献典藏。但即使如此，也不能够满足马克思主义经典文本、版本以及传播史研究的需要，因为这些文献典藏总的来说具有零散性，特别是早期文献，分散珍藏在不同图书馆和有关机构的资料室，人们使用起来很不方便。为此，近些年来不少学者把文献考据研究与文献编纂工作紧密结合起来，推出不少成果。如吕延勤主编《马克思主义在中国早期传播史料长编（1917—1927）》（上、中、下卷），2016年由长江出版社出版；田子渝主编《马克思主义在中国早期传播著作选集（1920—1927）》三卷本，于2018年由湖北人民出版社出版。这些经典文献整理出版大大方便了马克思主义传播的考据研究。但目前的文献整理出版工作仍然有局限性，十月革命之前和大革命之后的经典文献整理出版较少。

于是，学者们提出应当编纂“马藏”。大家知道，中国历史上各个主要学派都有自己的典藏体系，儒家有“儒藏”，佛家有“佛藏”，道家有“道藏”。马克思主义作为在近现代中国影响最大的思想体系，也应当而且能够建立自己的典藏体系。顾海良教授是这方面的领军人物，他领导的北京大学《马藏》编纂工程于2015年3月启动，已经取得初步成果，于2017年5月4日发布出版第一批书共5卷，370万字。他认为，《马藏》编纂工作的任务是“把与马克思主义发展有关的文献集大成地编纂荟萃为一体”，这是很正确的。但这项工作太复杂庞大，需要众多学者一起来做才有可能最终完成。

最近几年，笔者根据中央编译局马克思主义文献典藏情况，围绕“马藏”体系建立也提出了一些想法。笔者认为，“马藏”体系应当包括三个层次：一是核心层，即马克思、恩格斯、列宁等经典作家的手稿以及最初发表的文献；二是基本层，即《马克思恩格斯全集》历史考证版即原文版（亦称MEGA版）、《列宁全集》俄文版等经典著作的外文版本，《马克思恩格斯全集》中文第一、二版，《列宁全集》中文第一、二版，中国化马克思主义经典著作；三是外围层，包括经典著作各种版本的选集、文集、专题读本、单行本，以及研究马克思主义经典的代表性著作。这些经典文献有上千卷，可以与中国历史上任何典藏系列（如儒藏、道藏、佛藏）相媲美。[①]顺便说一句，“马藏”体系的建立将意味着中国现代文化典藏基础的确立，它和中国传统文化典藏一起构成中华文化的典藏体系，其意义远远超出了马克思主义经典著作文本和传播史研究本身。根据这个想法，我们不同单位或部门的学者应当根据自己的工作实际开展工作。“马藏”体系的核心层、基本层实际上一直是由中央编译局在做的，也比较完善了。我们今天最需要做的就是“补短板”，即把外围层中的各种零散的历史性的经典文本文献收集整理起来，供大家作历史性研究之用。这些历史性的经典文献也很多，所以应当首先把中华人民共和国成立前比较完整的经典著作文本整理出来，以供马克思主义经典文本、版本、传播史考据等研究之用。

于是，我们的“马克思主义经典文献传播通考”丛书也就应运而生了。可见，开展这项工作，不是我们一时激动的产物，而是我国学术界马克思主义理论研究逐步深化的逻辑必然，做好这项工作也是当务之急。这项工作做好了，不仅有助于马克思主义经典著作翻译和文本、版本、传播史的研究，也能够为建立完整的“马藏”体系提供历史上的各种基础文本，还有助于整个中国现代思想文化的研究和建设。

---

① 杨金海：《马克思主义发展史学科群建设之思——马克思主义传播史研究视角》，载《北京行政学院学报》2018年第1期。

三、马克思主义经典文献传播通考何以可能

今天进行马克思主义经典文献传播通考是否可行？回答是肯定的。如果放在20年前，做这项工作几乎是不可能的。因为那时大家还没有对马克思主义理论进行深入的文本、版本、传播史、概念史、解读史等考据研究的概念，更没有建立“马藏”的想法，所以，也就不可能有此思想动力。这是从主观上讲的。从客观上看也是如此。当时的研究还很不够，也还没有今天这样发达的信息技术，所以要弄清中华人民共和国成立前究竟有多少经典著作文本已经翻译出来、藏在何处，是很困难的，就更不用说把各种经典著作的不同文本收集起来并整理出版了。

经过长期的积累，特别是近几十年的经典著作研究，今天我们已经具备了进行马克思主义经典文献传播通考的基本条件。

一是越来越多的人意识到经典文献考据研究的重要性，不仅把马克思主义作为意识形态来研究，而且进一步把马克思主义作为科学的学术体系乃至“新国学”之重要内容来研究。长期以来，在我国有一种不正确的认识，就是认为马克思主义是一种意识形态，没有学术性，甚至不是学问。实际上，意识形态也有科学与非科学之分。马克思主义是一种科学的意识形态，由此决定了它具有科学性，完全可以作为学术来研究。之所以有人认为它不具有学术性，一方面，是因为这些人不懂马克思主义；另一方面，是因为我们马克思主义学界在学术、文化层面研究马克思主义不够，有分量的学术成果不多。要克服这一缺陷，就要努力借鉴其他学科的研究方法，包括借鉴我国传统的学术文化研究方法，拿

出可以与其他学科相媲美的学术成果来。例如建立“马藏”体系就是很好的学术性工作。2014年在成中英先生八十大寿庆祝会上，笔者尝试性地提出“新国学”概念。所谓“新国学”，就是包括马克思主义学说在内的中华学术体系，是当代整个中华文化的基础。我们以往所说的“国学”实际上是“老国学”，即以儒、释、道为主的中国传统学术体系，今天这样讲还说得过去，但实际上已经不准确了，再过若干年就更不科学了，因为我们今天还有马克思主义学说。毫无疑问，自五四新文化运动以来，马克思主义在我国已经逐步成为中华学术体系的重要组成部分，可以与传统的儒、释、道等相媲美，因此不能把它排斥在国学之外。类似情况，在历史上是有过先例的。大家知道，佛学是西汉时传入中国的，是外来文化，但2000年后的今天，谁还能说它不是中国文化之一部分呢？马克思主义也是这样，况且它比佛学的作用要大得多，它传入中国才100多年，就深刻改变了中华民族的命运，也深刻改变了中国传统文化，已经成为当今中华文化的重要组成部分乃至核心部分。随着时间的推移，将来我们的国学体系一定会把“马学”加进来，形成“儒、释、道、马”并驾齐驱、以“马”为魂的繁荣发展局面。当然，“马学”作为“新国学”的重要组成部分并为人们所接受，还需要努力构建自己的学术体系。比如要借鉴中国传统学术文化研究的方法，像整理编纂《四库全书》那样，把马克思主义“经”“史”“子”“集”等都整理出来，形成蔚为壮观的经典体系、学术体系，供后人研究之用。此外，我们对马克思主义的各种研究也要具有深厚的学理性。这样，“马学”作为科学的学术体系才能够完善起来。“知难行易”，应当说经过这些年学界同仁的共同努力，已经有越来越多的人意识到马克思主义经典文本整理和考据工作的重要性。这就为顺利推进这项工作奠定了思想基础。

二是这些年有关马克思主义经典文本整理研究的成果越来越多，使得我们基本知道了有哪些经典文本、版本及其传播、珍藏等情况。特别是近几年来，这些研究成果每年都在成倍地增长。很多深藏密室的历史文献被挖掘出来，包括一些经典文本、马克思主义经典著作翻译家、出版家、教育家以及取经潮、取经路线、传播方式等，成为学界研究的热点。与之相伴随，马克思主义经典著作原文版、手稿的收集整理和深度研究成果也越来越多。中央编译局的学者在这方面的成果较多。笔者在经典文献研究方面也做了一些工作，如与冯雷共同主编了37卷“马克思主义研究资料”丛书；与李惠斌主编了40卷“马克思主义经典著作研究读本”丛书。王学东主编了64卷“国际共产主义运动历史文献”丛书。这三套丛书均由中央编译出版社出版。清华大学艾四林主编了20卷“马克思主义经典著作导读”丛书。北京大学聂锦芳主编了12卷“重读马克思——文本及其思想”丛书。其他单位学者在这方面的成果也越来越多。这些经典文献的收集整理和相关大型丛书的编辑出版，以及学术界同仁的大量相关研究成果的发表，为我们推进马克思主义经典文献考据工作提供了丰富资料。

三是马克思主义经典文本考据研究队伍日益壮大，经验日益丰富，方法不断更新。不仅马克思主义理论界很多学者在从事这方面工作，而且其他各界学者也参与进来，包括翻译界、历史学界、民族学界、宗教学界、文学艺术界等方面的学者近些年来都在积极挖掘整理、考据马克思主义的有关历史文献，使得马克思主义经典文本考据研究逐渐成为

“显学”。自2004年中央马克思主义理论研究和建设工程实施以来，培养了一支老、中、青结合的马克思主义学术队伍。各个大学马克思主义学院相继建立，各级社会科学院的马克思主义研究机构日益建立和完善，党和政府、军队研究机构里马克思主义理论研究队伍不断扩大，社会思想文化界对马克思主义理论的研究、宣传和普及工作在加强，这些都大大加速了马克思主义学术队伍培养和学科建设的步伐。特别是近年来，一批优秀的中青年马克思主义学者茁壮成长。他们思维敏捷，年富力强，外语水平很高，知识结构新颖，研究方法现代，不仅能够借鉴中国传统的考据方法，也能够借鉴西方解释学方法等进行研究，越来越具备了中外比较研究、历史比较研究的能力，由此，成为经典文本考据研究的中坚力量。

四是当今发达的信息技术为我们查找、收集、研究经典文本文献提供了快捷便利的条件。进行深入的经典文献考证，需要掌握大量国内外文献资料。比如要用到马克思手稿，而原始手稿的大约三分之二珍藏在荷兰皇家科学院国际社会历史研究所档案馆，三分之一珍藏在俄罗斯国家社会政治史档案馆；要考证经典文本的翻译，还会用到日文版经典著作文本，而这些大多珍藏在日本，个别文本分散珍藏在我国各地的图书馆。要大量使用这些资料在过去几乎是不可能的，但是在今天，通过网络信息技术，就可以比较好地解决这些问题。再者，随着我国现代化事业的推进，我们的经济实力越来越强，在马克思主义经典文本研究方面的投入越来越多。这些物质力量的增强为我们开展这样大规模的整理编纂工作提供了保障。

总体而言，经过马克思主义学界同仁的长期努力，中国已经成为当今世界最大的马克思主义经典著作翻译和研究国家。特别是近些年来，我国学者关于经典文本考据研究的理念越来越新、成果越来越多、队伍越来越强、保障条件越来越好。随着马克思主义学院的建立，马克思主义理论教学和科研工作越来越受到重视，学科体系建设越来越完善，我们的研究成果也越来越有用武之地。这些都为我们深入开展大规模的经典文献整理和研究提供了现实可能性。

四、“马克思主义经典文献传播通考”丛书编写的思路和原则

马克思主义经典著作是学习和研究马克思主义理论的基础文本，历来为人们所重视。在我国马克思主义传播史上，曾经翻译出版过很多种经典著作的中文本。比如，《共产党宣言》总共有至少12个完整的中文译本；《资本论》在1949年以前也有好几个中文译本。这样说来，光是1949年以前翻译出版的经典著作文本或专题文献文本就有上百种。这些不同的中文译本反映了中国人在不同历史时期对马克思主义经典著作理解的不同水平。

编辑这套丛书的直接目的，是要把1949年以前的主要经典著作文本原汁原味地编辑整理出来，并作适当的考证说明，供大家作深入的历史比较研究、国际比较研究之用；从更长远的目的看，是要为建构完整的中国马克思主义典藏体系、学术体系、话语体系乃至为建构现代中华文化体系做一些基础性工作；最终目的，则是要通过历史比较，总结经验，澄清是非，廓清思想，统一认识，破除对马克思主义错误的或教条

式的理解，全面而准确地把握马克思主义理论精髓，弘扬马克思主义精神，继承马克思主义理论，在此基础上深化对中国化马克思主义的理解和研究，为推进当代中国马克思主义、21世纪马克思主义，确保科学社会主义伟大事业长久发展提供科学的理论支撑。

本丛书体现如下特点，这也是丛书编写工作所力求遵循的原则：第一，体现历史性和系统性。本丛书主要收集1949年以前的经典著作中文译本，对1949年以后个别学者的译本也适当收入。中华人民共和国成立后由中央编译局翻译出版的经典著作，由于各大图书馆都可以查到，且各种译本变化不大，故不在收录范围。对所收集的历史文献力求系统、完整，尽可能收集齐全1949年以前经典著作的各种译本，按照历史顺序进行编排。对同一译本的不同版本，尽可能收集比较早且完整的版本。对特别重要的片段译文作为附录收入。第二，突出文献性和考证性。力求原汁原味地反映各种经典著作的历史风貌。为此，采取影印形式，将经典著作的文本完整地呈现给读者。同时，要对文本的情况进行适当的考证研究，包括对原著者、译者、该译本依据的原文本、译本翻译出版和传播的情况及其影响等作出科学说明。这些考证研究要有充分的史料根据，经得起历史检验。要力求充分反映国内外有关研究成果，特别是要充分反映我国改革开放以来在经典著作文本、版本研究方面所发现的新文献、取得的新成果。第三，力求权威性和准确性。一方面，所收集的经典著作文本力求具有权威性和准确性。力求收集在当时具有权威性的机构出版的、质量最高的经典译本，避免采用后人翻印的、文字错误较多的文本。另一方面，考证分析所依据的其他文献资料，也力求具有权威性和准确性。要选择国内外在该研究领域最具权威性的专家学者的最具代表性的观点和最有影响力的文章。再者，对文本有关问题的阐述，比如，对人名、地名、术语变化的说明，或对错字、漏字等印刷错误的说明等，要具有权威性和准确性。第四，力求做到史论结合、论从史出。本丛书的主要任务是对经典文本以及相关问题进行历史性的考证梳理，但考证不是目的，而是手段，根本目的还是要深化对马克思主义基本理论和基本观点的全面的、准确的理解，并最终用以指导实践。所以，在考证研究的同时，要始终牢记最终目标，以便从历史文献的分析研究中得出令人信服的科学结论。所以，在每一经典文本的考证说明中，都既要说明经典文本文献的来龙去脉以及考证梳理的情况，又要从中得出若干具有启发性的结论，以帮助读者正确认识经典著作中的有关重要思想，特别是要在统一认识、消除无谓争论上下功夫。这样，该丛书就不仅能够为读者提供原始的经典著作文本文献，还能够为读者进一步研究这些文本提供尽可能丰富的、具有权威性和准确性的相关文献资料，并提供尽可能中肯的观点和方法，从而能够使丛书成为马克思主义典藏的重要组成部分而流芳后世。

基于上述考虑，本丛书采取大致统一的编写框架。除导言外，各个读本均由四个部分组成。一是原著考证部分，其中包括对原著的作者、写作、文本主要内容、文本的出版与传播情况的考证性介绍；二是译本考证部分，包括对译本的译者、翻译过程、译本主要特点、译本的出版和传播情况的考证梳理；三是译文考订部分，包括对译文的质量进行总体评价，对有关重要术语进行比较说明，对错误译文、错误术语或错误印刷进行查考、辨析和校正性说明；四是原译文影印部分，主要收入完整的原著译本，同时作为附录适当收入前人关于该书的片段译文。

通过这样的考证研究，力求凸显这套丛书的编辑思路，即对经典著作的文本、版本有一个建立在考据研究基础上的总体性认识。每一本书都要能够回答这样一些问题：如这本书是什么，它在马克思主义发展史上的地位如何，它在世界上的传播情况怎样，它是什么时候传播到中国的；该中文本的译者是谁，译本的版本、传播、影响、收藏情况怎样；该译本中的重要概念是如何演化的，中国人对这些概念的理解过程怎样，对我们今天的理论研究和实践探索特别是对解决今天有关重大理论问题的争论有何启示，等等。这些问题回答好了，就能够帮助读者更深入地理解经典著作中的思想观点，并能够从文本的历史比较、国际比较中把握中国化马克思主义发展的思想历程，从而为进一步深化马克思主义理论研究提供深厚的思想资源和学理支撑。

“日月光华，旦复旦兮。”我们是怀着一种迎接中华民族伟大复兴的历史使命感、对马克思主义学术文化的深深敬畏之情来做这项工作的。一是敬畏经典。近百年来，为振兴中华民族，为推进中国思想文化的现代化，无数志士仁人历经千辛万苦把马克思主义真经取回来，并通过翻译研究形成了汗牛充栋的马克思主义经典文献，由此奠定了中国现代文化的典藏基础，为实现中华文化从传统形态向现代形态转化作出了巨大贡献。我们面前的这些文献，正是在马克思主义传播过程中形成的“马藏”中的重要经典文本。拂去历史尘埃，整理、考证和再现这些经典文献的历史原貌，发掘其中的深厚文化意蕴，敬畏之心油然而生。能够通过我们的工作使这些闪耀着历史光芒的典籍和伟大思想更好地传承下去，为中国现代文化体系的建设打下坚实的典藏基础，正是本丛书作者和编者的共同期愿所在。二是敬畏先驱。近百年来，一代又一代翻译家和理论家薪火相传，把马克思主义经典引进中国，特别是在民主革命时期，很多翻译工作是在十分困难和危险的条件下进行的，有不少先辈为此贡献了一生乃至宝贵生命。他们的事迹可歌可泣，他们的艰辛堪比大唐圣僧玄奘西天取经，他们的历史功绩和伟大精神将在历史的天空熠熠生辉！能够通过我们的这项工作，让一代代后人记住这些历史人物和历史故事并将先辈们的宝贵精神传承下去，我们将备感荣幸。三是敬畏责任。面对百年来形成的浩如烟海的马克思主义经典文献需要研究整理，面对百年来一批批可敬可爱的译介者需要研究介绍，面对百年来马克思主义中国化的伟大历程需要梳理继承，我们需要做的工作太多太多。由此，不论是作者还是编者，都不能不对自己所从事的这项工作产生出由衷的敬畏之情。唯有通过努力，精心整理好这些文献，为最终形成完整的中国特色马克思主义典藏体系作一点贡献，为马克思主义学说在中国乃至世界千秋万代薪火相传做一点铺路工作，才能告慰马克思主义经典作家，告慰这些理论先驱和翻译巨匠们！

2018年是马克思诞辰200周年，《共产党宣言》发表170周年；2019年是中国先进分子自觉选择马克思主义作为观察中国和世界命运之思想武器100周年；2020年是《共产党宣言》第一个完整的中文译本问世100周年；2021年是中国共产党成立100周年，这一个个光辉的历史节点展现出马克思主义在中国发展的强大生命力。在这个新时代的新时期，陆续出版大型丛书“马克思主义经典文献传播通考”，对推进马克思主义理论研究和建设工作，有着特殊重要的意义。

需要说明的是，对于经典文本的研究，往往会有仁者见仁、智者见智的情况。所以，尽管我们在组织编写工作中努力体现上述编写思路、原则和精神，书中的观点也不一定都很成熟，不可能与每一位读者的观点完全一致。加之每位作者研究角度不同，水平各异，每一本书的结构、篇章、内容、观点都不尽相同，其权威性也不尽一致，其中很可能有疏漏和错误之处，谨请读者批评指正。

该丛书在设计、编写和出版过程中，得到了各方面的大力支持。清华大学马克思主义学院将这项工作列入重要议事日程，作为该院马克思主义传播史研究中心重大项目，艾四林院长以及各位同事对此项工作给予大力支持。中共中央党史和文献研究院（中央编译局）十分重视对马克思主义传播史的研究，对此项研究给予各个方面的支持。国家出版基金将该丛书列入资助项目，辽宁省委宣传部将此项目列入文化精品扶持项目。辽宁出版集团和辽宁人民出版社在丛书的选题策划和编辑出版中做了大量工作。在编写过程中，中共中央党史和文献研究院（中央编译局）信息资料馆、国家图书馆、上海图书馆、清华大学图书馆、北京大学图书馆、国家博物馆等单位给予鼎力支持。本丛书中汲取了我国学者大量的研究成果。该项目顾问、我国马克思主义理论界德高望重的陈先达教授、赵家祥教授等专家对丛书的编写工作给予热情指导，编委会成员和各位作者为丛书的编写付出了辛勤劳动。

谨在此一并致以衷心的谢意！

杨金海

2019年5月5日于清华大学善斋

目录

CONTENTS

导言

《剩余价值理论》是《资本论》的重要组成部分之一，被称为“第四卷”“历史批判部分”或“历史文献部分”，其主要任务是批判性地考察古典政治经济学产生和发展的历史，它和《资本论》构成完整的“艺术整体”。《剩余价值理论》在马克思和恩格斯生前并未发表，而是以手稿的形式保存下来。它既未经过马克思的编纂与修改，又未经过恩格斯的整理和加工。但《剩余价值理论》本身又是一部内容更加丰富的手稿，即《1861—1863年经济学手稿》的组成部分。该手稿共计有23个

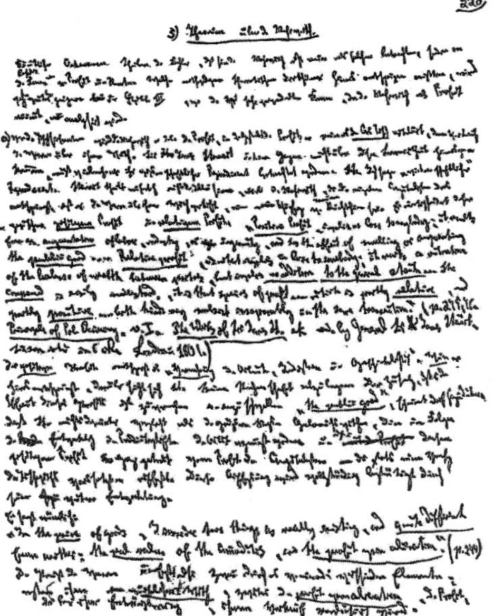

马克思《1861—1863年经济学手稿》第220页

笔记本，编有通贯全稿的页码“1—1472”，全稿约200个印张。这是整个四卷《资本论》的第一个经过比较系统整理的稿本，但只是草稿，而不是完成稿。《剩余价值理论》在这部手稿中占的比例最大（约110个印张），马克思本人整理得最细致的，是《资本论》最后一卷即第四卷的最初的也是唯一的草稿。

这个手稿中有很重要的理论部分，过去的读者，甚至包括卢卡奇等研究者是不知道的，因此在《1857—1858年经济学手稿》与《资本论》第一卷和其他各卷的草稿之间缺乏联系起来的中间环节，这使人看不到马克思致力于《资本论》写作、批判古典政治经济学的完整过程。在这个意义上，《剩余价值理论》在马克思经济思想形成的过程中占有重要地位，它是一部关于理论发展的历史著作，并且不是一部狭义的剩余价值理论史，而是一部政治经济学发展史。正是在1861年至1863年，马克思解决了广义剩余价值理论的相关问题，完成了对古典政治经济学全面、完整和系统的批判，为其阐明资本主义生产方式的暂时性奠定了坚实的理论基础，因而在马克思主义理论发展史上占有十分重要的地位。同时，由于《1861—1863年经济学手稿》中包含被称为“《资本论》第四卷”的《剩余价值理论》，它也成为研究马克思主义政治经济学基本原理的不可或缺的经典文献。

《剩余价值理论》在新中国成立以前唯一的译本是郭大力翻译的、由上海实践出版社1949年出版的三卷本，当时译名为“剩余价值学说史”。该译本所依据的底本是1905—1910年间，由考茨基编辑的《剩余价值学说史》，郭大力沿用了考茨基为该著作的命名。郭大力在新中国成立前的民主革命时期耗费20多年，对《资本论》及其手稿、马克思和恩格斯相关的书信等作了系统的研究，因而成为马克思主义在中国早期传播的先驱人物，《剩余价值理论》和《资本论》都是马克思主义早期传播史上十分重要的经典文献。

《剩余价值理论》郭大力译本从思想内容上看，对马克思本人的观点表述和论证结构理解准确；从语言风格来看，还带有从文言文到现代汉语过渡的鲜明特点，但对于读者理解马克思的经济学理论来说并没有妨碍；从传播角度来看，该译本影响较大，甚至在21世纪还重印了两次。本书在马克思主义早期传播史的视域中，对马克思写作《剩余价值理论》的背景、国内外出版情况及主要内容，对《剩余价值理论》郭大力译本的编译背景、译者生平及该著的出版情况，对郭大力译本中的术语、观点和译文等进行学术性考证研究。

《剩余价值理论》（第一卷）原版考释

一、写作出版背景

《资本论》是马克思几乎穷尽一生心血写成的科学著作，其写作过程历经40年仍未完成。马克思大学毕业后在《莱茵报》编辑部工作，开始接触社会经济问题，批判工人运动中的错误思潮，由此导致马克思将研究的重心逐渐从哲学转向经济学。按照马克思1859年《〈政治经济学批判〉序言》中所说，“1842—1843年间，我作为《莱茵报》的编辑，第一次遇到要对所谓物质利益发表意见的难事。莱茵省议会关于林木盗窃和地产析分的讨论，当时的莱茵省总督冯·沙培尔先生就摩泽尔农民状况同《莱茵报》展开的官方论战，最后，关于自由贸易和保护关税的辩论，是促使我去研究经济问题的最初动因”[①]。随后，马克思于1843年10月底到达巴黎，开始接触古典政治经济学文献，写作了9本经济学笔记，今称《巴黎笔记》。从马克思遗留下来的摘录笔记中可以看到，他当时攻读了萨伊、斯卡尔贝克、亚当·斯密、大卫·李嘉图、詹姆斯·穆勒、麦克库洛赫、特拉西等人的著作，其中特别致力于研读亚当·斯密和大卫·李嘉图这两个最重要的英国资产阶级经济学家的著作，并动手写作了《1844年经济学哲学手稿》，其也被称为《资本论》的“发源地”。1845年，马克思与一位出版商签订了合同，准备出版

① 《马克思恩格斯文集》第二卷，人民出版社2009年版，第588页。

《政治和国民经济学批判》一书，但是马克思最终未能写成。在经济学背景支援下，马克思和恩格斯共同创立了辩证唯物主义和历史唯物主义，他们又将这个学说和新世界观运用到经济学研究中。1847年，马克思出版了《哲学的贫困》，他在这部著作中第一次明确地、有意识地表述了研究政治经济学的对象和方法，分析了主要的经济范畴和经济规律。马克思后来应《平等报》之邀写了一篇短文，即《关于〈哲学的贫困〉》，他指出："我们决定重新发表《哲学的贫困》（初版已售完），是因为该书中包含了经过20年的研究之后，在《资本论》中阐发的理论的萌芽。"[①]1848年，欧洲革命爆发，马克思由于参加革命和对革命经验进行总结，暂时中断了经济理论的研究。

1850年秋天起，马克思恢复了经济学研究工作。在19世纪50年代，马克思定居伦敦后，利用英国博物馆的方便条件，勤奋地阅读各种资料，他一边研读原著，一边作摘记。从1850年9月至1853年10月，共写了24本笔记，这就是马克思19世纪50年代初期的《伦敦笔记》，它为《资本论》最初草稿的诞生做了资料上的准备。从这些笔记中可以看到，马克思重新研究了斯密和李嘉图等人的著作，重读了欧文的著作等，在这期间，马克思曾计划出版三卷经济学著作：第一卷的内容是《政治经济学批判》，第二卷是《社会主义者批判》，第三卷是《政治经济学史》。由于一些原因，他没有完成写作计划。首先，在理论上，他遇到一些关键性的问题还没有搞清楚。而这些问题的解决，无疑需要更长时间的研究。其次，没有找到一个愿意出版其著作的出版商。毫无疑

① 《马克思恩格斯全集》第二十五卷，人民出版社2001年版，第425页。

问，如果当时马克思能找到一个出版商并签订一个明确的出版合同，那么，他会加快写作。再次，马克思侨居伦敦的许多年里，常常靠典当或拍卖家具生活，经济上的困难时时打断他的研究工作。

1853年，在一系列资本主义国家，首先在英国，生产有所下降，开始出现逐渐临近的世界经济危机的迹象。工人阶级的不满情绪此起彼伏，通过罢工，有时也通过起义的形式迸发出来。因此，马克思的研究又中断了一年多，在1854年底至1855年初，他又回过头来整理自己前几年所作的政治经济学笔记，目的是想把材料整理出来，至少也是为掌握材料、整理材料做好准备。

1857年，资本主义经济危机在世界范围内爆发，马克思认为，随着危机而来的可能就是革命，而在革命之前至少须把经济学研究大纲准备就绪，以便用经济学知识去武装工人阶级。正是在这种条件下，马克思奋笔疾书，夜以继日地整理他在15年中所积累的经济学资料。他在给恩格斯的信中说："我现在发狂似地通宵总结我的经济学研究，为的是在洪水之前至少把一些基本问题搞清楚。"①从1857年7月至1858年6月，他写了多达50多印张的手稿，这个手稿的主要部分是《政治经济学导言》和《1857—1858年经济学手稿》，并定名为"政治经济学批判"。它是马克思创作《资本论》的最初的草稿。还值得注意的一点是，这个手稿首次提出研究"资本一般"这个范畴，并初步把这个范畴分为三部分：

① 《马克思恩格斯文集》第十卷，人民出版社2009年版，第140页。

（1）资本的生产过程

（2）资本的流通过程

（3）两者的统一，或资本和利润，利息。

后来，这个结构就成了《资本论》整个理论部分的基础。所以这个手稿通常被称作《资本论》的第一稿。虽然它不是为了出版，而是一种为了自己弄清问题的手稿，以一种专题研究的形式出现，常常过于详尽，但它是《资本论》创作的最初尝试，其成果就是1859年出版的《政治经济学批判》（第一分册），它包括“商品”和“货币或简单流通”两个章节。

1860年，由于要同福格特论战，马克思中断了写作。论战之后，马克思随即写作了篇幅巨大的《1861—1863年经济学手稿》。总体而言，在1860—1864年间，马克思主要致力于继续发展自己的学说，特别是经济理论。这期间，马克思完成了《1861—1863年经济学手稿》，共计23个笔记本，1472页。这个手稿通常被称作《资本论》的第二稿，在《资本论》的创作史上占有极其重要的地位。它在理论上已进入更加成熟的阶段，从内容到结构都更接近于后来发表的《资本论》，其中详细地论述了资产阶级古典政治经济学的产生、发展和瓦解的过程，这部分手稿成为《资本论》第四卷，即《剩余价值理论》的最后稿本。

这部手稿也以“政治经济学批判”为标题，还有一个副标题“第三章：资本一般”。马克思原来打算把这个“第三章”同前两章一起出版。可是，前两章的篇幅很大，足以构成第一分册，所以第三章，即他的经济理论的核心部分就推迟发表了。可以说，马克思最开始写作

《1861—1863年经济学手稿》时的直接目的是继续出版《政治经济学批判》的第二分册，完成原定的出版计划。这个计划被称为“六册计划”，即：

第一册《资本》
　　第一篇　资本一般
　　　　第一章　商品
　　　　第二章　货币
　　　　第三章　资本一般
　　　　　　（1）资本的生产过程
　　　　　　（2）资本的流通过程
　　　　　　（3）两者的统一，或资本和利润，利息
　　第二篇　资本的竞争
　　第三篇　信用
　　第四篇　股份资本
第二册《土地所有制》
第三册《雇佣劳动》
第四册《国家》
第五册《对外贸易》
第六册《世界市场》

但是，马克思在写作过程中很快产生出一些想法，他在手稿中写进了许多只是提示性的表述，手稿也不是作为出版用的著作手稿。或者说，马克思常常只是对还需要研究的问题写一个提示，写一些按计划只是以后才涉及研究的插入部分。所以，马克思写这个手稿在相当大的程度上是为了自己弄清问题，他力图完全弄清楚在19世纪50年代发展起来的价值理论和剩余价值理论的一切结果。正是这些原因使《政治经济学批判》第二分册及其他各分册没有问世，所谓的“六册计划”并未贯彻实施。

现在看来，《1861—1863年经济学手稿》可以很清楚地分为三个部分或者三个写作阶段。其中，第一个阶段是从1861年8月到1862年3月，马克思写下第一至第五个笔记本，这些笔记本的内容是按照“六册计划”进行的，马克思在这里研究了第一篇“资本的生产过程”的前三个问题。

第二个阶段即《剩余价值理论》的写作，这部分开始于1862年3月。剩余价值理论的叙述本来应该以对理论史的研究结束，但这个部分的篇幅越来越大。产生这种情况的原因是：马克思不能只限于剩余价值理论，因为在他之前的所有经济学家所制定的不是纯粹的剩余价值范畴，而是把这一范畴同它的各种表现形式混为一谈。另外，由于再一次对资产阶级古典政治经济学进行批判分析，促使马克思从不同的方面详细阐述了自己的理论观点，而且首次阐述了这样一些重要的理论，如平均利润和生产价格理论、地租理论、再生产理论、危机理论、生产劳动和非生产劳动理论。

第三个阶段开始于1862年12月，即马克思后来称为第三章的“资本和利润”篇的写作。马克思打算在这个笔记本里结束手稿的写作。正是这样，他在1862年12月28日给库格曼写信时说：“第二部分终于脱稿，只剩下誊清和付排前的最后润色了。”[①]马克思应该在1863年1月开始誊清工作，但是他没有誊清《资本论》，而是从1863年1月至7月继续写了7个笔记本，又继续深入研究了一些经济学问题，其中也包含对剩余价值理论的补充。在手稿写作过程中，马克思提出：它“将以《资本论》为标题单独出版，而《政治经济学批判》只作为副标题”[②]。马克思又拟订了《资本论》的分篇和分章节的具体计划，从而确定了《资本论》的结构。

在写完《1861—1863年经济学手稿》大约一个月以后，1863年8月15日，马克思在给恩格斯的信中说：“现在我看着这整个庞然大物，而且回想起我曾不得不把一切统统推翻，而历史部分甚至要根据一部分以前根本不知道的材料去加工。”[③]这里所说的“历史部分”就是指《剩余价值理论》，当时马克思已经把它当作《资本论》的一个专门部分即历史部分来考虑了。可是，从他制订的《资本论》第一部分和第三部分的计划中可以看出，在1863年1月，马克思还打算把这个历史批判材料分别归入他关于“资本一般”的各个理论研究部分。不久，1865年7月31日，马克思在给恩格斯的信里说：“再写三章就可以结束理论部分（前三册）。然后还得写第四册，即历史文献部分；对我来说这是最容易的一部分，因为所有的问题都在前三册中解决了，最后这一册大半是以历史的形式重述一遍。”[④]这是马克思第一次直接提到《资本论》的第四册

① 《马克思恩格斯文集》第十卷，人民出版社2009年版，第196页。

② 《马克思恩格斯文集》第十卷，人民出版社2009年版，第196页。

③ 《马克思恩格斯全集》第三十卷，人民出版社1975年版，第364页。

④ 《马克思恩格斯文集》第十卷，人民出版社2009年版，第230—231页。

即历史文献部分。1863年和1865年的两种说法表明，马克思重新加工和改写了三册所有理论部分，而第四册，即“历史文献”部分仍保持1862—1863年所写成的那种最初的形式，因此需要重新加工，以便与《资本论》前三册的新的文稿相适应。1866年10月，在重提《资本论》四册计划时，马克思打算把第一册《资本的生产过程》和第二册《资本的流通过程》合为第一卷出版，第三册《总过程的各种形式》和第四册《理论史》作为第二卷和第三卷出版，这就是《资本论》的三卷四册计划。①至此，《剩余价值理论》作为一部计划出版的著作确定下来。

总之，在《1861—1863年经济学手稿》中，由于写作经济学说史的批判部分大大超过了原定计划的范围，马克思越写越长，竟然成了整个手稿的主要部分，理论部分却未能充分展开。因此，从1863年8月至1865年底，马克思又用了两年多的时间，对《1861—1863年经济学手稿》中未充分阐述的部分，即理论部分进行修改补充，写成了《资本论》前三卷的第一个经过琢磨的稿本。至此，《资本论》全四卷的手稿已基本完成。

1867年9月14日《资本论》第一卷的出版，是马克思主义史和国际工人运动史上这个时期有决定意义的重要标志。《资本论》第一卷出版后，马克思继续撰写这部主要著作的第二卷和第三卷。这两卷的初稿马克思早在1863—1865年就写好了，但他没能在《资本论》第一卷发表后做好付印准备并很快出版。《资本论》第二卷和第三卷是在马克思逝世以后，由恩格斯编辑出版的。

---

①《马克思恩格斯文集》第十卷，人民出版社2009年版，第246页。

二、各版本说明

关于《剩余价值理论》的编辑和出版，目前有四种主要的编排方案，即恩格斯的编辑构想、考茨基版、苏联版和MEGA2版。其中，恩格斯的编辑构想并未实施，其他三种版本分别于1905年、1956年和1976年开始刊行，至1982年MEGA2版全部出齐，历时近100年，堪称百年洗礼。《剩余价值理论》的三种主要版本，在我国都有译本，郭大力翻译的《剩余价值学说史》的底本就是考茨基版。我国出版的《马克思恩格斯全集》第一版是苏联版的译本，第二版则是MEGA2的译本。

1. 恩格斯的编辑构想

恩格斯1885年为《资本论》第二卷所写的序言，是对这一手稿的最初评论，同时也是关于它的简短叙述。恩格斯写道：

> 首先是1861年8月—1863年6月写的《政治经济学批判》手稿，四开纸1472页，共23个笔记本。这是1859年以同一书名在柏林出版的第一分册的续篇。从第1—220页（第Ⅰ—Ⅴ笔记本），然后再从第1159—1472页（第XIX—XXIII笔记本），是论述《资本论》第一册中从货币转化为资本一直到卷末所研究的各个题目，是该书现有的最早文稿。从第973—1158页（第XVI—XVIII笔记本），是论述资本和利润、利润率、商人资本和货币资本，即那些后来在第三册手稿中阐述的题目。但是，

> 在第二册论述的题目和后来在第三册论述的许多题目，都还没有专门加以整理。它们只是附带地，特别是在手稿的主体部分，第220—972页（第Ⅵ—XV笔记本)，即《剩余价值理论》里提了一下。这一部分包括政治经济学核心问题即剩余价值理论的详细的批判史，同时以同前人进行论战的形式，阐述了大多数后来在第二册和第三册手稿中专门地、在逻辑的联系上进行研究的问题。这个手稿的批判部分，除了许多在第二册和第三册已经包括的部分之外，我打算保留下来，作为《资本论》第四册出版。这个手稿虽然很有价值，但是能够用于现在出版的第二册的地方并不多。①

由恩格斯的叙述可知，马克思的由23个笔记本组成的手稿是在1861—1863年写成的，这套手稿后来被称作“《资本论》第二稿”。恩格斯首先修改了马克思原先设想的《资本论》三卷四册的计划，提出了《资本论》的四卷计划。在一开始接触到马克思《资本论》遗稿时，恩格斯还是打算按三卷四册的计划编辑完成《资本论》的后三册。1883年5月，恩格斯提到，他打算把马克思留下的《资本论》第二册和第三册手稿合编为《资本论》第二卷；同时，也打算以手稿的部分材料为基础，编辑《资本论》第三卷，但是，在编辑出版《资本的流通过程》这一册时，恩格斯决定把这一册作为《资本论》第二卷单独出版；最后两册则作为《资本论》第三卷和第四卷出版。这就形成了现在通行的《资

①《马克思恩格斯文集》第六卷，人民出版社2009年版，第4页。

本论》的四卷计划。

在对马克思手稿中《剩余价值理论》部分的进一步研究中，恩格斯确定了以第六到第十五这10个笔记本为主体，以马克思命名的“剩余价值理论”为主题来编辑《资本论》第四卷的总方针。而且在编辑出版《资本论》第二卷和第三卷的过程中，恩格斯还对编辑《资本论》第四卷提出了两个方面的具体设想：一是在编辑《资本论》第四卷时，应该“删去”《剩余价值理论》手稿中所包括的，但在《资本论》第二卷和第三卷已经作了阐述的理论原理部分；二是《资本论》第四卷还应该“删去”《剩余价值理论》手稿中各种题外的附论和大块划掉的地方。

恩格斯在当时所做的是通读了这部巨著的手稿，修改了马克思书稿中明显的笔误。毫无疑问，他对编辑《资本论》第四卷提出的这两个方面的设想，是在对马克思《资本论》理论体系和手稿作了深入研究的基础上提出来的。恩格斯直到去世前一直希望把包含《剩余价值理论》的那部分手稿作为《资本论》第四册（卷）出版，但他的愿望在有生之年没有实现。虽然没有能够把这两个构想付诸实践，但是他所提出的构想，对我们今天研究《剩余价值理论》《1861—1863年经济学手稿》在马克思主义经济思想发展史上的地位仍具有重要的启迪意义。

2. 考茨基版

恩格斯逝世以后，马克思的手稿长期存放在考茨基手里，直到20世纪20年代才转交德国社会民主党档案馆收藏。1905—1910年，《剩余价值理论》由卡尔·考茨基编辑出版，共三卷，其中第二卷又分为两册。

考茨基曾说，“在这个著作的整理工作上，我越是向前进，我越是明白，要照恩格斯的预期，把它编成《资本论》第四卷，是我的能力办不到的”[①]，因为手稿的情况十分复杂，且需非常熟悉马克思和恩格斯的经济学理论才能做到。考茨基首先誊抄了马克思的一部分手稿，即“第一种工作，是把原稿抄成一个可读的草稿”[②]。当时他的工作非常繁忙，如果每页都亲手抄写会延误很久。因此，考茨基又寻觅到一个助手居尔维奇博士（Theodor Gurwitsch）帮助抄写了大部分手稿。誊抄之后，考茨基没有按照恩格斯“构想”的那样出版马克思的手稿。如考茨基在“编者序”中所说，“工作的第二步，是把材料分成一节一节”[③]。然后根据内容的相关度将手稿编成一个有逻辑的理论体系，并且为各个章节都拟定了标题，标识了每个章节在马克思原始手稿上的页码。考茨基还宣称，《剩余价值理论》不是《资本论》第四卷，而是和《资本论》“平行”的著作，他写道：“它就不能算是《资本论》的第四卷，不能算是前三卷的续篇了”，而是“与前三卷并行的著作，像第一辑《经济学批判》，与《资本论》第一卷第一篇相并行一样了”。[④]

---

① ［德］卡尔·马克思：《剩余价值学说史》第一卷，［德］卡尔·考茨基编，郭大力译，新中国书局1949年版，“编者序”第3页。

② ［德］卡尔·马克思：《剩余价值学说史》第一卷，［德］卡尔·考茨基编，郭大力译，新中国书局1949年版，“编者序”第5页。

③ ［德］卡尔·马克思：《剩余价值学说史》第一卷，［德］卡尔·考茨基编，郭大力译，新中国书局1949年版，“编者序”第5页。

④ ［德］卡尔·马克思：《剩余价值学说史》第一卷，［德］卡尔·考茨基编，郭大力译，新中国书局1949年版，“编者序”第4页。

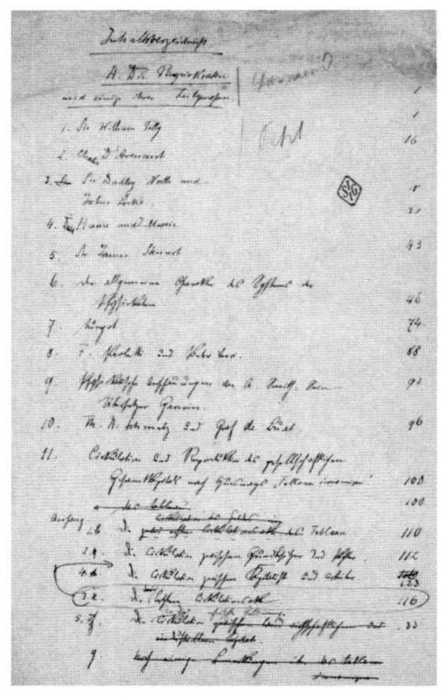

考茨基拟定的编辑计划

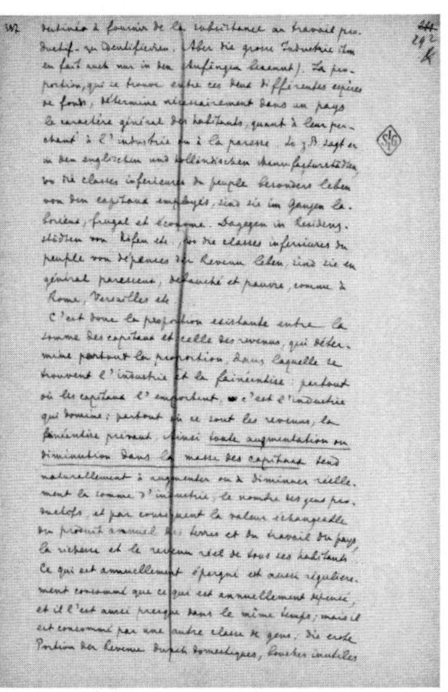

居尔维奇誊抄的手稿

现在看来，考茨基版存在着一些问题：第一，考茨基打乱了这些章节的顺序。考茨基版并未从马克思手稿的第六个笔记本开始，而是首先编排了《1861—1863年经济学手稿》中第二十个笔记本中的四篇不长的摘录，把第六至十五个笔记本同第二十至二十三个笔记本中的补充草稿调换了位置，把同马克思批判分析斯密和魁奈的观点直接有关的理论研究从正文中删去，并以特殊附录的形式把它们单独编排，同历史批判的研究分割开来。考茨基还更加粗暴地把自己版本第二卷的正文作了重新编排。例如，在马克思的手稿中，“李嘉图的利润理论”一章包含对李嘉图平均利润率形成过程以及平均利润率下降原因的观点的彻底批判，这部分被考茨基一分为二，中间被350页正文隔开。实际上，马克思在

“李嘉图的利润理论”一章之前分析李嘉图的地租理论不是偶然的，因为李嘉图地租理论的错误在他的利润学说中打上了深深的印记，二者具有内在理论关联。考茨基版却将马克思本人叙述的逻辑破坏了。

第二，考茨基拟定的各章节标题不够贴切。考茨基编辑的标题经常局限于简单地变换人名，他并未指出对这些问题的考察具有怎样的联系，或者说，马克思为什么要批判这个或那个经济学家，马克思揭示了这些经济学家思想中的哪些错误。一些标题甚至使人产生误解，似乎资产阶级经济学家已经有了马克思理解的政治经济学问题的一些要素，这就抹杀了资产阶级与马克思的政治经济学之间的差别。

第三，考茨基对马克思原手稿中的内容作了许多删减，总共删掉至少五六个印张。考茨基删掉的一些地方非常重要，例如《剩余价值理论》第三册中，马克思谈到在资本主义生产发达的部门中可变资本绝对减少的地方就被删掉了。

第四，考茨基对手稿的判读不够精确。恩格斯曾教授考茨基辨认马克思的笔迹，但考茨基对马克思手稿许多地方的辨认是草率的。马克思写得很清楚的一些地方，考茨基也时常弄错。例如，《剩余价值理论》中有一处写着：“把整个过程加以考察就会明白，如果用于补偿不变资本的各要素的生产者不向生活资料生产者购买他生产出来的生活资料，因而，如果这个流通过程实质上不是生活资料和不变资本之间的交换，那么生活资料的生产者就不能购买机器或原料来补偿自己的不变资本。”在手稿中这里明明写的是“把整个过程加以考察”，考茨基在自己的版本中却把“过程”(Prozess)改为“利润”(Profit)，这就完全歪曲了马克思的精确意思。类似的明显错误在考茨基的版本中是很多的。

第五，考茨基替换了马克思的专门术语。考茨基还用一些术语任意替换马克思本人的术语。例如，把马克思的“劳动条件”换成了“生产资料”，“劳动工具”换成了“劳动资料”，“费用价格”和“平均价格”换成了“生产价格”等。马克思给庸俗经济学家起的外号，如“走狗”“驴子”“骗子”“自作聪明的坏蛋”等，考茨基换成了例如“这些家伙”“这些先生们”“这些聪明人”等一些远不等值的用语。

考茨基编辑了《剩余价值理论》以后，就开始落实具体的出版事宜。马克思生前曾签订出版合同，即《资本论》的各卷都应当交给迈斯纳出版社刊行。当时如果以“《资本论》第四卷”为名称出版，那么它就必须交给迈斯纳出版社，该社也根据上述合同，坚持版权，不肯让步。当时，德国社会民主党的出版社即狄茨出版社也已经成立，理所当然地应当出版马克思和恩格斯的所有著作，并以此来扩大出版社和党的影响。所以，为了让党的出版社出版这部著作，并避免与迈斯纳出版社的争执和诉诸法律，马克思的遗著继承人爱琳娜同狄茨出版社的负责人以及考茨基共同商定，将手稿交给狄茨出版社印行，并寻找一个使迈斯纳出版社不能坚持版权的理由。他们提出了不用《资本论》第四卷的名义，而是作为一部独立著作单独出版，考茨基最后同意了这种做法，将这部著作命名为《剩余价值学说史》，并于1905年出版了第一卷。

尽管考茨基版存在着很多缺陷，它并没有反映马克思手稿的真正精神和意义，而且没有作为《资本论》的完成部分被对待，但该书出版后仍是广泛受到了欢迎，包括列宁在内，许多马克思主义者都曾高度赞扬和称颂这部著作，并多次提到和引用它。所以考茨基编的《剩余价值学说史》的历史作用是巨大的，其功绩是应当充分肯定的。考茨基版使马克思的这部名著为广大读者所知晓，随后被译成多国语言。

3. 苏联版

《剩余价值理论》真正具有科学性和学术性的版本是苏联马列主义研究院在1954—1961年整理出版的。其中第一册于1954年出版，1955年再版，第二册于1957年出版，第三册于1961年出版。

1923年秋天，苏共中央马克思恩格斯研究院得到了把马克思和恩格斯遗著中尚未发表的手稿和书信照相复制的机会，大约7000张复制照片被送到莫斯科，其中包括了1861—1863年手稿。法西斯在德国执政后，德国社会民主党档案馆的绝大部分馆藏被转移到国外。在1933年末至1934年2月，档案馆工作人员根据财产清单对档案馆的馆藏进行了一次彻底的清点，发现1861—1863年手稿不见了。更为神奇的是，苏共中央马克思列宁主义研究院于1936年买到了完整的手稿。这样，苏联专家就有条件重新编辑马克思的《剩余价值理论》俄文版。

《剩余价值理论》苏联版的最显著的特点是：结构框架按照马克思手稿中笔记本的次序排列。具体而言，在资料编排时，编者利用了各个笔记本的标题（马克思把它们写在封面上）。出版时，这些标题印在《剩余价值理论》第一册的开头。它们包括从“詹姆斯·斯图亚特”章到“理查·琼斯”章的著作全文，还有“补充部分”《收入及其源泉。庸俗政治经济学》。个别地方根据马克思本人的指示作了必要的次序更动。例如在第七个笔记本中，马克思在论述斯密的生产劳动的观点，并提到斯密观点的庸俗化者加尔涅时，写了一个篇幅很长的关于约翰·斯图亚特·穆勒的插入部分。插入部分开头这样说："〔在分析加尔涅的观点之前，我们要在这里附带地就前面引证过的小穆勒说几句话。这里我们要说的话本来应放到后面论李嘉图剩余价值理论的地方，而不是这里，这里我们还是考察亚·斯密〕。"[①]依照马克思的这个指示和马克思后来编的第十四个笔记本的目录，苏联版把关于约翰·斯图亚特·穆勒的补充部分移至《剩余价值理论》第三册论李嘉图学派的解体那一章，马克思在那里为约翰·斯图亚特·穆勒辟了专门的一节。另一个更动次序的例子是：在第十个笔记本中有一章论英国社会主义者布雷，手稿页码为第441—444页，篇幅不大，没有写完。马克思在后来编的《剩余价值理论》最后几章的目录提纲中把"政治经济学家的反对派布雷"这一节移到"论政治经济学家的反对派"一章；按照马克思的这个指示，4页手稿论布雷的段落就移到"论政治经济学家的反对派"这一章。总之，《剩余价值理论》苏联版全文的章节是依照马克思编的目录（如图所示）和手稿中几个地方的"指示"划分的。

苏联版采取"附录"形式收录了马克思手稿中的其他相关部分。在写作《剩余价值理论》的过程中，马克思的研究大大超过了最初设想的范围，并且在1861—1863年手稿的最后几个稿本中，关于17世纪和18世纪的经济学家又写了许多补充的评论和札记，因此，这些评论和札记自然收入第一册的附录，作为对最初按范围较窄的提纲所写的正文的补充。在第一册的附录中，还列入马克思关于生产劳动和非生产劳动的理论研究，来自1861—1863年手稿第二十一个笔记本，这是对"关于生产

① 《马克思恩格斯全集》第三十三卷，人民出版社2004年版，第168页。

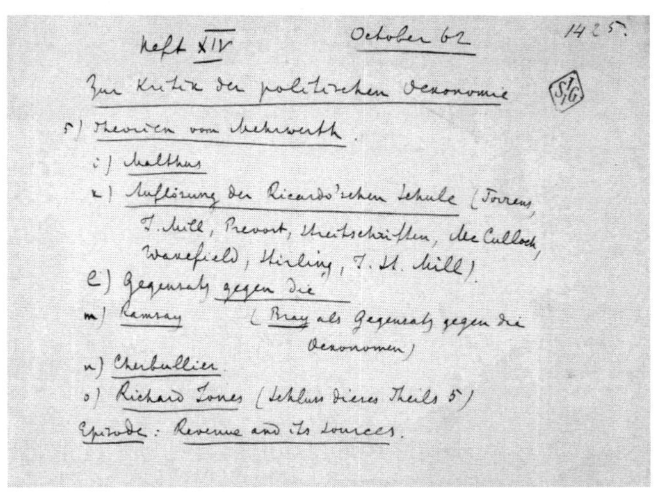
Heft XIV　October 62　1425.

Zur Kritik der politischen Oeconomie

5) Theorien vom Mehrwerth.

i) Malthus

k) Auflösung der Ricardo'schen Schule (Torrens, J. Mill, Prevost, Streitschriften, Mc Culloch, Wakefield, Stirling, J. St. Mill).

l) Gegensatz gegen die

m) Ramsay (Bray als Gegensatz gegen die Oeconomen)

n) Cherbullier.

o) Richard Jones (Schluss dieses Theils 5)

Episode: Revenue and its sources.

手稿第十四个笔记本封面上的目录

劳动和非生产劳动的理论”这个历史批判性的一章的重要补充。此外还有关于一切职业都具有生产性的辩护论见解的札记，来自1861—1863年手稿第五个笔记本；1863年1月写的《资本论》第一部分和第三部分的计划草稿，来自手稿第十八个笔记本。在第二册的附录中，有马克思写在手稿第十一至十三个笔记本封面上的几段简短的补充札记，它们与第二册所考察的许多问题有关。第三册附录是长篇附论《收入及其源泉。庸俗政治经济学》，这个附录基本上是理论性质的，但是在历史批判方面也是很有意义的，把它作为附录是因为马克思将其写在第十四个笔记本封面上的《剩余价值理论》最后几章的目录提纲中，所以这个“补充部分”就成为全卷最后对马克思的历史批判研究的补充。

苏联版的另外一个特点是给各个章节拟定了标题。至于标题，编者主要利用了：一是马克思编的目录中的标题，二是马克思所编《资本论》第一部分和第三部分计划草稿中同《剩余价值理论》手稿的某些部分有关的标题，三是《剩余价值理论》原文中已有的为数不多的标题。但是，这只占了在手稿各篇各章必须加上的全部标题中的一小部分，其余大部分标题，是由编者根据手稿有关部分的全文，尽量利用马克思使用的术语和说法加上的。在形式上，编者加的标题用方括号标出，以便同马克思本人加的标题相区别。

此外，俄文版编者在原手稿基础上编辑的新版《剩余价值理论》，对手稿的辨认进行了精确检查，使手稿非常准确。每个部分的出处都做了明确的标记，即方括号中的罗马数字是指马克思手稿笔记本的编号，阿拉伯数字是指手稿页码。此外，如果原文没有任何移动，那么手稿页码只在手稿每页开头出现一次；如果原文不是连续印出，次序有某些改动，那么手稿页码在该片段的开头和结尾同时标出；如果从一个稿本转到另一稿本，则标出稿本编号。在翻译手稿的过程中，苏联版编者发现并校正了各种笔误以及不确切的数字和引文，核实了实际材料、资料来源，订正了术语。《剩余价值理论》苏联版的三册都附有全部索引资料，包括注释、引用和提到的著作索引、马克思引用的著作俄译本索引和人名索引。

苏联版发行后不久，德意志民主共和国在1956—1962年按照这一版本出了德文版，其他主要文种的译本都基于苏联版（参见下表）。随后，俄文第二版《马克思恩格斯全集》第二十六卷分三册出版，它基本上是翻印1954—1961年出版的《剩余价值理论》单行本，文中仅仅对某些细节做了改动，对编者加的标题做了订正，对译文作了某些订正和修辞方面的改进，改写和补充了一些新的注释，等等。

《剩余价值理论》主要译本出版年份

	第一册	第二册	第三册
俄文单行版	1954	1957	1961
德文全集版	1956	1959	1962
英文单行版	1963	1968	1971
日文全集版	1969	1970	1970
日文文库版	1970	1970	1971
法文单行版	1974	1976	1978

4. MEGA2 版

MEGA2是《马克思恩格斯全集》历史考证版第二版的简称，MEGA2的编辑原则是收录关于马克思和恩格斯的出版物、手稿和通信的完整的、历史考证的版本。一方面，MEGA2是一部真正意义上的马克思和恩格斯著作的全集，它将收录迄今能够找到的马克思和恩格斯的所有文献遗产；另一方面，MEGA2要对收录的文献进行细致的历史考证，并且按照历史考证版的最新原则与要求进行编辑和出版，其中最为重要的就是将马克思和恩格斯的全部文献按照写作时间排序。

MEGA2分为四个部分：第一部分是除《资本论》及其准备材料之外的著作、文章和草稿；第二部分是《资本论》及其准备材料，它收录了《资本论》的各个版本以及所有直接属于《资本论》前期阶段的准备材料，如《1857—1858 年经济学手稿》《1861—1863 年经济学手稿》等；第三部分是通信，它按照时间顺序收录所有流传下来的马克思恩格斯所写书信；第四部分是摘录、笔记和批注。《剩余价值理论》就收录在第二部分第三卷中。

MEGA2版的编辑原则是按照手稿的原貌排版，按照写作时间排序。MEGA2是按照《1861—1863年经济学手稿》收录的，《剩余价值理论》以马克思原始手稿的样式依次收录于第二部分的第三卷中，第三卷又分为六册出版，出版情况及收录内容如下：

第一册，1976年，第一至五个笔记本，资本的生产过程

第二册，1977年，第六至十个笔记本，剩余价值理论

第三册，1978年，第十至十三个笔记本，剩余价值理论(续)

第四册，1979年，第十三至十五个笔记本，剩余价值理论(续)

第五册，1980年，第十五至十八个笔记本，商业资本、资本和利润

第六册，1982年，第五、十九至二十三个笔记本，机器，剩余价值理论的补充

MEGA2版的每一卷册均分为正文卷和资料卷两部分，各自独立成册装订，页码是统一连续的，从正文卷开始计页，一直延续到资料卷。正文卷收录《1861—1863年经济学手稿》的正文以及插图。资料卷包括导论、缩写符号和标记表、相关文本群的文本史、形成与流传、文本的构成、异文对照表、校勘表、注释。资料卷的结尾收录索引，包括文献

索引、人名索引、名目索引以及其他必要的索引。在资料卷中，编辑所写的文本都采用德语，引文、书目等则按原始语言发表。

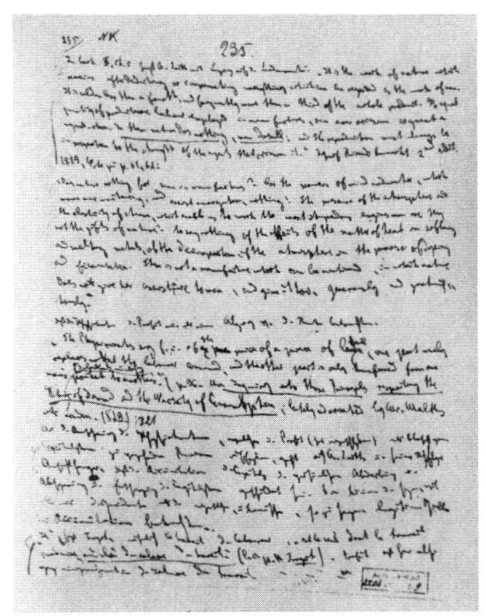

马克思手稿第235页

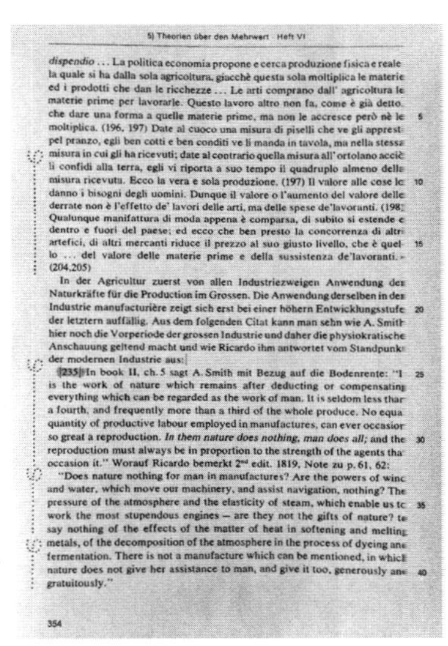

5) Theorien über den Mehrwert · Heft VI

dispendio ... La politica economia propone e cerca produzione fisica e reale la quale si ha dalla sola agricoltura, giacchè questa sola moltiplica le materie ed i prodotti che dan le ricchezze ... Le arti comprano dall' agricoltura le materie prime per lavorarle. Questo lavoro altro non fa, come è già detto, che dare una forma a quelle materie prime, ma non le accresce però nè le moltiplica. (196, 197) Date al cuoco una misura di piselli che ve gli apprestì pel pranzo, egli ben cotti e ben conditi ve li manda in tavola, ma nella stessa misura in cui gli ha ricevuti; date al contrario quella misura all' ortolano acciò li confidi alla terra, egli vi riporta a suo tempo il quadruplo almeno della misura ricevuta. Ecco la vera e sola produzione. (197) Il valore alle cose le danno i bisogni degli uomini. Dunque il valore o l'aumento del valore delle derrate non è l'effetto de' lavori delle arti, ma delle spese de'lavoranti. (198) Qualunque manifattura di moda appena è comparsa, di subito si estende e dentro e fuori del paese; ed ecco che ben presto la concorrenza di altri artefici, di altri mercanti riduce il prezzo al suo giusto livello, che è quello ... del valore delle materie prime e della sussistenza de'lavoranti.» (204,205)

In der Agricultur zuerst von allen Industriezweigen Anwendung der Naturkräfte für die Production im Grossen. Die Anwendung derselben in der Industrie manufacturière zeigt sich erst bei einer höhern Entwicklungsstufe der letztern auffällig. Aus dem folgenden Citat kann man sehn wie A. Smith hier noch die Vorperiode der grossen Industrie und daher die physiokratische Anschauung geltend macht und wie Ricardo ihm antwortet vom Standpunkt der modernen Industrie aus:|

|235| In book II, ch. 5 sagt A. Smith mit Bezug auf die Bodenrente: "It is the work of nature which remains after deducting or compensating everything which can be regarded as the work of man. It is seldom less than a fourth, and frequently more than a third of the whole produce. No equal quantity of productive labour employed in manufactures, can ever occasion so great a reproduction. *In them nature does nothing, man does all;* and the reproduction must always be in proportion to the strength of the agents that occasion it." Worauf Ricardo bemerkt 2nd edit. 1819, Note zu p. 61, 62:

"Does nature nothing for man in manufactures? Are the powers of wind and water, which move our machinery, and assist navigation, nothing? The pressure of the atmosphere and the elasticity of steam, which enable us to work the most stupendous engines – are they not the gifts of nature? to say nothing of the effects of the matter of heat in softening and melting metals, of the decomposition of the atmosphere in the process of dyeing and fermentation. There is not a manufacture which can be mentioned, in which nature does not give her assistance to man, and give it too, generously and gratuitously."

354

MEGA2第二部分第三卷第二册第354页

如图所示，MEGA2版在精确判读马克思笔迹的基础上，客观地呈现了原始手稿中的内容，马克思在手稿上所做的各种标记，该版也准确再现。马克思在手稿上所做的修改，MEGA2版在资料卷中一一加以说明。在文本的编排方面，MEGA2版放弃了编辑体系化的《剩余价值理论》的做法，而是突出马克思研究和叙述的内在逻辑。关于《剩余价值理论》的编辑问题，只能是研究者在此基础上展开更进一步的探索。

自MEGA2版在1976—1982年间出版后，各种语言的《马克思恩格斯全集》均遵照该版的编辑原则，英文版、日文版、意大利文版、中文版均是如此。以英文版为例，英文版《马克思恩格斯全集》中的《剩余价值理论》也作为《1861—1863年经济学手稿》的组成部分于1988—1994年出版。由于该手稿篇幅庞大，因此分五卷出版。其中第三十卷包括第一至七个笔记本，由关于“资本的生产过程”篇的三章和《剩余价值理论》的开头部分（马克思原始手稿第1—210页和第220—299页）组成。发表在第三十一卷中的是第七至十二个笔记本，包括《剩余价值理论》的中间部分（马克思原始手稿第300—636页）。第三十二卷收入的是第十二至十五个笔记本，包括《剩余价值理论》的结尾部分（马克思原始手稿第636—944页）。第三十三卷包括第十五至十八个笔记本、第五个笔记本（结尾部分）、第十九和二十个笔记本（马克思原始手稿第944—1157、211—219、1159—1251页）。第三十四卷包括第二十至二十三个笔记本（马克思原始手稿第1251—1472页），以及《资本论》第一卷结尾部分的草稿，即“第六章。直接生产过程的结果”。

这样，《剩余价值理论》目前在国内外就有三种主要的版本，即考茨基版、苏联版和MEGA2版，前两者将《剩余价值理论》作为马克思的著作手稿单独出版，带有编者的主观理解，后者将《剩余价值理论》作为《1861—1863年经济学手稿》的组成部分较为客观地呈现给读者，体现了马克思准备和写作《资本论》的思想过程。

三、内容简介

按照马克思和恩格斯的构想,《资本论》可以分为四卷,其中第一、二、三卷是《资本论》的理论部分,它的任务是要揭示资本主义这一社会形态的经济运动规律;第四卷又名“剩余价值理论”,是《资本论》的历史部分,或“历史批判部分”“历史文献部分”,其任务是批判性地考察资产阶级政治经济学产生和发展的历史。理论部分和历史部分是紧密联系在一起和不可分割的。《剩余价值理论》的各个版本均将其分成三册,一是因为篇幅较长,无法装订为一部著作;二是考虑到它的内容:第一册专门阐述李嘉图以前的政治经济学,第二册阐述李嘉图的经济学理论,第三册阐述李嘉图以后的经济学家的理论。

《剩余价值理论》的第一册主要是批判分析重农学派和亚当·斯密的观点。在马克思的原始手稿中,《剩余价值理论》第一卷以对英国经济学家詹姆斯·斯图亚特的简短分析开篇。斯图亚特是重商主义者,他认为利润即剩余价值,它来自商品高于其价值出售,因此他没有超出其他重商主义者的狭隘看法。与其他重商主义者不同的是,他在剩余价值产生的问题上区分了“相对利润”和“绝对利润”,其中“相对利润”是从交换中产生的,一方的赢利意味着另一方的亏损;“绝对利润”是由“劳动、勤勉和技能的增进”创造的,这种利润对谁都不意味着亏损。总的说来,这虽然没有解决剩余价值起源问题,但比重商主义前进了一步。

接着,马克思指出了重农学派在经济学史上的两大贡献:第一,他们首先把剩余价值的产生问题从流通范围转移到生产领域，这样就为分析资本主义生产方式奠定了基础。这是政治经济学作为一门科学来发展的第一次质的飞跃。因为只有认识到物质生产是剩余价值来源的领域，才能在劳动价值理论的基础上来解释剩余价值。重农学派认为，剩余价值的生产只有在农业生产中才是可能的，这就将价值和剩余价值等同起来，他们仍没有彻底认识到价值的本质。第二，他们第一次试图叙述一国范围内的再生产和资本流通的整个过程，魁奈就是这种观点的代表。马克思在研究重农学派的经济观点时，还揭示了他们和所有后来的资产阶级经济学家固有的局限性，即他们把资产阶级的生产形式看作永恒的、天然的。马克思还揭示了他们对剩余价值理解的两重性，剩余价值在他们那里忽而作为自然的恩赐出现，忽而作为土地所有者攫取的农业劳动的特殊生产率的成果出现。

随后，马克思还指出亚当·斯密学说中最重要的经济范畴，即价值、剩余价值、生产劳动等解释的矛盾和两重性，斯密有时非常接近于得出关于价值和剩余价值源泉的正确的、科学的概念，尽管他还不善于在自己的理论中始终如一地遵循科学路线，但是斯密把古典政治经济学发展到一个崭新的阶段。这部分内容在《剩余价值理论》第一卷中占有最大篇幅。在马克思看来，斯密已经认识到：无论何种生产劳动，无论生产何种形式的使用价值，这些社会性劳动均创造价值，这就已经认识到剩余价值的真正起源。斯密已经谈到，在资本主义条件下，劳动和劳动条件分离了，劳动条件已经被工厂主掌握，这时工人加到材料上的价值，也就是工人在生产过程中新创造的价值将分成两部分，一部分支付工资，另一部分构成企业主的利润。因此，利润就是资本家对商品中的一部分劳动未支付等价物，却从商品价值中所做的扣除。所以马克思指出，斯密的巨大功绩在于，他“从工人超出他用来支付（即用等价物来补偿）工资的那个劳动量之上所完成的劳动，引申出利润。斯密这样就认识到了剩余价值的真正起源。同时他还十分明确地指出，剩余价值不是从预付基金中产生的，无论预付基金在现实的劳动过程中如何有用，它的价值不过是在产品中再现而已。剩余价值仅仅是在新的生产过程中从‘工人加到材料上的’新劳动中产生的，在这个新的生产过程中，预付基金表现为劳动资料或劳动工具”[①]。

马克思在批判分析斯密的理论时，非常巧妙地揭破其中的庸俗成分，这一成分后来发展成庸俗经济学家，即斯密模仿者的辩护理论。简言之，斯密并未认识到纯粹形式的剩余价值，他把剩余价值等同于地租和利润。他没有区分劳动和劳动力，不懂得工人向资本家出卖的是劳动力，而不是劳动，所以斯密不能在价值规律的基础上解决资本和劳动相交换的问题。相反地，他认为在资本和劳动的交换中价值规律不起作用。

在此基础上，马克思指出了斯密理论中的矛盾和错误，这种矛盾最明显表现在斯密提出的各种互相矛盾的价值规定上。斯密一方面认为，商品的价值由生产商品时耗费的劳动决定；另一方面又认为，在发达的资本主义条件下，商品的价值由工资、利润、地租这三种收入决定。这样，他就提出了两种不相容的价值规定。这种情况证明：斯密理论体系中的矛盾是他本能地客观地反映现实的结果，这为后来的理论研究提出

---

① 《马克思恩格斯全集》第三十三卷，人民出版社2004年版，第56页。

了亟待解决的问题。斯密没有能解决这些矛盾，但发现了矛盾，提出了疑问，这在经济学史上具有重要意义。马克思指出，“后来的经济学家们互相争论时，时而接受斯密的这一解释，时而接受斯密的那一解释，这种情况最好不过地证明斯密在这方面的正确本能”[①]。斯密提出的矛盾在后来李嘉图的著作中未能得到全部解决，马克思在《剩余价值理论》第二卷中展开了分析，最后，只有马克思才最终给予了科学的说明和彻底的解决。从这个意义上说，斯密的经济学理论为马克思创立科学的劳动价值理论提供了思想素材。

马克思进一步分析了斯密著作中存在这些矛盾的原因，即根源在于斯密分析方法上的缺陷。斯密一方面力求揭示资产阶级社会隐蔽着的内在联系；另一方面又致力于描写资产阶级生产方式的外在表现。第一个方面能使斯密获得具有科学价值的认识，如关于劳动时间决定价值的正确规定和关于剩余价值的真正起源问题等。第二个方面只能达到肤浅的认识，为其后的庸俗经济学开辟了道路。

马克思在分析了斯密的价值理论和剩余价值理论之后，进而考察价值和剩余价值的实现问题，重点是分析斯密“收入决定价值”的理论所引起的分析混乱。斯密把社会总产品的价值仅仅归结为三种收入，即工资、利润、地租，从而排除了商品价值中的第四个组成部分，即不变资本，因而无法说明消耗掉的生产资料如何补偿的问题，也就无法对资本主义再生产进行科学的分析。斯密的该观点为以后的大多数资产阶级经济学家所继承，马克思则把斯密的这一观点称为“斯密教条”。马克思

① 《马克思恩格斯全集》第三十三卷，人民出版社2004年版，第135页。

在政治经济学史上第一个澄清了“斯密教条”，纠正了“斯密教条’的错误，解决了斯密以及一切古典经济学家在考察社会再生产时所无法解决的问题，逐步创立了崭新的科学的社会再生产理论。马克思指出，研究不变资本补偿问题的重要基础是认识商品所体现的劳动的二重性。只有通过劳动二重性的规定才可能解释生产资料和劳动力在价值形成过程中的不同作用，才能划分不变资本和可变资本。斯密由于认识上的局限而不能作出这种区分。马克思由于认识到了社会再生产各个价值部分间的区别，也就能说明各个部分间的关系。

马克思又以相当大的篇幅论述了古典经济学家关于资本主义社会中生产劳动和非生产劳动的观点，同时也考察了斯密的庸俗化者的观点。在生产劳动和非生产劳动的问题上，斯密也得出了两种互相矛盾的观点，这两种观点在他的叙述中紧密地交织在一起。斯密认为，在资本主义生产条件下，“生产劳动”不仅把作为工资的那部分资本价值再生产出来，而且还提供利润，即创造剩余价值，对此，马克思抽丝剥茧般地展开分析，充分肯定了斯密的这一定义，他说：“这里，从资本主义生产的观点给生产劳动下了定义，亚·斯密在这里触及了问题的本质，抓住了要领。他的巨大科学功绩之一……就在于，他下了生产劳动是直接同资本交换的劳动这样一个定义。”①马克思同时指出，斯密在这里区分生产劳动和非生产劳动的标准，不是从劳动的物质规定性得出来的，而是从一定的社会形式即劳动得以进行的社会生产关系中得出来的，因而斯密的第一个定义是科学的。斯密还提出了第二个定义，即生产劳动也

① 《马克思恩格斯全集》第三十三卷，人民出版社2004年版，第141页。

是物化在任何商品中的劳动，是体现在一种有用的产品上的劳动。在这里，斯密把重点放在劳动的物质内容上，离开了社会规定性，因而是错误的。

马克思对斯密生产劳动和非生产劳动观点的分析批判是同他自己关于这个问题的理论发展紧密联系在一起的。由于批判把社会产品的全部价值归结为收入的所谓“斯密教条”，马克思深入研究了整个社会资本的再生产问题，并非常详细地分析了不变资本的补偿问题，还彻底考察了后来的经济学家使这些观点庸俗化的过程，揭示了那些概念的方法论和阶级的根源。

《剩余价值理论》（第一卷）郭大力译本考释

一、译介背景

郭大力翻译的《剩余价值理论》初版于1949年5月由上海实践出版社发行，再版于1949年6月。该译本的出版既与抗日战争以及战争胜利以后的国内外形势密切相关，又与郭大力本人的志向直接相关。正像毛泽东写作《中国社会各阶级的分析》那样，新的革命斗争形势迫切需要中国化的马克思主义来指引，因此，编译马克思主义的经典著述仍是思想理论界的繁重政治任务之一。

在抗日战争的艰苦岁月中，尽管政治和斗争形势错综复杂，人民的生产和生活条件极为艰苦，但是党中央高度重视理论工作，要求各级干部和广大群众用马克思主义理论武装自己的头脑，因此，马克思主义经典著作的翻译和出版不但没有减少，反而比以前大大增加，不论是解放区根据地，还是国民党统治的地区，甚至日本侵略者占领的地区都有很多人在组织翻译马克思主义经典著作。当时，以延安为中心的陕北根据地是抗日战争时期面积最大的解放区，它既是党中央的领导中心，同时也是马克思主义经典著作编译和出版的中心。1938年5月5日是马克思诞辰120周年纪念日，就在这一天，马列学院在延安正式挂牌成立，由张闻天任院长。该学院承担两项任务：一是培训党员干部；二是编译马列主义经典著作。张闻天亲自兼任编译部主任，这也是中国共产党历史上第一个从事马列主义经典著作编译的专门机构。与之相应，为了更好地满足广大群众学习的需要，党中央在延安成立了中共中央出版发行部，由李富春任部长，统一领导党的出版发行工作，它既是领导机关，同时又是出版发行的具体工作机关。凡是马克思、恩格斯、列宁、斯大林和毛泽东的著作，均以"解放社"的名义出版，其他社会科学方面的著作均以"新华书局"的名义出版。这样，就营造了大规模翻译出版、研究学习马克思主义经典著作的氛围，使得延安时期成为马克思主义经典著作早期传播史上一个至关重要的阶段。郭大力从1928年起就致力于翻译、研究、介绍和传播马克思主义，特别是马克思的《资本论》。他就是在这样的背景下编译了《资本论》三卷本和《〈资本论〉通信集》，并分别于1938年、1939年由读书生活出版社出版。

在第三次国内革命战争，即解放战争时期，中国共产党仍然没有放松马克思主义的传播工作。这期间，马克思、恩格斯著作在广大解放区，特别是在新解放区大量出版发行。在国民党统治区，党的地下出版机构和各进步书店也想方设法利用一切条件，翻译出版马克思、恩格斯的著作，如《哲学的贫困》《劳动在从猿到人的转变中的作用》等。在新中国成立前夕，党中央为了提高全党干部政治理论水平，以迎接革命胜利，规定了包括《共产党宣言》《社会主义从空想到科学的发展》等在内的12种干部必读书，印数达300万册。直到新中国成立初期，这些译著仍然是广大干部和群众的必备读物。这些著作对提高全党的政治理论水平起了巨大作用。从中国共产党成立到中华人民共和国成立这28年间，马克思主义经典著作的翻译出版事业在一批为传播马克思主义真理而献身的革命者的艰苦努力下，取得了巨大的成就。到新中国成立前夕，马克思和恩格斯的一些主要著作基本上都有了中译本，而郭大力翻译的《剩余价值理论》三卷本就是其中之一。为了集中力量加强出版工作以迎接新中国的诞生，生活、读书和新知这三家书店决定合并为生活·读书·新知三联书店。1948年10月26日，在中国人民艰苦斗争的年代，不畏惧国民党反动派的文化“围剿”，坚持出版马列主义著作的三家书店终于联合在一起了。《剩余价值理论》郭大力译本就是由生活·读书·新知三联书店出版的。

至此，我们还需提到另外一个十分重要的方面，即我国译介和研究《资本论》及其相关手稿的理论准备。如前所述，《剩余价值理论》是马克思1861—1863年间写作的，为《资本论》的草稿第二稿，是理解《资本论》、研究马克思写作《资本论》的思想过程、掌握马克思主义政治经济学原理所不可或缺的文献资料。因而，《剩余价值理论》的出版背景也与《资本论》在我国的传播紧密联系在一起。

马克思写作《资本论》的时候，中国处在封建统治和西方列强侵略并一步步沦为半殖民地半封建社会的黑暗时期。为了救亡图存，中国的进步知识分子开始向西方学习。马克思的《资本论》在这个危急关头传入中国。在俄国十月革命以前，马克思和《资本论》曾被简略提及，如朱执信于1906年在《民报》上发表《德意志社会革命家小传》，介绍了马克思的生平事迹，简要评述了马克思的主要著作《共产党宣言》和《资本论》的内容。1912年，孙中山在上海对中国社会党的演说中，评析了《资本论》的观点。十月革命以后，宣传和初步研究《资本论》的译著、论著如雨后春笋般涌现。

1919年5月，李大钊在其主编的《新青年》第六卷第5、6号上刊发了著名长文《我的马克思主义观》。1922年2月21—23日，李大钊在

《晨报》副刊上发表《马克思的经济学说》，这两篇文章详细地阐述了马克思主义经济学说的基本内容。1920年，陈启修曾在北京大学按《资本论》的体系讲授马克思的经济学说。同年，在李大钊的倡导下，北京大学学生发起成立马克思学说研究会。研究会成立后，翻译组请李大钊和陈启修担任导师，根据德文版翻译《资本论》，可惜这部译稿没能保存下来。1919年6月2日至11月11日，《晨报》副刊的“马克思研究专栏”上连续译载了柯祖基（考茨基）的《马氏资本论释义》，这是陈溥贤根据高畠素之的日译本转译的。1920年9月，该著以《马克思经济学说》为名由商务印书馆出版，这是《资本论》第一个中文诠释本。也是在1920年9月，社会主义研究社出版了马尔西的《马格斯资本论入门》，由李汉俊根据日文版翻译，李大钊和陈独秀大力推荐此书。1920年10月，上海《国民》月刊发表了费觉天翻译的《资本论》第一卷德文第一版“序言”，这是与中国读者见面的《资本论》最早的“部分中译本”了。郭沫若早年留学日本期间就抱定翻译《资本论》的决心，1926年10月，郭沫若与商务印书馆商榷此事未果。

1930年3月，陈启修翻译的《资本论》第一卷第一分册由上海昆仑书店出版，这是《资本论》在我国出版的第一个中译本。陈启修译本原计划分10册出版，但在当时的艰难条件下只出版了第一分册。此后，中共党员潘冬舟继续翻译了《资本论》第一卷第二、三、四篇，以第二分册（第二、三篇）和第三分册（第四篇）的形式，先后于1932年8月和1933年1月由北平东亚书局出版。潘冬舟原计划每季度出版一个分册，两年内将三卷《资本论》译完，但这一计划未能实现。1932年9月，北平国际学社出版了王慎明和侯外庐合译的《资本论》第一卷上册，包括

第一篇至第三篇第七章，该书系北平京华印刷厂秘密排印的，国际学社只是一个虚构的出版社。1936年6月，世界名著译社出版了第一卷中册（第三篇其余二章和第四篇）、下册（第五篇至第七篇），随后又出版了合订本，译者署名为右铭、玉枢。至此，《资本论》第一卷的第一个完整中译本诞生了。在此期间，商务印书馆也于1934年5月出版了由吴半农译、千家驹校的《资本论》第一卷第一册，内容包括《资本论》第一卷的第一、二篇，这个译本在内容上没有超过以上版本，因此并未产生较大影响。1938年8—9月，郭大力、王亚南合译的《资本论》三卷本在上海由读书生活出版社公开发行，分精装版和平装版。郭大力、王亚南合作翻译《资本论》的历程是我国马克思主义翻译传播史上的一段佳话。

《资本论》在战争年代被视为革命指南。党中央通过党校、马列学院、《资本论》研究小组等形式组织党员学习和研究《资本论》，毛泽东也曾认真研读了《资本论》，并且作了批注。毛泽东在1937年8月写的《矛盾论》中，赞扬马克思在《资本论》中运用的矛盾分析方法。1941年在《关于农村调查》一文中他就社会研究中的分析—综合方法说道："马克思的《资本论》就是用这种方法来写成的，先分析资本主义社会的各部分，然后加以综合，得出资本主义运动的规律来。"[①]由此可见，《资本论》的译介对于马克思主义中国化的价值。

作为《资本论》译介和研究的重要组成部分，马克思和恩格斯关于《资本论》的通信、马克思为写作《资本论》而准备的手稿就成为重要

① 《毛泽东文集》第二卷，人民出版社1991年版，第380页。

的辅助资料。1938年，郭大力编译了《〈资本论〉通信集》。1940年春开始，郭大力按照考茨基编辑的版本，着手翻译《剩余价值理论》。马克思把《剩余价值理论》当作《资本论》的第四卷来写。因此，郭大力认为只有把它译成中文，才算把《资本论》完整地介绍给中国人民。在翻译过程中，郭大力历经劫难，辗转逃亡，译稿直到1949年5月才得以出版。

二、译者介绍

郭大力（1905—1976），江西南康县三江乡斜角村人。中国经济学家、教育家，中国科学院哲学社会科学学部委员，曾在马列学院、中共中央直属高级党校任教。1928年初开始翻译《资本论》，是《资本论》中文全译本首译者之一，此外译有《政治经济学及赋税原理》《剩余价值学说史》等，是我国马克思主义传播的先驱之一。

郭大力

郭大力出生于知识分子家庭，他的父亲当时在南康县立高等小学任校长，郭大力7岁时随其在该校就读。他勤奋好学，聪慧出众，加上父亲的严格教育，时常督促，因而学习成绩一直名列前茅。1919年小学毕业后，郭大力考取江西省立第三中学。在中学阶段，他离开父母，过着艰苦的寄宿生活，学习却更加刻苦，整日里读书学习，遨游在知识的海洋中，多方面采览各种知识。1923年，他完成中学学业后，以优异的成绩考入厦门大学，后随部分师生转入上海，在新创办的大夏大学（今华东师范大学）哲学系就读。就在这段时间，他开始广泛涉猎社会科学著作，接触到马克思主义，被马克思主义的理论魅力所吸引，并由此决心深入研究马克思主义的经济理论，为后来翻译《资本论》打下了扎实的基础。1927年，郭大力大学毕业，他一边寻找职业，一边继续为翻译《资本论》做准备。

在大学毕业后的几年中，郭大力一直在大夏中学任教，业余时间则潜心研读和翻译。几年下来，斯密、萨伊、李嘉图等几位著名的古典经济学家的主要著作他都读过了，并且用中文把它们译了出来。1938年8—9月，郭大力、王亚南合译的《资本论》中文全译本在上海出版了，这部表现人类智慧的巨著终于第一次以完整的面貌出现在中国读者面前。

1938年9月，郭大力应江西省立赣县中学校长周蔚生之聘，到设在赣州市的该校高中部做了英语教师。1939年，郭大力又开始了对《资本论》译文的校订。1940年春，郭大力又按计划着手翻译《剩余价值理论》。这部著作为《资本论》的历史部分，马克思是当作《资本论》的第四卷来写的。因此，郭大力认为，只有把《剩余价值理论》也全部译成中文，才能完整地理解马克思的经济学理论。郭大力翻译《剩余价值理论》和翻译《资本论》一样，经历了不平常的过程，最后在1949年5月由上海实践出版社出版，书名为《剩余价值学说史》。从郭大力1928年开始初译《资本论》到1949年《剩余价值学说史》的出版，超过了20年的时间。

1946年秋，郭大力应王亚南的邀请到厦门大学任教，讲授政治经济学。在相对安定的生活环境中，郭大力依然保持他一贯的工作作风，一丝不苟，刻苦认真。这期间，他在教学之余，又几次三番校订《剩余价值学说史》译稿。另外值得一提的是，1939年，郭大力在家乡时曾把柏林大学教授古斯达夫·梅尔的名著《恩格斯传》译成了中文，但译稿在寄往上海时不幸遗失。1940年，他应聘广东文理学院时又全部重译了一遍，可惜在他返回家乡时译稿又遭厄运，再次丢失。郭大力并未就此罢休，他又重译了第三稿。在该书的序中他写道："我不惜再三重新动笔，是因为这位思想家的生活太使人敬爱了。他的勇敢，他的热情，他的谦虚，实在使人神往。同一工作的反复所以不致令人厌倦，主要就是为了这点。"①这段话，真实地表现了郭大力对无产阶级革命领袖的无限敬仰之情。由于长期从事对马克思、恩格斯著作的研究和翻译，郭大力不断地从中汲取理论营养，坚定了对马克思主义的信仰，又为革命导师的革命精神和崇高品德所折服，因而对自己的工作充满了热情，历经长久而不衰。

1949年春，在共产党组织的精心安排下，郭大力一家先后离开厦门到了香港，不久又从香港到了北京，从此，郭大力即在党组织的直接领导和关怀下工作。这个时期，郭大力可以全身心地投入到研究马克思主义政治经济学的工作中去了。凭着对新中国和共产党的诚挚感情，郭大力精神勃发，每天的工作都非常紧凑和紧张。他除在院内讲台上向学员认真地讲解《资本论》外，还经常应邀去院外的工厂、学校等单位讲社会发展史和《帝国主义论》。繁忙的教学和写作活动占去了郭大力每天

---

① ［德］古斯达夫·梅尔：《恩格斯传》，郭大力编译，生活·读书·新知三联书店1950年版，"序"第2页。

的时间，但他时时为一桩心事所困扰。这就是，他感到1938年出版的第一个中译本《资本论》受当时的条件限制，还不够准确和通俗，不能适应新中国广大干部和群众的学习需要。因此，他决定对《资本论》译文做一次修改。1953年、1954年，他花了两年时间，终于使修改后的《资本论》中译本相继出版。1957年10月11日，郭大力经杨献珍、龚士其两人介绍，光荣地加入了中国共产党。入党以后，郭大力又把《资本论》译文全面修改了一次。1963年、1964年，经他第二次亲自修改的《资本论》第一、二卷相继再版，1968年，第三卷也出版了。可以说，郭大力将自己一生中的最好时光都献给了《资本论》。

1976年4月9日，郭大力心脏病突然发作，来不及送往医院就与世长辞了。

三、编译及出版过程

郭大力翻译《剩余价值理论》是与《资本论》的翻译联系在一起的。从1927年开始，由于蒋介石叛变，革命处于低潮。郭大力深感要改变中国的面貌，非常需要马克思主义的指导。大革命的失败，并没有使他灰心丧气，他获悉红色政权已在井冈山建立，更感到作为热血青年要为革命贡献一份力量，于是决心把《资本论》这部马克思主义理论宝库中的伟大著作完整地介绍给中国人，当然也包括被称为“《资本论》第四卷”的《剩余价值理论》，而这个编译过程历时20余年。

1928年1月，郭大力从上海来到杭州，最初只是为了寻觅一个比较清静、便于读书，而又开支较少的环境，听同学说，杭州大佛寺是一个好去处，就这样只身来到了这里。郭大力此行就准备在这里仔细研读马克思的《资本论》，并计划把它译成中文。多年来，中国也曾有少数知识分子计划翻译《资本论》，但都因为这部著作篇幅宏大，内容深奥，费力费时，加上其他各种困难的限制，以致译成中文的愿望始终难以实现。

郭大力在上大学时就知道《资本论》在中国有德文原版和日文译本，后来由于一次偶然的机会，他碰到书店出售英文版的《资本论》，看后爱不释手，终于把它买了下来。他认真读了第一卷，更为它的博大精深所吸引、所折服。虽然郭大力也知道，要把这部巨著译出并非易事，但是他深深地感到，对于正在发生深刻社会变革的中国，太需要这部解剖资本主义生产，并从历史方面指出资本主义生产的命运的经典著作了，在中国，早就该有一部完整的中文译本了。失业的困苦，生活的艰难，更加坚定了郭大力翻译《资本论》的决心。于是，在大佛寺的油灯下，郭大力摊开了稿纸，写下了“资本论”几个汉字。自此，翻译被称作“工人阶级的圣经”的《资本论》的伟大工程就这样开始了。

也就在这期间，郭大力结识了王亚南，共同的遭遇使两位萍水相逢的青年一见如故。几天下来，经过几次促膝交谈，双方发现彼此学识相当，志趣契合，不久就成了好朋友。这样，当郭大力提出要王亚南一起研究和翻译《资本论》时，王亚南欣然应允。终于，在一个早春的寒夜，郭大力和王亚南定下了合作计划。经过商议，他们决定先从翻译古典经济学的名著着手。因为郭大力在翻译《资本论》第一卷时，看到马克思经常提到古典经济学的一些代表人物，如亚当·斯密

郭大力和王亚南翻译的李嘉图的著作

以及李嘉图，由此感到，如果不熟悉古典经济学，就难于理解和译好《资本论》。

1934年，郭大力为翻译《资本论》频繁地往来于自己的住处与王亚南在法租界的居室。郭大力告诉王亚南，在杭州翻译的《资本论》第一卷译稿早在“一·二八”事变中毁于日寇侵华的炮火之中，现在只有从头开始。为了使译文更加缜密，他们常常在一起讨论，力求使译文更合原意。因为，这时在上海和北京已经分别出版过《资本论》的第一卷，如果自己的译文不比已出版的译著强，要想另行出版是不可能的。那时，出版社都是各自选择名著的译稿，并没有统一的规划，当时，郭大力并不了解别人是否也在译《资本论》，或者是否有出版社正在出此书的中译本。在一时难以找到出版社出书、家庭开支又日渐增多的情况下，不得不翻译些畅销著作以取得稿酬来维持家庭生活，使得翻译《资本论》的工作只能时译时停，三年下来只译出几十万字。

正当翻译工作顺利进行的时候，日军于1937年8月13日侵入上海。为了避免损失，读书生活出版社经理黄洛峰把出版社的人带到了汉口。郭大力把已译好的《资本论》第一卷译稿交给了郑易里，便回赣南老家了。郭大力在老家稍事休息之后，继续翻译《资本论》的第二、三卷，每天要译上万字，间隔几天就把译好的稿子用稿纸誊清，用挂号信寄往重庆，再由重庆转寄到上海，后来局势相对平稳后就直邮到上海。王亚南这时在重庆，也把译好的稿子寄往上海。《资本论》第二卷全部和第三卷的大部分译稿，就是在这种动荡的社会条件下完成的。1938年4月，郭大力在家乡收到一份上海发来的电报，要他赶快到上海去。原来，读书生活出版社留守在上海的郑易里陆续收到郭大力和王亚南译的《资本论》大部分译稿后，即与在重庆的经理黄洛峰商议，决定利用上海租界的暂时平静这一有利时机，抓紧出版《资本论》。为了预防不测，需要在尽量短的时间内一气出齐，于是，只好请郭大力到上海共同安排印校事宜。

郭大力绕道广州、香港，经过一路艰辛，终于来到上海。稍事安顿，郭大力顾不得旅途的劳累，立即投入到紧张的工作中。他的任务真是太繁重了，必须一面赶译第三卷未译完的那些章节，一面又要校订全书的译文，一面还要审校排印出来的清样，连书的封面装帧也要他自己设计，简直是事无巨细。经过夜以继日、废寝忘食的努力，8月13日，郭大力在为《资本论》中文本所写的“译者跋”上署上自己的名字后，十年夙愿终于变为现实。在出版社的同志特别是郑易里夫妇的密切合作下，经过四个多月的奋战，《资本论》第一至三卷中文译本，于1938年8—9月在上海出版了，这部表现人类智慧的巨著终于第一次以完整的面貌出现在中国读者面前。

1938年9月，郭大力在江西省立赣县中学高中部做了英语教师。对于郭大力来说，做一个英语教师自然是轻车熟路。但他仍一丝不苟地备课，不厌其烦地讲解，认真细致地批改作业。繁忙的教学之余，郭大力又开始做另一项工作，即翻译《〈资本论〉通信集》，这些包括马克思和恩格斯有关《资本论》的25封通信和3篇论文的原文，本来附在德文版《资本论》各卷的后面，当时因怕耽误《资本论》中文本的出版时间，没有与《资本论》中文全译本同时译出出版。所以，郭大力每天夜里批改完学生的作业，又赶译了这些通信和论文，这对于郭大力来说已经是驾驭自如了。很快，《〈资本论〉通信集》于1939年交给读书生活出版社出版了单行本，1947年3月读书出版社再版。

《〈资本论〉通信集》出版后，1940年春，郭大力动手翻译《剩余价值理论》。当时，他正在广东文理学院讲授政治经济学。1941年1月，皖南事变发生后，国民党加紧反共，迫害进步人士。郭大力被迫携全家从广东回到江西乡下。在生活贫困、工作条件极差，甚至连一本较好的德文词典都找不到的条件下，他仍以坚韧不拔的精神继续翻译《剩余价值理论》。1943年年底译完初稿。此后又对原稿进行不断修改校订，一直到上海解放前夕才由实践出版社出版。至此，郭大力前后用了二十多年的时间，实现了自己的志向，把三卷《资本论》和三卷《剩余价值理论》译成中文。实践出版社是读书生活出版社在国民党白色恐怖统治下使用的又一个名称，《剩余价值学说史》是该出版社早已着手进行的出版项目。其中，《剩余价值学说史》第二册首次出版时分为上、下两册。在用实践出版社的名义出版之后一个月，1949年6月《剩余价值学说史》又用生活·读书·新知三联书店的名义出版，分为三卷。1949年6月，新中国书局同时刊行了郭大力翻译的《剩余价值学说史》，第一卷发行5000册，第二、三卷分别发行3000册。出版时，该著作增加了副标题“政治经济学批判遗稿”，译者为每一卷也拟定了名称，第一卷为“剩余价值学说之起源至亚当斯密”。

《剩余价值学说史》生活·读书·新知三联书店1949年版

新中国成立以后，郭大力译本分别于1951年和1957年重印了两版。这两次出版并未改动译本的内容，仅是重新排版刊印，基本保留了1949年版的原貌。

《剩余价值学说史》生活·读书·新知三联书店1951年版

《剩余价值学说史》生活·读书·新知三联书店1957年版

如前所述，郭大力在新中国成立前采用1923年柏林出版的考茨基编辑的版本作为翻译的底本。1954—1961年间，苏联马列主义研究院重新编辑并用俄文出版了马克思的《剩余价值理论》，随后又作为《马克思恩格斯全集》俄文第二版第二十六卷（分三册）出版。1966年春，郭大力虽已身患重病，在校对完《资本论》第三卷译文以后，接着又根据上述新版本的德文本和英译本，进行《剩余价值学说史》的校译工作。这期间，他用惊人的毅力，克服常人难以想象的困难，终于坚持校译完了全书。不幸的是，在第一卷由人民出版社出版后不久，郭大力因心脏病突发离世，没能看到第二卷和第三卷的出版。

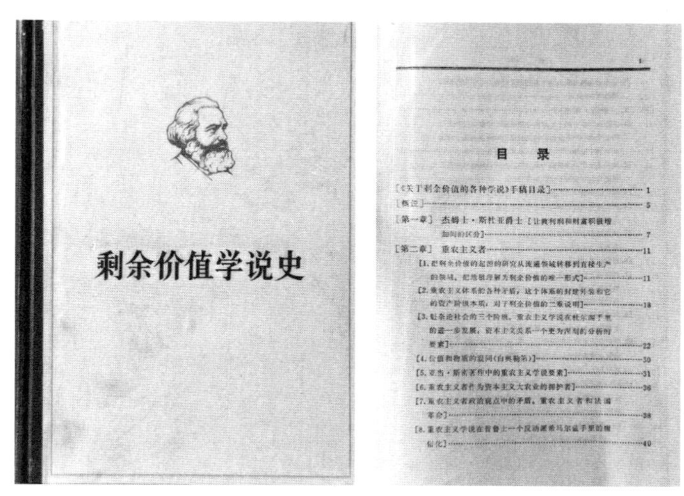

目　录

《剩余价值学说史》第一卷人民出版社1975年版封面与目录

2009年，生活·读书·新知三联书店出版了郭大力在新中国成立前翻译的《剩余价值学说史》，并将其与三卷《资本论》作为一个整体呈现给读者，并给《剩余价值学说史》冠以“《资本论》第四卷”的副标题。这次出版用简体字重新排印，发行了3000册。《剩余价值学说史》郭大力译本于2011年6月由北京理工大学出版社重新排印发行，16开平装本，印数3000册。

总之，从1949年5月至2011年6月，马克思的《剩余价值理论》郭大力译本经历了长达半个多世纪的出版过程。近年来，我国再次出版郭大力在新中国成立前的早期译本，说明《剩余价值理论》仍需深入展开研究，它对于准确把握马克思《资本论》第四卷的构思，乃至马克思主义政治经济学的形成和发展过程都具有不可估量的理论和现实意义。

《剩余价值理论》（第一卷）郭大力译本译文解析

在对《剩余价值理论》（第一卷）郭大力译本（以下简称“郭译本”）的译文进行解析之前，我们必须先确定底本。众所周知，诸如《论语》《孟子》和《道德经》等中国传统经典在被引用和注释时一般不标明版本，它代表了中国文献考据千余年来积淀的成果，经“甲骨”“鼎”“简”“帛”等判读后的经典文字已经无须置疑，人们可以对其进行多种多样的诠释，西方世界的古籍也是如此。然而，20世纪以来，印刷术的传承使文本流传的谱系变得一元化，这些文本距今的年代不算久远，而且大多存世。当对照这些同类文本时，人们会发现大量的“异文”，马克思主义在中国的早期传播过程中，就存在大量的“异文”。为了确定考证和点校的起点或基础，就需要确定同一文献的不同版本的底本。在我国，郭大力翻译的《剩余价值理论》有两种译本，一是新中国成立前的译本，出版于1949年，它的外文底本是考茨基编辑的《剩余价值学说史》；二是新中国成立后的译本，出版于1975年，20世纪50年代国际上通行的是苏联版《剩余价值理论》，郭大力曾在晚年根据这个底本重新编译了马克思的这部手稿，仍命名为《剩余价值学说史》。本书底本系郭大力在新中国成立前依据考茨基版而翻译的译本。郭译本代表了正在形成的中国化马克思主义的话语体系的一个相对成熟的阶段，表现为译文含义明确、接近并符合当代的语言习惯、对马克思主义经济学的观点阐释准确等，这里只能选取其中直接关涉理解马克思思想的译文加以诠释。在译文的考证方法方面，本书主要采用“对校法”，即将郭译本与最新出版的《马克思恩格斯全集》第二版第三十三卷和第三十七卷加以比对。

一、文本结构

郭译本所依据的底本是考茨基版《剩余价值学说史》，因此郭译本在文本结构上与考茨基版是一致的。或者说，对郭译本的文本结构进行分析，同时就是批判性和反思性地研究考茨基版的得失。

就文本结构而言，在《1861—1863年经济学手稿》中，除马克思写作《政治经济学批判》（第二分册）和《资本论》的理论部分之外，有关《剩余价值理论》的这部分内容在手稿中的分布情况如下表所示：

笔记本编号	页码	主要内容
Ⅵ—Ⅹ	220—444	重农学派与亚当·斯密的经济理论
Ⅹ—ⅩⅢ	445—670a	李嘉图的经济理论
ⅩⅢ—ⅩⅤ	753—944	李嘉图以后的经济理论
ⅩⅧ	1085—1157	补充李嘉图以后的经济理论
ⅩⅩ—ⅩⅪ	1291a—1301	历史性评论和札记，休谟和约·马西
ⅩⅫ	1346—1352	威廉·配第
ⅩⅫ—ⅩⅩⅢ	1397—1460	增补配第、诺思和洛克等人著述的评论

由上表中马克思手稿保存的基本情况可知，《剩余价值理论》的篇幅很大，因而必须分册出版。马克思对此没有直接说明。然而马克思手稿中笔记本的结构分布和内容暗示了有一种可行的分为三分册的方法，

而且这种三分法从理论逻辑来看是合理的。

马克思在创立经济理论的过程中，首先密切关注的是以往的资产阶级政治经济学家在解决剩余价值问题方面达到的程度。因此，每一个需要探讨的具体问题，都需要依赖古典经济学家的著述和理论，反之，在阅读和研究某个经济学家的著述和理论时，马克思总是会重新研究一些具体的理论问题。按照这个线索，可以做如下划分：（1）马克思研究了资产阶级政治经济学直至其顶峰的发展阶段。重点是工场手工业时期最重要的经济学家亚当·斯密。理论问题集中在资本和劳动在价值规律基础上的交换上。这部分内容可以作为《剩余价值理论》的第一册；（2）马克思在手稿中论述了资产阶级古典政治经济学的顶峰，即李嘉图理论。主要的理论问题是：价值理论和剩余价值理论的完成，研究剩余价值在资本主义社会中表现出来的具体的、派生的形式，这部分内容可作为第二册；（3）马克思分析了资产阶级经济学的衰落，它作为科学的政治经济学的衰落过程及其向庸俗经济学的必然发展，这部分可作为第三册。与此相关联，其他片段、札记、补充可以按照逻辑的相关度恢复到各册中，郭大力译本就是根据这样的编辑原则确定的结构框架。

在确定《剩余价值理论》第一卷的基本框架，即以第六至十个笔记本中的内容为基础之后，编译者就需要根据内容的相关度，将其他零散的片段和札记恢复到第一卷总体的结构之中。这样，亚当·斯密之前的经济学家就应该编入《剩余价值理论》的第一卷。实际上，郭译本就是采用了这种编排原则。同理，马克思23个笔记本中凡与此相关的内容都要置于《剩余价值理论》的第一卷中，因此，郭译本的第一卷的结构框架可以分为三个主要的组成部分：一是前置部分；二是主体部分；三是附录部分。

第一卷目次

第一篇　重農主義派：其先驅和同時人

郭译本目录第1页

首先是前置部分。如上图目录所示，郭译本在第六个笔记本正文开始前插入了马克思原始手稿中的四处片段和札记，分别是（1）“威廉·配第爵士”，这部分内容散见于马克思手稿第346—347、1347—1352、1398页等几处；（2）“达芬南”，出自手稿第317—318页；（3）“诺芝和洛克”，这一小节的引言出自第1397页，关于洛克的部分出自手稿第1291—1293页，诺芝的部分出自第1418—1420页；（4）“休谟和马希”，出自手稿第1293—1294页，其中关于引用“马希”的论述出自第1300—1301页。[①]这四处插入的部分从时间上看，均是斯密之前的经济

① ［德］卡尔·马克思：《剩余价值学说史》第一卷，［德］卡尔·考茨基编，郭大力译，新中国书局1949年版，目录。以下凡引此书，仅在文中标出页码。

学观点，早于重商主义者詹姆斯·斯图亚特，因此排在全书的伊始。虽然与马克思原始手稿的页码顺序不符，但是符合“政治经济学史”或“剩余价值学说史”研究的逻辑。

其次是主体部分。按照马克思原始手稿的页码顺序，第一卷的主体部分应为第220—444页，中文版《马克思恩格斯全集》第二版第三十三卷就忠实地呈现了手稿的原貌，其中体现的是马克思本人研究的过程和叙述的逻辑。与之相对照，郭译本则作出了一些改变，包括以下情况：（1）改变页码顺序，例如：将马克思手稿第234—240页中关于重农主义的评论移至第229页之后。将第242—243页中马克思引用费迪南多·帕奥莱蒂和韦里著作的内容及评论移至第234页，与其中的相关内容衔接。将手稿第二十二个笔记本第1399—1400页中涉及重农主义的内容移至第241页施马尔茨思想评论处，将第1449—1451页关于重农主义的部分提到第一卷中。第一篇第八小节“林格”和第九小节“魁奈”也被编在“斯密”部分之前。甚至，郭译本将马克思《政治经济学批判》（第一分册）的内容也作为正文，加入到《剩余价值理论》第一卷中（第137页）。可以说，郭译本第一卷的顺序与马克思原始手稿中的写作顺序存在较大差异。

最后是附录部分。从目录中可见，郭译本中出现了三处附录。在编辑第一篇第十四小节“魁奈‘经济表’中论到的社会总资本的再生产与流通”后出现了第一个附录，郭译本在此忠实地呈现了考茨基的注释，将编辑思路译为中文，即：

关于这一章，有两个批判《经济表》的说明，是互相补正

> 的。其一，包含一序列离题的议论，那必须分开来，当作一个附录来编辑。此外，为易于理解起见，我填满了若干空白。流通行为的分析，尚未完成。所以，这里，单纯的编辑是不够的，必须完全编过。不过，材料几乎完全以马克思为根据。其中插入若干我的补注，那都用角形弧表示了。我还从《资本论》第二卷和恩格斯《反杜林论》内“批判史”一章（那也是马克思写的），取出了若干文句……（第88页）

很明显，编者发现了“离题”论述，将其作为附录收入第一卷中，这样编辑引起的叙述逻辑上的断裂，再用马克思的其他论述加以补充。另外两处附录均出现在对斯密观点的评述中，郭译本用小字号排印。

总体而言，郭译本是按照考茨基版编译的，一方面，编者根据内容的相关度对页码顺序作了调整，从而将马克思对斯密及其之前各种观点的评论汇集在第一卷中。这也就是过去指责考茨基版的一个重要问题，即他破坏了手稿的原有结构。今天看来，对于这种批评应当进行具体的分析，不能简单地予以肯定或否定。我们可以假设，如果马克思有生之年有机会将这部手稿作为《资本论》第四卷编辑出版，那么，《剩余价值理论》的手稿究竟应当如何编排？现行三种主要版本究竟谁优谁劣仍需进一步研究。当然不能完全肯定苏联版的《剩余价值理论》就是正确的，也不能完全否定考茨基版。因此，郭译本作为考茨基版的中文译本，时至今日仍然具有研究价值。

就内容来看，马克思曾经不止一次地谈到过，他的《剩余价值理论》是《资本论》的历史部分，其任务是考察17世纪中叶以来的政治经济学史，将来要编为《资本论》最后一卷出版，这是一部理论史。可以说，郭译本把配第作为《剩余价值理论》的起点是很有道理的，将其作为重农主义学派的先驱排在最前面既符合历史发展过程，又与理论本身的发展过程相一致，马克思本人也强调现代经济学是从配第开始的。可以肯定的是，如果马克思生前能亲自编辑、出版《剩余价值理论》第一卷，他也会把配第的材料排在最前面，作为《剩余价值理论》这部政治经济学史的起点。在这个意义上，郭译本的编排体现了马克思的意图和观点，遵循了马克思的理论主旨，因而不能简单地因为颠倒了马克思手稿的原有顺序，就责备这种编排方式破坏了马克思手稿的原有结构。苏联版《剩余价值理论》自称按照马克思手稿的原有写作顺序编排，其实它也没有完全做到，有的地方也颠倒了次序。其实，仔细阅读郭译本可以发现，该译本同样使读者“看到”了手稿的原有顺序，也为研究者提供了素材和大量的注释，读者据此在阅读时可以体会，它遵循了政治经济学发展的“历史路标”。

二、术语考证

郭译本中的术语按照是否与现行一致、含义是否一致这两个标准加以区分，大致可以分为以下三类：第一类是与当前通行术语一致，且含义基本一致的术语；第二类是与当前术语差别较大，但可以“望文生义”的术语；第三类是与当前术语不一致且含义差异较大的术语。以下分别加以说明。

1. 关于第一类

郭译本中有大量的术语与当前的通行术语一致，例如，“剩余价值”“利润”“让渡利润”“商品”“价值”“交换”“生产力”“利息”“地租”“生产工具”“生产条件”“原材料”“流通”“固定资本”“流动资本”“交换价值”“使用价值”“对象化劳动”等。

不容置疑的是，西学东渐给当时的中国带来了新思想，其最明显的特征就是中国人必须要在自己的传统语言中寻找或创造出新的术语来指称那些新思想。在这个过程中，思想和语言的关系密不可分，人们必须理性地去思考，并运用中国社会的现实对象，对其进行抽象、凝练化的表达，从而形成思维的基本要素，即术语。术语的不断变化表征着接受、吸收和消化西方思想的程度与水平。中国历史上两次较大的外来思想输入，一次是佛教传入中国，引发中文中出现了大量的新词汇；另一次就是19世纪下半叶至20世纪初的西学东渐，欧洲多种语言中的科学、政治和经济理论中的术语转化为中文，这是一个长期和持续的过程，时至今日仍在持续。

那么，对于马克思主义经典著作的术语来说，情形如何呢？许多国内外学者都曾提到，日本在明治维新后，是最先走向现代化的亚洲国家，同时伴随着思想领域的西方化。1862年，日本就出版了第一本《英和对译袖珍辞书》，经过40余年的积累和沉淀，到20世纪初已经较为完备和成熟。日本也是翻译和研究马克思主义最早的亚洲国家，是经济、政治、军事、教育、法律等方面率先接受西方思想的亚洲国家。甲午海战的失利使中国人意识到，日本已经比中国向着现代化的方向超前了一大步，于是开始向日本学习。在地理位置上，日本距中国较近，日本的日常生活费用远低于欧洲国家，日本尊崇儒家文化，日语的书面语言中有大量的汉字，容易学习和掌握。梁启超曾在《论学日本文之益》一文中说，“学日本语者一年可成。作日本文者半年可成，学日本文者数日小成，数月大成”[①]。张之洞也曾说，“西书甚繁。凡西学不切要者东人已删节而酌改之”，因而“取径于东洋力省速效”。[②]这在当时的中国已是共识。同理，翻译马克思主义的经典著作，如果能借助日语，可以极大简化工作的过程，凡遇到尚未引入中文的马克思主义基本术语时，就可以把日语中汉字字形借用到中文中，随后，借助日译词汇蔚然成风。

1903年，赵必振翻译了《近世社会主义》，罗大为翻译了《社会主义》，周百高翻译了《社会党》，这三本书都是介绍马克思主义理论的专著，虽然介绍还属零散的，在理论上过分强调历史观中的决定论，轻视阶级斗争作为社会革命的手段，但是，马克思主义理论中的基本术语已经基本呈现在这三部著述中。例如，“生产力”术语在日文中是汉字字形，可以直接移到中文中，这就是“生产力”概念在《哲学的贫困》的几种译本中，在《共产党宣言》《社会主义从空想到科学的发展》等其他马克思主义经典著作中均保持一致的直接原因。可以说，这一类术语都明显带有转译自日语的特征。1932年，王慎明、侯外庐在其《资本论》译本中也谈道：“老实讲，在中国译书界不采用日译的用语的，实在鲜有，驯至大多数专门用语，都已日本化了。所以我们的翻译在便利上以及惯用上，都得求助于日译，甚而至于应该改正的名词，亦沿用一

① 《梁启超全集》第一册，北京出版社1999年版，第324页。

② 张之洞：《劝学篇》，中州古籍出版社1998年版，第117页。

般的借用语。”[①]《新思潮》杂志在第5期就翻译术语问题还发布了一个“统一译语草案”，对翻译实践中常用的术语进行了统一的界定，其中就包括“生产力”等术语，从而使更多的术语趋于规范化和统一化。

2. 关于第二类

郭译本对于这类术语，一方面在排版上设计了固定的格式，即将文中出现的人名、地名用“下画直线”的方式标出，著作名用“下画浪线”的方式标出；另一方面，为了避免误解，郭译本大多用括号标注了原文。这些术语即可“望文生义”，如下表中部分人名与著作名称。

人名		著作	
郭译本	全集本	郭译本	全集本
杰姆士·斯杜亚	詹姆斯·斯图亚特	政治经济学原理	政治经济学原理研究
杜尔阁	杜尔哥	国富的性质及其原因之研究	国民财富的性质和原因的研究
亚当斯密	亚当·斯密	自然的国民经济学	合乎自然的国民经济学
安特	阿恩德	财富分配论	论财富的分配
白奥勒第	帕奥莱蒂	农业论	谋求幸福社会的真正手段
维利	韦里	经济学的一种考察	政治经济学研究

① [德] Karl Marx：《资本论》第一卷上册，王慎明、侯外庐译，国际学社1932年版，“译者的话”第2页。

续表

人名		著作	
郭译本	全集本	郭译本	全集本
里嘉图	李嘉图	经济学原理	政治经济学和赋税原理
诺芝	诺思	税课论	赋税论
白拉斯	贝勒斯	贫民，制造业，商业，殖民地和不道德等等的论文集	论贫民、工业、贸易、殖民地和道德堕落

除人名、地名和著作名等专门术语之外，郭译本中还有许多术语与现行术语不一致，但是这些术语的含义可以很容易被读者理解，不妨碍读者领会马克思原著中的理论观点及其论证过程。例如，“观点”被译为“立足点”（第9页），“派生的形式”被译为“副形态”（第10页），“级差地租”被译为“差额地租”（第11页），“剥削”被译为“榨取”（第22页），“绝对利润”被译为“积极的利润”（第33页），“实际价值”被译为“现实价值”（第34页），“制造业者”被译为“工业家”（第35页），“生产费用”被译为“生产成本”（第35页），“销售”被译为“售卖”（第35页），“财产”被译为“所有”（第36页），“规律”被译为“法则”（第37页），“他人劳动”被译为“别人的劳动”（第134页），“预付”被译为“垫支”（第141页），“无偿的”被译为“无代价地”（第142页），“无酬的”被译为“无给的”（第142页），“异化”被译为“分离”（第143页），“雇佣劳动”被译为“工资劳动”（第158页），等等。

这一类术语之所以具有普遍性是它们均源自中国传统文化。在西方思想最初传入中国时，我国学人对西方国家的文化传统、政治和历史传统都很陌生，我国每年均有大量的青少年远赴海外求学或谋生，他们在引入西方思想时，尚来不及完全消化和准确理解思想和文化、思想和现实、思想和历史传统、思想和宗教等复杂的背景，因而在翻译时，就会按照中国传统文化的理解和解释模式对应西方的思想，较有代表性的就是用“大同社会”来译介“社会主义”“共产主义”思想。

马克思的《剩余价值理论》中，涉及人类社会生产劳动的各个环节，涉及经济社会领域的诸种现象，还涉及经济事务与国家政治间的内在关联等，而生产工艺和流程、地租、赋税、债务、雇佣关系等在我国传统的农业社会中也广泛存在。但同时，西方的资本主义生产方式，西方的科学技术和宗教传统，西方的理性、民主、自由、人权等社会思潮对于当时的中国来说尚属新鲜事物，甚至东西方的封建社会也存在诸多方面的差异，这些差异也就含蓄地保存在这一类术语之中，从而导致译本中的这类术语与现行译本不统一。虽然给今天的读者带来阅读方面的干扰，但总体而言，这一类术语均可“望文生义”。

3. 关于第三类

与现行术语不一致，且存在较大差异，妨碍读者理解的术语可兹举几例陈列如下：

> 他所谓自然价格，实际就是指价值，我们在这里，也就只论到这个；因为剩余价值的决定，就是依存于价值的决定。（第3页）

这里的“决定”今译为“规定”[①]。在现代汉语中，“决定”可以有多种理解：一是指作出主张或作出判断，如《史记·殷本纪》中有“帝武丁即位，思复兴殷，而未得其佐。三年不言，政事决定于冢宰”，《史记·龟策列传》中有“王者决定诸疑，参以卜筮，断以蓍龟，不易之道也”；二是指某事物成为另一事物的先决条件，时间先在性与逻辑先在性统一，如马克思主义哲学原理中的“物质决定意识”“生产力决定生产关系”等；三是指某事物起主导作用，对重要事项或者重大行动作出安排等。而引文中所论“价值”和“剩余价值”并非指上述三种含义，而是对某一事物作出关于方式、方法或数量、质量的界定，它更接近下定义的含义，即严格地定义“价值”是定义“剩余价值”的前提。

> 他不能把资本的利息，当作已知的前提，却必须把它当作特殊的形态，从地租来推演。……土地的价值，不外是预买的一定年数的地租，是地租自身的一个转化形态。（第9页）

这里的“形态”今译为“形式”[②]，二者在现代汉语中各有所指。“形式”是古希腊和中世纪哲学曾使用过的哲学概念，亚里士多德认为形式、质料和具体事物都是实体，有时甚至说只有形式才是实体。培根沿用它并赋予其新的内容，指事物的内在结构或规律。培根则认为物质性的事物才是实体，形式则是物质的结构。在现代汉语词汇中，“形式”是

①《马克思恩格斯全集》第三十七卷，人民出版社2019年版，第375页。
②《马克思恩格斯全集》第三十七卷，人民出版社2019年版，第378页。

指某物的样子和构造，区别于该物构成的材料，即为事物的外形。马克思在此是指地租的形式，即货币或佃租的表现方式。“形态”指事物存在的样貌，或在一定条件下的表现形式，因此“形态”包括“形式”，“形态”是可以把握的，是可以感知的，如货币形态、经济形态、社会形态、意识形态等。如译为“形态”，则未能准确表述马克思的观点。

> 斯杜亚一方面把货币主义重商主义的见解——商品在其价值以上的售卖，及由此发生的利润，会生产剩余价值，形成财富之积极的增加——抛弃了。(第35页)

其中，“财富之积极的增加”对于当代读者来说不易理解，这种译法将马克思科学性的政治经济学原理解释为带有主观色彩的判断，应译为“财富的绝对增加”[①]。

> 对于资本的理解，他的贡献是在这一种证明上面：即，生产条件，当作一定阶级的所有，是怎样与劳动力分离开来的。(第35—36页)

> 劳动力(当作劳动者所有的商品)和劳动条件(当作固定在资本形态上并独立存在于劳动力以外的商品)互相对立着。(第37页)

---

① 《马克思恩格斯全集》第三十三卷，人民出版社2004年版，第13页。

引文中的“劳动力”在当前通行的译本中均译为“劳动能力”。在马克思主义政治经济学原理中,“劳动”“劳动力”和“劳动能力”是需要做区分的:“劳动”分为具体劳动和抽象劳动,分别创造使用价值和价值;“劳动力”是就工人的劳动过程和劳动结果而言,是用于表述工人在特定生产条件和生产方式下的劳动形态。“劳动”和“劳动力”的区分同时又是理解马克思劳动价值论的关键。“劳动能力”则是指工人自身所具备的使用机器、工具的技能,以及更新和改进生产流程所需的知识和经验,因此,在马克思主义政治经济学理论中,“劳动”“劳动力”“劳动能力”是不能混用的。

> 在一切生产方法内,尤其是在资本主义的生产方法内,劳动的对象条件,是属于一个阶级或几个阶级,单纯的劳动力则属于别一个阶级,即劳动者阶级。(第131页)

这里的“生产方法”应为“生产方式”,在现代汉语中,二者有着显著的差异。“生产方式”是马克思主义政治经济学中的一个专业用语,它是指社会生活所必需的物质资料的谋得方式,在生产过程中形成的人与自然界之间和人与人之间的相互关系的体系。目前,马克思主义政治经济学教科书均把物质资料生产的物质内容称作生产力,把其社会形式称作生产关系,两者的有机统一是生产方式。“生产方法”所指的则是较为具体的事物,现代汉语多用其来指称“制造程序”。在工业生产过程中,“生产方法”多指对劳动对象进行加工的方法。如将不同的原材料或零件综合或装配成一种产品，或将原材料加工处理后，分解成多种产品。又如将原油分解为汽油、钟表油、柴油等；还包括通过改变原材料的形状和性能，制成一种或多种产品；从地下、海洋等处提取产品，等等。因此，这两个术语在马克思的理论中是不能混用的。

三、观点疏正

马克思在《剩余价值理论》中阐述了许多重要理论观点，既有关于经济学原理方面的，也有关于哲学方法论方面的，这些观点在郭译本中均有相应的译文，本书选取其中有代表性的段落，陈列如下并加以分析。

> 洛克的这种识别，从下面一点看，会越加显得重要：他是拥护资产阶级社会反封建社会的权利思想之古典的表现；并且，在这方面，他的哲学，还被后来英国全部的经济学者用来当作他们的全部观念的基础。（第21页）

这段话在《马克思恩格斯全集》中文第二版中的译文是：

> 因为洛克是同封建社会相对立的资产阶级社会的权利观念的经典表达者；此外，洛克哲学成了以后整个英国经济学的一切观念的基础，所以他的观点就更加重要。[①]

---

① 《马克思恩格斯全集》第三十七卷，人民出版社2019年版，第272页。

对比两段译文，后者显然更为简练、明了。郭译本已经准确地表述了马克思对洛克经济学思想的基本看法，一方面，传达了马克思对洛克理论立场，即资产阶级立场的定位；另一方面，洛克的经济学思想源于其哲学理论，并影响了英国政治经济学的基本路向。从译文的语言风格来看，郭译本尚带有文言文特点，在句法结构和个别用词上与现代汉语有所差异，但是译文是十分准确的。

> 一切的经济学者，都犯这样一种错误；那就是，不把剩余价值纯粹地当作剩余价值来考察，却在利润和地租那种种特殊的形态下，去考察它。必然会由此生出的理论上的错误，我们会进一步在第三章指示出来；在那里，我们将分析，剩余价值当作利润会采取怎样的转化形态。（第32页）

马克思的《剩余价值理论》手稿是从简要的“总的评论”和关于詹·斯图亚特的篇幅不大的“引论”章开始的，前者是对迄今一切经济学家把剩余价值同利润和地租的特殊形式加以混淆而作的评论，而斯图亚特首先意识到不可能从交换中得到真正的利润；后者是分析重农学派学说的引言，重农学派首先企图从分析生产过程出发来解释剩余价值。此后，马克思转而评述亚当·斯密的学说，然后又回到重农学派，并研究了他们学说中比他们以后的亚当·斯密更深刻的那一部分，这就是魁奈的著名的“经济表”。《剩余价值理论》最初几章的这样的顺序和资产阶级政治经济学矛盾的、曲折的发展进程是相适应的。

引文中的这段话出自“总的评论”，郭大力译本未将其独立出来，而是作为斯图亚特一章的导言收录的，这是一个明显的编辑思路的失误。其中，“不把剩余价值纯粹地当作剩余价值来考察”一句，今译为“不是纯粹地就剩余价值本身”，比较而言，今译文更易理解，而郭译本的译文虽然表述出马克思思想的含义，却存在理解歧义。

> 亚当斯密是已经把剩余价值的真正起源认识了。同时他还明白说明了，这种剩余价值并不是由垫支的基金生出的，无论那种基金在实在的劳动过程上怎样有用，它的价值总不过再现在生产物内。他明白认定了，这种利润，是由劳动者在新生产过程内加在原料里面的新劳动生出的；在这生产过程内，那种基金不过当作劳动手段或劳动工具用。（第141页）

这是马克思关于剩余价值来源的一次重要观点表述，对比当前通行的《马克思恩格斯全集》中文第二版可以发现，除“垫支”一词今译为“预付”之外，其他内容几乎完全一致，即资本家所称的利润，即剩余价值，并非来自资本，而是从工人的劳动过程中产生的，这表明郭译本具有相当高的可信度。

> 这是全然正确的，资本主义生产包含着这样的前提：表现在货币或商品形态上的对象化劳动，在它本身包含的劳动量之外，还常常能够购买“一个追加量”的活劳动，当作“资本的利润”。那其实就是说，它会无代价地，占有活劳动的一部

> 分，而不支付它。亚当斯密强调地极力说明了，这种变化是和资本主义生产一同开始的。这是斯密强过里嘉图的地方。但他也有不及里嘉图的地方，因为他屡屡抱这样的见解，(虽然他自己后来的说明，曾经把这种见解驳倒)，好像在对象化劳动和活劳动间有了这种变化的关系以后，商品（它们不过代表不等量的但确定量的实现化对象化的劳动）相对价值的决定上，就也会发生一种变化。(第143页)

这里未能译出“物化劳动”[①]。在马克思的著述中，物化、异化、外化、对象化是常见的概念，对于这些概念的含义及其区分并不是本书的重点，读者可另行考察。就“物化”这一术语而言，西方马克思主义早期代表人物卢卡奇在《历史和阶级意识》一书中将其发挥为一个重要的概念，从而成为马克思主义术语体系中的一个关键词。卢卡奇的这部著作直到1989年才有中文译本，而我国学者在20世纪80年代以前还未曾注意到，因此，郭译本中未能译出“物化”概念仅是代表中国人理解马克思主义理论与消化吸收西方思想的一个必经阶段，对郭译本不能苛求。

> 因为亚当斯密对于剩余价值，在事实上，虽然在一个确定的和其特殊形态有别的范畴上研究，但在表现上没有这样做。他是把剩余价值和进一步发展的利润形态，直接混而为一了。

① 《马克思恩格斯全集》第三十三卷，人民出版社2004年版，第58页。

这个缺点，在里嘉图以及一切他的后继者的场合，是保留着。这个缺点，引起了许多不一贯，许多不能解决的矛盾，许多无思想的见解，（在里嘉图的场合，那是特别显著；因为价值的根本法则，在他的场合，是更保持系统的统一和贯彻，所以，不一贯和矛盾的地方也特别显著）。对于这种不一贯和矛盾，里嘉图学派只能经院式的，用一种空洞的语句，尝试去解决（这在我们讨论利润的那一节，可以看到）。粗率的经验主义，激变为谬误的形上学，经院主义了。这种经院主义，要由单纯的形式的抽象，从一般法则，演出各种不可否认的经验的现象，或依照这种法则来辩论。（第152—153页）

这段话是较为难以理解和翻译的，它是马克思在经济学语境中对哲学方法论的一次明确阐释，也是马克思在《剩余价值理论》中表述的重要理论观点。我们可以将这段话与当前的通行译本作对比，即：

亚当虽然实质上是说明剩余价值，但是他没有明确地用一个特定的、不同于其各个特殊形式的范畴来阐明剩余价值，因此，后来他直接就把剩余价值同更发展的形式即利润混淆起来了。这个错误，在李嘉图和他的所有的后继者的著作中，仍然存在。由此就产生了一系列不一贯的说法、没有解决的矛盾和荒谬的东西（在李嘉图的著作中，这种情况更加突出，因为他更加系统而一致地、始终如一地贯彻了价值的基本规律，所以不一贯的说法和矛盾表现得更为突出），对于这一切，李嘉图学派企图用烦琐论证的办法，靠玩弄词句来加以解决（我们在后面关于利润那一篇中将会看到这一点）。粗俗的经验主义变成了虚伪的形而上学，变成了烦琐哲学，它绞尽脑汁，想用简单的形式抽象，直接从一般规律中得出不可否认的经验现象，或者巧妙地论证它们是同一般规律相一致的。[①]

其一，剩余价值概念的使用是马克思的创见，他在利润和地租等特殊形式上抽象出剩余价值，或者说，古典经济学家斯密、李嘉图等人已经研究了剩余价值的具体形式，但未能说明作为经济学范畴的、抽象的剩余价值，因而就不能表述和阐明资本家剥削工人的秘密。郭译本使用"事实上"作为连接词就将马克思运用哲学思维研究经济现象的方法论忽略了。其二，对于这个缺陷在经济学研究中引发的后果，郭译本的译文是准确的，对于李嘉图思想极尽讽刺的言辞，郭译本也忠实地译出。其三，"经验主义"是重感性、重实验的一种哲学体系，不应译为"经院主义"，经院主义并非注重实践领域，而是更为思辨化的和教条式的研究方式，是纯粹理论演绎的研究方式，并且，经院主义和形而上学在哲学中均是从主观出发，忽视主客观之间的必然联系，从经院主义到形而上学也不能表述为"激变为"，而从极端的经验主义才能变为形而上学和烦琐的哲学论证。这段话集中展现了该译本的译文质量和水平，即从文本翻译的角度看，译者郭大力的外语功底和水平很高，能够在原文的语境中理解马克思《剩余价值理论》中所表述的理论观点，并将其出

① 《马克思恩格斯全集》第三十三卷，人民出版社2004年版，第66页。

色地转化为中文。同时，由于时代条件和文献资料的限制，特别是马克思有关哲学思想方面的表述，郭译本中还存在着不足，这些不足已经在后来的翻译过程中消化并改正了。

马克思在《剩余价值理论》中指出：

> 资本只有作为一种关系，——从资本作为对雇佣劳动的强制力量，迫使雇佣劳动提供剩余劳动，或者促使劳动生产力去创造相对剩余价值这一点来说，——才生产价值。在这两种情况下，资本都只是作为劳动本身的物的条件所具有的同劳动相异化的支配劳动的力量，总之，只是作为雇佣劳动本身的一种形式，作为雇佣劳动的条件，才生产价值[①]。

郭译本中的译文是：

> 在资本只当作一种强迫工资劳动提供剩余劳动的强制力，并刺激劳动的生产力，冀由此生产相对剩余价值的限度内，资本又只当作一种关系，才是生产价值的。在这二场合，资本都当作一种与劳动分离的，支配劳动的，为客观劳动条件所有的权力。它把劳动只当作工资劳动的一种形态。所以，当作工资劳动的条件，它才是生产价值的。（第158页）

---

① 《马克思恩格斯全集》第三十三卷，人民出版社2004年版，第71页。

对比两段译文可以发现，第一，郭译本与现行的术语存在不一致之处，如这里的“工资劳动”现译为“雇佣劳动”，如前所述，并不妨碍读者阅读和理解，可以“望文生义”；第二，“与劳动分离”现译为“与劳动相异化”，分离是异化的前提，当工人的劳动与劳动所需的物质条件相分离，并且同时，劳动条件成为奴役工人的外在力量时，工人的劳动才成为异化的劳动，即劳动的结果奴役劳动者本身。由此可见，郭译本对于经济学术语的翻译极为准确，因此就准确地表述了马克思的经济学观点，而马克思本人研究经济学的哲学方法论，在郭译本中就显得稍稍逊色了。

四、译文校释

一般说来，校释包括校标点、行款、分段、文字错误、内容差异、错字、脱字、脱词、脱漏、遗漏、删节，这里仅校释译本的正文部分。由于《剩余价值理论》不是马克思生前发表过的著作，马克思本人也没能最终完成编辑工作，这部著作就以手稿的形式保存下来。后人在研究这部著作时，首先就是要弄清楚马克思本人研究和叙述的逻辑，弄清楚马克思如果有机会将会如何编辑它。郭译本所依据的考茨基版是在对原始手稿进行大量修订的基础上编辑出版的，在篇章结构、段落划分等方面与目前通行的译本差别较大，因此无法应用“对校法”准确地加以校释。

1. 郭译本中的脱字和增文情况

马克思在写作《剩余价值理论》时引用了大量经济学家的著作，对于原手稿中没有标出著作名称之处，郭译本将其补充上，这种情况可视为“增文”。反之，郭译本删去相关著作信息则可视为“脱文”。如在引用斯密的著作后，郭译本标注“斯密《国富论》第一篇第八章”（第127页），而原手稿标注为“［加尔涅的译本］第1卷第1篇第8章第136页”。可见，马克思并未直接从斯密的原著中摘录，而是使用加尔涅的法文译本，马克思在1844年巴黎时期就藏有这本书，直到20年之后还在使用，这是十分重要的文献信息。如前所述，考茨基编辑马克思的这部著作时，按照他当时在德国能够查阅到的著作原件标注，实际上与马克思本人阅读和引用的著作不一致，因郭译本的底本是考茨基版，这种情况基本保留在郭译本中。这种情况很多，这里不一一列举。

郭译本中有：

这里所论的，是现象的基础，不是现象自身。（第4页）

经查证，这个有关商品价值的表述在马克思《剩余价值理论》原手稿中并没有，苏联编辑的版本中也没有这段话，可能是原编者考茨基根据《资本论》第一卷的“商品”章中有关表述，并根据自己的理解加上的，属于增文。这段话与前后文的逻辑关联度不强，容易误导读者，因而考茨基以后的各种版本均未出现。

这一种交换是，容易消灭的生产物，会和〔比较不易消灭的生产物，如金，银，金刚石等等相交换〕，会和货币相交换。（第19页）

很明显，方括号中的表述是增文，考茨基在《剩余价值学说史》第一卷的“编者序言”中作过十分明确的说明。郭译本中有“亚当斯密很薰染了重农主义派的思想。在他著作里，往往有整个的矿层，是从重农主义者那里借来的，和他自己的真正的见解完全矛盾”（第128页）。在这段译文中，译者增加了修辞性的描述，“薰染”“矿层”在原文中均没有对应的词，属于增文。马克思表述了斯密深受重农主义影响，斯密的著作中夹杂着属于重农学派的、并且与自己观点相矛盾的内容。

郭译本在介绍诺思、洛克的经济学观点与配第观点的联系时，增加了一句话，即“比较一下，我们就知道，他们两人是由配第的学说发展出来的”（第16页），这句话在苏联编辑的版本和MEGA2版中均未出现，尽管理解准确，但也属增文。

在郭译本中还存在着大量的删节情况，这是原编者考茨基根据内容的相关度，将行文中的内容判定为“离题”或“不必要”而作出的。例如在叙述洛克经济学思想时，马克思同时对比了霍布斯的观点，也引用了霍布斯的论述，但是郭译本将马克思对霍布斯的评论删除了，即：

〔在霍布斯那里，除了处于直接可供消费状态的自然赐予之外，劳动也是一切财富的唯一源泉。上帝（自然）

“或者［把必要的东西］无代价地赐给人类，或者要劳动作交换卖给人类”。（《利维坦》［第232页］）

但是，在霍布斯那里，土地所有权由君主随意分配。

下面是［洛克著作中］与此有关的几段话：[①]

这段引文表明，马克思在评述洛克思想的行文中对比霍布斯是有逻辑的和必要的，涉及霍布斯和洛克两人对人类早期自然状态的理解，以及对所有权起源的不同理解。在这个意义上，郭译本破坏了马克思本人研究和叙述的逻辑，不利于读者理解和研究马克思主义经济学基本理论，当然，这种情况是由底本的原编者考茨基造成的。与此相关，再由洛克转入对诺思著作的评论时，马克思手稿上标有很多重要的文献信息和过渡性表述，这些内容也被郭译本删除了，即：

关于资本补偿的区别。西斯蒙第，前引著作［第130—131、228—229、232页］。补充笔记本C，第8页。同样，关于商业资本。同上。

〔达德利·诺思爵士《贸易论》1691年伦敦版（补充笔记本C）

这部著作同洛克的经济学著作完全一样，也和配第的著作直接有关，并直接以配第的著作为依据。[②]

特别是引文中最后一句，这种删节的情况在评述休谟思想的部分也出现了，即该译本仅列出了休谟著作中的引文，却将马克思在引文之前的一个对休谟总体评论的自然段落删掉了，马克思说，“休谟主要证明

① 《马克思恩格斯全集》第三十七卷，人民出版社2019年版，第269页。

② 《马克思恩格斯全集》第三十七卷，人民出版社2019年版，第501页。

货币的价值对利息率的高低没有意义，因为在利息和货币资本之间的比率已知（譬如说6%）的情况下，6镑的价值同100镑（也可以说1镑）的价值一起升降，但6%的比率并不因此而受影响”[①]。

2. 郭译本中的误译情况

> 劳动者所以必须生产剩余价值，供给剩余劳动，不过因为有人强迫他，利用他的全部可以利用的劳动力，但使其所获，刚好够维持他自己的生存。（第5页）

马克思在这里是阐明劳动的价值是由必要的生活资料决定的，而必要的生活资料中，不仅仅包括郭译本中“维持他自己的生存”，还有再生产劳动力所需要的生活资料，如养育子女，因此，应译为“仅仅最必要的生活资料量”[②]，郭译本在这里存在误译。

> 在洛克看来，一个人所有的生产手段多于他自己劳动所能使用的生产手段这件事，是一种政治的发明，和所有权或私有权的自然基础是矛盾的。（第17页）

> 照他的意思，是天赋权利，使个人自身的劳动，成为所有权的限界。（第20页）

---

①《马克思恩格斯全集》第三十七卷，人民出版社2019年版，第273页。

②《马克思恩格斯全集》第三十七卷，人民出版社2019年版，第375页。

第一段引文中的“自然”和第二段引文中的“天赋权利”现译为“自然法”。“自然法”是西方社会法学理论传统中的重要一支，它发端于古希腊哲学，智者学派将“自然”和“法”区分开来，认为“自然”是明智的和永恒的，而“法”则是专断的和暂时的。在现代哲学和法学理论中，自然法是一种主张权利因为人类本性中的美德而固有，是由自然赋予而非来源于上帝，而且，这些权利可以通过人类理性得到普遍理解的哲学。因此，自然法被认为是客观和普遍的，它独立于人类的理解，并且独立于国家、政治、立法机构或整个社会的法。洛克正是认为“天赋权利”，因此，这里应译为“在洛克看来，如果劳动条件的数量大于一个人用自己的劳动所能利用的数量，那么，对这些劳动条件的所有权，就是一种同私有财产、私有财产权的自然法基础相矛盾的政治发明”[①]。

利息：诺芝像已经正确了解了利息的意义。（第23页）

此处译文含混，不够精确，应译为“利息。诺思看来是第一个正确理解利息的人”[②]。马克思的这种明确的表述同时涉及剩余价值理论史的发展和演变逻辑，误译将妨碍读者对理论本身的理解。同样的情况是，在随后评论“价格与货币”（第23页）的段落中，译者漏译了“就诺思那个时代来说，诺思把这一点说得很巧妙”[③]，也会影响读者对诺

①《马克思恩格斯全集》第三十七卷，人民出版社2019年版，第269页。

②《马克思恩格斯全集》第三十七卷，人民出版社2019年版，第503页。

③《马克思恩格斯全集》第三十七卷，人民出版社2019年版，第504页。

思观点的评价，甚至无法判定诺思的理论在政治经济学史上的地位。

在一段关于马希的引文摘录以后，马克思对其观点进行了评论，郭译本译为“马希特别说到节约”（第32页），此处属误译，应为“马西特别讲到竞争”[①]。

3. 郭译本中的注释情况

郭译本完整地翻译了考茨基版中的注释，其中包括：每一节的内容出自马克思《1861—1863年经济学手稿》中的页码，因该版打乱了原始手稿的页码顺序，所以这类注释特别重要。如郭译本开篇编辑了“威廉·配第爵士”一章，郭译本注明：“这一章，是由几个断片编成的。这些断片，散见于草稿第1347页至1398页。第8页的两个引语，见于草稿第346页和347页”（第3页）。这些注释为后人进一步研究马克思的这部著作提供了必要的基础。郭译本保留了所有的说明性注释，其中有些在形式上并非原稿的注释，即郭译本有时将正文的内容作为注释，如马克思在论述诺思观点的过程中，引用了约翰·贝勒斯在他所著《论贫民、工业、贸易、殖民地和道德堕落》（1699年伦敦版）一书中谈到这个相关问题的表述，这些内容均被郭译本置于页下注释中。（第25页）这是形式上或编辑方式的改变，不影响马克思本人的叙述逻辑。

此外，郭译本中还存有少量的排印错误，如在为经济学家观点的引文作标注时，该引文出自诺思的著作“第14页”，郭译本误排为“第4页”。这类错误也可能是排印时造成的，不再一一赘述。

---

①《马克思恩格斯全集》第三十七卷，人民出版社2019年版，第281页。

结语

《剩余价值理论》被称为“《资本论》第四卷”，它是马克思以剩余价值学说为中心线索，批判性地研究亚当·斯密以前的政治经济学研究的成果，从中可以看出马克思本人研究经济学的历程，并完成《资本论》的写作。它是马克思主义发展史上一部重要的经济学巨著，对于国际工人运动具有非凡的意义和价值。

《剩余价值理论》郭大力译本是我国第一个全译本，也是新中国成立以前唯一一个译本。包括《剩余价值理论》在内的《资本论》四卷本，不仅篇幅巨大，令人望而却步，而且内容博大精深，其所涉及的领域，除经济学和经济史外，还包括自然科学、工艺学、文学、历史等各个方面，堪称一部百科全书。马克思本人为撰写这部巨著，花了40多年的精力和时间，至少阅读了1500多种书籍，在《剩余价值理论》和《资本论》中直接引用的就超过800种。因此，将这样一部巨著完整译为中文，是一个巨大的工程。

《剩余价值理论》郭大力译本的译文流畅、准确，对马克思主义的观点表述和论证结构理解恰当。郭译本的语言风格还带有从文言文到现代汉语过渡的鲜明特点，但对于读者理解马克思的经济学理论来说并没有妨碍。从传播角度来看，该译本影响较大，甚至在21世纪还重印了两次，由此可见该译本的研究价值。

在革命战争年代，有很多仁人志士曾致力于翻译工作，曾做过各种尝试，但由于各种原因，许多人中途辍笔。然而，郭大力自1927年白色恐怖、血雨腥风的日子起，就毅然决定要肩负起这个重任，将《资本论》全文翻译成中文。从那时起，他就下定决心，义无反顾，勇往直前，终生不渝。不管风云如何变幻和条件怎样艰苦，不管其间经历了多少贫困、战乱、病痛，他都不忘初心，始终如一，坚持不懈，翻译过程中遇到的种种困难，都被郭大力顽强地克服了。他用前后历时48年的光阴，与王亚南合作完成了《资本论》全文的翻译工作，又独立完成《剩余价值理论》全译本的艰巨任务，此后又多次修改、校订和重译，使之不断完善，从而给后人留下了宝贵的精神财富。

参考文献

［1］马克思恩格斯文集：第1—10卷［M］. 北京：人民出版社，2009.

［2］马克思恩格斯全集：第25卷［M］. 北京：人民出版社，2001.

［3］马克思恩格斯全集：第30卷［M］. 北京：人民出版社，1975.

［4］马克思恩格斯全集：第33卷［M］. 北京：人民出版社，2004.

［5］马克思恩格斯全集：第37卷［M］. 北京：人民出版社，2019.

［6］毛泽东文集：第2卷［M］. 北京：人民出版社，1991.

［7］［德］卡尔·马克思. 剩余价值学说史：第1—3卷［M］.［德］卡尔·考茨基，编. 郭大力，译. 新中国书局，1949.

［8］北京图书馆马列著作研究室. 马克思恩格斯著作中译文综录［M］. 北京：书目文献出版社，1983.

［9］中共中央马克思恩格斯列宁斯大林著作编译局马恩室. 马克思恩格斯著作在中国的传播［M］. 北京：人民出版社，1983.

［10］王东，等. 马列著作在中国出版简史［M］. 福州：福建人民出版社，2009.

［11］周一平. 中共党史文献学［M］. 上海：华东师范大学出版社，2002.

［12］苏杰. 西方校勘学论著选［M］. 上海：上海人民出版社，

2009.

［13］［苏联］列·阿·列文．马克思恩格斯著作的发表和出版［M］．周维，译．北京：生活·读书·新知三联书店，1976.

［14］［德］李博．汉语中的马克思主义术语的起源与作用［M］．赵倩，等，译．北京：中国社会科学出版社，2003.

［15］［英］戴维·麦克莱伦．马克思传［M］．王珍，译．北京：中国人民大学出版社，2008.

［16］［苏联］阿·伊·马雷什．马克思主义政治经济学的形成［M］．成都：四川人民出版社，1983.

［17］［德］瓦·图赫舍雷尔．马克思经济理论的形成和发展：1843—1858［M］．马经青，译．北京：人民出版社，1981.

［18］［苏联］卢森贝．十九世纪四十年代马克思恩格斯经济学说发展概论［M］．方钢，杨慧廉，郭从周，译．北京：生活·读书·新知三联书店，1958.

［19］［苏联］维·索·维戈茨基．《资本论》创作史［M］．福州：福建人民出版社，1983.

［20］［苏联］乌罗耶娃．不朽的著作［M］．李光林，译．济南：山东人民出版社，1992.

［21］［英］弗朗西斯·惠恩．马克思《资本论》传［M］．陈越，译．北京：中央编译出版社，2009.

［22］杨国昌，耿欣．《资本论》画传［M］．济南：山东人民出版社，1984.

［23］胡培兆，林圃．《资本论》在中国的传播［M］．济南：山东

人民出版社，1985.

［24］郭大力. 关于马克思的《资本论》［M］. 北京：生活 · 读书 · 新知三联书店，1978.

［25］杨国昌. 《资本论》研究资料汇编［M］. 石家庄：河北人民出版社，1981.

［26］刘英. 马克思主义研究资料：第6卷［M］. 北京：中央编译出版社，2014.

［27］聂锦芳，彭宏伟. 马克思《资本论》研究读本［M］. 北京：中央编译出版社，2013.

［28］李怀涛. 马克思《1861—1863年经济学手稿》研究读本［M］. 北京：中央编译出版社，2015.

原版书影印

说　明

《马克思主义经典文献传播通考》各册均附有原版书影印资料，即马克思主义经典著作中文译本。本丛书所称“译本”是指：1. 我国单行出版的马克思、恩格斯、列宁等原著，包括著作、书信选译和专题文集；2. 报纸、杂志连载马克思、恩格斯、列宁等著作的完整译文。鉴于中华人民共和国成立前，马克思主义经典著作的译本数量众多，版次与印次繁杂，本丛书所附译本均作专门说明。

本册所附《剩余价值理论》（第一卷）郭大力译本为1949年6月新中国书局出版的《剩余价值学说史》（第一卷）。

馬列主義理論叢書

剩餘價值學說史

馬克思著　考茨基編　郭大力譯

新中國書局發行

卡爾·馬克思著

剩餘價值學說史

政治經濟學批判遺稿

卡爾·考茨基編

郭大力譯

第一卷

剩餘價值學說之起源至亞當斯密

新中國書局發行

剩餘價值學說史（第一卷）

原著者 卡爾·馬克思
編者 卡爾·考茨基
譯者 郭大力
出版者 新中國書局
東北區即光華書店
發行者 新中國書局
開封·北平·天津·石家莊
鄭州·徐州·濟南·濰坊·煙台
印刷者 長春新報社印刷廠

一九四九年六月在長春印造
東北初版發行五千册

No. 412 0001——5,000

第一卷目次

第一篇　重農主義派：其先驅和同時人

第二篇 亞當斯密和生產勞動的概念

編　者　序

1885 年恩格斯印行資本論第二卷時，曾在序言上，關於馬克思經濟學批判的遺稿報告說，那包含有“四開本 1472 頁，計分二十三册”，“係由 1861 年 8 月至 1863 年 6 月間寫成的。那是 1859 年在柏林以同一標題刊行的第一輯的續稿。該稿由第 1 頁至 220 頁，再由第 1159 頁至第 1472 頁，是論究資本論第一卷所論究的各個題目，由貨幣的資本化開始。這是論究此等問題的最初草稿。由第 973 頁至 1158 頁，係討論資本利潤，利潤率，商人資本與貨幣資本等，那是此後要在第三卷詳細說明的題目。然屬於第二卷的題目及此後在第三卷中討論的許多題目，都不曾細加編纂。這些題目，都不過順便地特別在標題爲“剩餘價值學說”那一部分（那是這個草稿的主要部分，由草稿第 220 頁至 972 頁）中，討論到。這一部分草稿，包含經濟學核心卽剩餘價值學說之詳細的批判的歷史，同時並採取一種論戰方法（對前驅學者的論戰），去說明此後分別在第二卷第三卷但在邏輯連繫上論到的大多數問題。這一部分草稿，除開第二卷第三卷所包括的許多點外，其殘餘的批判部分，我打算保留下來，刊行資本論第四卷”。

至可痛悼的，是恩格斯不克將他這個意思實行。有許多的事情，許多的工作，許多的疾病，使第三卷不能依照他自己和我們全體的願望，迅速編輯好。第三卷，直到1894年才出版，而正當恩格斯準備着手編輯這裏的第四卷時，還有充分工作興趣和工作計劃的他，就丟下他的筆，與世長辭了。

要完成馬克思和恩格斯未曾完成的工作，是一種困難的任務。馬克思遺稿的繼承人，把這個任務，交到我身上來。這種遺稿，對於我，並不是未曾加工的，因爲若干年以前，恩格斯曾經指示我，萬一他不幸，這個草稿，即所謂第四卷，應由我去編輯；他還把這個難於認識的草稿，和它的思想進程指示給我。雖然是這樣，當這個艱鉅的任務實際交到我手上時，我還是覺得驚懼——或不如說，正因爲恩格斯已經叫我認識了這個任務，從而完全可以推測到這個任務是怎樣重要，怎樣艱難，所以我是覺得驚懼。

不過，當初我並不能擺脫一切，專心來做這一件事。恩格斯去世後不久，在我們的隊伍中，就發生了一個激烈的關於農業問題的討論。這種討論雖未產生任何實際的結果，可是告訴了我，在這方面，我們的理論和我的認識，都有許多缺陷，亟待我去調整。我總以爲，只要這個最迫切的問題一經解決，我就可以着手來編輯馬克思的遺稿了。可是，我的農業問題還未曾完成，又有一種新的叫我不得不費心的討論發生了，那是由倍倫斯泰因(Bernstein)發動的。這種討論，比農業問題的討論，還更無結果得多，又像農業問題一樣，不能使我們取得任何新的見解，不過這種討論的發生，並不是由於個人的高興；它在實際的事態中，尤其是在恩格斯去世後不久的驚人的科學邁進中，有深的根基，而西歐大多數國家社會民主黨權力的大增加，對於這種討論，也很有關係。這種討論，並不單純是文字上的爭論，參加與否，可以隨意的。那其實是一種歷史的必然。我屢次想把它丟開，因爲在那種討論上，沒有什麼要我學習，而我本來可以用來從事重要工作——當前的這個工作，又是最重要的——的時間，卻被橫奪去了。不過，環境終究比我們的力量大。

直到最近幾年，修正派的運動才再熄滅，其理論方面才完全予以肅清，因此我才略有時間和餘暇，來貢獻於這個鉅大的工作。當然，就在現今，也因有日常不可避免的要求，引起許多新的實際問題，不時中斷我的研究，所以，我還是不能依照這種工作的需要，把我的精力，完全用來進行這種艱鉅的工作。

所以，這個著作，在資本論第二卷出版後二十年，第三卷出版後十年，方才能够問世。並且，這裏公表的，還只是剩餘價值學說史全書的三分之一。

在這個著作的整理工作上，我越是向前進，我越是明白，要照恩格斯的預期，把它編成資本論第四卷，是我的能力辦不到的。依照馬克思的計劃，這個第四卷應該是討論學說史。恩格斯卻想從經濟學批判這個草稿，“除開第二卷第三卷所包含的許多點外”，至少，編出一本剩餘價值學說史來。我不知道，恩格斯自己想怎樣刪除，但這種工作，對於我，總是做不到的。我在進行中，曾儘可能把這些已經編在第二卷第三卷內的部分勾銷，但這些文字，大都這樣與全書密切地交織着，單是勾銷，是不可能的。這樣做，全書的重要部分，必須重新改作；在這個任務面前，我當然有種種理由，可以退縮。不過，當我讓這一切文句照樣留在書裏，它就不能算是資本論的第四卷，不能算是前三卷的續篇了。這樣，它就成了與前三卷並行的著作，像第一輯經濟學批判，與資本論第一卷第一篇相並行一樣了。

資本論第四卷會在這個形式上像這樣出版，在我看，並不是不幸的事。恩格斯在 1885 年如果知道了，第三卷必定會留下一個斷片來，從而，這所謂第四卷不能成爲全著作的終結，他自己也許不會想到，要把我們當前這一卷，照那個樣子去編輯。第三卷已經包含的各種爭論，使下面這種辦法很覺得合式：那就是，不從批判原稿，刪去那已在第二卷第三卷包括的文句，而由此編成第四卷，卻把它當作一部與資本論並行的著作來出版。好像第一輯經濟學批判對於資本論第一卷第一篇（商品與貨幣）所包括的部分，曾經投下許多光明一樣，我們也在批判原稿內，發現了許多敍述，尤其是剩餘價值與利潤的關係的敍述，對於這個如此廣闊的爭論範圍，投下了許多新的光明。不過，這裏所說，對於這裏當前的第一部分，並不怎樣明白，對於以下接着討論里嘉圖的地方會更明白的。

所以，我把這一部剩餘價值學說（*Theorien über den Mehrwert*），不當作資本論的第四卷來整理，卻照它原來的姿態編輯時，我並不把這個當作是一種損失，卻認它是一種利益。資本論第四卷應當包括的一切，都可以在這裏見到，但在此外，它還包括許多不會包括在第四卷內的材料。在某種限度內，那只是複述，但這種複述，是把以前講過的話，就別一個關聯加以複述，從而，對於同一個問題，將會指示一些新的方面。

我不無懊惱的，發覺這個草稿不能當作資本論第四卷來編輯時，我已經在這個草稿的整理上，進行到相當的遠了。不過，編輯的活動一經開始，這個問題就沒有再煩惱我了。

我的第一種工作，是把原稿抄成一個可讀的草稿。凡是知道馬克思書法的人，都知道那是怎樣難於辨認；都知道，他的筆跡，有許多地方，費人猜索。所以，要進一步加工，必須先寫成一個毫無疑問的稿本，作爲根據。原稿一部分，是由我親手抄寫的；但我的工作是山積着，這樣親手抄下去，一定會非常延遲的；這時候，我很有造化，得着居爾維齊博士(Dr. Theodor Gurwitsch)這樣一個誠實而又有深理解力的助手，替我抄寫草稿的最大部分。這樣，我只要加以料理就行了。

工作的第二步，是把材料分成一節一節。馬克思的草稿，不是準備付印的。它的整個形態，表示那只是爲著者自己理解的。那只是一個概念，依照一定的計劃草成的，但全是順筆直書，想到什麼就寫什麼。思想的進行，並無一定的歸結點，說明常常爲附隨的不過與別一些部分有聯繫的問題所打斷；並且，全書是一氣撰成，幾乎沒有分章節。

這個著作的佈局，使我們處理起來，自始就感覺非常困難。我們在第一輯經濟學批判中也見到這種佈局；那就是，在一個理論的思想之解說上，會有這種思想的歷史發展的說明跟到來，但這種說明，又不單是記述的，並且是批判的，包含這種思想的進一步的解說。書的內容，越是由單純的現象進到複雜的現象，歷史的說明，理論的批判，和新思想之積極的展開，就越是交織着，成爲益益錯綜的說明。所以，無論怎樣嚴格整理，剩餘價值及其現象形態的歷史的說明，還是被插在資本論的再生產過程的解釋中。草稿中包含的概念，都是供作者自己理解的，不曾把材料具體地分成一節一節，所以，除了作者自己，任何人看來，它都有混沌一團的性質。

要在既成的佈局上，把這些材料，予以一目瞭然的整理，是會益益更感到困難的。我相信，就是這種困難，就是這益益增加的困難，使馬克思在 1863 年把那全部草稿擱起來，預備依照新的更明瞭的佈局，重新開始編過一下。1867 年出版的資本論，就是這樣。在這年出版的資本論中，學說史的部分，是完全删去了。他預備把這些部分，當作終卷特別研究的對象，而重新考量。

現在，我面前最大的困難，是怎樣整理這個外觀上的混亂，使那個在事實上當作基礎的佈局，不會因此受損害，卻會因此完整起來。最先，當然要明白什麼應當割棄，什麼應當採取。一切未曾完成的部分，如其中沒有包含我們尙不認識的思想，是不得不割棄的。許多複述，如其目的僅在使同一思想表現得更明白，也被我限制在最小限度內。但在另一方面，我不僅考察了草稿第 220 頁至 972 頁，並且考察了全部 1472 頁，印起來，那大約有 3000 面。並且，除開恩格斯注意到的 700 頁外，我還發現許多註解，是屬於史的方面。我把它們插到適當的地方去了。本書前 29 頁〔譯本第 30 頁——譯者〕至斯杜亞爲止——完全是由這樣搜集的註解編成的。因此，那都有斷片的體裁。

我分淸什麼應當割棄，什麼必須採取以後，問題就是爲它們尋出適當的位置來。同一個思想的說明，往往被分裂在極不相同的地方。原來安插在什麽地方，不是看說明上的邏輯聯繫，卻看馬克思在何處想起它，為了怕忘記，隨時記下來的。這裏，我屢屢感到不敢自信；因為，對於一個問題，可以發現種種位置是適合的，那要看我們着重的，是年代的次序，還是邏輯的聯繫。我希望，我到處都能得其當。但為要使讀者能够判斷，在什麽程度內，連繫是以馬克思的說明為根據，在什麽程度內，連繫是由我擅自定下的，所以在各章，我都把草稿的頁次標示出來了。

全書各章的劃分及其標題，完全是我定下的。對此，我應負全責。我把幾個插入的註解編成附錄這一回事，也應由我負責。這種附錄由特別的字體標示出來了。只想研究剩餘價值學說史的讀者，儘可以把它們忽略過去。

這樣，最困難的，使我擔憂的，只要想到它，我就懷疑我是否能把任務完成的工作，就完成了。我的工作的最後部分，雖然更不困難，但也够麻煩；那就是，編成一個可以付印的稿本。

我們已經講過，馬克思的草稿，不是為發表，只是為自己的理解而寫的。這一點，頂明白的，由它的形式顯示出來了。不錯的，文體是和馬克思準備付印的草稿一樣簡潔而精密。就在他不是對別人講話的地方，他也不能用別種筆法去寫。不過，在這裏，他的行文方法是更隨便的。他是這樣看重文章形式，在一篇文稿決定拿去付印以前，會再三不厭的，把文體加以推敲。在這裏，這種推敲是全然沒有的；有些題目，只提示了，沒有伸論。對於若干人的批判，是露骨得叫人想起亞里士多芬尼；尤足表示原稿未準備付印的一點是，德文法文英文是在草稿裏面交錯着。馬克思對於這三種文字，是一樣精通，他可以隨意使用它們中的任何一種。所以，在一個地方，他究竟是用哪一種文字，那要看哪一種文字，最容易表示他的意思，或是哪一種文字，最先被他想起；在這場合，引用的文句，有多少關係。有時，草稿內有一長節全是法文或英文；其中還發現這樣的句子，德文之後繼以英文或法文，或英文法文之後，繼以德文。

以草稿第 621 頁爲例：

"Hier in der Tat Konfusion。Ist das tout nicht le fruit de son travail? Und ist es nicht umgekehrt die Übertragung der Verhältnisse der kapitalistischen Produktion——worin mit der Trennung der Arbeit von ihren objektiven Bedingungen auch der ouvrier, capitaliste und propriétaire sich als trois différents caractéres gegenübertreten——auf diesen jardinier, dass der fruit de son travail or rather the value of that produce is regarded, part of it as wages, in payment of his labour, part of it as profit on account of the capital employed and part of it as rent, as the portion falling due to the land or rather the proprietor of the land"?

有時，英文字帶上德文字的語尾，或者用英文字代替德文字。例如 564 頁，我們看見這樣的字句；"Es ist viel queeres darin"。在同頁，還看見這樣的字句："zu usenden Schätzen"。第 604 頁，他說："was hier nichts als Marktwert meint"，（用 means，不用 bedeutet）。又如，"Revenue wird gespendet"，（用 spend，不用 verausgabt）等等。

和這有關係的一件事是，馬克思在他的用語上，往往用英文的或法文的名詞，不用德文的。在資本論上我們也相當看到這種情形，例如他常常用 Surpluswert 代替 Mehrwert，用 Surpluspopulation 代替 übervoölkerung。這是不足怪的，如果我們想到，德國沒有一本經濟學著作叫馬克思看重。在經濟學方面，他所學的，都是從英文書法文書得來的。但他研究經濟學，最先是在法國。就連英國的古典派，他最初也是從法文譯本學習，才認識。這裏運用的草稿內，亞當斯密和里嘉圖的話，還往往是從法文本抄引的。所以，馬克思應用的經濟術語，起先也是法文的，想到後來再用英文的術語去代替，並且使這種英文術語，在德國出版界德文化。

在批判草稿內，法文的術語，還是極佔優勢。所以那裏，幾乎全是用 salaire 代替 Arbeitslohn，用 matières instrumentales 代替 Hilfsstoffen，用 déchet 代替 Verschleiss，並且像 capital constant, prix suffisant, prix réel 等字樣，也常被採用。

德文的術語，也不完全是資本論上的；在這裏，他不用 Arbeitskraft，而用 Arbeitsvermögen；他不用 produktionsmittel，卻常用 Arbeitsbedingungen；他不用 Arbeitsmittel，卻用 Arbeitsinstrument。

這種術語，往往會使已經讀過資本論的人，感到迷惑。並且他在資本論第三卷叫做 produktionspreis 的東西，在這裏，也有時被叫做 Kostenpreis 或 Durchschnittspreis。在資本論第三卷，Kostenpreis 一詞，是指一種全然兩樣的東西。

注意，恩格斯在第三卷，通例是用"Kostpreis"。馬克思在批判草稿內，通例是用英國字"costprice"。但草稿第 753 頁，他曾一度用“Kostenpreisen”。我以爲，這個形態，比那個模倣英文字的“Kostpreis”，更與德文字的構造習慣相符合。所以，我只採用前者。不過，這一點，要到本書第二卷，才和我們有關係。在第一卷，生產價格和成本價格都是沒有位置的。

人們一定會懂得，我是把新的術語，代替那些陳舊的和資本論所用新術語過於衝突的術語。並且，我會把那些過於露骨的駡人話除掉，（我必須假設，馬克思如能親自整理這個著作，他也會把那些字眼除掉，比如稱某一些經濟學家爲狗，爲無賴漢，爲巧舌婦，稱某一些官吏爲臭小子之類），我會把一切非德文的用語譯成德文，最後我還由我自己插入若干字句，把文體上及其他種種的缺陷塡補起來，都是用不着說明的。不過，在那些一看就自然明白的地方，我沒有做任何標記。而在馬克思會不會如此做，尙有疑問的地方，以及字跡不明或筆誤的地方，我都把我插入的字句或校正的字句，用角形的括弧括着。

引語在本書佔有重要的地位。它們差不多佔有全書一半的篇幅。我曾參照原文來校正它們，繙譯它們。有一本德文書（Schmalz的書），也是由法文譯本抄引的。這種引語，我當然要恢復它本來的面目。在繙譯時，我不能利用前人的譯本。那怕最好的繙譯，例如多方面被人推薦的波謨斯達克（Baumstark）所譯的里嘉圖著作，就是我不能够利用的。里嘉圖在他的原理內，曾在論地租的一章說，“如果亞當斯密意思是價値由勞動量決定的法則，能依任一方法（at all），因土地的佔有和地租的支付而改變，他就錯了”。波謨斯達克不把“at all”譯成“irgendwie”，卻把它譯成“gänzlich”（完全的）。這樣，他就把一個完全錯誤的意思插進去了。

所以，我不能信任任何繙譯。一切引語我都要親譯一遍。並且，馬克思所引用的著作，也大多數，一直到現在，還沒有譯成德文。

這一切都很要時間。只要知道我還有別的工作，人們就會瞭解，爲什麽我不能把本書早一點編輯成功了。爲要使讀者不致於渴望得過久，我决定，在全書編完以前，先把已經編好的第一部分付印。全書將包含三卷；第二卷討論里嘉圖；第三卷討論馬爾薩斯和里嘉圖學派的解體。我希望，後二卷能够在二年內編好，如果這二年間的政治鬬爭不會過於激烈。這三卷的每一卷，都獨立成書，雖然其中有一個統一的思想過程，把它們聯在一起。

不過，這種工作雖然給予了我許多麻煩，我卻也曾在這種工作上，得到各式各樣的幫助。除了上面講過的居爾維齊博士（德國社會民主黨幹部），我還得到了拉法格夫人（Frau Lafargue），友仁·狄慈根（Eugen Dietzgen），培爾（M. Beer），海曼（Hugo Heimann），維爾謨（Emanuel Wurm），海勒爾（Hugo Heller）諸君的幫助。他們或曾爲我補充罕見的珍本，替我指證那些在柏林不易找到的著作上的引語，或由別的方法以工作的材料供給於我，或使這種材料易於取得。對於他們全體，我都要致最內心的感謝。

但除了這種種幫助，這種工作所給於我的精神上的快樂和豐富的見解，也使工作的進行，更覺得容易。這種工作將播下豐收的種子的期待，又鼓勵着我。也許，這粒種子，現在正好播在一塊特別豐饒的土地上了。

歷史學派的不孕症，在資產階級世界的更廣大的範圍內開始了;所以,在國民經濟學的後進中,也發生了一種要求,要在理論方面求深刻化。爲這個目的,古典經濟學的更深的理解,是無條件必要的。但對於這種理解,經濟學後進們是缺乏各種準備,也缺乏各種興趣。在我看,馬克思的著作,比任何別的著作,都更叫我們要恢復這種理解和興趣,並指示了,在舊的古典派中,還有怎樣多的寶藏未被發現,並指示了應該用什麼方法去發現它們。古典派當作資產階級指導人的時代,是益益過去了;資產階級世界正在迷惑中;對於它的指導人,不,對於一切的指導人,它都不肯置信了。不過,它的懷疑不是批判的,不會導向任何更新的認識,卻只是一種對於更深的認識之懊喪的退縮;那只會使我們忘記資產階級經濟思想上的最好的成就,使我們在理論方面成爲全然無智的。

至少,在資產階級經濟學內一切肯用思想的份子看來,現在有一個回轉的時期快要降臨了。這些肯用思想的份子,維持着一種理論意識,去抗拒歷史學派的理論虛無主義;不過,他們是不能拿奧地利學派做基礎的,因爲在經濟理論上,我們的任務,是說明全社會的生產過程(從最廣義說的),不是說明個人與其周圍事物間的心理關係。他們研究古典經濟學時,不可再把古典派的命題,單單拿來接受,拿來宣傳,卻要批判地使它們深刻化。

這本書,對於他們,將會成爲最強的刺激和最好的指導。這本書,不過繼續發展了資本論已經發生的影響。不僅社會主義,即資產階級經濟學,也應當對馬克思致最深的感謝。資產階級經濟學晚一代的更有造就的著作家,所以能够超出五十年代六十年代的庸俗經濟學,就賴有一些從馬克思那裏借來的要素。——不待說,他們不但沒有感激他，反而拿一些輕蔑的話去責罵他，好像這是每一個德國大學私講師的職份和事業一樣。

我希望，這部剩餘價值學說史的出版，不但可以加深並且加強資本論第二卷第三卷的見解，並且不僅會在社會主義圈內，並且會在資產階級圈內，引起一種新的研究古典經濟學的精神。

這個著作，眞是應了這句話：Nonum prematur in annum。它經過四十餘年，才與世相見。其內容一部分，已在數十年前，由著者自己，在更完全的形態上，整理了，出版了。但它的意義不曾喪失絲毫，它原來不是一個死的歷史的文件，而是一個有新的知識不斷流出的活源泉。我希望，它現今所採的形態，不會不適合，也不會把它玷辱才好罷。

卡爾·考茨基

1904年10月於扶里德諾

第一篇

重農主義派：其先驅及同時人

I. 威廉·配第爵士[1]

〔近世經濟學的建立者,威廉·配第爵士(Sir William Petty),是最有天才最有創見的經濟學研究者之一。

其所著稅課論倫敦 1662 年——這裏是引用該書 1679 年版——有許多文句,是說明〕剩餘價值的起源和量計的。那些文句,雖然有一點雜亂,但在這一切散亂的文句中,很可以尋出他的主要思想來。

配第分別了自然價格和政治價格卽"眞的市場價格"(the true price currant),(第 66 頁,67 頁)。他所謂自然價格,實際就是指價值,我們在這裏,也就只論到這個;因爲剩餘價值的決定,就是依存於價值的決定。

1 這一章,是由幾個斷片編成的。這些斷片,散見於草稿第 1347 頁至 1398 頁。第 8 頁的兩個引語,見於草稿第 346 頁和 347 頁。——K.

在這個論著內，他實際是由商品包含的勞動的比較量，決定商品的價值。

"但我們在詳論租金 (Rente) 以前，我們必須嘗試把它的祕密的性質拿來說明，而在這樣說明時，我們不僅要就土地和房屋來說，並且要就貨幣來說。貨幣的租金，便是我們叫做利息 (usury) 的"。（前書第23頁）。

這裏所論的，是現象的基礎，不是現象自身。

"這就是價值比較和量計的基礎。但我承認，上層建築 (superstructure)，在這上面發展起來的上層建築，是極錯綜，極複雜的"。（第25頁）。

先要問，什麽是一個商品的價值呢？

"假設有一個人，他從祕魯地裏取得一盎斯銀帶到倫敦來所費的時間，恰好和他生產一蒲式耳小麥所要的時間相等，前者便成了後者的自然價格。現在假設有新的更豐饒的礦坑發現了，以致二盎斯銀的獲得，和以前一盎斯銀的獲得，是同樣便易，則在其他情形相等的情形下，現在小麥一蒲式耳10先令的價格，和以前一蒲式耳5先令的價格，是一樣便宜"。（第31頁）。

"我們假設，一蒲式耳小麥的生產和一盎斯銀的生產，需要相等的勞動"。（第67頁）。

最先，這就是"商品價格所依以決定的現實的非幻想的方法"。（第67頁）[2]。

2 在配第所著愛爾蘭的政治解剖倫敦1672年（這裏是從1682年版引用），還有這樣的文句：

第二點，我們要研究的，是勞動的價值。

"法律（指法定的工資率——K.）要使勞動者剛好有生活的資料；如果加倍了，他就只做了他能够做或者說本來會做的勞動的一半；這就表示，社會已經損失這許多勞動"。（第64頁）。

這一段話的意思是：如果他勞動6小時，就得到6小時的價值，他所受得的，和現在比較起來，就倍加了。因爲現在他〔勞動12小時〕共得6小時的價值。這樣，他就會只勞動6小時了。

所以勞動的價值，是由必要生活資料決定的。勞動者所以必須生產剩餘價值，供給剩餘勞動，不過因爲有人強迫他，利用他的全部可以利用的勞動力，但使其所獲，剛好够維持他自己的生存。但他的勞動的貴賤，還要由兩件事決定：自然的豐度和由氣候決定的支出量（需要）：

"自然的貴賤程度，取決於滿足自然欲望所必要的人手的多寡；所以，如果一個人能够爲十個人生產，則和一個人只能爲六個人生產的時候比較，穀物會更便宜。並且，看氣候如何，人的支出，也有多有少的"。（第66頁）。

"價值的普通尺度，是一個成年男子每日平均的滋養料，不是每日的勞動。一個成年男子每日的平均滋養料，是和他的銀的價值，一樣規則的，一樣固定的。……所以我是用小屋建築者在建築過程中每日消費掉的口糧的數量，來估計一所愛爾蘭小屋的價值"。（第56頁）。

這完全是重農主義派的口吻。

有一些人，比別一些人，吃得更多，但這是一件沒有關係的事。因爲，我們說每日的滋養料時，我們是指這種滋養料的百分之一；這種滋養料，是一百個勞動者以各種各樣的方法，各種各樣的分量，爲要生存，要勞動，要存續其自身，所需消費的"。（第64頁）。

但在這裏，配第並不是要由愛爾蘭的統計，尋找價值之內在的尺度。他只要尋找這種意義下的價值尺度；在這種意義下，價值的尺度就是貨幣。

在配第看來，剩餘價值只存在兩種形態上：地租和貨幣租金（利息）。他是由前者導出後者。在他眼裏，地租是剩餘價值的眞正的形態。就這一點說，他和後來的重農主義派是一樣的：在他的說明上，所謂租(das surplus)，不只是所用勞動量對於必要勞動量的超過額；即就生產者自己說，如果在他的工資和他的資本代置額以上，還有剩餘勞動的超過額，那也被視爲租的。

"我們假設，一個人用他自己的手，可以把一定面積的土地耕耘種植收穫好，把穀物搬進打脫簸淨，把種種必要的工作做好，並且有充分的種子，可以播在地裏。這個人，在收穫中，扣下他的穀種[8]，以及他所消費的東西，他爲交換衣着物和他種自然需要品而給予他人的東西，其餘額便形成這一年的自然的眞正的地租。七年的平均，或許多年的平均，形成普通的穀物地租，因爲在許多年內，歉收與豐收可以歸於均衡"。(第24頁)。

在配第看來，實際就是這樣；因爲穀物的價值，就是由其內包含的勞動時間決定，地租則等於總生產物減去工資和穀種，等於剩餘勞動所依以對象化的剩餘生產物。所以，地租包括着利潤，利潤也還沒有和地租分開。

配第又以同樣天才的方法，問道：

"但進一步的問題是：這種穀物或這種地租，能够值多少英國的貨幣呢？我答道，它能值多少貨幣，就看在相等時間內，別一個完全從事銀生產的人，能够在費用之上，剩下多少貨幣來。我們且假

8 一個和不變資本相等的東西。

設，這別一個人到生產銀的國家去，在那裏開採銀，把它提淨，送到前者耕種小麥的地方來，把這種銀鑄造等等。再假設，這個人用他生產銀的時間，也能求得維持生活所必要的滋養料和衣着物等等。這樣，一個人的銀，就必須在價值上，和別一個人的穀物相等了。假設前者約為20盎斯，後者約為20蒲式耳，則一蒲式耳穀物的價格，就是一盎斯銀”。（第24頁）。

配第明白注意到了，在這個問題上面，勞動的差別性，是毫無關係的；在這裏，成為問題的，只是勞動時間。

“假設銀的生產，比穀物的生產，需要更多的熟練，冒更多的危險，那在結果上，仍會互相歸於均衡的。我們假設，100個人生產十年穀物，另100個人在同樣長的時間內從事銀的生產；這樣，銀的純收益，將成為穀物的純收益全部的價格，前者一個相等的部分，將成為後者一個相等的部分的價格”。（第24頁）。

配第這樣發現地租（在這裏，是等於剩餘價值全部，利潤包括在內）及其貨幣表現之後，再要進而決定土地的貨幣價值。在這點上面，他的卓越的天才，也可以看到。

“我們如果能夠決定可以自由賣買的土地(fee simple)的自然價值，那就使所能決定的，不過是使用權(usus fructus)的自然價值，我們也會覺得喜慰。

“我們是像下面那樣研究這個問題：

“我們發現地租或一年使用權的價值後，我們就要問，若干年的年租(how many years purchase)是一塊自由土地的自然價值？若假設無限的年數，一英畝土地就會在價值上與同種土地的幾千英畝相等了。這是不合理的。單位的無限和千位的無限，是一樣的。所以我們必須假設一個更有限的年數。我的意思是指這樣的年數：這樣的年數，是一個 50 歲的人，一個 28 歲的人，和一個 7 歲的人，有希望可以共同活下去的年數。那就是，祖父，父親和兒子，有希望可以共同活下去的年數。普通的人都只會想到這樣遠，很少的人會想念比這還後的事。因爲，一個做曾祖父的人，會覺得他的末日太近了，照例只能有直系的三代，可以在同時活着。雖然有些人 40 歲就做祖父，卻也有一些人要到 60 歲以上才做祖父；這樣的話，也適用於其餘的人。

"所以，我假定，一塊土地自然值得的年租總額，是等於這樣三種人自然可以共同活下去的年數。假設在英格蘭這樣三代可以共活 21 年罷，土地的價值也大約與 21 年的年租總額相等"。（第 26 頁）。

配第把地租還原爲剩餘勞動，從而還原爲剩餘價值以後，又說明了，土地的價值不外是資本化的地租，那就是年租的一定額，或者說是一定年數期間內的地租總額。

實際，地租就是這樣資本化，並當作土地的價值計算的：

一英畝每年提供 10 鎊地租。假設利息率等於 5%，10 鎊就代表資本 200 鎊的利息；因爲，如果一英畝的價值等於 200 鎊，5% 的利息，就會在 20 年內，把這個資本代置(20×10)。所以，地租的資本化，要看利息率而定。如果利息率等於 10%，這個地租就只代表資本 100 鎊的利息，或代表 10 年的地租總額。但因爲配第在出發時，是把地租當作剩餘價值的一般形態，在其內包括利潤，所以他不能把資本的利息，當作已知的前提，卻必須把它當作特殊的形態，從地租來推演。杜爾閣(Turgot)也是這樣首尾一貫的，從他的立足點進行。他用什麽方法決定那形成土地價值的年租總額呢？每一個人都有意要購買這許多年的年租。多少年數呢？就看他自己可以和他的最近的後裔，共同活多少年數。依照"英格蘭"的估計，那是等於21年。所以，21年"使用權"以外的東西，對於他，是沒有任何價值的。他只支付21年的使用權的代價，這便形成土地的價值。他就是用這個含義豐富的方法，來解救他自己的困難；但重要點還是在：

第一，地租，當作農業剩餘價值全部的表現，並不是從土地引出，只是從勞動引出的。那是勞動者維持生活的必要勞動以上的剩餘勞動。

第二，土地的價值，不外是預買的一定年數的地租，是地租自身的一個轉化形態；比方說，21年的剩餘價值（或剩餘勞動），就是在這個形態上，表現為土地的價值。簡言之，土地的價值不外就是資本化的地租。

在這個問題上，配第是這樣深入了。

但從地租（那就是指土地）購買者的立足點看，地租僅表現為他的資本的利息；在這個形態上，地租成了全然不能辨別的，並表現為資本利息了。

配第這樣決定土地的價值和年租的價值之後，就能夠把貨幣租金(Geldrente)或利息，當作一個副形態來推尋了。

"現在說到利息，那至少要有這樣多；因為，用這種貨幣購買土地，也會生出這許多地租，並且購買土地的錢，還毫無疑問是安全的”。（第28頁）。

在這裏，利息僅是由地租的價格決定的，但反過來，地租的價格，或土地的購買價格，又是由利息決定的。這是極首尾一貫的。因爲，在這裏，地租表現成爲剩餘價值的一般形態，貨幣的利息必須當作副形態由此去推尋[4]。

* * * *

〔以上是由稅課論一書抄引的。配第的政治算術（倫敦 1690年）——這裏，是由1699年版抄引——內，也有幾段話，可以和以上引用的話互證。這幾段話，也暗示一種關於剩餘價值的見解，那當然也只在地租的形態上考察的〕。

這幾段話，是像下面那樣：

“如果工業和工藝發展了，農業必定會衰落，或者說，農業勞動者的工資必定會提高，從而，地租必定會減落”。（政治算術倫敦1699年版，第193頁）。

“如果英國的商工業已經發展了，這就是說，如果人口已經比以前有較大的部分，從事工商業了，如果穀物的價格，比以前（那就是和工商業者人數較少，農民較多的時候比較）更高了，則由同一理由，地租必定已經下落。

“爲例解起見，假設小麥的價格爲每蒲式耳5先令或60便士；

---

4 關於確定利息率的法律，配第說道：“與自然法則相反（那就是與資產階級社會相適應的法則相反）的實際的民法，是無用的，無效的。關於這點，我還有別的機會，要把它說到”。（第29頁）。

現在，假設小麥所依以生產的土地的地租，等於收穫的三分之一，那就是，在 60 便士中，20 便士分歸土地，40 便士分歸農業勞動者(husbandman)；但若農業勞動者的工資增加八分之一，那就是，由每日 8 便士，漲到每日 9 便士，則在一蒲式耳小麥中，農業勞動者所得的部分會由 40 便士增至 45 便士，結局，地租就會由 20 便士減至 15 便士；因爲我們假設，小麥價格是保持不變；並且，因爲我們不能把小麥價格提高。我們試把小麥價格提高，穀物就會由農業狀況還未發生變化的外國，輸到我國來，(像輸到荷蘭去一樣)"。

* * * *

關於差額地租，最初的概念，也是得於配第。他不單由同面積的不同諸土地的豐度差別，引出差額地租；並且由等豐度的土地的位置差別和市場距離的差別，引出差額地租。大家知道，這是差額地租的一個要素。他說：

"像強烈的貨幣需要會提高利息一樣，強烈的穀物需要會提高穀物的價格，從而增進生產穀物的土地的地租[5]，並且在結局上，增進土地本身的價格。比方說，養活倫敦人或一個軍隊的穀物，必須由四十英里遠的地方運來，那麼，僅距倫敦或軍隊駐紮地一英里的地方所生長的穀物，也會同樣把它的自然價格提高起來，好像它也要出 39 英里的運輸費一樣。……結局，因爲人口較密的地方，需要一個更大的地域來供給食物，所以鄰近這種地方的土地，和那些在本質上一樣良好但位置更遠的土地比較，不單要提供較大的地租，

5 在這裏，又像在前此的說明上一樣，直接說明了，穀物的價格決定地租，但地租不決定穀物的價値。

並且要值較大的年租總額”。(第29頁)。

差額地租的第二個原因,土地的豐度差別,從而,投在等量土地上的勞動的生產力差別,配第也提到了:

“土地的品質或可欲性,或其價值,取決於爲土地提供的收益部分,與被用來生產這種收益的單純勞動相比較,是大還是小”。(第67頁)。

對於差額地租,配第的說明,比亞當斯密的說明更好。

關於地租,下面一個命題也是重要的。這個命題,把剩餘價值,當作是勞動生產力增大的結果:

“當人們只用鋤犂時,上述那幾位伯爵卻用更多的勞動來使土地變爲更豐饒;不把穀種播下去,卻把它蒔下去;不隨意取來,卻把它精選;不隨卽胡亂使用,卻把它先浸一浸水;人們只用鹽,他們卻用腐爛了的蒿去肥田等等。所以,當增大的收益,益益超過增大的勞動時,地租也就益益增大了”。(第32頁)。

這裏所謂增大的勞動,是增大的勞動價格或工資。

在稅課論內,我們還可以注意下面幾點:

(1)配第關於總生產的見解,提示在下面的文句裏:

“假設一個地方有1000個人,其中100個人已經可以爲這1000個人全體生產食物衣着物;還有200個人,生產這許多商品,有別的國家,願意拿他們的商品或貨幣來交換;還有400個人,爲全體創造裝飾品,娛樂品和奢侈品;最後,還有200個人,當作官吏,僧侶,法律家,醫士,商人和零賣商人。以上總共900人。現在要問,對於那過剩的100個人,卽待救恤者,有沒有充分的食料品呢?是不是讓他們去偸竊，去乞食呢"？（第14頁）。

(2)配第極注意土地和勞動間的自然均等關係 (the natural par)：

"我們的銀鑄幣和金鑄幣，有種種名稱。在英國，那是名做鎊，先令，便士。每一個名稱，當作別一個名稱的總額或部分，可以互相表現。但關於這點，我要說的話，是像下面這樣：一切物都是由兩個自然的分母估計的——土地和勞動。這就是，我們應當說，一隻船或一件上衣，是值這許多土地和這許多勞動，因爲這兩樣東西，船和上衣，都是土地和人類勞動的創造物。又因爲在土地和勞動間存有一種自然均等關係，所以我們用兩個要素中的一個要素去表示價值，是和同時用兩個要素去表示一樣妥當，甚至更妥當；像便士容易還原爲鎊一樣，我們容易把其一還原爲其他"。（第25頁）[6]。

就因此故，配第發現地租的貨幣表現之後，又要探究土地的現實價值。

在他，有三重的價值定義交錯着：

(a)由等一勞動時間決定的價值量。在這上面，勞動被認爲是價值的源泉。

(b)當作社會勞動形態的價值。所以，貨幣被認爲是價值的眞正形態；不過在別的地方，配第對於貨幣主義的幻想，是完全排斥的。

6 在愛爾蘭的政治解剖中，他也說："這一點，使我達到經濟學上最重要的問題，那就是土地與勞動的均等關係的成立；因有這種均等關係，所以每一物的價值，都可在這兩個因素中，只用一個因素去表現"。（該書第63頁）。實則，在這裏，根本的問題是把土地本身的價值，分解爲勞動。

(c)當作交換價值源泉的勞動和當作使用價值源泉的勞動，被混同。在這場合，勞動是以自然物質（土地）爲前提的。實則，他把土地價格表現爲資本化的地租，不把土地當作實在勞動的自然物質來說時，他已經把土地和勞動之間的均等關係切斷了。

II. 達芬南[7]

達芬南(Ch. D'Avenant)如下的話，很可以表示重商主義派對於剩餘價值的看法的特徵。

"我們本國生產物的輸出，必定會使英國富裕；我們如要在貿易差額上成爲勝利者，我們必須把我們自己的生產物輸出，用它來購買我們自己要消費的一切外國產品，這樣我們將會有一個剩餘，在貴金屬或可在別國出賣的商品的形態上，殘留下來。這種剩餘，便是國家由商業得到的利潤。這個剩餘的量，與輸出國人民的自然的節約[8]，與勞動價格和製造品價格低廉的程度成比例；這種低廉的價格，使他們能够便宜的，依照這樣的價格，售賣商品；必須依照這樣的價格，他們在外國市場上，才能够取勝"。（達芬南論可能的使人民在貿易差額上成爲勝利者的方法倫敦1699年版，第46頁）。

"在國內消費品的交易上，一個人的所失，僅爲他人的所得，國民一般是不會更富的；但在一切供國外消費的物品上，卻有一個更

7 這一章，包括草稿第317頁和318頁。註9是由1423頁採錄的。——K.

8 這種節約，正如達芬南這本書以後所說明的，不是英國人的節約，只是荷蘭人的節約。

顯明更確實的利潤"。(達芬南東印度貿易論倫敦 1697 年版，第 31 頁)[9]。

達芬南在英國公共收入和貿易論(倫敦 1698 年)題名下出版的這個著作，和麥克洛克(Mc Cülloch)引用的東印度貿易論(倫敦 1761 年)，並不是同一部書。

我們決不可像後來庸俗自由貿易商人那樣，把這些重商主義者，說成這樣愚鈍。在上面講過的公共收入論第二卷，達芬南曾這樣說道：

"金與銀，實際是商業的尺度，但商品的源泉和起源，在一切國家，都是該國自然的或人工的生產物，那就是該國土地生產的東西，和該國勞動和工業生產的東西。不錯，一國可以由某種事情，失去它所有的貨幣；但一國國民只要是人數衆多的，是勤勉的，是精於商業，熟於航海，而又有良好港口，有良好土地可以生產各種物品的，它就會有通商，會獲得財富，並且不久就會擁有大量的金銀。所以，一國的眞實有效的富，便是本國的生產物"。(第 15 頁)。"金與銀決不是國民貯藏或財富所依以成就的唯一物，所以，實在說來，貨幣不外是人們交易上習常使用來計算的籌碼(counters)"。(第 16 頁)。"所謂富(wealth)，我們是指君主及其臣民大多數在有餘狀態中，幸福狀態中，安全狀態中所有的東西；所謂富藏

9 〔有別一種著作，在同一意義上，論到東印度貿易的利益〕：

"貿易，以我們自己(英國人)爲範圍的，對於國家，只有很少的利益；它的利益，不會比不動產的買賣的利益更大；一個得益，別一個就要吃虧；所有者調換了，但這個不動產還是一樣。外國貿易卻是帝國的大利益，大事務"。(東印度貿易：王國最有利的貿易倫敦 1677 年)。

(treasure),我們是指一切爲人類使用,而用金銀轉化成(converted)的建築物和土地改良設備；還包含那些可以轉化成(convertible)這種金屬的別的東西,例如土地的收穫,工業生産物,外國商品,和船儲食糧。……就是那種容易消滅的物品,也只要能够換成金銀,就使沒有換成金銀,也能當作國富來看;我們不僅可以把它們看爲是個人與個人間的富,並且可以把它們看爲是一國和一國之間的富”。(第60頁以下)。“平民是國家這一個身體的胃臟”。這個胃臟,在西班牙,不十分消受貨幣,不能消化它。“只有商業和工業可以促成金和銀的這種消化和分配——國家這個身體,就是靠這個來取得滋養的”。(第62頁,63頁)。

III. 諾芝和洛克[10]

試拿諾芝(Sir Dudley North)和洛克(John Locke)的著作,和配第的貨幣雜論(1682年),稅課論(1662年),愛爾蘭的政治解剖(1672年)比較一下,我們就知道,他們兩人是由配第的學說發展出來的。在配第論述利息率統制和鑄幣劣化等等地方,更可以見到這種關係。他們兩個人,都和配第的著作有直接的關係,並且立足在他的著作上面。

諾芝和洛克是在同時,在同一的刺激下,寫作我們這裏考察的著作。洛克著論減低利息和提高貨幣價值的影響是1691年在倫敦

10 這一章的導論,錄自第1397頁。論述洛克的部分,見第1291頁至1293頁。論述諾芝的部分,見第1418頁至1420頁。——K.

出版的，同年諾芝也在倫敦發表他的貿易論。但他們代表相反的見解。在洛克看來，利息率的高漲，應歸罪於貨幣的缺乏。相反的，諾芝卻說，〔利息率高的原因〕，不是貨幣缺乏，只是資本或所得的缺乏。資本(stock)的確定的概念，或者說，不當作流通手段而僅當作資本一種形態的貨幣的概念，就是第一次在他那裏出現的。和洛克的見解相反，諾芝得到了最早的正確的關於利息的概念。

* * * *

我們拿洛克關於勞動一般的學說，和他關於利息和地租——因爲在他，剩餘價值只在這諸種確定的形態上表現——起源的學說聯在一起看，剩餘價值就不外是別人的勞動，剩餘勞動；土地和資本——勞動的條件——使它們的所有者，能够把這種剩餘勞動佔有。在洛克看來，一個人所有的生產手段多於他自己勞動所能使用的生產手段這件事，是一種政治的發明，和所有權或私有權的自然基礎是矛盾的。

關於這一點的文句，是像下面那樣：

"雖然土地和一切地下生產物是人類共同所有的，但每一個人對於他自己的人身，都享有一種所有權；對於自己的人身，除自己以外，任誰也不能有什麼權利。但我們還可說，他的肉體的勞動和他的手的工作，也當然(properly)是他自己的。他在自然所創造所安置的狀態中做出的東西，是和他的勞動分不開來，並且會和那少許屬於他的東西結合在一起，並依這個方法，使它成爲他自己的所有"。(政府論第二篇第五章，全集版1768年，第二篇第229頁)。

"他就是由自然手中受得他的製作物；在自然手中，一切都是共有的財產，是同樣屬於自然的一切兒女；且也就由此，使它成爲他的所有”（前書第230頁）。

“但所有權的主要對象，現在已經不是土地的果實，或在土地上生活的禽獸，而是土地自身了。……我以爲，這是明白的；土地的所有權，是和上述那種所有權，依相同的方法得到的。他能所有怎樣大的土地面積，就看他個人能够開墾，能够耕耘，能够改良，能够栽種，能够收穫怎樣大的土地面積。他又是由他的勞動，從共有物中，劃出一部分來，成爲他的所有物”。（前書第230頁）。

“像我們知道的那樣，征服土地或耕作土地，和所有土地，是互相關聯着的事”。（前書第231頁）。

“人的所有的量，顯明由他的勞動量和他的需要量，規定了。沒有一個人的勞動，能够把一切的東西征服，並把它們佔爲己有；他的需要也只能消費其中一小部分，所以，一個人無論如何不能由這個方法，侵犯別一個人的權利，或妨害鄰人來奪取財產。……在世界的太初時期，這個限制，把各個人的所有，限制在極有限的限界之內；各個人都只能所有他自己能够獲得的量，不致侵害任何他人。……卽在現今，世界也似乎還是够大，我們可以承認這個程度以內的所有，不致於任何人有害”。（前書第231頁，232頁）。

物的全部價值，幾乎都是由勞動給予的，（在這裏，價值是等於使用價值，勞動是指具體勞動，不是指勞動量；但勞動爲交換價值尺度的事，實際就以勞動創造使用價值這件事爲基礎）。一切不能分解爲勞動的使用價值餘額，都是自然的賜與，從而，本來是共有的。所以，洛克所要證明的，不是所有權可由勞動以外的方法去獲取——這是一個反對命題。他不過要證明，個人的所有權，怎樣還會在自然的共有權之前，由個人的勞動創造出來。

“使一物取得其特殊價值的，實際就是勞動。……於人有用的土地生產物，百分之九十九，是完全以勞動爲代價的”。(第235頁)。

“土地價值的最大部分，也是由勞動創造的”。(第235頁)。

“自然物雖然是共有的，但人是他自己的主人，是他自己的身體的所有者，是他的操作或勞動的所有者，他也就以這個資格，在他自己身上，取得了所有權的巨大的基礎”。(第235頁)。

所有權的一個限制，便是個人自己的勞動的限制；別一個限制，便是一個人不能超出自己所能使用的量，來從事蓄積。後一種限制，即使把其他的交換除開不說，也會由這樣一種交換，伸張開來：這一種交換是，容易消滅的生產物，會和〔比較不易消滅的生產物，如金，銀，金剛石等等相交換〕，會和貨幣相交換。

“這種耐久的物品，他可以儘量蓄積起來。因爲，合法所有權的限界[11]的破壞，不是因爲他所有的量已經過大，只是因爲一切在這點上面無用的東西都不免腐爛。貨幣這種更耐久的東西，就在這裏見出了它的用處。人把它蓄積起來，它是不會腐爛的；並且人們又一致同意，只要用它，就可以換得眞正有用但會腐爛的生活資料”。(第236頁)。

個人財產的不等，就是這樣發生的；但個人自己的勞動的限界還是存在：

11 把他個人的勞動的限界，除開不說。

"他們在私有權平等的狀態內居然能够在社會限界之外，不經協商，便實行這樣的分割，不過因爲他們把一個價值賦與金銀，並且一致默認貨幣有這種用處"。（前書第237頁）。

在這裏，我們必須從洛克著作裏，取出他論利息的話，來和上面引用的話，綜合起來看，並且不要忘記，照他的意思，是天賦權利，使個人自身的勞動，成爲所有權的限界。

"我們現在要研究，它（貨幣）是怎樣得到和土地一樣的性質。它會提供一定的年收入，那就是我們叫做利子或利息（use or interest）的。但土地自然會生產某種新的有用的東西，卽對於人類十分有價值的東西。反之，貨幣是一種不生產的東西，是不能生產什麼的。它不過經由一種同意，從一個人手裏，把那當作他的勞動報酬的利益，移轉到別人的錢袋中。這是貨幣分配的不等引起的，是一種不平等；這種不平等，在土地上面和在貨幣上面，會發生相同的影響。……當你所有的土地，比你願意耕作或能够耕作的土地更多，別人所有的土地卻比他願意耕作或能够耕作的土地更少時，這種不平等的土地分配，就會爲你的土地，引起一種租借人；同樣，不等的貨幣分配，……也會爲我，爲我的貨幣，引起一種租借人（tenant）；這樣，我的貨幣就由借者的勤勞，得到一種可以爲借者生產六釐利息以上的東西的能力；好比，你的土地，會由租者的勞動，生產出地租額以上的生產物一樣"。（洛克全集1740年版，第二卷）。

在這段話裏，洛克有意要向土地所有權挑戰，告訴他，他的地租，是和高利貸的利息，全然沒有區別。土地與貨幣會"從一個人手裏，把那當作他的勞動報酬的利益，移轉到別人的錢袋中"，都只因爲生產手段的分配不平等。

洛克的這種識別,從下面一點看,會越加顯得重要:他是擁護資產階級社會反封建社會的權利思想之古典的表現;並且,在這方面,他的哲學,還被後來英國全部的經濟學者用來當作他們的全部觀念的基礎。

* * * *

諾芝在他的貿易論一書內,主要是研究商業資本;在這限度內,這個著作是和我們這裏沒有關係。不過,這個著作表示了,在它研究的範圍內,它的議論是相當成熟。下述一點是極值得注意的:即,自查理二世復辟以來,至十八世紀中葉,關於地租下落的現象,曾在地主方面,不斷發出嗟怨的呼聲,同時,從(?)起[12],小麥價格也不斷向下落。雖然在利息率強制壓下(由卡爾柏培 Culpepper 和蔡爾德爵士 Sir J. Child 實行的)這件事情上面,工業資本家有很大的力量,但土地所有者才是這個辦法的眞正的戰士。土地的價值及其上漲,當作國民的利益被主張了;雖然相反的,大約自1760年以降,經濟學對於這個問題的研究,卻是以地租的上漲,土地價値的上漲,穀物及他種生活資料的價格的上漲,以及工業家們的怨聲,作爲確定的基礎。

自1650年到1750年那一百年間,除了少數例外,在貨幣資本(moneyed interest)和土地所有權(landed interest)之間,常常發生鬬爭。過奢侈生活的貴族,很不高興的,看到高利貸業者在剝奪

12 這個問號,是照原稿錄下的。那大概是1662年。在那一年,一卡德小麥要費74先令;在此後一百年間,小麥從來沒有再達到那樣高的價格。——K.

他們。而自近代信用制度和國債制度成立以來，自十七世紀末葉以來，這些高利貸業者還在立法等等方面，佔着優勢的，和貴族們對立着。

地主對於地租下落的怨聲以及他們反對土地改良的主張，配第已經說到了。他是袒護高利貸，反對地主的；他把貨幣租金和地租，放在同一位置上。

洛克把這二者都還原爲勞動的搾取。他和配第採取相同的態度。他們兩個都反對利息之強制的限制。地主知道，如果利息下落，土地價值就會上騰。假定地租量爲已定的，地租之資本化的表現——即土地的價值——便會與利息率爲反比例的騰落。

和配第站在一個方向的第三個人，是諾芝爵士。他的意見，發表在上面講到的那個著作內。

這就是資本對於土地所有權實行頑強反抗的最早形態。實際上，高利貸還是資本蓄積的主要手段；憑這手段，資本可以在土地所有者的所得中，分取一個部分。不過，產業資本和商業資本也多少曾和土地所有者站在一邊，去反對這種古舊的資本形態。

"像土地所有者出租他的土地一樣，他們是出租他們的資本。(他們有資本，stock in trade，但沒有經營商業的熟練，或不願忍受經營商業的麻煩）。他們由此取去的東西，叫做利息(interest)，那只是貨幣租金，像別一種是地租一樣[13]。在各種語言文字中，土地的租金和貨幣的租金，都是用相同的字眼表示。在英國若干地

13 這裏，是和在配第的場合一樣。我們可以看見，怎樣照中世紀傳下的習慣看來，地租會表現爲剩餘價值的原始形態。

方，也是這樣。成爲一個地主（landlord）和成爲一個財主（stock-lord），是沒有兩樣的，前者不過享有這種利益：即土地的租借人不能把土地弄走，資本的租借人卻能把資本弄走。資本的租借，要冒更大的危險。所以，和資本比較起來，土地所提供的利潤是較小"。（第4頁）。

利息：諾芝像已經正確瞭解了利息的意義。讀了上面引述的那個著作，我們就知道，諾芝所謂 stock，不僅是指貨幣，並且是指資本。（配第也把 stock 和貨幣分別了）。而在洛克看來，利息卻是完全由貨幣量決定的。在配第看來，也是這樣。

"如果貸者多於借者，利息就會下落。……不是利息使商業活躍(make trade)，不過在國家商業繁榮時，資本的量會把資本的利息壓下"。（前書第4頁）。

"金與銀與由金銀造成的貨幣，是一種權度；有了它，比沒有它的時候，貿易會更容易實行。並且，它們還是一個基金，極便於在貿易上面藏納資本的剩餘額"。（前書第16頁）。

價格與貨幣：因爲價格不外是表現在貨幣上面的商品等價，而在所論爲商品的售賣時，不外是實現在貨幣上面的商品等價，不外把商品當作交換價值來表現，俾便後來再轉化爲使用價值，所以，這一點很早就被認識了；即，在這裏，金銀只是當作商品自身的交換價值的存在形態，只是當作商品形態變化上的一個因子，決不是當作金銀本身來討論的。

〔"渴望貨幣的人，究竟是需要什麼呢？我先拿乞丐來說。他要求貨幣，並急需貨幣。當他有了貨幣時，他用貨幣做什麼呢？購買麵包之類的東西呀！所以，他需要的，實際並不是貨幣，只是麵包之類的生活資料。其次，農民也嘆說缺少貨幣；固然，他嘆息的理由，不是像乞丐一樣要維持自己的生活或償付債務，不過他相信，如果國內有更多的貨幣，他的生產物就會得到好價錢。所以，他也不是需要貨幣，只是需要穀物和家畜的好價錢；他們爲穀物和家畜尋找購買者，可是沒有把他找到"。

購買者的缺少，可因於下述三個原因。那或是因爲穀物和家畜生產得過多，或是因爲普通銷場的阻斷（例如在戰時），最後，或是因爲消費者過於貧窮以致消費過少。

商人和零售商人的怨聲，也是這樣的。（第11頁，12頁）〕。

"因爲貨幣……是買賣的一般(common)尺度，所以每一個有什麼東西要賣，但尋不到買者的人，都相信，國內貨幣的缺乏……是他的商品不能脫售的原因；所以一般都嘆說貨幣在缺乏，其實那是一個大錯誤"。（第11頁）。

資本是自行增殖的價值，而在貨幣貯藏的場合，則這個結晶化的交換價值形態自身，便是目的。古典派經濟學的最早的認識之一，便是貨幣貯藏與貨幣價值增殖（這便是當作資本的貨幣的表現）間的對立。

"一個人，把他所有的貨幣銀器等等保留在自己身邊，不會因此更富有起來，反之，他其實會因此更貧乏。所有的財產正在增加的人，就是最富的人；這時，他所有的財產，或是在出租的土地所有權的形態上，或是在生息資本的形態上，或是在工商業運用的商品的形態上"[14]。

"雖然每一個人都希望有它(貨幣),但沒有一個人或僅有少數人願意保留它。他總想立卽把它用出去(dispose it),因爲人們很知道,死藏着的貨幣,不能希望有利潤,而是一種確實的損失"。(前書第21頁)。

當作世界貨幣的貨幣:

"就貿易的關係說,一個國家對於世界的關係,是和一個城市對於國家的關係,一個家庭對於城市的關係一樣"。(前書第4頁)。

"在貿易上面,金和銀不能由任一種方法,去和別的商品相區別,不過,它們會由有餘的地方,被帶往不足或需要的地方"。(第13頁)。

能够流通的貨幣量,是由商品交換決定的。

"無論有幾多的貨幣可以從外國輸入或在國內鑄造,那在國家商業需要以上的部分,都只是原形的貴金屬(bullion),並須當作原形的貴金屬來處理。在這情形下,已鑄的貨幣,會像我們當作舊器賣的銀器一樣,單純由它的金屬內容來估價"。

土地所有權與商業:

"那種爲生利息而借出去的貨幣,在我國,尙不及我國商人經營商業所投下的貨幣十分之一,但其大部分是被借去維持奢侈生活,去應付那種人的支出,那種人擁有大量的土地所有權,但這種

14 白拉斯(John Bellers)在貧民,製造業,商業,殖民地和不道德等等的論文集(倫敦1699年)內,也說:"貨幣是不能自行增殖的,並且還是沒有用處的,除非我們把它放出。又貨幣還是於私人無利益的,除非把它拿來交換某種有價值的東西。所以,一切非爲國內貿易絕對必要的貨幣,對於國家,都是死的資本(dead stockal),對於把它抑留住的國家,也不會有任何利益"。(該書第13頁)。

所有權的收入，不够他們支出。他們不願拿土地一部分去賣，情願使土地負着一種債務”。（前書第6頁，7頁）。

IV. 休謨和馬希[15]

馬希(J. Massie)的匿名著作自然利息率的支配原因論：配第和洛克的意見的考察，出版於1750年；休謨(David Hume)論文集第二部（討論“利息”的地方），出版於1752年，比前者後出兩年。所以，馬希要佔一先着。馬希反對配第和洛克，休謨反對洛克，但他們兩人都在洛克那裏看見了這種觀念：卽，利息率的水準，定於貨幣量，貸借的眞正對象，實際就是貨幣，（不是資本）。

馬希比休謨更斷然的，認定利息只是利潤的部分。

我們且先從後者講起。

〔在我們這裏考察的休謨著作中，這樣的話是值得注意的〕：

“世上的一切物品，都是用勞動購買的”。（論文集第二版倫敦1764年，第二部第289頁.）。

〔在休謨的場合，地租也被視爲是剩餘價値的根本形態，資本利息被視爲其次的。在他看來，地租所以發生，是大多數民衆不得享有土地所有權的結果。

“政治制度(la police)[16]和一國人口的增加，必然會引起所有

15 這一章的開端部分，包括草稿第1293頁和1294頁。馬希的引用語，除了第一部分，是見於1300頁和1301頁。——K.

16 我是依照法文譯本抄用的，因爲英文原本，我沒有能夠找到。——K.

權的不等；因爲，在每一個文明化的人數衆多的國家，都會有一個廣大的地面，爲人民的一部分所有，人民的別一部分則全然沒有土地所有權。所有土地多於自身所能耕作的人，會把這種土地分給那些沒有一點土地的人，但附上這樣的條件：即，土地的耕作者，也把收穫一部分，讓予於他。我們叫做土地利息（爲要與貨幣利息相對稱）的東西，就是這樣發生的。在文明程度最低的國家，我們已經看到這種情形了"。（休謨商業論，德爾及摩里納利版，巴黎 1847 年，第 51 頁）〕。

利息率的水準，定於借者的需要，貸者的供給，從而是定於〔貨幣資本的〕供給和需要。但在本質上，它還取決於"由商業發生的"利潤的水準。（論文集倫敦 1764 年，第 329 頁）。

"勞動和商品有怎樣大的存量呢，這件事對於利息必定有很大的影響，因爲我們出利息去借貨幣時，我們實際是借這些東西"。（前書第 337 頁）。

"假使把資本貸給他人可以要求高的利息，誰也不會以低的利潤爲滿足。假使把資本拿來運用可以求得高的利潤，誰也不會以低的利息爲滿足"。（前書第 335 頁）。

高的利息和高的利潤，都是工商業進步遲緩的表示，並不是金銀稀少的表現；低的利息是正好相反，〔不過，"貨幣的利息，只能在求借者多，待借的財富少，而商業利潤又很大的時候，才會增高起來"〕。（前書第 329 頁）。

"在只有土地所有者（landed interest，或如他以後所說，是 landed gentry 和 peasants）的國家內，借者的人數總是很多的，所以利息率總是高的”，（前書第330頁），因爲那種只供享樂的富，會渴求種種享樂品，但在當時，除了農業以外的各種生產是極有限的。只要商業發展，情形就會相反。貪利的欲望，全然支配着商人。他“不知道享樂，雖然他的財產是日日在增長[17]；也就因此，所以在商人中間，守財奴要比叫花子多，而在土地所有者中間，情形是恰好相反”。（前書第333頁）。

“所以，商業的增進，引起了大量的貨幣可以貸放，並就由此引起一個低的利息率”。（前書第334頁）。

“在商業上面，低的利息和低的利潤，是兩件互相促進的事情，它們二者原來都是由商業的擴張引起的；這種擴張，生出了富有的商人，並且使貨幣資本（the moneyed interest）變得重要。在商人擁有大資本時，無論他們是由僅少的金屬片代表，還是由許多的金屬片代表，情形都必然常常是這樣：當他們對於自己的職業覺得厭倦或其子嗣不宜於經營這種商業時，這個財富的大部分，自然會去尋求一種常年的更確實的收入。供給的量，會把價格壓下，並使貨幣貸者以更低的利息率來滿足。這種考慮，使許多人，與其便宜地把貨幣放出去，不如仍舊讓資本留在職業上，而情願得更低的利潤。從另一方面說，當商業已經實行大的擴張，並運用鉅額的資本時，商人間的競爭也必定會尖銳化，那會在商業擴大的時候，把商業利潤減落下來。商業上的低利潤，誘使商人在收憩營業生活，轉而過自在生活，不再從事商業活動時，情願接受低的利息率。所以，

17 交換價值的追求，卽抽象的富的追求，在這裏，比使用價值的追求，是更強烈得多的。

研究低利息和低利潤二者中何者爲因，何者爲果，實在是毫無用處。二者都是由擴張的商業發生，並且是互相促進的。……擴張的商業，使利息和利潤二者減少，因爲它會創出較大的資本來；並且，其一的壓下，總會由其他的相應的下落來支持。我可以附帶說一句：低的利潤，如其是由工商業的發展引起的，那就會轉過來，使商業更進一步發展，因爲低的利潤使商品便宜，把消費刺激起來，把工業增進起來。所以，利息率是國家的眞正計溫器。利息率低，幾乎一定指示國家的繁盛”。（前書第335頁，336頁）。

* * * *

〔關於馬希，下面的話是值得注意的。那是由上面講過的那個匿名著作引用下來的〕：

“由以上的話，很明白，洛克先生以爲，自然的利息率是由一國貨幣量一方面對該國居民的負債的比例，他方面對該國商業的比例，決定的；配第爵士卻以爲完全取決於貨幣量”。（前書第14頁）。

富有的人，“不親自使用貨幣，卻把它租給別人，讓別人用此去賺利潤，但以貨幣所有者的資格，取得所賺利潤的一部分。但當一國人的富分歸許多人所有，以致各人所有的貨幣，投在商業上，不够養活兩家人時，貨幣的貸借是不常見的；因爲，如果2000鎊爲一個人所有，這個人能够把它借出去，由此得到够維持他一家人的利息；如果那2000鎊是屬於10個人，這10個人不能把它借出去。由此生出的利息，是不够維持十家人的”。（前書第23頁，24頁）。

“由政府對貨幣所付利息率來推斷自然利息率的嘗試，無疑要歸於失敗；經驗說明了，這兩種利息率相互間不保持任何的比例；

眞正的考慮，又告訴我們，它們決不能保持任何的比例。因爲一個是以利潤作它的基礎，別一個卻是以窮困作基礎；前者有它的限界，後者卻是沒有。借錢來改良土地的貴族，和借錢來經營職業的商人或營業家，都有一定的限界不能超出。如果他由貨幣能够賺得一分，他對於貨幣只會支付五釐，決不會支付一分。反之，爲窮困而借錢的人，卻不覺得有任何限界；窮困，無論是公家的，還是私人的，都是不顧一切訓條，一切法則的"。（前書第31頁，32頁）。

"取息是否公道的問題，不取決於他賺得到利潤與否，乃取決於適當運用時能否賺到利潤"。（前書第49頁）。

"借錢支付的利息，是所借的錢所能生產的利潤的一部分，所以，這個利息常須由那種利潤規定"。（前書第49頁）。

"爲公道起見，在這個利潤中，有怎樣大的部分應屬於借者，怎樣大的部分應屬於貸者？其決定，只能由借者貸者兩方面一般的評價。因爲，在這點上面，是非曲直，是由一般的同意造成的"。（前書第49頁）。

"這個分割利潤的法則，不適用於個個的貸者和借者，但適用於借者和貸者一般。……特別高的和特別小的利潤，是熟練的和缺乏理解力的報酬，那是和貸者一般沒有關係的；貸者不能因此受害也不能因此受益。就經營同種業務的諸個人說，是如此；就諸個別的業務說，也是如此"。（前書第50頁，51頁）。

"自然利息率是由各該營業的利潤決定的"。（前書第51頁）。

爲什麼英國今日利息爲4釐，以前卻是8釐呢？因爲，英國商人以前"所得的利潤，倍於他們現在所得的"。

爲什麽利息率在荷蘭爲3釐，在法國德國和葡萄牙爲5釐6釐，在西印度和東印度爲9釐，在土耳其爲1分2釐呢?

"對於這裏所説的一切情形，一般可以這樣答説：這諸國的商業利潤，和我國的商業利潤不等，並且不等的程度有這樣大，所以利息率會發生這種差異"。(前書第51頁)。

但利潤的下落是怎樣發生的呢?由於國內和國外的競爭。

"由於國外貿易的減退[18]，或由於商業界中人相互益益把商品的價格壓下，……那或是由於售賣的必要，或是由於儘可能多賣的念頭"。(前書第53頁)。

"商業利潤一般是由商人人數和商業範圍的比例決定的"。(前書第55頁)。

在荷蘭，"從事商業的入的數目，和總人口的比例最大，所以，在那裏，利息率最低"。在法國，則相反的比例最大，所以利息率最高。(前第55頁，56頁)。

"商業和商人間的比例，是由怎樣決定的呢"?(前書第57頁)。

"由商業上的理由，自然的必然性，自由，私人權利的保護，社會的安全"。(前書第58頁)。

"世間沒有兩個國家，是以同樣豐富的程度，由同量的勞動，供給同種數的生活資料。人的需要，視所居地氣候是否和適而增減。所以，各國居民爲滿足本國人需要所須經營的商業之量，不是到處一律的。但沒有什麽，還比氣候的寒暖，更確實地，可以決定當中差

18 是外國競爭的結果。

別的程度，所以我們儘可推論說，維持一定人數所必要的勞動量，在寒帶是最大的，在熱帶是最小的；因爲，和熱帶地方比較，在寒帶地方，人類需要更多的衣着物，並且土地也需要更多的勞動去耕作"。（前書第59頁）。

"經營（商業）的必要，是荷蘭的特色。……這種必要，是由該國人口過多的現象引起的。此外，那裏又需有許多勞動，去築堤，去排水。因此，經營商業，在荷蘭，比在世界有人居住的任何處，都更覺得必要了"。（前書第60頁）。

馬希比休謨還更堅決的，把利息視爲只是利潤的一部分；他們兩個都由資本的蓄積（馬希特別說到節約）及由此引起的利潤的下落，來說明利息的下落。但他們兩個都幾乎沒有說到商業利潤本身的起源。

V. 傑姆士·斯杜亞爵士[19]

一切的經濟學者，都犯這樣一種錯誤；那就是，不把剩餘價值純粹地當作剩餘價值來考察，卻在利潤和地租那種種特殊的形態下，去考察它。必然會由此生出的理論上的錯誤，我們會進一步在第三章指示出來；在那裏，我們將分析，剩餘價值當作利潤會採取怎樣的轉化形態。

在重農主義派以前，剩餘價值——就是利潤，是在利潤的姿態

19 這裏，在原稿上面（第220頁），是剩餘價值學說史的系統說明的開始。——K.

上的——是完全由交換，由商品在其價值以上售賣這一件事去說明的。傑姆士·斯杜亞爵士(Sir James Steuart)，大體說來，也沒有脫卻這種忽陋的見地，也許必須視爲這種見地的科學的再生產者。我說"科學的"再生產者。個個資本家由商品售價高於其價值所得到的剩餘價值是新富的創造這樣一種幻想，是斯杜亞所沒有的。他把積極的利潤和相對的利潤分別了。

"積極的利潤對於任何人都不會是損失；那是由勞動，勤勞，或熟練的增進發生的，並且會引起一般福利(public good)的增大或增進。……相對的利潤卻指示某人的損失；它指示財富在各當事人間的平衡的變動(a vibration of the balance of wealth between parties)，但不包括一般財產(stock)的增加。複合的(the compound)利潤是很容易理解的；它是這樣一種利潤，一方面是相對的，一方面是積極的。……兩種利潤，可以在同一職業上，不可分離的，呈現出來"。(政治經濟學原理，斯杜亞全集，由其哲嗣斯杜亞將軍爵士編輯的，共六册，倫敦1805年，第一卷第275頁，276頁)。

積極的利潤是"由勞動，勤勞，或熟練的增進"發生的。至若這種利潤怎樣由此發生，斯杜亞沒有在這裏提示任何辯護的理由。他雖然加上了一句，說這種利潤的結果會增大或增進"一般福利"，但這種加註，不過表示，斯杜亞在這裏只指示由勞動生產力發展引起的較大的使用價值量；只表示，在他手裏，這種積極的利潤，和資本家由交換價值增加引起的利潤，是全然分開來考察。這種考察，由他的進一步的說明，完全被確認了。

他說：

“在貨物的價格內，我分別了兩件事；那是現實存在的彼此完全不同的；其一是商品的現實價值，其一是商品讓渡時取得的利潤(profit upon alienation)”。（第244頁）。

所以，商品的價格包括兩個完全不同的要素：第一是它們的現實價值，第二是讓渡利潤，即由交換，由售賣而實現的利潤。這種讓渡利潤，是這樣發生的：即，商品的價格大於它的現實價值，或者說，商品在其價值以上售賣。在這裏，一方面的利益，常常包含別方面的損失。那不會引起一般財產的增加。利潤即剩餘價值，是相對的，得還原爲財富在各當事人中間的平衡的變動。斯杜亞自己放棄了由此去說明剩餘價值的觀念。不過，他還說“財富在各當事人中間的平衡的變動”。他的這種學說，雖不曾觸到剩餘價值本身的性質和起源，但對於剩餘價值如何在不同諸階級不同諸項目（利潤，利息，和地租）下的分配的考察，還是很重要的。

由下面的話，可知斯杜亞是把個別資本家所得的一切利潤，限爲這種“相對的利潤”，限爲這種由讓渡取得的利潤。

他說，“一個商品(manufacture)的現實價值，是由該國一個勞動者平均能在一日，一週，一月內生產的該種商品的量決定的”。

其次，“是由該勞動者爲滿足自身需要並生產他職業上所用工具所需要的生活資料的價值及種種必要支出，決定的。這一點，和上面講的一點，都用平均計算”。

第三，“是由原料的價值”。（第244頁，245頁）。

“認識了這三個成分，生產物的價格就已經決定了。生產物的價格，不能比這三個成分的總和更小，那就是不能比它的現實價值更小。這以上的部分，便形成工業家（manufacturer）的利潤。它常常與需要成比例，並且和這種比例一同變化"。

"所以，要使產業臻於繁榮，一個強烈的需要是必要的。……工業家們（the industrious），就依照他的確實的利潤，來佈置他的生活方法和他的支出"。（第 246 頁）。

由這樣的話，很明白，工業家卽個別資本家的利潤，常常是"相對的利潤"，常常是"讓渡利潤"，常常是由商品價格超過其現實價值，由其價值以上的售賣，生出的。所以，如果一切商品都依照價值售賣，那就會沒有利潤了。

斯杜亞有一專章，詳細論述"利潤怎樣與生產成本相結合"（how profits consolidate into prime cost）。（前書第三卷第 11 頁）。

斯杜亞一方面把貨幣主義重商主義的見解——商品在其價值以上的售賣，及由此發生的利潤，會生產剩餘價值，形成財富之積極的增加——拋棄了[20]；他方面，他還是站在他們的見解上，認爲個個資本的利潤，不外是價格超過價值的剩餘，是"讓渡利潤"，不過在他看來，這種利潤只是相對的，因爲一方面的利益，會爲別方面的損失所抵消，其運動也不外是"財富在各當事人間的平衡的變動"。

就這關係說，斯杜亞是貨幣主義重商主義之合理化的表現。

對於資本的理解，他的貢獻是在這一種證明上面：卽，生產條

20　不過，貨幣主義也承認，這種利潤，不會在一國之內存在，而只在一國對他國的交換上成立。重商主義也還是歸結到這一點：這個價值是表現在貨幣（金和銀）上，從而，剩餘價值也表現在以貨幣決算的貿易差額上。

件，當作一定階級的所有，是怎樣與勞動力分離開來的。他曾努力說明資本的成立過程——但沒有直接就它自身加以考察，雖然他曾經把這個過程，當作是大工業的條件——特別的，曾在農業上面，考察這個分離過程；並且在他看來，眞正的製造工業，也就是由這種分離過程成立的。在亞當斯密的場合，這種分離過程卻是當作已經完成的事情，被當作前提。

斯杜亞的書，出版於1767年倫敦；杜爾閣〔富的形成與分配之考察〕出版於1766年巴黎；亞當斯密〔國富的性質及其原因之研究〕，出版於1776年倫敦。

VI. 重農主義體系的一般性質[21]

在資產階級視域內分析資本，大體說，是重農主義派的功績。這種功績，使他們成爲近代經濟學的眞正的始祖。第一，他們分析了資本在勞動過程內依以存在並互相代置的不同諸物質成分。他們像一切他們的後繼人一樣，把這種種物質的存在方法，如工具原料等等，和這種種物質成分在資本主義生產內依以表現的種種社會條件，分開來。簡言之，他們只把它們當作是勞動過程的要素一般，去考察它們，不問它們的資本的社會形態；從而，把資本主義的生產形態，看成生產之永久的自然形態。但這一點，我們是不能責備他們的。在他們看來，生產的資本主義形態，必然會像是生產的

21 這一章的最大部分，是草稿第222頁至229頁的連續的說明。章末的斷片的註釋，散見於第234頁至240頁各處。——K.

自然形態。這一點，正是他們一種偉大的功績：即，他們把這種形態，當作社會的生理(physiologische)形態去考察。那就是，當作由生產的自然必然性所引起，而與意志，政治等等相獨立的形態去考察。這是物質的法則。重農主義派的缺點，不過是，他們把一個確定的歷史的社會階段之物質的法則，當作抽象的同樣支配一切社會形態的法則來考察。

重農主義派既然把資本在勞動過程內的物質要素分析了，又規定了資本在流通內採取的形態（固定資本，流動資本，雖然他們所給予的名稱不是如此），並規定了資本流通過程和資本再生產過程間的關聯。在論流通的那一章，我們會回來討論這一點。

在這兩個主要點上，亞當斯密繼承了重農主義派的遺產。就這關係說，他的功績，不過定立了若干抽象的範疇，使重農主義派分析過的差別，取得更穩固的名稱。

我們講過，資本主義生產發展的基礎是：勞動力（當作勞動者所有的商品）和勞動條件（當作固定在資本形態上並獨立存在於勞動力以外的商品）互相對立着。大體說來，勞動力的價值是和商品的價值一樣決定的。其價值，等於再生產勞動力所必要的生活資料生產上必要的勞動時間，或者說，等於勞動者維持其勞動者生存所必要的生活資料的價格。不過，在這個基礎上，勞動力的價值和勞動力的價值增殖間，出現了一種差別。這種差別，在別種商品上面，是不存在的。因爲，除了勞動力，沒有一種商品的使用價值，從而，沒有一種商品的使用，能够增進它自身的交換價值，或由它自身引起的交換價值。所以，以分析資本主義生產爲務的近代經濟學，便把這件事當作一個基礎了；卽，把勞動力的價值，當作某種決定的東西，當作一個已定的量——在每一個確定的場合，它也實際是這樣的——來把握。所以，工資的最低限，正確的，成了重農主義學說的一個樞紐。他們雖然沒有認識價值自身的性質，但他們能够把這點決定下來，是因爲勞動力的價值會表現在必要生活資料的價格上，從而表現在一定諸種使用價值的總和上。他們雖不明白價值一般的性質，但在他們研究上必要的限度內，他們能够把勞動力的價值，當作一個確定的量來把握。自身就是一個可變量的勞動工資，被他們視爲是一個不變量，被他們視爲是完全由自然決定的，不是由歷史的發展階段決定的，那固然是他們的一個缺點，但這個缺點，不會影響他們的結論之抽象的正確性；因爲不管我們假定的勞動力的價值是大是小，勞動力的價值與勞動力的價值增殖間，是一樣可有差別的。

重農主義派，把剩餘價值起源的研究，由流通領域推移到直接的生產領域，並由此立下了資本主義生產的分析的基礎。

他們極其正確的，陳述了這一個根本命題：卽，只有創造剩餘價值的勞動是生產的。這種勞動的生產物所包含的價值，要比這種生產物在生產過程中所消費的價值總和更大。假設原料和材料的價值爲已定的，勞動力的價值等於工資，那就很明白，剩餘價值只能由勞動的剩餘構成；所以有這種剩餘，就因爲勞動者奉還給資本家的勞動量，比他在工資形態上受得的勞動量，更大。不過，在重農主義派看來，剩餘價值並不是在這個形態上表現的，因爲他們沒有把價值一般還原爲它的單純的實體——勞動量或勞動時間。

他們關於價值性質的一般見解，當然的，必然的，決定了他們的敍述方法。在他們看來，價值不是人類活動（勞動）之一定的社會的存在方法，卻是由物材構成的，那就是由土地，自然，及這種物材的種種變形構成的。

勞動力的價值及其價值增殖間的差額——那就是勞動力的購買對於使用者造出的剩餘價值——在一切生產部門中，是最明白最無矛盾的，表現在農業，在種植生產上。勞動者逐年消費的生活資料總和，或者說，他逐年消費的物材量，要比他生產的生活資料總和更小。在工業上面，普通不是使勞動者直接再生產生活資料，生產其生活資料以上的剩餘。當中的過程，要以買賣做媒介，以流通的各種行爲做媒介的；要理解這當中的過程，必須先分析價值一般。這個過程，在農業上面，卻直接表現在所生產的使用價值多於勞動者所消費的使用價值的剩餘上面了。所以，在農業上面，雖不分析價值一般，不明白瞭解價值的性質，這個過程也能被理解。而在價值被還原爲使用價值，使用價值更被還原爲物材一般的時候，這個過程也能被理解的。所以，在重農主義派看來，農業勞動是唯一的生產勞動，因爲只有這種勞動創造剩餘價值，而他們所認識的唯一剩餘價值形態，就是地租。他們發覺，工業的勞動者不會增加物材；他們不過改變物材的形態。材料——即物材的量——是由農業給於他的。他雖把價值加入物材內，但這種加入，不是由他的勞動，只是由他的勞動的生產費用；只是由生活資料的總和。這種生活資料，是他在勞動當中消費掉的，等於他由農業受得的工資。因爲農業勞動被視爲唯一的生產勞動，所以農業勞動所由於和工業勞動區分的剩餘價值形態——地租——就被視爲唯一的剩餘價値形態了。所以，地租本身雖只是資本利潤的一分枝，但眞正的資本利潤，在重農主義派眼裏，是不存在的。在他們看來，利潤只是一種較高級的工資，是由土地所有者支付的。資本家把這種利潤當作所得來消費，那當然也像普通勞動者的工資一樣，會加入生產的成本內。這種利潤會增加原料的價值，因爲它會加在工業家（資本家）所消費的消費成本（Konsumtionskosten）內；工業家生產其生產物，把原料轉化爲新生產物時，就要消費這些東西的。所以，在一部分重農主義者看來，例如，在老米拉坡(Mirabeau)看來，貨幣利息——利潤的別一個分枝——形態上的剩餘價值，便被認爲是反乎自然的高利貸。反之，杜爾閣卻辯護着說，貨幣資本家能够購買土地，那就是購買地租；這種貨幣資本轉化爲土地所有權時，他既能取得這樣多的剩餘價值，所以這種貨幣資本對於他必須創造一個相等的剩餘價值。貨幣利息，不是新創造的價值，不是剩餘價值；它不過說明了，由土地所有者獲得的剩餘價值，怎樣要在利息的形態上，流一部分到貨幣資本家手裏。同樣，從別一個理由，它又說明了，爲什麽這個剩餘價值有一部分要在利潤形態下，歸於產業資本家。因爲農業勞動是唯一的生產勞動，是唯一的創造剩餘價值的勞動，所以，使農業勞動和其他各種勞動相區別的剩餘價值形態，地租，就是剩餘價值的一般形態了。產業利潤和貨幣利息，只是地租分割成的不同諸項目；這些項目，會依照一定的比例，由土地所有者手裏，移轉到其他諸階級手裏的。亞當斯密以後的經濟學者，是剛好相反，因爲他們是把產業利潤當作資本佔取剩餘價值的根本姿態，那就是當作剩餘價值之根本的一般的形態，從而，利息和地租只表現爲產業利潤的分枝；它們是由產業資本家分配給不同諸階級的，因爲這諸階級是剩餘價值的共有者。

上面我們講，只有農業勞動會把剩餘價值的創造，在物質上明白表示出來。除了這個理由不說，也不說流通過程，重農主義派還有別一些動機，可以說明他們的見解。

第一，因爲在農業上面，地租是當作第三個要素，當作剩餘價值形態；那在工業上是不存在的，或只是極微極微的。它是剩餘價值（利潤）以上的剩餘價值，從而是最明白最惹人注目的剩餘價值形態，是剩餘價值的剩餘價值。

像素樸的經濟學者安特（Karl Arnd）所說，"由農業，有一個價值——在地租形態上——生產出來，那在工商業上是不會發生的。在農業上面，代置一切用去的工資和資本租錢之後，卻還有這樣一個價值殘留下來"。（見安特與獨佔精神和共產主義相對立的自然的國民經濟學哈諾 1845 年，第 461 頁，462 頁）。

第二，如果我們把外國貿易丟開不說——重農主義派在資產階級社會之抽象的考察上，正確地這樣做了，他們必須這樣做——就很明白，能够投於工商業上面而無須從事農業的勞動者人數——或如斯杜亞所說，"自由的手"的數目——是取決於農業者在他們自身的消費額以上，能够生產多少的農產物。

"很明白，究竟有多少人不從事農業也能够生活呢？那全然依存於農業勞動者的生產力"。（瓊斯 R. Jones 財富分配論 1831 年，第 164 頁）。

因爲農業勞動不只是農業範圍內的剩餘價值的自然基礎，並且是其他一切勞動部門所以能够獨立化的自然基礎，從而是各個部門所創造的剩餘價值的基礎，所以，很明白，如果被視爲價值實體的，是一定的具體的勞動，不是抽象的勞動和它的量（勞動時間），農業勞動就一定會被視爲剩餘價值的源泉了。

第三，一切剩餘價值，不僅相對的，並且絕對的，都是以一定的勞動生產力爲基礎。假設勞動生產力剛好發展到這樣的程度，以致一個人的勞動時間，只够維持他自己的生活，只够生產並且再生產他自己的生活資料，那就不會有剩餘勞動，不會有剩餘價值，而在勞動力的價值與其價值增殖之間，也不會有任何差額了。所以，剩餘勞動和剩餘價值的可能性，是以一定的勞動生產力爲前提，這種生產力，使勞動力能够再生產的價值，比它自身的價值更大，那就是，能够超過他的生活需要來生產。並且，如第二項所示，這個程度的生產力，當作前提，必須已經先在農業勞動上存在，從而表現爲自然的恩惠，自然的生產力。在農業上面，大體說，自始就有自然力在協同發生作用；在農業上面，人類勞動力自始就由自然力這一個自動體的運用和利用，而被增進。但自然力在工業上面的大規模的利用，卻是依大工業的發展，才表現出來。本國農業或者外國農業的一定發展程度，是資本的發展基礎。絕對剩餘價值和相對剩餘價值，在這限度內，是一致的。

布哈南（Buchanan）——重農主義派的大對頭——在討論亞當斯密時，就是這樣主張的，因爲他嘗要證明，近代都市產業的勃興，須有這樣一種農業發展做先導。

第四,因爲重農主義派的偉大和特色,就在這一點:他們不從流通而從生產,推尋價值和剩餘價值,所以他們也和貨幣主義重商主義相反,必然要由這樣的生產部門開始;這些部門一般是可以和流通或交換分離開來考察的,並且它們也不以人與人之間的交換爲前提,而只以人與自然之間的交換爲前提。

重農主義實際比任何體系都早的,分析了資本主義的生產,並且把資本所依以被生產和所依以生產的條件,視爲生產的永久的自然法則。但從另一方面說,它又可說是封建體系即土地所有權支配制度之資產階級的再生產。而資本最先依以獨立發展的工業範圍,卻好像是"不生產的"勞動部門,只是農業的附庸。資本發展的第一個條件,是土地所有權與勞動相分離,土地(勞動的原始條件),當作獨立的特殊階級手裏的權力,與自由的勞動者相對立。所以,在這種說明上,土地所有者被視爲是眞正的資本家,那就是剩餘勞動的佔有者。封建制度就當作資本主義生產的姿態來再生產,來說明了;農業就表現爲資本主義生產即剩餘價值生產所依以表現的唯一的生產部門了。所以,封建主義被資產階級化時,資產階級社會也取得了一個封建的外觀。這個外觀,欺騙了魁奈(Dr. Quesnay)的出身貴族的信徒,例如好妄想的家長式的老米拉坡。而重農主義派中更激進的頭腦,尤其是杜爾閣,卻全然蔑視這個外觀,並且把重農主義體系,當作滲透入封建社會內部的新的資本主義社會,來敍述。這種情形,與初由封建制度突出那時期的資產階級社會,是互相照應的。所以,出發點是在法國,一個以農業佔優勢的國家;不是在英國,一個以工業,商業,航海業佔優勢的國家。在英國，目光當然是指向流通；他們當然會注意到這點；即，生產物要先當作一般社會勞動的表現，轉化爲貨幣，然後才取得價值，才變成商品。在所論不是價值的形態，只是價值量和價值增殖時，只有“讓渡利潤”即斯杜亞所說的相對利潤，會成爲問題。但若剩餘價值的創造，不得不在生產部門求證明，那就先要在農業上面追究了；因爲在農業這個勞動部門上面，剩餘價值可以和流通獨立起來表現。這種創見，只能在一個以農業爲主的國家發生。和重農主義相近的理想，曾經斷片地，出現在先於他們的舊著作家那裏；例如就某種意義說，就在法國，那種理想，也已經出現在布瓦歧爾培爾(Boisquillebert)的著作裏面。不過，到他們手裏，它才變成一個劃時代的體系。

農業勞動者，只得最低限的工資，即絕對的必需品 (strict nécessaire)，但他們再生產的，比這種絕對的必需品，更多；這當中的剩餘，便是地租，便是歸根本勞動條件（自然，土地）所有者佔有的剩餘價值。他們沒有說，勞動者要超過再生產其勞動力所必要的勞動時間來勞動；他所創造的價值，要比勞動力的價值更大；他所報效的勞動，要比他在工資形態上受到的勞動量更大。他們只是說，他在生產期間消費掉的使用價值總額，比他所創造的使用價值總額更小，因此會留下一個使用價值的剩餘。——假設他只勞動這樣長的時間，剛好夠再生產它自身的勞動力，那就沒有什麽會留下來的。但〔情形不會到這一步〕，而會確定在這一點以上；在這一點以上，土地的生產力，使他在他的日勞動（假設爲已定的）內，能夠超過他維持生存所必須消費的數量，生產出更多的東西來。所以，這種剩餘價值，好像是自然的恩惠，就賴有自然〔在〕一定量有機物——耕作的種子，家畜——上的協力，所以勞動可以把更多的無機物，轉化爲有機物。在另一方面，不待說，土地所有者被假設是以資本家的資格，與勞動者相對立的。勞動者把他的勞動力當作商品售賣。土地所有者以勞動力的代價支付給他，但爲報酬這個起見，他不只受得一個相等的價值，並且佔有了這個勞動力的價值增加額。客觀的勞動條件與勞動力互相分離的事實，便是這種交換的前提。他原來是封建的土地所有者，現在卻當作資本家，當作單純的商品所有者，使那種由他用來交換勞動的商品，實行價值增殖的作用，不單取回其等價，並且取回這個等價以上的餘額，因爲他對於勞動力，只當作商品來支付。當作商品所有者，他現在是與自由勞動者相對待了。換言之，這種土地所有者在本質上便是資本家。從這點看，重農主義體系是正確的，因爲勞動者失卻土地和土地所有權這件事，正是資本主義生產和資本的生產的根本條件。

所以，在這個體系內，發生了這諸種矛盾：他們雖然把剩餘價值解做是由於他人勞動的佔有，並且在商品交換的基礎上，說明這種佔有，但在他們看來，價值一般並不是社會勞動的形態，剩餘價值也不是剩餘勞動，反之，價值只是使用價值，只是單純的物材，剩餘價值只是自然的恩惠。這種恩惠，使勞動能夠用一個較大量的有機物，來代置一定量的有機物。一方面，地租——從而土地所有權的現實經濟形態——的封建的外殼被剝奪，而還原成爲工資以上的剩餘價值。別方面，這種剩餘價值又封建地，由自然，不由社會，由對土地的關係，不由社會的關係，去推尋。價值本身分解爲單純的使用價值，從而分解爲物材。但在另一方面，在這種物材上面，又只有量，只有被生產的使用價值超過被消費的使用價值以上的剩餘，從而，只有諸使用價值的量的比例，從而，在結局上，只有諸使用價值的交換價值（那最後又分解爲勞動時間）被注意。

這一切，正是這時期資本主義生產的矛盾。這時期的資本主義生產，辛苦地，掙扎着要由封建社會脫出，並且封建社會也不過是更由資產階級的觀點去說明。資產階級社會的眞正形態，還沒有被發現。這有點像哲學。哲學先是在意識的宗教形態上生出，從而，一方面要把宗教自體破壞，別一方面又實際還在這種理想化的在思想上已形瓦解的宗教範圍內彷徨。

在重農主義者自己引出的結論內，對於土地所有權的表面上的頌揚，竟一變而爲土地所有權之經濟的否定和資本主義生產的確認。一切課稅，都要課加在地租上，或者局部的，把土地所有權沒收——法國的革命立法（雖然有洛伊特爾(Roederer)等人從中反對）就曾經要這樣做。由里嘉圖學派導出的現代經濟學，也曾得到這個結論。課稅會全部轉嫁到地租上來，因爲地租是唯一的剩餘價值，所以一切課加在別種所得形態上的課稅，結局都是課加在土地所有權上，不過是迂迴曲折的，從而是經濟方面有害的，那就是會妨礙生產。如果採用這種專門課取土地所有權的稅的方法，課稅以及一切國家干涉，就會由工業本身撤除出來，並使工業可以不受一切國家干涉。可是，表面上這些都是爲土地所有權打算，不是爲工業的利益。

於是，他們總括起來說，“laissez faire”（放任一切）；不妨礙自由競爭，排除工業上一切的國家干涉，獨佔等等。因爲照重農主義派的見解，工業不創造什麽，只會把農業所與於它的價值，轉變成別種形態；因爲工業不會把新的價值加到這種價值內去，不過在別的形態上，把所與於它的價值，當作等價來奉還，所以，當然，頂好這種轉形過程能够不受侵擾地，依照最便宜的方法去進行；但要做到這樣，那只有實行自由競爭，對資本主義生產放任。資產階級社會掙扎着要從那在封建社會廢墟上建立的專制君主政治解放出來；這種解放，只是爲那種轉化爲資本家的一心一意想發財的封建土地所有者的利益的。資本家只是爲土地所有者的利益的資本家，好像後來在更發展的經濟學看來，資本家只是爲勞動階級的利益的資本家一樣。

近代經濟學者，例如友仁·德爾(Eugen Dairē)——他是重農主義派文獻的編輯人，他關於這個學派，曾撰有一篇有名的應徵論文——敍述重農主義派的學說時，只敍述他們關於農業勞動所獨有的生產力，關於當作唯一剩餘價值的地租，關於土地所有者在生產體系內的卓越位置等等所確立的命題，沒有把這些命題，和他們的自由競爭的主張，和他們的大工業的原理，資本主義生產的原理關聯起來看，卻不過偶然把它們搜集在一起。這一點，可以說明他們對於重農主義派的理解是怎樣淺薄。同時，我們又可以瞭解，怎樣這個體系的封建的外觀，和這種見解的貴族的情調，必然會使許多封建貴族，變爲這個體系的空想的附和者和傳播人，雖然在本質上說，這個體系是在封建生產體系的廢墟上，宣佈資產階級的生產體系。

* * * *

經濟學者全體系的矛盾：魁奈就是贊成專制君主政治的一個。

“希望只有一個最高的權力。……在一個政府內使諸種權力互相平衡（contreforces）的制度，是有害的。那只指示強者間內訌和小民的壓服”。（農業國經濟政策的一般原則，見德爾編重農主義者第一卷第81頁）。

麥西爾(Mercier de la Riveére)也說：

“因爲人必定要在社會內生活，所以他規定要在專制政治下生活”。（政治社會之根本的自然的秩序第一部第280頁）。

其次是“民衆之友”米拉坡公爵(Marquis de Mirabeau)。但要用放任主義去推倒科爾培特主義（Colbertismus），並且爲資產階級社會的利益而取消一切政府干涉的，正是這個學派。這個學派只許國家繼續住在社會的縫隙內，像伊壁鳩魯只許他的神，住在世界的縫隙內一樣！

再次是激進的資產階級大臣，法國革命的先導，杜爾閣。這些重農主義者雖然帶着虛僞的封建的外觀，卻是和百科全書派一道工作的！

以後我們還有機會論到重農主義派在資本分析上的偉大功績。但和學說史有關的結論是：依照重農主義者的見解，剩餘價值應歸功於一特種勞動即農業勞動的生產力。大體說，這種特別的生產力，是要歸功於自然的。

* * * *

在重商主義看來，剩餘價值只是相對的；一個人賺得的，只是別人損失的；只是讓渡利潤，只是財富在各當事人間的平衡的變動。在一國之內，就總資本說，是不會形成任何剩餘價值的。那只能在一國對他國的關係上發生。一國超過別一國所實現的剩餘，是表現在貨幣上（貿易差額上），因為貨幣是交換價值之直接的獨立的形態。重商主義，實際否定了絕對剩餘價值的形成。與此相反，重農主義卻要說明絕對剩餘價值的形成，說明純生產物(produit net)。因為他們把剩餘生產物確定在使用價值的形態上，所以在他們看，農業便是剩餘生產物的唯一的形成所在了。

布隆基 (A. Blanqui) 在其所著經濟學史（布魯悉 1839 年）內，關於重農主義派，曾說（見該書第 139 頁）：

"從事農耕的勞動所生產的，不僅夠勞動者在其全勞動期間內維持其自身，並且還會生產一個價值上的剩餘 (excédant de valeur)，能被加到已經存在的財富量中去。他們把這個剩餘叫做純生產物（剩餘生產物，他們是在剩餘價值所依以表現的使用價值的姿態上，考察剩餘價值）。這種純生產物必然要歸於土地所有者，在他手裏，形成一種由他自由處理的所得。但什麼是其他職業部門的純生產物呢？……工業家，商業家，勞動者，他們都是農業的代理人，是農業的雇員(salariés)，農業才是一切財富的眞正的創造者和分配者。在這個經濟學體系看來，工商業者勞動者等人的勞動的生產物，只代表他們在勞動期間消費掉的物品的等價，所以在他們的勞動完成以後，財富的總額是恰好和以前一樣，如果勞動者和老板都不貯蓄什麼，都不從他們的可以消費的物品中節省什麼。所以，用在土地上的勞動，是唯一的生產財富的勞動，其他的勞動，都被視爲是不生產的；因爲，由那些勞動，一般資本不會增加起來”。

重農主義派認資本主義生產的本質，是剩餘價值的生產。說明這個現象，便是他們的問題。他們排斥重商主義體系的讓渡利潤(profit d'expropriation)以後，問題也還在這裏。

麥西爾說：“我們要取得貨幣，必須先購買貨幣，而在這種購買之後，我們還是不會比以前更富有；我們不過在貨幣形態上取得原來在商品形態上已有的等額價值”。(麥西爾前書第二部第338頁)。

以上所說，適用於購買，也適用於售賣，還適用於商品全形態變化的結果，從而適用於各種商品的依照價值而行的交換，即等價交換。然則，剩餘價值是從何處發生呢？那就是，資本從何處發生呢？這正是重農主義派面前的問題。他們的錯誤是在這裏：即，他們把物材(Stoff)的增加——那是自然生長作用的結果，而使農業畜牧業和製造業區分的，也就是這個——和交換價值的增加混同了。在他們看，使用價值是基本的。並且，一切商品的使用價值，像經院哲學家所說，都可還原爲一種普遍性，即自然物材；自然物材在一定形態上的增加，是只能在農業上發生的。

* * * *

重農主義派的出現，和科爾培特主義被反對這件事有關係，和約翰・勞(John Law)體系的崩潰，也有關係。

重農主義的流佈甚至它的出現，都是由當前的歷史事情引起的。關於這些事情，布隆基上面那個著作，曾經說到：

“一切在這個體系（勞的體系）熱氣中崛起的工業價值，都只剩下廢墟，混亂，和破產了。只有土地所有權在這種狂飈中沒有破滅[22]。那還非常改良了，因爲那已經大大變換了主人，並且被細分了，自封建制度成立以來，這大概還是第一次罷。”（前書第138頁）。“在這個體系的影響下，所有權發生了無數的變更，這種變更使土地所有權細密分割了。……土地所有權一向在封建制度內陷在硬化狀態中，現今第一次在那種狀態中自拔出來。這對於農業是一種眞正的復活。……它（土地）現在畢竟由死人的支配下，加入流通界來了。”（前書第137頁，138頁）。

VII. 杜爾閣[23]

現在我們要引述一些話，一方面爲要註釋，一方面爲要證明上述的命題。

魁奈自己也在經濟表的分析（凡爾賽1758年），說國民是由市民的三個階級構成；生產階級（農業勞動者），土地所有者階級，不生產階級（卽一切不從事農業而擔負別種職務和工作的市民）。”（德爾編重農主義者巴黎1846年，第一部第58頁）。只有農業勞動者，表現爲生產的階級和創造剩餘價值的階級；土地所有者不是被這樣看待的。土地所有者所以不是“不生產”的，只因爲他們代表剩餘價值，而這個階級的重要性，也只因爲他們佔有了，不是因爲他們創造了剩餘價值。

在杜爾閣手上，我們看見了重農主義學說的最高發展。到他手

22 因此，蒲魯東在貧困的哲學裏，也把土地所有權看作是跟“信用”起來的。

23 草稿第229頁至233頁，其中幾段是由第239頁和240頁插入的。——K.

裏，這個生產物——“自然的純粹恩惠”，有時表現爲剩餘價值——和勞動者必須在工資以上供給剩餘生產物的必要，才由勞動者失卻勞動條件，與這種勞動條件相對立，這種勞動條件卻由用這些東西經營商業的階級所有這幾種現象，來說明。

農業勞動是唯一生產的，所以如此的第一個理由，是：這種勞動，是其他各種勞動所以能獨立經營的自然基礎和前提。

“他的（農業勞動者的）勞動，在社會各份子分別擔任的勞動的序列中，保持着一種優勢；在個別孤立情形下，取得食物所必要的勞動，也會在滿足各種欲望他所須擔任的各種勞動中，取得這種優勢的。這不是名譽或體面上的優勢，而是自然必然性上的優勢。……他的勞動，會從土地，取得滿足個人欲望所需額以上的東西，這種東西便是工資的唯一基金，社會其他各份子在交換上，便是取得這個，當作他的勞動的代價。但那些人用由此取得的價格購買農民的生活資料時，不過把他們從農民那裏取得的東西，還給農民[24]。這便是這兩種勞動的根本區別”。（富的形成及其分配之考察〔1766年〕，德爾編杜爾閣全集巴黎1844年，第一卷第9頁，10頁）。

然則，剩餘價值是怎樣發生的呢？那不是由流通，它不過是在流通中實現的。生產物是依照價值售賣的，不是在它的價值以上售賣的。沒有價值以上的價格剩餘額。但因生產物是依照價值售賣的，所以賣者實現了一個剩餘價值。這件事所以可能，是因爲他對於他所賣的價值，沒有支付完全的代價，或者因爲生產物包含一個

24 在物質上。

價値成分，這個價値成分對於賣者不要任何的給付，不需有任何的等價，爲其代置。農業勞動的情形，就是這樣。賣者賣了他所不曾買的東西。杜爾閣認這種不曾買的東西，是“自然之純粹的贈與”。但我們將會知道，這種“自然之純粹的贈與”，在他手裏，祕密地，轉化爲農業勞動者的剩餘勞動了。這種剩餘勞動，在農產物的形態上，由土地所有者售賣了，但未曾被他購買。

“當農民勞動所生產的，多於他滿足欲望所需的數量時，他就能夠用這種剩餘，來購買社會其他各個份子的勞動。這種剩餘，是當作其勞動工資以上的純粹贈與，由自然供給於他的。社會其他各份子，在以勞動售賣於他時，只領受他們的生活資料；反之，農民卻在他的給養之外，獲得一個獨立的可以自由處分的財富，這個財富他不曾出錢去購買，卻能把它拿去售賣。因爲只有這種人的勞動，會在勞動工資以上提供一個剩餘，所以，他是財富的唯一源泉；其流通，會推動社會上一切的勞動”。（前書第 11 頁）。

在這最初的說明上，第一，我們認識了剩餘價値的本質：剩餘價値是在售賣上實現的價値，賣者沒有對此支付代價，沒有購買它；那就是無給的價値。但第二，這種工資以上的剩餘，是當作“自然之純粹的贈與”被把握的；因爲它是自然的恩惠，是依存於自然的生產力，賴有此，勞動者在他的勞動日內生產的數量，才會比再生產其自身勞動力所必要的數量更大，才會比他的工資更大。依照這種見解，總生產物還是歸勞動者自己佔有。這種總生產物是分成兩部分的。第一部分形成他的工資，他是當作他自己的工資勞動者出現的。他以生產物的這部分付給他自己，那是再生產其勞動力，維持其自身生存所必要的。這部分以上的第二個部分，是自然的恩惠，形成剩餘價值。但關於剩餘價值（“自然之純粹的贈與”）的性質，只要耕者有其田的前提一經取消，生產物的兩部分（工資和剩餘價值）分歸不同諸階級，一部分分歸工資勞動者，別部分分歸土地所有者，我們就能更精密的，把這種性質描摹出來了。

爲要在工業上或農業上形成一個工資勞動者階級——一切工業者，都像只是“cultivateur-propriétaire”的“stipendiés”，是自耕土地所有者的工資勞動者——勞動條件必須和勞動力分離；而這種分離的基礎是，土地本身表現爲社會一部分人的私有財產，以致社會別一部分人，不得有客觀的條件，來使其勞動發生價值的增殖。

“在最初的時期，土地所有者與土地耕作者沒有分別。……在這個早先的時期，每一個能夠勞動的人，要有多少土地，就能夠有多少土地，沒有一個人覺得必須替別一個人勞動。……但結局每一塊土地都有它的主人了；那些不能得到土地的人，除了自己的筋肉勞動，即不能有別的手段；他們必須當作受工資的階級（stipendieé，即工業者階級，那就是一切非農業勞動者）被僱用，和那些有地耕作的農民所生產的生活資料剩餘額，相交換”。（前書第 12 頁）。

自耕土地所有者，用那種由土地給與於他的勞動的剩餘，“付給那些替他耕作土地的人，並且付給那些靠工資生活（不管他們是在哪一種職業上取得工資）的人。所以，土地所有權，必定會同耕作土地的勞動分離開來；這種分離不久就開始了。土地所有者發覺，他們可以把耕作土地的勞動，轉嫁到工資勞動者身上了”。（前書第 13 頁）。

在農業上面，資本和工資勞動的關係，就是這樣出現的。許多人與勞動條件（尤其是土地）的所有權分離，除勞動力，即沒有任何東西可以出賣時，這種關係才會出現的。

但對於不復能生產任何商品而必須以勞動力自身出賣的工資勞動者，勞動力的價値，即必需的生活資料的等價，必然要依照他和勞動條件的交換法則，來決定。

“只能支配自己的手和熟練的單純勞動者，除了自己的勞動，沒有別的東西可以售賣。就每一種勞動說，勞動者的工資，都必須以維持自身的必要額爲限，事實上也往往以這個數額爲限”。（前書第 10 頁）。

自工資勞動出現以來，“土地的收益，分成兩部分了：一部分包括農業勞動者的生活資料的利潤，這是他勞動的報酬；他承認去耕作土地所有者的土地，就是用這個條件；餘下的部分，是獨立的可以自由處分的部分，是土地當作純粹的贈與，超過他的墊支和他的勞苦的工資，給與於土地耕作者的，但這個部分必須成爲土地所有者享有的部分，成爲土地所有者的所得。由此，他可以不勞動來生活了，他要怎樣用它，就可以怎樣用它了”。（前書第 14 頁）。

但這種“自然之純粹的贈與”，現在已經決定要當作贈與，由自然“給與於土地耕作者”，從而要當作贈與，由自然給與於勞動；那就是，當作用在土地上面的勞動的生產力。這一種生產力，是勞動利用自然生產力的結果，從而是由土地創造的，但這只是以勞動的資格，由土地創造的。所以，在土地所有者手裏，這個剩餘不復是當作"自然的贈與"，只是當作他人勞動的佔有（無代價地佔有）。這種勞動，因有自然的生產力，已能在自身的需要之上，在自身的生活資料之上，把更多的物品生產出來了，但因爲他是當作工資勞動存在的，所以在勞動的生產物中，他也只能佔有"維持他自身所必要的數額"。

"農民生產他自己的工資；在此之外，還生產那種所得；賴有此，工業者(artisans)及其他受工資的勞動者(stipendiés)全階級，得以領得他的工資。……土地所有者就因有農民勞動，所以能受得一切歸屬於他自己的東西[25]。他由農民受得他的生活資料，並受得支付手段，來支付別一些工資勞動。……農業勞動者必須有土地所有者，卻純然是契約和法律的結果"。（前書第15頁，16頁）。

所以，在這裏，剩餘價值是直接表現爲農業勞動者的一部分，這一部分是由土地所有者無代價佔有的，所以，這一部分勞動的生產物，由他賣但不曾由他買。不過，在杜爾閣眼裏的，不是交換價值自身，不是勞動時間自身，而只是生產物的剩餘，那是農業勞動者在其自身的工資之上，供給土地所有者的；實則，這種生產物的剩餘，只是一定量時間的對象化；農業勞動者在再生產其工資的勞動時間之外，還要無代價地，爲土地所有者，勞動這一定量的時間。

所以，我們看見了，在農業勞動的範圍之內，重農主義派很正確地把握住了剩餘價值，因爲他們把剩餘價值看做工資勞動者的勞動的生產物。不過，他們是在具體形態上把握這種勞動。在這種

25 所以不是當作自然之純粹的贈與。

具體形態上，它是表現在使用價值上的。

農業之資本主義的搾取，——土地的租賃（即以近代租地制度爲基礎的大農業）——在杜爾閣看來，是“一切方法中最有利的方法，但這種方法，以一國已經很富裕的事實爲前提”。（前書第21頁）。

魁奈和他的黨徒，抱相同的見解，在上述的一般原則內，魁奈說：

“栽培穀物的土地，應當儘可能結合成爲大塊租地，而由富有的農民（laboureurs——在這裏，是指資本家）去耕作。建築物維持和修理的費用將會較小，所以支出會相應地更小；這樣，和小農業經營比較起來，大農業經營就會有更大的純生產物了”。（德爾編重農主義者第一卷第96頁）。

同時，在那個地方，魁奈還說，農業勞動的生產力的增進，會把這種純所得（revenu net）交付給土地所有者，那就是剩餘價值的所有者；又說，這種純所得之相對的增進，不是起因於土地，只是起因於增進勞動生產力的社會設施等等。在那裏，他說：

“勞動之有利的（即於純生產物有利的）節省，得動物，機械，和水力等等之助而行的，對於人民，也是一種利益”。

麥西爾也似乎覺得，至少，工業上的剩餘價值，（杜爾閣則就一切生產來說），是與工業勞動者有若干關係的。在前揭的文句裏，他喊道：

“對於虛妄的工業生產物，不要過於熱中，過於盲目地嘆賞讚。在嘆賞工業的奇蹟以前，請把眼睜開來，看看在那種有手藝的會把二十個銅板轉化爲一千個台婁爾的生產者中，有多少是生活在貧困中，缺乏中罷。價値的鉅額的增加，是歸到誰手裏呢？實行這種增加的人，是不知道幸福的！呀！請注意一下這個對照罷"！

在重農主義體系中，propriétaires（土地所有者）是 salariants（工資支付者）。其他一切部門的勞動者和 manufacturiers（製造業者）是 salariés 或 stipendiés（工資領受者）。gouvernants（統治者）和 gouvernés（被統治者），就是這樣發生的。

杜爾閣是像下面那樣分析勞動條件：

"在一個生產部門（métier）內，勞動者自始就須擁有工具和充足的原料，而在其上加工；再者，他還須能够維持他自身，到他的生產物賣出的時候"。（前書第 34 頁）。

勞動只能在這種種墊支下面，在這種種條件下面進行。所以，這種種墊支，這種種條件，是勞動過程的前提。但這種種墊支，這種種條件，原來都是由土地無償供給的。它在果實魚類野獸等等形態上，在樹枝石塊等工具的形態上，在家畜的形態上，供給了耕作所以能够實行的最早的墊支基礎。家畜是由生殖過程而繁殖的，此外，它又會供給種種常年的生產物，如"牛乳，羊毛，皮革等物材；這種物材，和森林中取得的材木一樣，是工業勞動的最初的基礎"。（前書第 34 頁）。

必須由第三者貸給勞動者時，這種種勞動條件，這種種勞動墊支，就成了資本。在勞動者只有自己的勞動力的地方，情形就是這樣的。

"當社會大部分人，除了自己的手，便沒有別種職業源泉的時候，那些要靠工資生活的人，必須預先有某一些東西，使自己有原料可以加工，或是使自己能够在工資支付以前生活下去"。(前書第37頁，38頁)。

杜爾閣以爲資本是"蓄積的可動的價值"(valeurs mobilières accumulées)。(前書第38頁)。原來，(前書第38頁，39頁)，逐日以工資和材料直接付給紡織女工的，就是土地所有者或者農民。當工業發展時，較大的墊支和生產過程的連續，是必要的，從此以往，那就已經要由資本所有者(possesseur des capitaux)去經營了。他必須在生產物的價格上，取回一切他的墊支，並還在工資之外，取得一個相當的利潤，因爲"如果他把這種錢用來購買土地"，他也能由他的錢，取得這樣多的利潤"。"因爲，如果可得的利潤相等，他就寧可用這個資本，來購一個地產，憑其所得，來度不勞的生活了"。(前書第38頁，39頁)。

但受工資的工業者階級(class stipendiée industrieuse)又分爲"資本家企業者和單純勞動者"。(第39頁)。農業企業家(enterpreneurs fermiers)的情形，和這種企業家的情形，是一樣的。他們也要在利潤之外，收回一切的墊支。

"這一切都須由土地生產物的價格收回。其餘額則由農民用以支付給土地所有者；他允許他利用他所有的土地，就拿這做報酬。沒有土地，他的企業，是無由進行的。這樣支付的餘額，便是租息(pachtzins)，是土地所有者的所得，是純生產物；但土地收益中用來代置各種墊支和墊支者利潤的部分，卻不能視爲是所得，只能視爲是土地耕作的費用的賠償；因爲農民如果不能取回這些，他就會當心，不把自己所有的財產，不用自己的勞力，去耕作別一個人所有的田地了”。（前書第40頁）。

最後：

“資本雖然有一部分是由勞動（laborieuses）階級的利潤加以節約而成，但因爲這種利潤總是由土地生產的，因爲這種利潤總是由所得或由這種所得的生產費用支付的，所以很明白，資本和所得一樣是由土地生出的；或者說，資本不外是土地所生產的價值一個部分的蓄積；那一部分所得的所有者或分享者，可以每年把它貯蓄起來，無須用它來滿足他的欲望”。（前書第66頁）。

地租構成唯一的剩餘價值。杜爾閣在第11頁已經說過：“只有他”（就是農業勞動者）“能够在他的工資以上，生產一個剩餘額”。在第40頁，他又說：“農民在這種賠償（他自己的工資）之上，還會生產土地所有者的所得：工業者（artisan）卻不生產任何的所得，不爲自己生產，也不爲別人生產”。

這是全然一貫的。因爲，地租是唯一的剩餘價值，蓄積只有由地租發生。資本家由其他方法蓄積的東西，都是他們由工資（salair），由應歸他們消費的所得，拚命節約下來的。利潤就是這樣被理解的。

因爲利潤和工資被計算在土地耕作的成本內，這個剩餘額只構成土地所有者的所得，所以這種剩餘，不被包括在土地耕作的成本內，從而不被包括在生產要素內。里嘉圖派也是這樣看的，雖然他們對於土地所有者也給與一個尊貴的地位。

* * * *

杜爾閣預指了法國革命的措施。他由 1776 年 2 月的法令，廢止了基爾特(Zünfte)；這個法令頒佈三個月後，就被撤廢了，同樣，他又廢止了農民建造街道的徭役 (corvée)，並嘗試要以地租的單一稅(impôt unique)，代替一切向來的稅制。

VIII. 白奥勒第和維利[26]

白奥勒第 (Ferdinando Paoletti) 著的農業論，一部分是爲要反駁維利 (Pietro Verri)，因維利的經濟學的一種考察，曾攻擊重農主義者。白奥勒第以下的話，明白說明了，他把價值和物質混同了，或者說，他把這兩種東西看爲是一個東西，並且說明了，這種見解和重農主義派整個研究方法有關聯。(浮第南·白奥勒第·托斯康諾農業論，見庫斯托第編意大利經濟學名著集"近世編"第二十卷米蘭諾 1804年）。

"物材的這樣的繁殖，從來不曾在工業上發現，也不能够在工業上發現。工業只會以形式給於物材，改變它的形式：由工業，嚴格說來，也沒有什麽東西會被創造出來。但人們會反駁說，工業既然會以形式給於物材，所以也是生產的。那雖不是物材的生產，但總是形式的生產。好的，我並不反對這種說法。但這仍然不是富的創造；它仍不外是一種支出。……政治經濟學假定有現實的物材的生產，並且要研究它；那只有在農業上發現，因爲只有農業能够增

26 關於白奥勒第，見草稿第 234 頁；關於維利，見草稿第 242 頁和 243 頁——K.

加形成財富的各種物材和生產物。……工業從農業購買原料，把它加工；它的勞動只給原料一種形式，像我們講過的，它不會把什麼增添到原料上去，也不能使原料增加"。（前書第196頁，197頁）[27]。

"給廚房師傅一定量的豌豆；他就由這一定量的豌豆，爲諸君把食物調製好；他爲諸君調製得好好的，把它端到食桌上來，但其量完全和他所接受的量相同。但若你把這一定量豌豆給園藝師傅，種在地裏；時間到了，他至少會把四倍於原量的量，奉還給諸君。這是眞正的唯一的生產"。（前書第197頁）。

"物是由人的欲望受得價値。所以，商品的價値或商品價値的增殖，不是工業勞動的結果，只是勞動者支出的結果"。（前書第198頁）。

"某種新的製造業一經出現，就會在國內外大大擴張。但看罷！別的營業和商人的競爭，馬上會把價格壓下到適當的水準，這個水準是由原料的價値和勞動者的生活費用決定的"。（前書第204頁，205頁）。

維利對重農主義者的這種迷信，是反對的；他的經濟學的一種考察，到1771年方才出版。這裏我們是根據庫斯托第版"近世編"第十五卷引用的。

"宇宙上的現象，無論是人手的產物，還是一般自然法則的產

[27] 這裏，馬克思在他的摘錄中，一定有錯誤。這個引語，以及以下的引語，都不是從農業論採錄的，那是從1772年出版的另一個著作引用的，這個著作被庫斯托第收在同一卷內，題名增進社會福利的眞方法。農業論佔該卷第1頁至第104頁，後者佔第107頁至371頁。農業論出版於1769年，維利的考察出版於1771年；當然，農業論是不能反駁維利的。——K.

物，皆不表示現實的新創造，只表示物質的變化。結合和分離，是人類智力在分析"創造"觀念時所能發現的唯一要素。價值的創造和富的創造，也包括在內，無論這種創造，是使土地空氣水分在田野中變成小麥，是使昆蟲的黏性分泌物依人手變成絲織物，還是使若干金屬片依人手變成鐘錶"。（第22頁）。

再者：

"重農主義派稱工業勞動者階級爲不生產的，因爲依照他們的見解，工業生產物的價值，是等於生產者在製造期間內消費掉的原料或營養滋料"。（第25頁）。

反之，維利卻特別注意農業勞動者(contadini)貧困的不斷性，與工業者(artigiani)富裕的累進性二者的對比，並繼續下去說：

"這證明了，工業者在他所受得的價格中，不僅受取了消費的代置額，並且會在這個數額以上，取得一定的部分；這個部分是年生產上新創造的新的價值量"。（第26頁）。

所以，新創造的價值，在商品或工業生產物的價格中，是一個部分，那是超過原來的價值和加工期間必要的消費成本以上的部分。在農業上，種子和農業勞動者的消費，必須扣除下來；在工業上，原料和勞動者的消費，也是這樣。這樣扣除之後，每年還會有一個新價值，當作殘留下來的餘額，創造出來"。（第26頁，27頁）。

IX. 亞當斯密的重農主義見解：

他的繙譯者加尼爾[28]

在生產上大規模應用自然力，要算農業比其他一切生產部門都早。眞正的工業，到工業已有高度發展的時候，方才應用自然力。由下面的引語，我們可以知道，在這裏，亞當斯密還是怎樣適合大工業前期的狀況，並支持重農主義的見解。里嘉圖又怎樣從近代工業的立場，反駁他。

亞當斯密在國富論第二篇第五章，關於地租曾說：

"地租是自然的生產物，是人們扣除一切，賠償一切被視爲人生產的生產物以後，剩下來的。那不常少於總生產物的四分之一，而往往更多於其三分之一。工業上等量的生產勞動，無論如何不能引起這樣大的新創造(reproduction)。在工業上面，自然不做什麼，人做了一切，但新創造和引起這種新創造的因素(agents)的力量，是常常成比例的"。

對於這種主張，里嘉圖在其經濟學原理(第二版 1819 年第 61 頁，62 頁的註)中，曾評說：

"在工業上面，自然當眞沒有爲人做什麼嗎？推動機械的和推進船舶的風力和水力，沒有作用麽？空氣的壓力和蒸汽的伸縮力，使我們可以推動最奇怪的機械的，不是自然的贈賜麽？且不說熱在金屬熔化上的作用，和空氣在染色過程發酵過程上的分解作用了。我們不知道有哪種工業，在其內，自然沒有幫助人，並且很豐饒地無代價地幫助人"。

由一個匿名著者下面一句話，可以知道，重農主義派只把利潤

28 論述亞當斯密的文句，見草稿第 234 頁和 235 頁。論述加尼爾的文句，見草稿第 237 頁和 238 頁。結末的幾段，採自第 312 頁。——K.

當作是地租的一種核減。這個匿名著作上說："舉例來說，重農主義派就說一幅花邊的價格，一部分只代置勞動者消費的東西，別一部分不過是由一種人（卽土地所有者）錢袋移轉到別種人錢袋去的"。（需要性質與消費必要的原理的研究，這種原理近頃由馬爾薩斯提出的倫敦 1821 年，第 96 頁）。

重農主義派認利潤（包括利息），只是歸資本家消費的所得。但亞當斯密和他的後繼者，從重農主義派的這種見解出發，得到如下的見解：卽，資本的蓄積應歸因於資本家個人的儉省，節蓄，和節制。他們這樣說，因爲他們只把地租看做是蓄積之眞正的，經濟的，乃至合法的源泉。

亞當斯密國富論的繙譯者加尼爾(G. Garnier)，也是一位重農主義者。他痛切地敍述了他們的節蓄理論。最先，他說，工業（重商主義派卻主張，一切生產都是如此）只能由讓渡利潤，創造剩餘價值，因爲工業會在商品價值以上售賣商品；因此，他說，這裏只有已經創造的價值的新分配，決沒有把新價值加到先前已經創造出的價值中去。他說：

"工業者(artisans et manufacturiers)的勞動，決不是新的財富源泉，只能由有利的交換成爲有利的，並且只能有一個純粹相對的價值，這種價值如果沒有機會由交換取得利益，便是不能繼續的"。（見加尼爾譯亞當斯密國富論第五篇第 266 頁，該譯本出版於 1802 年巴黎）。

他們的節蓄，他們在支出的價值以上得到的價值，必須從他們自己的消費，吝嗇下來。

“雖然工業者的勞動，不能在工資勞動者和資本家的節蓄之外，增加社會財富的一般的量，但他們由這種節蓄的方法，也確實可以使社會富裕”。（前書第266頁）。

他還更詳細地說：

“農業勞動者，由他們的勞動的生產物，來使國家富裕；工商業勞動者，只能由他們的消費的節約，來使國家富裕。經濟學者〔即重農主義者〕的這種主張，是勞動區分的結果；這種區分，好像是毫無爭論餘地的。實在說，工業者的勞動，也只能把它自身的勞動的價值，那就是勞動工資和利潤的價值，（即這種勞動依照當地通行的比率，必須向這兩種人提供的價值），加到原料的價值中去。這種工資無論是高是低，總是勞動的報酬；這種報酬，勞動者儘可以把它消費，人們也準備他把它消費的；他只能由這種消費，來享受他的勞動的結果；這種享受事實上也就是他的全部報酬。同樣，也無論利潤是多是少，它總是要供資本家每日逐漸消費的；關於資本家，人們自然會假定，他享受多少，就看他的資本會給他多少的所得。所以，他們兩種人，都會依照勞動完成的程度，消費掉由此生出的全部價值，除非勞動者從他依照普通工資率有權要求的享受，節制下一部分來，或資本家從資本帶回給他的所得，節蓄下一部分來。所以他們的勞動完成時，社會財富的總和，還是和以前一樣，除非他們把他們有權消費的東西，節蓄下一部分來；這種東西，他們就是消費掉，也不能算做浪費的。但若他們節蓄，社會財富的總量，就照節蓄價值的總和，增加了。所以，我們正可以說，工商業的這種效力，只能由他們節約的東西，來增大社會財富之現存的總量”。

（前書第263頁，264頁）。

加尼爾完全正確地覺察到了，斯密認蓄積由節約而起的理論，是以重農主義的基礎爲根據。（斯密曾大受重農主義的影響；這一點，在他對重農主義的批判上，再適切沒有地證明了）。他說：

"最後，經濟學者主張，工商業只能由節制來增加國富；亞當斯密也說，如果經濟社會(économie)不由節約來增大一國的資本，勞動就是白白勞苦，一國的資本也決不會增大，（見第二篇第三章）。斯密和經濟學者的意見，是全然一樣"云云。（前書第270頁）。

* * * *

重農主義派爲何要提倡放任政策自由競爭，斯密如下的話，是說得很正確的：

"這兩種人民集團（城市和農村）間經營的商業，結局是由一定量原生產物和一定量工業生產物的交換，構成的。工業生產物越是貴，原生產物就會越是便宜。一切事情，可以在一國內發生影響，使工業生產物價格提高的，都會發生影響，使土地原生產物的價格壓下，並從而阻礙農業"。

但一切限制工業和外國貿易的事情，都會使製造品等等變得昂貴。所以這樣云云。（國富論第四篇第九章）。

X. 希馬爾茲和布亞伯爵[29]

29 關於希馬爾茲，見第241頁和242頁；關於布亞伯爵，見草稿第1399頁和1400頁。——K.

重農主義的一個最素樸的表現——和杜爾閣相隔得多遠啊！——可以在這個老梟雄，普魯士的樞密顧問官，希馬爾茲(Theodor Anton Heinrich Schmalz)那裏看到。譬如：

"如果自然對他（租地人）提供的利息，會二倍於平常支付的利息，有誰能够阻止他接受這種利息呢？"（政治理論，給一個德國王子的信，分二篇，柏林 1818 年，第一篇第 98 頁）。

在重農主義派看來，工資水準是這樣決定的：勞動者的消費和支出，與他所受的工資相等。或如希馬爾茲先生一般所說的：

"一切的工資，（就平均說），是等於（又是就平均說）一個勞動階級的人，在他勞動（又是就平均說）時間內，習慣要消費的量"。（前書第 129 頁）。

"所以，地租是自然榮養一個國家而由上帝創造的唯一的收入。工資和利息不過把自然已經給於地租的東西，由一人轉到別人，不斷轉到別人手裏"。（第 279 頁）。

"地租是收入，土地逐年供給這種地租的能力，便是國家的財產"。（第 279 頁）。

"我們只要追究一下，一切有價值物的價值的成分和根據——但這裏只說交換價值——我們就知道，它們純然是自然生產物。就令勞動把一個新的形態加於此等物品，並從而增進了它們的價值，這種價值仍不過是這一切自然生產物的合計價值；爲要造出這個新形態的價值，這一切自然生產物是被破壞了，卽由勞動者消費掉了，或依某種方法使用掉了"。（第一篇第 281 頁）。

"這種勞動（農業和畜牧業）是現實的，唯一生產的，因爲它會創造獨立的有機體”。

“製造的勞動,不過在力學方面或化學方面,變更已有的物體”。(第一篇第 26 頁)。

“只有農業和畜牧的勞動是生產的。殿下,請寬宏地判斷一下,這種說法,是怎樣正確罷”。

* * * *

布亞伯爵(Graf de Buat)是一個膽怯而又冗長的著述家,他在匿名發表的政治要義及社會經濟眞原理的探求(六卷倫敦1773年)內,採取了重農主義的外觀——土地貴族政治的謳歌——沒有採取它的實質。並且,實在說來,他也只在與這個目的相適合的程度內,才採取這種主義。在他,好像如果不是像後來的里嘉圖那樣,尖銳地,露骨地,把殘酷的市民性質表示出來,便沒有什麼話可說一般。純生產物以地租爲限的錯誤,對於問題,沒有關係。同一個問題,就純生產物一般的關係說,會由 R.〔里嘉圖〕再提出來的。

那就是,勞動者是一種虛費(faux frais),其存在僅在使純生產物的所有者,得以“構成社會”。自由勞動者的命運,只當作奴隸制度的變形,來把握〔第二卷第 148 頁〕;但自由勞動者是不能少的;有他們,上層諸階層方才能够構成社會”。(在亞澤爾·楊格 Arthur Young 的場合,剩餘價値也表現爲生產的目的)。

在這裏,我們引述他一段話;因爲,這一段話,對於資本家一般曾經冒險的妄言,是很適用的。

“商人因何有功績,値得尊敬呢?……因爲他們曾經爲鉅利,而拿許多東西來賭博麼?他們曾把人類,商品,或貨幣來賭博。但若他們不過使人類冒明白的危險來企圖利潤，他們就是經營一種極壞的事業了。就商品說，如果生產商品是一種功績，不過因爲商品可以養活人，則爲個人發財而賭博的事，就不算是什麽功績了”。(前書第二卷第297頁)。

XI. 英國一位重農主義者[36]

〔在英國的重農主義者中，我要數到一個著作家〕，他著有國富之根本原理，駁亞當斯密等人的謬說，該書出版於倫敦1797年。

在一切直接算在重農主義學說內的英國人的著作中，只有這部是值得注意的。威廉·斯本士(W. Spence)的與商業相獨立的英國 1807 年，不過是一幅模倣的諷刺畫。自1814年至1815年，這個小子，熱狂辯護土地所有權〔穀物稅〕，在重農主義的基礎上，宣傳自由貿易。這個小子，不是那位堅決反對土地私有權的托瑪斯·斯本士(Thomas Spence)，不要混同才好。

〔國富的根本原理〕一書，對於重農主義學說，包含着一個優秀的簡潔的摘要。著者正確地認重農主義學說是起源於洛克和凡德林(Vanderlint)，認重農主義派是“最系統地雖然不是正確地，敍述了”他們的學說的人。(前書第4頁；還可參看第6頁，7頁)。

由這種摘要出發，可以推論到，後來被辯護學者(亞當斯密也有幾分是這樣)當作資本形成基礎來看的節慾學說，正是由重農

36 草稿第1449頁至1451頁。——K.

主義者的見解出發的：照重農主義者的見解，工業等等是不創造任何剩餘價值的。

"投下來運用工業和維持工業的東西全部，只會保存它們的價值，所以是不生產的[31]。手工業者，製造業者，商人，只能由這個方法來增加社會的富；那就是，把本來供他們日常消費的東西，節省下，蓄積下一部分來。他們只能由節制或節省，使總資本(general stock)增加[32]。反之，農業雖然把它的全部收入消費掉，但還能使國家富裕，因為它的勞動，會創造一個名叫地租的剩餘"。（前書第6頁，7頁）。

"有一種人的勞動，雖然不是無所生產，但所生產的，不比實行勞動時的支出更大。我們把他們叫做不生產階級，是一點不錯的"。（前書第10頁）。

我們這位匿名者還進一步指出了，"所得的增加[33]，只是經濟學者間接要研究的事情；經濟學者的問題，是所得的生產和再生產"，（前書第18頁）；這正是重農主義偉大的地方。重農主義者問道，剩餘價值（對於他們，那就是所得），是怎樣生產的，再生產的。剩餘價值怎樣依更大的規模再生產呢？換言之，它是怎樣增加的呢？這個問題是屬於次要的。必須先暴露它的範疇，先暴露它的生產的秘密。

但剩餘價值的生產，與剩餘價值的移轉，極有區別：

31 因為不生產剩餘價值。

32 這裏有了西尼耳（Senior）的節慾說和亞當斯密的節蓄理論。

33 這就是〔剩餘價值的〕蓄積。

"在所論爲所得的生產時，把所得的移轉夾雜進來，當然是極不邏輯的。一切通商的業務，都可還原爲所得的移轉"。（前書第22頁）。

"商業(commerce)這個名辭，不外指示利潤的轉變(commutatio mercium)，往往是於這個人或那個人有利的；但一個人所賺的，總是別一個人所喪失的，所以，商業實際不會生產任何的增加量"。（前書第23頁）。

"當一個猶太人賣一個克隆(krone)換得十個先令，或賣一個安女皇時代的法辛(farthing)，換得一個幾尼(guinee)時[34]，他會由此增加他自己的收入，但不會增大現存的貴金屬量；無論他的顧客是同他住在一條街，還是住在法國或中國，商業的性質總是一樣的"。(第23頁)。

在重農主義派看來，工業的利潤是讓渡利潤，是依照重商主義解釋的。所以，這個英國人結論說，這種利潤要在工業在外國售賣其商品的場合，才是利益。由重商主義的前提，他引出了正確的重商主義的結論。

"工業家，無論賺了多少，總不能拿什麽來增加國家的所得，如果他的商品是在國內售賣，並且在國內消費。因爲，買者的損失會……和工業家的利益一樣大。……在買者和賣者之間，會發生一種交換；由這種交換，不會引出任何的所得"。（第26頁）。

爲要彌補這種剩餘的不足……企業家會在工資的支出上，取

34 〔一個克隆是一個五先令幣；一個法辛是一個便士的四分之一；一個幾尼等於21先令〕。

出 50% 的利潤，那就是，每支付一先令工資，取下六個便士。……並且，當生產物是在國外售賣時，這就會成爲國民利潤"，許多工業者(artificers)的國民利潤了。(前書第 27 頁)。

工業者"是一個必要的階級"，但不是一個生產的階級。(前書第 35 頁)。他們"會把農業所創造的所得，實行一種轉化或轉移，同時還在新形態上，把一種耐久性，授與於這種所得"。(前書第 38 頁)。

有四個必要的 (essential) 階級：生產的階級或農民 (cultivators)，工業者 (manufacturers)，兵士 (defenders)，和教師階級 (instrutors)——教師這個名稱，他有時用重農主義派所謂什一稅領受者或牧師，來代替；"因爲，每一個市民社會，都須有飯吃，有衣穿，有防禦，有教育"。(前書第 50 頁，51 頁)。

經濟學者的錯誤是在這一點："只領受地租的地租領受人，被他們視爲是社會上一個生產階級。……在一定程度內，他們已經由下述一點改正他們的錯誤：即，他們提議，教會和國王也是由這種地租維持。斯密博士讓這種錯誤貫穿着全部研究[35]，卻用他的批判力，來批判經濟學者體系中那有充分根據的部分"。(前書第 18 頁)。

土地所有者本身，不但不是社會上的生產階級，並且不是社會上的必要階級：

"土地所有者，當作單純的地租領受人，並不是社會上必要的

35 這是正確的。

階級。……他們把地租從他們原來保衛國土的職務分開時，這種受領地租的人，就由一個必要的階級，變爲社會上極贅餘的階級了”。（前書第51頁）。

關於這一點，他的進一步的言論，是很適切的；他由重農主義的立場，反對地租領受人，並且把這種反駁，當作重農主義學說的結論。我們且看看他的議論罷——見第38頁，39頁。我們的著者還指出了，一切稅課加於土地的建議，是暴虐的，（第40頁）；並且說，重農主義學說已經在英格蘭，在愛爾蘭，在封建的歐洲，在莫臥兒國，被實行了很大的部分”。（前書第42頁）。

重農主義的褊狹，在這種〔思想過程〕上顯示出來了：他們對於分工，缺少一種理解：

假設有一個鐘錶匠或一個花布製造業者不能售賣他的錶或者花布。〔這樣，他所支出的貨幣額，便會不能再生產出來，他的企業便會不能繼續下去。反之，農人雖不賣出他自己的生產物，也能把自己的經營繼續下去。這是極正確的〕。不過，就假設石炭，鐵，麻，靛等等的生產者不能把他們的生產物出售，甚至假設穀物的生產者不能把他的穀物出售，〔結果也會是一樣的〕。關於這點，俾亞·特·[illegible](Beardé de l'Abbaye)說得很好。〔他著有免稅方策的檢討阿謨斯特登1770年。這一點的強調，對於工業生產者〕，正是主張直接生產而反對商品生產的表示。

倡重農主義而又以交換價值(la valeur vénale)爲主要問題，是極矛盾的。在這裏，我們在前資產階級社會的思考方法內，看見了資產階級的見解。

〔工業的經營，依存於生產物的售賣。這種依存性〕，指示了，"一個工業者所以會富起來，不過因爲他是一個賣者[36]，並且在他不是一個賣者時，他的利潤也會立即停止[37]，因爲那只是人爲的，不是自然的利潤。反之，農民……就令不賣什麼，也能存在，也能繁盛起來"。（前書第39頁）。

商業會把價格提高，但剩餘價值不能由商業會在賣者方面引起價格提高的事實，來推尋。賣者不會因"生產物的名義價值增進而富，……因爲他以賣者資格獲得的，會再以買者資格失卻"。（前書第66頁）。

下面這樣的話，是很有凡德林風格的：

"設能爲每一個失業者(idler)找到田地耕作，就會沒有一個失業者沒有田地了。工作的房屋(houses of industry)是一件好東西；工作的田地(fields of industry)是更好得多的"。（前書第47頁）。

他反對租地制度，贊成長期租約；因爲在反此的情形下，土地所有權只會妨礙生產和改良。（前書第43頁）。

XII. 訥克爾[38]

訥克爾(Necker)在兩本著作（論穀物法與穀物商業條例1775

36 這不過表示，他是把生產物當作商品生產。

37 不是賣者的農民的利潤，又在何處呢？在這場合，他必需同時是工業者了。

38 草稿第419頁至421頁。——K.

年初版;法國財務行政論 1785 年)內,指出了,勞動生產力的發展,不過使勞動者得以較少的時間,再生產他自己的工資,從而得以較多的時間,無代價的,爲他的僱用者勞動。在這點上面,他是正確地,從平均工資的基礎,從最小限工資的基礎出發。但他考察的主要問題,與其說是勞動自身的資本化,卽資本由這個轉化而起的蓄積,寧說是貧與富,貧與奢侈的對立之一般的發展;因爲,旣然只需有一定量勞動來生產必要的生活資料,故依比例,會越是有一部分勞動變成剩餘的,可以用來生產奢侈品,可以用在別的生產部門。這種奢侈品的一部分,是耐久的;這種奢侈品,會在支配剩餘價值的人手裏,自行蓄積起來,一世紀一世紀下去,當中的對立性就越變越大了。

重要點是,訥克爾一般是從剩餘勞動,推尋不勞動階級的富,利潤和地租[39]。但在剩餘價值的考察上,他是只把相對剩餘價值放在眼裏,這種剩餘價值不是由總勞動日的延長生出,只是由必要勞動時間的縮短引起的。勞動的生產力,變成生產手段所有者的生產力。而生產力自身,就等於生產一定結果所必要的勞動時間的縮短。以下便是主要的文句:

第一,法國財務行政論(全集第二卷洛桑及巴黎 1789 年):

"我看見一個社會階級,其所得(fortune)幾乎常常是一樣的;我注意到了別一個社會階級,其財富必然會增加。由比例和比較引起的奢侈,必然會走上這種不平衡的情形,並且會在年歲的推移

39 原文是"Revenue"。——K.

中，益益變得顯著”。(第285頁，286頁)。

這裏，這兩個階級的階級對立性，已經很巧妙地被把握了。

“社會上的一個階級，其狀況已有幾分由社會的法則固定了。這個階級是由一切靠手勞動來生活的人構成的。這種人，不情願地，必須接受所有者[40]的法律，或被強迫去服從所有者的法律。他們只希望領受一種工資，並且這種工資還只與他的單純的生活需要相當。他們的競爭和他們的需要的壓迫，決定了他們的附屬關係；這種情形，還是不能變更的”。(第286頁)。

“使一切筋肉勞動變得簡易的工具的發明，增大了所有者的富和財產。減輕土地耕作費用的工具的一部分，會增大土地所有者的所得。人類精神發明的別一部分，曾同樣減輕工業的勞動，所以生活資料的主人[41]，得在同時間內，以相同的工資，由他們所支配的人或勞動，生產更多得多的各種生產物”。(第287頁)。

我們且假定，在前世紀，必須有100,000勞動者，才能供給今日80,000勞動者所供給的數量，那麼，現在多餘出來的20,000勞動者，爲求得工資，不得不投身於別的職業了。由此發生的新手工勞動生產物，將增加富人的享受和奢侈。”(前書第287頁，288頁)。

他往下又說：“但我們不要忽視，一切不需有特殊能力的勞動部門的勞動工資，總是由勞動者維持自己必要的生活資料的價格決定。所以，一切使生產物更易完成的方法一經普及，就不會於勞動者有利，只會增加這種資料，使土地生產物的支配者的欲望和虛

40 生產手段的所有者。

41 卽資本家。

榮心，得以滿足。”（前書第288頁）。

“有種種自然生產物，可以形成並且改變人的熟練。在這種種生產物中，有許多，其耐久性，遠過於人類的壽命。所以，每一代都會繼承前一代人的勞動的一部分[42]，並且在各國，都逐漸會有益益增大量的工藝生產物積集起來。因爲這種生產物總是在所有者間分配，所以他們的生活狀況和國民（citoyens）大部分的生活狀況之間的不平衡，會益益增大，益益顯著”。（第289頁）。

所以，工業勞動的促進（那會增加裝飾品和奢侈品），資本蓄積所依以實行的時間的延長，使財產只許爲一個社會階級所有的財產法：在這一切場合，大的奢侈源泉都會成立，而不管現金的總量如何”。（第291頁）。

最後一句，是針對這些人的議論而發的；這些人，把奢侈歸因於貨幣量的增大。

第二，論穀物法與穀物商業（全集第四卷）：

“手工業者或農民如果沒有一點準備基金，他們就毫無抵抗能力了。如果他們不要明日饑餓，便必須在今日勞動。在所有者與勞動者的利益鬬爭中，就一種人說，是拿自己的生命和家族的生命來打賭，就別一種人說，不過延遲奢侈的增加而已”。（前書第63頁）。

不勞動者的富和勞動者的貧，互相對立；這種對立，又喚起一種知識上的對立。知識和勞動，分開來了。前者當作富人的資本或奢侈，而與後者對立。

42 訥克爾在這裏只是考察亞當斯密所謂消費基金的蓄積。

"知識和理解的能力,是一般的天賦,它不過由教育而發展;如果財產是平均分配的,每一個人都做適度的勞動[43],那麽每一個人都會有相當的知識了;因為每一個人都會一些自由的時間留下來,可以用在研究和思想上;但在所有權不平均的情形下,社會制度的影響,卻是使一切生而毫無所有的人,沒有任何的教育。一切生活資料,都在有錢或有田的那一部分國民手裏,誰也不肯無代價地給與什麽。除了勞動力便沒有別種準備基金的人,一經發展成人,便不得不為富有者服役;在這種服役中,他須從日出起,一直做到力竭的時候,或做到那時候,到那時候,為要把這種力更新,不得不有睡眠了"。(第112頁)。

"最後,為要維持這種種社會的不平等,知識的不平等不是明明白白地,必然會發生麽"?(前書第113頁;參看第118頁,119頁)。

重農主義者,對於土地,有一種經濟學的概念的混同,一切後來的經濟學者,對於資本的物質要素,也有這種概念混同。他們讚美生產手段的所有者,不是因為這種所有者自己,卻只因為這種手段對於勞動和富的生產,是必要的。對於這種混同,訥克爾是輕蔑備至的。

"這樣,人們才把土地所有者(一個這樣容易實行的機能)的重要和土地的重要,混為一談了"。(前書第126頁)。

XIII. 林 格[44]

---

43 在這裏,決定的要素,又是勞動時間的量。

44 草稿第438頁至440頁。——K.

依照我這個著作的計劃，一切社會主義的和共產主義的著作家，都不在這個歷史的考察之內。這個歷史的考察，不過一方面要指示，〔資產階級的〕經濟學者，是在什麼形態上自行批判；一方面要指示，政治經濟的法則，最先是在什麼歷史的決定的形態上說出來，並且怎樣進一步發展的。所以，在剩餘價值的考察上，我把布里梭(Brissot)，高德文(Godwin)等等十八世紀的著作家，和十九世紀的社會主義者共產主義者，完全放在度外。在這種考察上，我雖然要說到一兩個社會主義者，但這種社會主義者，即使不是立足在資產階級經濟學的立場上，也是從資產階級經濟學的立場，去和資產階級的經濟學鬪爭。

並且，林格(Tinguet)並不是社會主義者。他曾反對他同時的啓蒙著作家的資產階級自由主義理想，他曾反對資產階級初期的統治。他的論難，一半是眞誠的，一半是挖苦的，採取反動的外觀。他辯護亞細亞的專制主義，反對文明化的歐洲的專制主義形態。所以，他是辯護奴隸制度，反對工資勞動。

他反對孟德斯鳩，曾說："法的精神，便是所有權"。這指示了他的見解的深刻性。

林格發覺和自己對立的唯一的經濟學者，是重農主義派。

〔以下，我從他所著民法學說或社會根本原理(倫敦 1767 年)，引用一些話，表示他的思想的特徵。上面講的那句話，也就是從這部書第一卷抄引下來的〕。

富者支配着一切的生產條件；〔他們把〕一切生產條件〔實行〕盜掠了。這種生產條件，在其最原始的形態上，就是自然要素自身。

“在文明化的國度內，一切的要素都已變成奴隸了”。(第176頁)。爲要在富者佔有的財富中取得一部分，我們只有用堅苦的勞動去購買。這種勞動，會把富人的富增加的。

“由這個方法，被擄掠的自然，不能再讓它的兒女們，不費勞苦，依賴隨手可得的資源，來維持勞苦了。人必須用辛苦的勞力，用不可避免的勞動，來報答他的恩惠和贈與了[45]。擁有鉅富的富翁，得到這個價格，才許以其中一小部分，返還大衆。爲要在這自然富藏中分取一份，我們必須勞動來把它增加了”。(第177頁)。

“所以，我們必須斷卻自由的幻想”。(第178頁)。

法律不過要“使已經奪得的私有財產神聖化，而阻礙後來的奪取”。(第180頁)。“在一定限度內，法律不過是反對人類最大部分(即無產者)的陰謀”。(前頁)。“社會製造法律，不是法律製造社會”。(第230頁)。“所有權比法律更早”。(第236頁)。社會自身——人是生活在社會內，不是獨立的自立的個人——是所有權，以所有權爲基礎的法律，和必然的奴隸制度等等的根源。

一方面有和平的孤立的農民和牧人生活着。別一方面，有“習慣食肉的獵人，成羣結隊，使自己更容易捕獲，更容易打殺那供他們吃食的動物，並在一起分贓”。(第267頁)。“社會的豫兆，最早是在獵人方面發生的”。(第278頁)。“眞正的社會，是以牧人和農民爲犧牲而形成的，封建社會的基礎，便是獵人的團體實行把他們征服”。(第277頁)。社會的一切義務，不外是命令與服從。“人

45 這裏，又在“自然的贈與”這個用語上，露出了重農主義的見解。

類一部分的沉淪，引起了社會，然後創造了法律”。（第282頁）。

生產條件被剝奪了。貧窮遂使勞動者不得不爲生活而勞動，去增加別人所有的財富。

“因爲沒有別的方法可以生活，所以我們的工資勞動者，迫得去耕作土地，而不享受其結果，我們的泥水匠迫得去建築房屋，卻不能居住宅。貧民們徘徊於市場上，等待主人去買他們。這種情形，使他們跪伏在富人面前，要求准許去替他們發財”。（第262頁）。“征服是社會的第一原因，暴力是社會的第一連鎖”。（第290頁）。“他們（人類）第一憂慮的事，無疑是自己去創造營養資料。……第二就是設法不自己勞動也能得到營養資料”。（第295頁）。要做到這樣，那是只有佔有別人的勞動”。（第296頁）。“最早的掠奪者，僅爲要能够優越地懶惰地生活下去，所以變成了專制者；他們只因爲要取得生活資料，所以變成了王：支配的觀念，就由此還原了，簡單化了”。（第297頁）。“社會是由暴力生出的，財產是由強力的佔有生出的”。（第335頁）。“有主人和奴隸之後，社會就形成了”。（第331頁）。“資產階級社會的兩大柱石，自始就是大部分男子的奴隸狀態和全部女子的奴隸狀態。社會犧牲四分之三的人，來保障少數有產者的幸福，財產和閒暇。社會本來也只關心這少數人的”。（第353頁）。

第二卷：“所以，這裏不是要研究，奴隸制度本身是不是與自然相反，卻是它是不是與社會的性質相反。……奴隸制度本來就和社會不可分離地結合着”。（第256頁）。“社會與市民的服從關係，是一同發展的”。（第257頁）。“不斷的奴隸狀態，……是社會的不可毁壞的基礎”。（第 347 頁）。“人的生活資料，只在如下的情形下，可以由別一個人的施捨得到：即，這個人已經由他們那裏奪獲了這樣多的財產，就把當中的小部分給還他們，也無妨礙。他的施捨，不過把他已佔有的他人勞動的生產物，還給他人一部分”。（第 242 頁）。“他們被迫去耕種但不收穫，被迫去爲別人而犧牲自己的幸福，被迫去做無希望的勞動。服從制度就是用這種強迫作基礎的。自有人在鞭笞的恐怖下被迫去勞動，而只能獲得若干燕麥，作爲替人服役的代價以來，歷史不是有了一個大大的轉點麽？只有在高度發展的社會，生活資料才會成爲饑餓貧民出賣本人自由的適當的代價；但在發展初開始的社會，這種不平等的交換，在自由人看來，卻會像是殘酷的。只有戰爭的擄掠，能够使人陷到這個地步。在一切財產的使用權都從他們那裏被佔領以來，他們才承認這種交換是必然的”。（第 244 頁，245 頁）。

“社會的本質……是富人可以免除勞動。富人由此取得了新的器官，不會疲乏的肢體，叫他們擔任一切辛苦的勞動，勞動的結果則由自己去佔領。奴隸制度使他不感任何困難地，達到這個目的。他購買了那些要替他服役的人”。（第 461 頁）。“奴隸制度廢除了，但人們還是不願放棄財產和它的種種利益。……所以，除了在名義上，事情還是和先前一樣。最大多數人還是必須要靠工資，要依賴更小得多的一部分人來生活；這小部分人已經把所有的財貨佔爲己有了。所以，服從關係仍繼續存在，不過名義上更好聽一點。那已經取得傭人階級(domesticité)的美名了”。（第 462 頁）。

林格說，這所謂傭人(domestiques)，在他，並不是指侍從等等。

“城市和村落，都住有一種別樣的傭人；他們的人數是更多得多的，他們是更有用得多的，是更有勞動能力的。他們被叫做日傭勞動者，手工勞動者等等。他們沒有穿着輝煌的奢侈的制服；他們是在令人生厭的襤衣服（那是貧窮的制服）中呻吟。當富人接受傭人們帶來給他的禮物時，在傭人們看來，財富好像是一種待施捨的恩惠。人們有了替富者服役的機會，是不能不感謝的。他們抱着富者的膝，請他允許他有機會爲他做一點有用的事情的時候，他會以千般的難堪的汚辱，叫他忍受。他們將會懇求富者允許。在這種奇罕的交易（現實的浪費和假想的善行相交換）上，受惠者方面是驕傲和暴戾，給與者方面是服從，焦慮，和謹慎。這種傭人，在我們看，就是奴隸；這種人；無疑在各國都佔極多數，甚至是人數最大的部分。

“這裏，我們要研究，奴隸制度的廢止，對於他們，創造了什麼現實的利益。我是沉痛地直率地這樣說：它的全部利益是，他們不斷爲餓死的恐怖所苦；至少，他們的前身，沒有在人類最低發展程度上受到這種不幸”。（第463頁，464頁）。

“你們說，他是自由的！呀！他的不幸正是在這裏。沒有什麼人要他關心，也沒有什麼人關心他。人們必須使用他時，會儘可能便宜地僱用他。人們約定給他的小額工資，殆與他勞動一日所需的生活資料的價格相等。人們會叫監工的人，督促他們，快點把他的任務完成。人們督促他，刺激他，恐怕他會由巧妙的偸懶法子，只用一半的力量做事。人們擔着憂，生怕他故意把工作延挨時間來做，因而阻礙手的敏捷，並使工具遲鈍。殘暴的貪欲，用不休息的眼，注意在他身上，只要他稍爲停止一會，就加以叱責；任何一刻的休息，都被視爲竊盜。只要工作一完成，他就被解僱出來了。他被僱用時，是以最冷淡的心情被看待；他被解僱時，也是以最冷淡的心情被看待。人們從來不會想一想，如果明天他找不到工作，他勞苦一日所得的20個銅板30個銅板，够不够他維持下去"？（第466頁，467頁）。

"他是自由了！但正因是這樣，所以我們覺得痛心。說到他們所做的工作，我們還是無所謂的。說到他們的生活，我們就更感傷得多了。奴隸對於他的主人是有費的；因爲他花了主人的錢。但手勞動者對於僱用他的富有的食肉者，是無所費的。在奴隸制度時代，人的血是有價值的。他們的價值，至少等於他在市場上可以賣到的價值。但自此以後，人們不要購買他們了，他們實際不復有任何實在的價值了。在軍隊裏面，一個掘土的工人，不花錢就可以得到。奴隸制度的廢止，使這種估價方法，由軍隊的生活，移到普通的生活上來。自此以後，在這個範圍內，沒有一個富有的市民，不是和戰士一樣想了"。（第467頁）。

"日傭勞動者準備爲富有者服役，而在世間生長，受教育。這種種，像他在他領地內擊殺的野生動物一樣，不費富者一文。不幸的潘培依人常常引以自驕的祕訣，好像他眞的有了一般，他只要把足踏在地上，就會有幾軍團能够勞動能够侍奉他的人，從土地裏面出來。能够替他造房屋，能够替他耕田的僱傭勞動是這樣多，一個兩個，簡直不在乎。所以，一個人空出了缺，當中的縫隙是看不出來的。那會馬上塡補起來，用不着任何人去關心。大河裏面少了一滴水，水流不會因此阻斷。手勞動者也是這樣。因爲要找代替的人是這樣容易，所以，看着他們，富者[46]是麻木得連一點感情也沒有了"。（第468頁）。

"人們說，這種人是沒有主人的。但這純然把名辭誤用了。他們沒有主人嗎？他們的主人，是一切主人中最可怕最專制的。那就是：窮乏。窮乏使他們忍受最殘忍的服從狀態。他們不單要聽一個人的命令，並且要聽許多人的命令。他們不只有一個暴君要奉承，要巴結，——如果只有一個暴君，當中的奴隸狀態就有限界了，可以容忍了。他們必須爲每一個有錢的人服役；這樣，他們的奴隸狀態就無限地擴大，並且尖銳化了。有人說：如果他們在這個主人下面不能好好過，他們就有對主人伸訴，有找尋別一個主人的希望了。奴隸不能這樣，所以還是奴隸更不幸。多麼詭辯啊！我們只要想想，需要人勞動的人是怎樣少，而要勞動的勞動者的人數是怎樣多罷"。（第470頁，471頁）。

"諸君給於他們的表面的自由，結局算什麼呢？他們只有出租自己的臂膀。他們必須找到一個要租賃他們的人，不然就是餓死。這就是自由嗎"？（第472頁）。

"他們的工資是微薄的；這種微薄的工資，會成爲工資進一步壓下的理由。這眞是一件最可怕的事。人們越是不需要工資勞動者，他就越須便宜地出賣他自己。他的窮乏情形越是急，他的勞動的給付就會越是薄。他在他當前的暴主面前，流着淚，哀求他給予一個服役的機會，這種暴主們一點不會面紅的，拉拉他的脈搏，要

46 這就是林格心目中的形態；還不是"資本家"。

由此斷定他是不是還有能力做事。工資多少，就看他衰弱到什麼程度來決定。他越是因勞苦而趨於衰老，那能够救他的命的東西，將越是被壓縮。他所受到的東西，與其說是用來延長他的生命，寧說是用來延遲他的死期"。（第482頁，483頁）。

"日傭勞動者獨立了，但這種獨立正是近世人類進步所喚起的最有害的惡毒之一。這種獨立，增進了富有者的富，貧乏者的貧。富有者所節蓄的，都是貧乏者所喪失的。貧乏者被迫得在最窮乏的情形下（不是在有餘的狀況下），去節省"。（第483頁）。

"今日，在奢侈之外，還能這樣容易地維持驚人巨大的軍隊，來實行人類的屠殺工作，那完全要歸功於奴隸制度的廢止。……自奴隸消滅以來，乞食生活才每日以五"蘇"（sous）的代價給於兵士"。（第484頁，485頁）。

"我以為，它（亞細亞的奴隸制度），和其他各種強迫人由日傭勞動來延續自己生存的生存方法比較起來，是要較勝百倍的"。（第495頁）。

"他們（奴隸和日傭勞動者）的鎖鍊，是由同一的質料造成，不過着上的顏色不同。一種的顏色是黑的，粗糙的；別種的顏色沒有那樣黑，似乎是更輕的。但我們是不分彼此地看待他們，不能看出他們當中的區別。他們一樣是由窮乏造成的。他們有相等的重量；或者說，因為我們把其一的重量估得重一點，所以別一種在外表上看來就更輕了"。（第510頁）。

說到勞動者，他對法國啓蒙主義者大聲說：

"你們不看見，這樣大羣的羊的隸從狀態，最深切的壓伏狀態，創造了牧人們的富麼?……相信我罷，就他（牧人）的利益說，就你們的，甚至就他們（羊）的利益說，還是讓他們抱他們生活上抱着的信念罷——向他們吠的犬，比他們全體合起來本來就是更強的。他們可以在犬的影子面前，不識不知的，混過去。諸君要把他們弄到一處來剪毛，是很容易做到的。不錯，因此他們不怕遭狠咬了；可是結果不過讓人去吃。一經關到欄裏，這就是他們的註定的命運了。要把他們引出去嗎？諸君在說這個話以前，必須先把這個欄破壞。這個欄便是社會"。（第512頁，513頁）。

XIV. 魁奈"經濟表"中論到的社會總資本的再生產與流通[47]

〔魁奈的經濟表，以幾根大的直線，指定了，國民生產的一個有一定價值的年生產物，怎樣由流通而分配開來，以致在其他各種事情相等的情形下，可以進行單純的再生產，卽以同規模進行的再生產。很適當的，前一年度的收穫，成了生產期間的出發點。無數個別的流通行爲，立卽被把握在特徵的社會的大量運動上了，被表現

[47] 關於這一章，有兩個批判經濟表的說明，是互相補正的。其一，包含一序列離題的議論，那必須分開來，當作一個附錄來編輯。此外，爲易於理解起見，我塡滿了若干空白。流通行爲的分析，尚未完成。所以，這裏，單純的編輯是不夠的，必須完全編過。不過，材料幾乎完全以馬克思爲根據。其中插入若干我的補註，那都用角形弧表示了。我還從資本論第二卷和恩格斯反杜林論內"批判史"一章（那也是馬克思寫的），取出了若干文句。這個說明，見草稿第422頁至第437頁。自89頁至91頁（譯本自第91頁至第93頁）是後來寫的，採自第1434頁。——K.

在諸大經濟社會階級間的流通上了。這諸社會階級是機能上確定的。

魁奈從一個大國出發,這個大國的土地,每年平均會生產價值五十億里佛爾的總生產物。——價格假定爲不變的。國民是由三個階級構成:生產階級(農民),不生產(sterilen)階級(一切不從事農業的勞動者),土地所有者階級(眞正的土地所有者,君主,和什一稅的領受者)。

生產階級爲生產這五十億而使用的年經營資本的墊支(avances annuelles),等於二十億。二十億是純生產物,土地所有者的所得。不生產階級把十億資本墊支用在原料上面,並在生產期中,消費十億的生活資料,因而創造出二十億的工業生產物來。

在價值五十億的總生產物之外,生產階級還在流通的開端,擁有一個貨幣準備二十億。

不同諸階級間的流通,依照經濟表,是像下面這樣:

五十億(5,000,000,000)新生產的全部

	生產階級的年經營資本	土地所有者的所得	不生產階級的年經營資本
	20 億	20 億	10 億
這幾個金額,是用來支付土地所有者的所得,和固定資本的利息:	10 億		10 億
	10 億		
	10 億		10 億
年經營資本的代置	20 億		
	總和 50 億		總和 20 億,其中半數再當作下年度的經營資本〕

在這個表內,最先叫人注意,並且必定會叫同時人驚奇的一點

是：貨幣流通怎樣由商品流通和商品再生產決定，卽在事實上由資本的流通過程決定。

農民階級 F（fermier）最先在貨幣形態上把 20 億法郎付於土地所有者階級 P（propriétaire）。土地所有者階級，就用這個貨幣，向 F 購買 10 億的生活資料。所以，當總生產物的五分之一，由流通界到消費界，而爲土地所有者所支配時，就有 10 億，在貨幣形態上，流回到 F 手裏了。

P 再用 10 億向不生產階級（S）購買 10 億的工業品。這 10 億貨幣現今是在不生產階級手裏，他們用這個向 F 購買生活資料。由 F 付給 P 的第二個 10 億，也就由此流回到 F 手裏了。從另一方面說，F 的生產物也有第二個五分之一，從流通界落到消費界了。在運動的終末，我們發覺，在 F 手裏，再有 20 億貨幣。

現在。F 爲代置他的年資本墊支的半數，（假設他的年資本墊支，一部分是工具，一部分是製造品，這些，在 F 的生產期間，會被消費掉的），用 10 億貨幣，向 S 購買工業品。由此，S 的生產物的第二個半數，又被處分了。

S 再用這 10 億貨幣，（這種貨幣，是由他的商品的第二個半數換到的），去購買他的生產手段，原料等等的第二個半數。這 10 億貨幣，又流回到 F 手裏了。

〔這樣，就有 20 億工業品和 30 億農產物已經流通了〕。

農產物還有五分之二剩下來。

〔但從別方面說，他們要代置農業年經營資本的半數和農業固定資本的利息。像我們講過的那樣，魁奈是從這個前提出發：農業的流動資本(avances annuelles)等於 20 億。但此外還有固定資本，如建築物，代勞家畜等等。魁奈估計這等等的價值為 100億，其年利息(intérêts)為一分，計為 10 億。但在這項下面，他不是指剩餘價值，只是指建築物的修理費，家畜的代置費，和由歉收，獸疫，洪水等等引起的損失的平衡基金的積集，在可能的情形下，還指改良土地和擴張經營的基金的積集。所以，這第三個 10 億，大體說，是與固定資本的這個價值部分相當，這個部分等於其逐年磨損，會在年生產物價值上再現的。這 10 億，大部分，是消費在生產它們的農業之內。(建築勞動者的生活資料，代替的家畜，防荒的儲備等等)。流動的逐年消費的資本額和固定資本磨損的代置額，是等於 30 億。在總生產物中那與所消費資本相等的部分中，只有 10 億會被賣掉，而被用來購買工業品。其中 20 億生產物，則歸農業自身消費，是不流通的。

在總過程的終末，我們發覺，在農業方面，有 10 億工業生產物，有 20 億農業生產物；二者代表農業流動資本的要素，和前年度所消費的固定資本的更新要素。在工業方面，我們發覺有 10 億的原料，還有 10 億的生活資料；要有這些，工業的生產才可以繼續。這樣，等規模的再生產，就在下年收穫以前有了保障了。〕

* * * *

依照魁奈的見地，不生產階級全體實際都只是工資勞動者。但就從魁奈的見地出發，我們已經由他的經濟表，看出了他的前提的謬妄。

在生產階級方面，他是假定，原墊支(avances primitives，即固定資本）五倍於年墊支(avances annuelles, 卽流動資本)額。在不生產階級方面，這種情形並沒有被說到，那當然是不妨存在的。

這一點也是錯誤的；他假設再生產等於 50 億。就依照他自己的表看去，那也是等於 70 億。生產階級方面 50 億，不生產階級方面 20 億。

不生產階級的生產物，等於 20 億。這個生產物，是由 10 億原料，（其中一部分加入生產物內，一部分代置機械的加入生產物價值內的磨損）和 10 億生活資料，（那是在原料加工期間消費掉的）。

不生產階級是把這全部生產物，賣給土地所有者和生產者[48]，第一，爲要代置（原料形態上的）墊支，第二，爲要獲得農業的生活資料。所以，沒有剩下一點製造品，來供充他們自己消費，更談不到利息和利潤，這一點，波都先生(Herr Baudeau, 卽 Letrosne) 是看到了的。他是這樣說明這個問題：不生產階級是在生產物的價值以上售賣他們的生產物，所以，他們照 20 億售賣的東西，是等於 20 億減 x[49]。這樣，他們的利潤，甚至他們在製造品形態上消費的

48 原稿上是"不生產者"。——K.

49 這裏是指波都所著經濟表解（1770年）。那部書，詳細論述了，不生產階級一部分是直接，一部分是間接（由土地所有者階級）在生產階級手裏，受取農作收穫的五分之一，當作生活資料，五分之一當作原料。施以加工的工作後，不生產階級只會把其中一部分，還給土地所有者，別一部分還給生產階級，卻儘可能在其中多保留一些供自己使用。

"這三部分合起來，在未加工以前，等於農作收穫的第五個部分的價值。加工之後，不生產階級只在交換上給與其二部分，但由此受得全部農作收穫的五分之二"。

我們假設這諸部分是一樣大的，並且每個階級各得工業生產物的三分之一，卽已加工的原料的三分之一。因爲這三部合起來等於農作收穫的五分之一，所以各階級的份額，是等於農作收穫的十五分之一。

必要生活資料，也只能由商品價格高於其價值這件事來說明了。這樣，重農主義者就必致於歸到重商主義體系，承認讓渡利潤了。所以，工業家間的自由競爭，是極其必要的；必須如此，生產的農業者才不致過於受欺。從另一方面說，這種自由競爭，也是必要的；必須如此，農業生產物才能由國外售價高到國內售價以上的事實，賣到“好價錢”——假設這個國家會把小麥等等輸出。

〔無論如何，經濟表總是一個極有天才的創見。〕這種嘗試，要把資本的全部生產過程，表現爲再生產過程，把流通過程僅表現爲這種再生產過程的形態，貨幣流通僅表現爲資本流通的要素；同時，還在這種再生產過程中，確定了所得的起源，資本和所得間的交換，再生產的消費和斷然的消費（definitive Konsumtion）之關係，並在資本的流通中，包入了消費者和生產者（實際就是資本和所得）間的流通，最後，還把生產勞動二大部門——原生產與工

“土地所有者階級曾經把總地租五分之一給與不生產階級了。他們會把同一農作收穫的十五分之一，在已經加工並且已經運送的形態上（feconnée et trafiquée），收回來。

“生產階級（原稿誤作不生產階級——K.）同樣給與原生產物的五分之一，而收回那已經加工好的十五分之一。

“由此，可以推論，不生產階級的工業勞動以及其他的服務，要費別兩個階級百分之300”。（德爾編重農主義者巴黎1846年，第854頁）。

波都在這裏只指物質的量，不是指價值。除了原料，不生產階級還要在工業勞動和商業勞動上，消費生活資料。依照表上的假設，他們的生產物的總價值，是和他們在生產上個人消費的和產業消費的價值一樣多，即等於收穫的五分之二。但其中三分之一，會由他們收回，而僅以工業生產物的第一個三分之一和第二個三分之一，售於別兩個階級。這兩部分的價值，僅等於收穫的十五分之四。十五分之四，與十五分之六相交換，所以在其價值以上。——K.

業——間的流通，視爲再生產過程的要素。這個表，實際不過五根線，把六個出發點和復歸點聯起來罷了。這個表，是在十八世紀初葉，在政治經濟學的幼稚時期出現的。一直到現在，政治經濟學還無疑要感謝這個最天才的創作。

〔這裏，我們可以瞭解〕米拉坡（Marfuis de Mirabəau）的誇大的話了。這段話，亞當斯密曾多少帶譏刺口吻的，引用在他的著作裏。米拉坡說："自世界成立以來，有三大發現。第一個是文字的發生……第二個是貨幣的發明(!)……第三個是經濟表，這是別二種發明的結果和完成"。

就資本的流通說，就資本的再生產過程說，就它在再生產過程內所採的不同諸形態說，就資本流通與一般流通的關聯說，（那就是，不單說到資本與資本間的交換，並且說到資本與所得間的交換），亞當斯密實際都接受了重農主義者的遺產；他不過把財產目錄中若干項，加以更嚴密的分類和限定罷了。但就運動的總體看，他的解釋和論述，並沒有經濟表的見解那樣正確，雖然魁奈的前提也是謬妄的。亞當斯密說到重農主義派時，曾經說道："他們的工作，對於他們的國家，確有幾分用處"。這句話，對於杜爾閣（法國革命一個直接的先導）之類的人的影響，的確是一個太過謙虛的表示了。

附錄"經濟表"

A. 表內的前兩個流通行爲

〔貨幣流通是由租地農業家階級出發的。租地農業家階級，在其經營資本已經實行自然代置之後，還支配着30億農業總生產物和20億貨幣。在這場合，我們假設，在一個經營年度內，階級與階級間的一切買賣，已經總計等於一個唯一的總額。

租地農業家F以20億地租付給土地所有者P。土地所有者以10億向F購買生活資料，以10億向S購買工業品。這10億貨幣再從工業者S那裏，走到F那裏去購買生活資料。租地農業家於是又有20億貨幣，但只有10億的生產物了〕。

這20億貨幣，已經實行了四個流通過程。

第一，它是當作地租的支付手段。在這個機能上，它沒有流通年生產物的任何部分，那不過是流通的憑票，憑此可以支取總生產物中與地租相等的部分。

第二，P用這20億的一半，購買F的生活資料。由此，F就在10億貨幣的形態上，把憑票的半數取回了，這種憑票原來是〔在地租的支付上〕，當作他的生產物五分之二的支付憑證，由他付給土地所有者的。現在，這10億是當作購買手段，流通這許多的商品，那是要歸到斷然的消費領域去的。

如果我們只考察單個的流通行爲，則在這裏，對於租地農業家，貨幣是只盡這樣的職分；當作購買手段，對於售賣者，它總是盡這樣的職分的。那就是，當作商品的轉化形態。但若我們就它和前行的流通行爲的關係來考察，則在這裏，貨幣不只表現爲租地農業家商品的轉形姿態，不只表現爲他的商品的金等價。他固然由10億的商品，取得了10億的貨幣，但實際他只把他當作地租付給土地所有者的貨幣，購回來。土地所有者是用他未給與等價而由租地農業家取得的貨幣，付還給租地農業家。

貨幣流回到租地農業家手裏了，但和第一種行爲（即地租的支付）聯起來，這種貨幣從最初的時候起，對於他，就不是單純的流通手段。這種歸流，和那種只代表再生產過程並流回到出發點的貨幣歸流，是根本上不同的。

B. 土地所有者與租地農業家間的流通

例如：資本家（把資本主義再生產的特徵完全丟開，便是生產者），投100鎊在原料，勞動手段，和勞動期間內他所需的生活資料上面。我們假設，他加在生產手段上面的勞動，和他在生活資料（或他所支付的工資）上面支出的相等。原料之類的東西等於60鎊，被消費的生活資料等於20鎊，加入的勞動也等於20鎊，生產物就等於100鎊。他把這個生產物賣掉，這100鎊會在貨幣形態上流回到他手裏來。貨幣流回到原出發點的歸流，在這裏，不外表示不斷的再生產，G——W——G形態變化，即由貨幣化為商品，由商品再化為貨幣，或貨幣和商品的單純形態變化，在這裏，同時表示了再生產過程。同時，我們又看見了貨幣到商品——生產手段和生活資料——的轉化；還看見這些商品，當作要素，加入勞動過程，又由勞動過程，當作生產物出來；所以，只要完成的生產物，再加入流通過程，並當作商品，和貨幣相對立，我們就看見商品當作過程的結果。最後，我們還看見它再轉形為貨幣，因為，這種完成的商品，必須先轉化為貨幣，才能被用來和它的生產要素相交換。貨幣不斷流回原出發點的歸流，在這裏，不僅表示貨幣到商品和商品到貨幣的形式上的轉化——在單純流通過程或單純商品交換上，我們就只看見這種形式上的轉化——同時它還表示同一生產者方面的不斷的商品再生產。交換價值（貨幣）會轉成商品，這種商品會加入消費界，當作使用價值被使用；但它是加入生產的或產業的消費，從而會把原價值再形成，再表現為同一的貨幣額（依上例，生產者只為本人的生活資料而勞動）。G——W——G指示了，G不僅在形式上轉化為W；W還實際是當作使用價值被消費的，要由流通界歸到消費界，但只是歸到產業的消費領域，所以，它的價值會在消費中保持，並且再生產出來。在過程的終末，G會再出現，它會在G——W——G運動中自行保存。

反之，如上所說，貨幣由土地所有者到租地農業家，也是一種歸流，但在這種歸流上，我們看不到再生產過程。租地農業家好像已經把10億生產物的憑證，付給土地所有者。土地所有者一經把這種憑證付出，它就會流回到租地農業家手裏；他會把它贖回來。假使土地所有者要求地租的半數應直接在實物形態上支付，那就會沒有貨幣流通。這樣，全部流通將以單純的換手爲限，那就是生產物由租地農業家手裏移到土地所有者手裏。現在，租地農業家不把商品，只把貨幣，給於土地所有者。土地所有者爲要取得商品自身，所以把貨幣還給租地農業家。所以，在租地農業家手裏，貨幣是當作支付手段，付給土地所有者；而在土地所有者手裏，它是當作購買手段，付還給租地農業家。在第一種機能上，貨幣從租地農業家手裏離開，在第二種機能上，它回到租地農業家手裏。生產者不以其生產物一部分，卻在貨幣形態上支付這種生產物的價值給他的債權人時，像這樣的貨幣回到生產者手裏的歸流，總會發生的。在這裏，對於他的剩餘生產物持有共享權利的人，都表現爲債權人。

例如，一切賦稅，都是用貨幣，由生產者支付的。在這場合，貨幣在生產者手裏，是對於國家的支付手段。國家就用這種貨幣購買生產者的商品。在國家手裏，貨幣是當作購買手段，並且就是這樣流回到生產者手裏。但同時，生產者的商品，則將依相同的程度，從他們手裏離開。

歸流的這個要素，這種不由再生產規定的貨幣歸流，隨處都會在所得對資本的交換上發生。在這裏，使貨幣流回的，不是再生產，只是消費。所得是在貨幣形態上支出的，但它只能在商品形態上被消費。當作所得，從生產者那裏取去的貨幣，必須返還生產者，俾能受取等價値額的商品，當作所得來消費。所得是在貨幣形態上支付的，例如地租，利息，或課稅（產業資本家是在生產物形態上，支付他自己的所得，或由生產物的售賣，把那構成他自己的所得的部分，支付給自己）。這種貨幣，是支付手段的一般形態。所以，租地農業家生產物中那構成地租的部分，要在租地農業家和土地所有者間流通，是只需要一個與這個生產物價値相等的貨幣額;不過,這個價値要流通兩次。租地農業者先在貨幣形態上支付地租;然後,土地所有者用這個貨幣購買生產物。前一次單純是貨幣的移轉,因爲貨幣只當作支付手段。反之,第二次卻是當作購買手段,當作流通手段。當中的情形,好像是租地農業家先用他支付地租的貨幣,購買土地所有者在生產物內應該享有的部分。土地所有者再用他從租地農業家那裏取得的貨幣,向租地農業家,把那種生產物購回。

所以,生產者在支付手段形態上付給所得的所有者的貨幣額,會在所得的所有者手中,當作生產者的商品的購買手段。這樣的二重貨幣換位——由生產者手裏到所得的所有者手裏,再由所得的所有者手裏,回到生產者手裏——只表示商品的一次換位,即由生產者手裏到所得的所有者手裏。生產者對於所得的所有者好像欠着生產物的一部分還沒有支付一樣,所以,他在貨幣地租形態上支付的,事實上,只是那已經歸這種所有者所有的商品的價値。商品雖是在租地農業者手裏,但並不是租地農業者所有的。租地農業者就是用那種當作所得來支付的貨幣,購買這種商品,使他成爲他的所有。所以,商品並沒有轉手。貨幣的換手,不過表示商品的所有權證的換手,至若商品本身,則依舊保留在生產者手中。也就因此,所以。商品雖只換位一次,貨幣卻換位了兩次。爲要使商品流通一次,貨幣流通了兩次。但它還只一次當作流通手段(購買手段)流通,其他一次是當作支付手段流通的。我以前講過,在這種流通內,商品和貨幣同時換位的現象,是不會發生的。

在事實上,如果租地農業家除了生產物就沒有貨幣,他就只能支付生產物了,因他必須先把他的商品賣掉,從而,使他的商品通過第一轉形,他才能在貨幣形態上把他的商品支付於土地所有者。但就令如此,貨幣方面的換位次數,還是較多於商品方面的換位次數。我們先有 W——G:即商品被賣掉,轉化爲貨幣。這是商品與貨幣同時換位。但這個貨幣,會在不與商品交換的情形下,由租地農業者手裏,移到土地所有者手裏。這就是有貨幣換位而無商品換位。這好像租地農業者有一個夥計。他取得了貨幣，但必須和他的夥計共分這種貨幣。並且，就這20億說，這裏所說的情形，和貨幣由土地所有者一個雇役收去的情形，也沒有兩樣。這個雇役，必須把這個貨幣交給土地所有者，決不能把它放在自己錢袋裏。在這裏，貨幣由一個人的手移到別個人的手裏了，但這種移轉不表示商品的形態變化，不過表示貨幣由其直接佔有者手裏移到他的所有者手裏。就令最初收受貨幣的人只是爲主人代收，情形也沒有兩樣，雖然在這個場合，貨幣連支付手段也不是，卻不過單純由收款人的手，移到所有者的手。這種貨幣，不是收款人所有的。

這樣的貨幣換位，和一種貨幣換成他種貨幣的兌換一樣，絕對無關於商品的形態變化。但在支付手段的場合，卻常常包含這個意思；即支付者受得商品；他支付也就是爲這種商品。就租地農業家等等說，這種商品不是由他受得的；在歸到土地所有者手裏以前，它是在他手裏，並且它還是他的生產物的一部分。但從法理上說，卻要到由此得到的貨幣已經交給土地所有者那時候，他才取得它的所有權。商品的權利證書，調了手；商品本身還是一樣在他手裏。當初，它是當作佔有物(Besitz)存在他手中；它的所有者是土地所有者。現在，它是當作他的所有物(Eigentum)，存在他手裏了。商品在同一人手裏雖然發生了法律形態上的變化，但這種法律形態上的變化，當然不會使商品本身發生實際的轉移。[50]

C. 最後的諸流通行爲

現在我們要考察第三種流通行爲。P用他當作地租得到的第二個10億，向S購買工業品。現在，值10億的商品，由S移到P手裏了；反之，10億貨幣

50 這裏，接着有兩個冗長的插論；爲使思想進程不致於打斷起見，我把它們安插到這個附錄後面（第D節和第E節）了。——K.

則由P移到S手裏。貨幣與商品，不過依相反的方向，換了一下手。S售於P的10億工業品，落到消費界了。

最後第四種流通行爲。S用10億貨幣，向F購買生活資料，那也落到消費界去。這10億貨幣，是在S和F之間，當作流通手段。但同時有兩種現象在這裏發生了；在S和P的交換上，這兩種現象是不會發生的。在S和P的交換上，S把他的生產物一部分再化爲貨幣。但在他和F的交換上，他會把這種貨幣再化爲生活資料（照魁奈說，那就等於工資），從而代置它在工資形態上支出的消費掉的資本。10億貨幣再轉化爲商品的事情，在P的場合，不過表示消費，而在S的場合，卻是表示產業的消費，表示再生產，因爲他會把他的商品一部分，再轉化爲商品的生產要素之一——生活資料。商品的這一個轉形，即由貨幣再轉化爲商品，在這裏，同時還表示現實的（不只是形式上的）轉形之開始，那就是商品再生產的開始，商品復轉化爲其生產要素的轉化之開始。那還同時是資本的轉形。反之，在P的場合，卻不過是所得由貨幣形態轉爲商品形態。所以，在P的場合，不過表示消費。

第二，因爲S向F購買10億的生活資料，所以有第二個10億貨幣，回到F手裏，這本來是當作地租，由他付給P的。這10億貨幣回到他手裏，只因爲他用10億的商品等價，把它從流通界取回，買回。其結果，無異土地所有者在第一個10億之外，再從他那裏取去10億生活資料，那就是再在商品形態上、從租地農業家那裏受取他的貨幣地租的第二部分，而用這種商品，和S的商品交換。S不過爲P，把F在貨幣形態上付給他的20億商品的第二個半數解決掉。假設是用實物支付，F就須把20億生活資料給於P；P用其中10億供自己消費，用其餘10億生活資料，交換S的工業品。

假設是用實物支付，那就只有這兩種情形發生：（1）20億生活資料，由F移到P手裏；（2）P和S之間發生交換，前者是以10億生活資料和10億工業品交換，後者則是以10億工業品和10億生活資料交換。在反此的情形下，是有四種流通行爲發生:(1)20億貨幣由F移轉到P手裏。(2)P用10億貨幣向F購買生活資料。這個貨幣流回到F手裏。那是當作流通手段。(3)P用其餘10億貨幣,向S購買工業品。這種貨幣,也是當作流通手段,與商品採取相反的方向調換的。(4)S用10億貨幣向F購買生活資料。這種貨幣,也是當作流通手段。對於S,它還同時以資本的資格流通。它流回到F手裏;現在,土地所有者從他那裏取得了支付憑證的第二個10億被解决了。但這種貨幣,不是直接由土地所有者流回到他手裏;它先在P和S之間當作流通手段,然後流回到他手裏。在這種貨幣把10億生活資料解决以前,先已解决10億工業品,把這10億工業品由工廠主移到土地所有者那裏了。由商品到貨幣的轉化(在S對土地所有者的交換上),和繼起的由貨幣到生活資料的轉化(在S對租地農業家的交換上),從S方面看,是資本的轉形。它先轉化爲貨幣的形態,然後再轉化爲資本再生產所必要的構成要素的形態。

現在,在F手裏,有20億貨幣和10億商品。爲代置資本起見,他用10億貨幣,向S購買10億工業品。這是單純的流通過程。在兩方面,都發生資本的轉形。租地農業家的10億貨幣,再轉化爲他的再生產過程的生產要素。S的完成商品,再轉化爲貨幣,通過商品到貨幣的形式上的轉形;不通過這種轉形的資本,是不能復轉化爲它的生產要素的。

這是第五種流通行爲。10億工業品,由流通界,歸到再生產的消費界了。

最後,S把10億貨幣(他的商品的半數,就存在這個貨幣上面),再轉化爲他的生產手段的其餘半數〔即向F購買那在商品形態上的最後10億〕,當作原料。這是單純的流通,但對於S,同時是資本轉形爲能够再生產的形態,對於F,是生產物再轉化爲貨幣。現在,總生產物的最後一個五分之一,也由流通界歸到消費界了。

F會再有20億貨幣,是全然合於秩序的,因爲魁奈把農民當作資本家看,在農民面前,P只是所得的領受者,S只是工資勞動者。如果他直接在他的生產物形態上支付給他們，他就不須支出任何貨幣了。他支出貨幣，他們就用這種貨幣購買他的生產物，所以貨幣會流回到他手裏。貨幣就是這樣在形式上流回到那以購買者資格開始這全部企業並結束這全部企業的產業資本家手裏。

D. 資本家與勞動者間的流通

資本的一部分，是在產業資本家和勞動者間流通的，這就是流通資本中與可變資本相等的部分。就這一部分說，貨幣也會流回到它的出發點。資本家在貨幣形態上把工資付給勞動者；勞動者就用這種貨幣，向資本家購買商品，貨幣流回到資本家手裏了。在實行上，是流回到資本家的銀行業者那裏。但銀行業者實際就是代表諸個個資本家（?）[51]的總資本，如果這種總資本是表現爲貨幣。這種歸流本身，不表示任何的再生產。資本家用貨幣購買勞動者的勞動，勞動者又用同一的貨幣購買資本家的商品。同一貨幣，先是表現爲勞動的購買手段，後來又表現爲商品的購買手段。這種貨幣會流回到資本家手裏的事實，是以這種事實爲根據：即，資本家先以購買者的資格出現，然後再與同一人相對，而以售賣者的資格出現。當他以買者的資格出現時，貨幣從他那裏離開，當他以賣者的資格出現時，它再流回到他手裏。反之，勞動者先是以賣者的資格，後是以買者的資格出現，從而他是取得貨幣，然後把它支出；恰好相反，與他相對，資本家先是把貨幣支出，然後把它取得。在資本家方面，我們看見 G——W——G 運動。他用貨幣購買商品（勞動力）。又用這種商品（勞動力）的生產物來購買貨幣；換言之，他會再把這種生產物，賣給他以前的購買者，即勞動者。

反之，勞動者方面卻表示 W——G——W 流通。他賣他的商品，勞動力，而

51 這裏有一個字看不出來。——K.

用出賣勞動力所得的貨幣，購買他自己的生產物（他自己的商品）一部分回來。我們正可以說，勞動者是爲貨幣而售賣商品（勞動力），再把這種貨幣用在商品上，然後再出賣他自己的勞動力，所以那同樣是G——W——G；並且，因爲貨幣不斷在他和資本家間流動，所以看我們是站在這方面，還是站在那方面，我們可以說，他是和資本家一樣代表G——W——G運動。不過，資本家是購買者。過程的更新，是由他出發，不是由勞動者出發；同時，貨幣的流回又是必然的，因爲勞動者必須購買生活資料。在這裏，是和在這一切的運動上（在這一切的運動上，從一方面看，流通的形式是G——W——G，從別方面看，流通的形式是W——G——W）一樣，指示了：勞動過程的目的，在一方面，是交換價值（貨幣），從而是價值的增殖，在另一方面是使用價值，是消費。這種情形，在以上講過的那種貨幣歸流上面，也會發生；在那種貨幣歸流上，在租地農業家方面，是G——W——G，在土地所有者方面，是W——G——W。土地所有者用來向租地農業家購買的G，是地租的貨幣形態，所以已經是W——G的結果，是在實物形態上已經屬於土地所有者的那一部分生產物的轉化形態。

不變資本的交換，也是這樣。機械建造業者向鐵生產者購買鐵，而以機械售於鐵生產者。在這場合，貨幣也會流回。它先是當作鐵的購買手段支出，然後在鐵生產者手裏，當作機械的購買手段，流回到機械建造業者手裏。機械建造業者支出貨幣的結果，會得到鐵；他收得貨幣的結果，是把機械交出。在這裏，同一個貨幣，流通了兩倍於它的價值。比方說，機械建造業者用1000鎊購買鐵；鐵生產者又用這1000鎊購買機械。鐵和機械的價值合計爲2000鎊。但在運動中，必須有3000鎊。1000鎊貨幣，1000鎊機械，和1000鎊鐵。如果資本家是用實物交換，則商品轉手時，可以沒有一個銅板流通。如果他們採用抵帳辦法，只以貨幣爲支付手段，結果也是這樣。就令是用紙幣或信用貨幣（銀行券）流通，那也於問題無關。在這場合，會有1000鎊在銀行券形態上，雖然那沒有任何現實的價值。總之，還是有3000鎊；1000鎊鐵，1000鎊機械、1000鎊銀行券。但在這場合，是像在第一場合一樣，所以有3000鎊，不過因爲機械建造業者有2000鎊，其中機械1000鎊，貨幣（是金，是銀，或是銀行券）1000鎊。在這二場合，鐵生產者都只把他所受得的貨幣，返還給機械建造業者。機械建造業者，對於第一種商品（鐵），不是用商品（機械）支付，是用貨幣支付。如果他是用商品支付，換言之，如果他以商品售於鐵生產者，鐵生產者就須把這種貨幣還給他：因爲，那不能有二重的支付，一次用貨幣，一次用商品。

在這二場合，貨幣或銀行券，都代表一個以前已經由機械建造業者賣掉的商品的轉化形態；或者，不是賣掉的，也是已經轉化爲貨幣的商品，（例如在所得的場合）。在這場合，貨幣的歸流也只表示，那種以貨幣交換商品，已經把貨幣投在流通中的人，會由他投在流通中的別種商品的售賣，再從流通界，把貨幣取回。這1000鎊，可以在一日內，在資本家之間，通過三十個人的手，使資本由一個人手裏，移到別個人手裏。機械到鐵生產者手裏，鐵到農民手裏，穀物到製粉工廠主或釀酒工廠主手裏等等。最後，這1000鎊再落到機械建造業者手裏，並由他到鐵生產者手裏去等等。這樣，40,000鎊商品，可以由1000鎊貨幣來流通了，但在此際，這種貨幣會不斷再流回到它的支出者手裏的。

用這40,000鎊賺到的利潤，會有一部分，分解爲利息，而由各種資本家支付，例如由機械建造業者付給那貸1000鎊給他的人，由鐵生產者付給那貸1000鎊給他的人，（這1000鎊，早用在煤炭等等或工資等等上面了），這是事實。由這個事實，蒲魯東(Proudhon)先生便推論說：那40,000鎊的利息全部，是由這1000鎊貨幣生出來的。如果利息率是五釐，那就要生出2000鎊利息了。這樣，1000鎊要提供百分之200的利息了。這就是最優秀的經濟學批判家[52]！

52 這裏指的蒲魯東的話，是像下面這樣："有抵押的債務額，依照最有研究的著作家說來，是等於120億，但也有人說是160億。有借約的債務，至少有60億；不記名

G——W——G表示資本家和勞動者間的貨幣流通時,雖不表示任何再生產的行爲,但總會表示這種行爲之不斷的複演,表示歸流的連續性。沒有商品(他所賣的商品)的再生產,一般說,任何買者都不能不斷以賣者的資格出現。一切不靠地租,利息,或課稅來生活的人,都是這樣。就一方面說,只要這種行爲完成了,就常常會發生G——W——G歸流。例如資本家;在他對勞動者,土地所有者,和食利者的關係上,貨幣總是流回到資本家方面。就別一方面說,例如就勞動者說,只要他購買了商品,從而已經通過W——G——W,當中的行爲就完成了。勞動者不斷更新的,就是這種行爲。他的發動,是不斷以賣者的資格,不是以買者的資格實行。一切貨幣流通,在它只表示所得的支出時,都是這樣。

舉例來說,資本家自身每年會消費一定的數量。他把他的商品轉化爲貨幣,再把貨幣支出在那種用在斷然的消費上的商品上面。這是W——G——W'所以那沒有貨幣流回到他手裏;這種歸流,只在賣者方面發生,例如小商人。所得的支出,代置了這種小商人的資本。

在所得與所得之間,也能有一個交換,一個流通。屠戶業者向麵包業者購買麵包;麵包業者向屠戶業者購買肉。他們兩者都是消費他們的所得。屠戶業者對於自已所消費的肉,麵包業者對於自已所消費的麵包,是不要支付代價

營業債券約等於20億,國債券80億。合計有280億。……這全部債務,都以貨幣爲根據,那是在實際上或名義上,依照4厘,5厘,6厘,8厘,1分2厘,或1分5厘的利息借貸的。我假設前三項的利息,平均爲6厘:200億的利息就等於12億。此外,國債的利息約計爲4億;這樣,一個10億的資本,其年利息合計爲16億。所以,利息率是等於百分之160"。因爲,"在法國流通(我不是說在法國存在)的現金額(包括銀行的庫存額),即依最流行的估計,也從來沒有超過10億"。(第152頁)。"交易完了,貨幣又可以自由處分,可以重新用來貸出。……貨幣資本,由交換到交換,不斷流回到它的原泉去,所以,那會不斷由同一的人,再貸出,並不斷爲同一的人帶回利益來"。(信用的恩惠巴斯夏和蒲魯東的論戰,巴黎1850年,第154頁)。

的。他們各個在自然形態上，消費所得的這部分。但這種情形也是可能的：卽，麵包業者從屠戶業者那裏購買的肉，對於屠戶業者，可以不代置資本，只代置所得。那就是，只代置他所賣的肉的這一部分，這一部分不僅代表他的利潤，並且代表他利潤中那當作所得而由他自己消費的部分。屠戶業者由麵包業者那裏購得的麵包，也是他的所得的支出。如果雙方採取記帳辦法，那就只須有這一方或那一方支付當中的差額了；他們雙方相互的賣買，有一部分會互相抵消。就這互相抵消的部分說，是沒有貨幣流通發生的。但假設麵包業者有差額要支付，而這種差額對於屠戶業者又是代表所得。這樣，他就會把麵包業者的貨幣，支出在別種消費品上了。假設這等於 10 鎊，他用這 10 鎊付給裁縫師傅如果這 10 鎊對於裁縫師傅又是代表所得，他又會依類似的方法，把它支出。例如，他會用這種貨幣購買麵包等等。由此，貨幣又流回到麵包業者手裏，雖然這不復是代置所得，只是代置資本。

還可以說一說。銀行用來貼現或墊支的銀行券，會流回到銀行，但這種歸流，和以上考察的貨幣歸流，是全然不同的現象。在這場合，商品的貨幣化是被預料了(antizipiert)。商品在未賣出，甚至在未生產出來以前，就取得了貨幣形態。它也許已經賣掉而只換到一種匯票。但無論如何，它總是沒有被支付，沒有轉化爲貨幣。所以，無論如何，這種轉化是被預料了。但它一經賣掉或應當已經賣掉時，貨幣就會在金和銀的形態上，或是在本行的銀行券（這樣，它就從流通界退出了）的形態上，或是在別家銀行的銀行券（這樣，這種銀行券就須在銀行業者間，被用來和本行的銀行券相兌換，以致有兩種銀行券要從流通界退出，回到它們的出發點去）的形態上，流回到銀行。並且，只要留在第三者手中的銀行券拿回來掉換金或銀，銀行券就會流回來。如果這種銀行券不拿去兌換，流通界的金銀就會依比例減少。這樣，放在銀行準備庫內的，將是金銀，不是銀行券了。但無論如何，過程總歸是：貨幣的存在，商品的貨幣化，是被預料了。商品一經實際轉化爲貨幣，它就會第二度轉化爲貨幣的。它的第二次貨幣存在，會代替它的第一次貨幣存在，使它從流通界退出，流回到銀行去。表示第一次貨幣存在的，和表示第二次貨幣存在的，也許是同一個銀行劵額。例如，銀行劵可以是以匯票爲擔保，而墊支於紡績業者。紡績業者的匯票，則是由織布業者那裏得到的。紡績業者用由這種方法得到的銀行劵，當作煤炭、棉花等等的代價來支付。這種銀行劵被用來支付種種商品代價時通過了種種人的手；這種種人結局是把它用在麻布上；由此，它到織布業者手裏了。匯票到期，織布業者就用這個銀行劵，付給紡績業者，紡績業者再把這個銀行劵還給銀行。商品在其預料的轉化之後，第二度轉化爲貨幣時，那種貨幣可以恰好是第一次的貨幣，不一定要是另外的貨幣。所以，看起來，好像紡績業者事實上沒有一點好處，因爲他把銀行劵借進來，在過程終末時，會再把銀行劵還給原發行者。這個銀行劵，在這時間，實際是當作流通手段和支付手段用的；紡績業者一方面用它把債務償付了，一方面又用它把再生產棉紗所必要的商品購買了，並且實現了一個剩餘價值（那就是搾取勞動者）。他能用這種剩餘價值一部分在貨幣形態上還給銀行。這樣，流回到他手裏的貨幣，就比他支出的，墊支的，用去的貨幣更多了。

E. 流通所必要的貨幣量

S向F購買10億生活資料和10億原料；F向S購買10億商品，來代置他的"墊支"。所以，S有10億的差額要支付，結局他要用他由P處獲得的10億來支付。魁奈好像把這10億支付給F的事情，和向F購買10億生產物的事情，混同了。

依照我們的計算，實際有20億貨幣，已經够爲這些目的了。(1)在貨幣形態上支付20億的地租；(2)流通租地農業家30億的總生產物，（其中包括P的生活資料10億，S的生活資料和原料20億）和S 20億的總生產物（其中10億是供P消費的，10億是供F在生產上消費的）。在S向F購買原料的最後一次購買上，S把貨幣付還給F。

〔有兩種情形是可能的〕：

S從P處受得10億貨幣。他就用這10億貨幣，向F購買10億的生活資料。F又用這10億貨幣，向S購買工業品。S再用這10億貨幣，向F購買原料。

或者是，S用10億貨幣向F購買原料，10億貨幣向F購買生活資料。F用10億貨幣向S購買商品。這樣，有10億流回到S手裏，但這只因爲我們假設，他除了由P處獲得10億貨幣，並有10億待售商品之外，還有10億貨幣，由他自己投在流通中。不是10億貨幣在他和租地農業家間流通商品；依照假設，要有20億才够。所以，有10億流回到S手裏了。S在賣買上給了租地農業家20億貨幣。租地農業家向S購買10億商品；對於這種商品，F是用他由S處獲得的貨幣半數，付還S。

在第一場合，S分兩期購買。第一次，他支出10億；這10億會由F那裏流回到他手裏；然後他再斷然把這10億給F，那是不會流回的。

在第二場合，S是一氣向F購買20億。當F向S購買10億轉來時，這10億留在S那裏了。流通所需的貨幣，是20億，不是10億。在第一場合，10億貨幣，由兩次流通，實現了20億商品。在第二場合，這種實現卻須有20億貨幣流通一次。但租地農業家既然把10億付還給S，所以，S所有的並不較前一場合爲多。除卻10億商品，他須從自已的基金（在流通過程之前已經存在的基金），投下10億貨幣，到流通內。這10億是由他投到流通內，所以也流回到他手裏。

大體說來，在第一場合，流通中的價值（如果貨幣是實在的貨幣）計40億，其中30億在商品形態上，10億在貨幣形態上。流通的原來（就F而言）投在流通中的貨幣額，從來不比10億更多，那就是，從來不比S應對F支付的差額更多。這是因爲，在S第二次向F購買10億以前，F會向S購買10億。S可以用這10億來支付他的差額。

在第二場合，S把20億投在流通中。他是用這20億購買F的商品。當作流通手段，這20億在這場合是必要的；它會和等價值的商品相交換。但F會從S處購買10億。於是，有10億流回到S那裏；因爲，S必須支付給F的差額，不過等於10億，不是等於20億。他在商品形態上爲F補充10億，所以，F必須把10億付還給他，好像F現在要無代價的，在貨幣形態上，把10億支付給他一樣。對於這個情形，我們可以留意考察一下。

就以上假設的30億商品（其中20億生活資料，10億工業品）的流通說，有種種的情形是可能的。但在這裏要考慮的，第一是，依照魁奈的前提，在S和F間的流通開始時，有10億貨幣在S手裏，10億貨幣在F手裏；第二，我們爲例解起見，假設S除有由P處獲得的10億貨幣之外，還有10億貨幣存在庫裏。

第一：就是在魁奈假設的場合，S用10億貨幣向F購買10億商品；F用由S處獲得的10億貨幣，向S購買10億商品；最後S又用這樣流回的10億貨幣，向F購買10億商品。有10億貨幣留在F手裏，那對於他，是代表資本，（實際，這10億貨幣，是和由P處取回的10億貨幣放在一起，俾在次年，重新在貨幣形態上支付地租，即20億貨幣）。有10億貨幣在這裏流通了三次，由S流到F，由F流到S，由S流到F，每一次都是爲交換10億的商品，合計30億。如果這種貨幣自身也是有價值的，則在流通中，有40億的價值。在這場合，這個貨幣是當作流通手段發生機能。但它會轉化成F的貨幣，並在本質上成爲F的資本，結局它也就是留在F手裏。

第二：貨幣只構成支付手段。向F購買20億商品的S，和向S購買10億商品的F，會互相抵帳。結局，在交易上，S要在貨幣形態上支付一個10億的差額。依然會有10億貨幣歸到F的庫裏，但那不是當作流通手段用的。對於他，那是資本的移轉，因爲對於他，那只代置一個在10億商品形態上的資本。在流通中還是有40億的價值出現。但這裏沒有三個10億貨幣的運動，卻只有一個 10 億貨幣的運動；這個貨幣也只支付了一個和它自身相等的商品價值額。在前一場合，卻支付了三倍於它自身的商品價值額。與第一場合相對而言，所省卻的，是兩個贅餘的流通。

第三：F 用他由 P 處得到的 10 億貨幣，先以購買者的資格出現，向 S 購買商品 10 億。他不把這 10 億存儲起來，預備支付次年的地租。這 10 億貨幣現在是流通着。S 現在有 20 億貨幣（10 億得自 P；10 億得自 F）。他就用這 20 億貨幣，向 F 購買 20 億商品。現今在流通中，有 50 億的價值（30 億商品，和 20 億貨幣）。有一個 10 億貨幣和 10 億商品間的流通發生了，一個 20 億貨幣和一個 20 億商品間的流通發生了。在這 20 億貨幣中，那以租地農業家爲基礎的 10 億，流通了兩回，那以 S 爲基礎的 10 億，只流通了一回。現在有 20 億貨幣流回到 F 手裏，其中只有 10 億貨幣是結淸他的差額的，別一個 10 億貨幣是由他自己投在流通中，（因爲在這場合，是他以購買者的資格，居發動地位），現在，由流通，流回到他手裏的。

第四：S 用 20 億貨幣（10 億得自 P，10 億是由本人庫內投到流通中去的），一氣向 F 購買 20 億商品。F 回過來向 S 購買 10 億商品，所以有 10 億貨幣流回到 S 手裏；F 依然保留 10 億貨幣，當作他和 S 間的差額的淸結。還是流通 50 億的價值，有兩個流通行爲。

在這場合，10 億貨幣流回到 S，但這 10 億貨幣，是由他本人庫內投到流通中去的，不是因爲他曾售商品於 P，得到的。

第一場合和第二場合，都只有 10 億在貨幣形態上流通，不過在第一場合，是流通三次，在第二場合，只流通一次，只換一次手。這不過因爲，在第二場合，假設已有信用發展，所以支付更爲經濟，而在第一場合，運動雖很迅速，但每次貨幣都以流通手段的資格出現，所以每一次都有兩倍的價值出現在兩端，一個在貨幣形態上，一個在商品形態上。第三場合第四場合，和第一場合第二場合不同；因爲在第一場合第二場合，只有 10 億，在第三場合第四場合，卻有 20

億貨幣流通。這是因爲，在這二場合，（在第三場合，是由S，他以購買者的資格，把流通過程結束；在第四場合，是由S，他以購買者的資格，把流通過程開始），都同時有20億商品，在流通中出現，並且是在這個假設下出現的：即，它們不是要有差額被支付，卻是要立即被買去的。

在運動中最有趣味的一件事是：在第三場合，會有10億貨幣流回到F，在第四場合會有10億貨幣流回到S，雖然在第三場合和第四場合，都有10億的差額要付給F，並且在第三場合，不會比10億更多，在第四場合也不會比10億更少。當然，在這裏，相交換的，是等價物，而我們說差額時，這所謂差額，也不外指那在貨幣形態上而不在商品形態上支付的價值等價。（Wertäquivalent）。

在第三場合，F投10億貨幣到流通中，而由此從S處取得一個商品等價或10億商品。但S卻從他那裏購買值20億貨幣的商品。F第一次投下的10億貨幣，會流回到F手裏，因爲有10億商品從他那裏取去。他對於這10億商品，就由那由他支出的貨幣，得到他應得的支付。他又在第二個10億商品的支付上，得到第二個10億貨幣。貨幣差額是於他有利的，因爲他一般只用10億貨幣購買商品，但卻有20億商品從他那裏被購去。

在第四場合，S一氣投下20億貨幣到流通中，從F那裏取去20億商品。F再用那由S自身支出的貨幣，從S那裏購去10億商品，因此，有10億貨幣流回到S*手裏了。

在第四場合，S所給於F的，事實上是10億商品即商品形態上的10億貨幣，和貨幣形態上的20億貨幣，所以總共30億貨幣；但他只從F那裏得到20億商品。所以，F會有10億貨幣送還到S手裏。

在第三場合，F所給於S的，是20億商品，即在商品形態上的20億貨幣，和貨幣形態上的10億貨幣，所以總共30億貨幣，但他也只從他那裏得回10

* 考茨基原版是F；那顯明是筆誤或排印上的錯誤。——譯者。

億商品即10億貨幣，所以S會把20億貨幣返還F；其中10億是用F投在流通內的貨幣返還，10億是S自己投在流通內的。

在這二場合，S得到20億商品，F得到10億商品加10億貨幣。這10億貨幣，就是貨幣差額。在第三場合，會有10億貨幣流回到F手裏；但這種貨幣所以會流回，不過因爲他投在流通中的貨幣，比他在商品形態上，從流通界取出的，更多。第四場合的S，也是這樣。

在這二場合，S都有一個10億的貨幣差額，要在貨幣形態上支付，因爲他已從流通界取出20億商品。但僅把10億的商品投入。在這二場合，F都有一個10億的貨幣差額，可以在貨幣形態上得到；因爲，他投入20億商品到流通界，但只從流通界取出10億商品；第二個10億商品，是必須用貨幣來償付於他的.結局能在這二場合變更所有者的，只是這10億貨幣。因爲，雖然有20億貨幣在流通中，但10億貨幣必定會流回到把這種貨幣投到流通中去的人手裏，不管投入這10億貨幣的，是F（他會從流通中受得10億的貨幣差額），還是S（他只要支付10億的貨幣差額）。

在第三場合，會〔在商品總量流通所必要的貨幣總額之上〕，有10億貨幣，出現在流通中。因爲，F既先以買者的資格出現，依照當前的情形，他當然要把貨幣投在流通中。雖然在第二場合，只有10億，但在第四場合，則如上所述，有20億貨幣加在流通中。因爲在這場合，S是以買者的資格出現。一氣購買了20億商品。在這二場合，買者賣者間流通的貨幣，都可以只等於一方結局必須支付的差額。S或F超過此額所投下的貨幣，都會被付回給他們。

假設是F向S購買值20億貨幣的商品.情形也會是這樣。F先把10億貨幣給予S，交換他的商品。S又向F購買值20億貨幣的商品。這樣，以前的那10億，會流回到F手裏，此外還加上10億。F再用10億貨幣向S購買，這10億再回到S手裏。在過程結束時，F有值20億貨幣的商品和10億貨幣 這10億貨幣，在流通過程開始以前，原來就是他所有的。S也有20億商品和10億貨幣；這10億貨幣，也同樣是S原來有的。F的10億貨幣和S的10億貨幣，不過當作流通手段，調換了它們的位置；然後，它們當作貨幣（在這場合，還是當作資本），流回到它們雙方的出發點。假設二者都是當作支付手段用，他們就會把20億商品和20億商品對銷，會互相抵帳。在他們當中，會沒有一個銅板流通。

所以，當作流通手段，在相互以買者和賣者資格相對待的二當事人間流通並且流回的貨幣，能够在三種情形下流通。

第一：所供給的商品價值互相抵銷。在這場合，貨幣會流回到墊支貨幣入流通界並且把流通費用和資本一同支出的人手裏，例如，如果F和S兩方面，各從對方購20億商品，但由S把運動開始；這樣，他就會用20億貨幣向F購買商品。F把這20億貨幣付還他，並由此從他那裏購去20億商品。所以，和交易之前一樣，交易之後，S還是有20億商品和20億貨幣。或如上述，是雙方依均等的部分，把流通手段墊支；這樣，他們兩方各自投在流通中的貨幣，將會流回到各自手裏；那就是，10億貨幣流回到F，10億貨幣流回到S。

第二：雙方交換的商品價值不能相抵。這樣，會發生一個要用貨幣支付的差額。假設商品流通，像以上的第一場合，只會有支付差額的貨幣出現在流通界，只有這樣大的貨幣額在兩方面流來流去，那麼，這個貨幣額最後就會歸到最後可以收受這個差額的賣者手裏。

第三：雙方交換的商品不能相抵；有一個差額要支付；但商品流通在這個形態下進行，以致流通的貨幣，必須比支付差額所必要的貨幣更多；在這場合，這個差額以上的貨幣，會流回到墊支這種貨幣的人手裏。在第三場合，是流回到受得這個差額的人手裏；在第四場合，是流回到支付這個差額的人手裏。

在第二項下，在差額收受人最先以購買者資格出現時，貨幣才會發生歸流，（勞動者和資本家的場合，就是這樣）。如果是對方先以購買者資格出現，貨幣就會更換它的所有者。

這一切，當然都只發生在這個前提下：卽，一定的商品額，在相同二人間被買被賣。當中各個人是交替以買者和賣者的資格，和別一方面相對立。反之，假設 30 億商品是平均分配在諸商品所有者 A，A′，A″（賣者）之間，而與他們相對，有購買者 B,B′,B″。這樣，如果三次購買是在同時並在同地發生，那就須有 30 億貨幣，所以結局諸 A 將各有貨幣 10 億，諸 B 將各有商品 10 億。如果諸次購買是在時間上繼起的，則在商品的形態變化互相交錯，以致一部分人兼作買者和賣者時，就令不是像以上所說一樣，是與同一的人相對待，而是對這個人表現爲買者，對那個人表現爲賣者，相同的 10 億貨幣也會推動好幾個 10 億的商品。例如：(1)A 把值 10 億貨幣的商品售於 B；(2)A 用這 10 億貨幣向 B′購買；(3)B′ 用這 10 億貨幣向 A′ 購買；(4)A′ 用這 10 億貨幣向 B″ 購買；(5)B″ 用這 10 億貨幣向 A″ 購買。這個貨幣在六個人中間換了五次手，流通了值 50 億貨幣的商品。假使只有 30 億商品要被流通，我們就有：(1) A 向 B 購買值 10 億貨幣的商品；(2)B 向 A′ 購買值 10 億貨幣的商品；(3)A′ 向 B′ 購買值 10 億貨幣的商品。這是在四個人中間換三次位。其餘可以類推。

以前說明的情形，和我們以前說明的法則，不相矛盾。這個法則是：“在貨幣的流通速度爲一定，商品的價格總額爲一定時，流通手段的量是一定的”。（經濟學批判第一輯第 85 頁）。

在上例一，10 億貨幣流通三次，商品計等於 30 億貨幣。所以，流通的貨幣量 $= \frac{30\text{ 億價格總額}}{3\text{ 次通流}}$ =10 億貨幣；但流通的速度不同。20 億貨幣流通一次，那就是 10 億貨幣+10 億貨幣，在這 20 億貨幣中，只有 10 億會再流通一次。20 億貨幣，流通 30 億商品的三分之二；20 億貨幣的半數，流通 10 億商品或商品的三分之一。一方的 10 億貨幣流通兩次；別一方的 10 億貨幣，只流通一次。10 億貨幣流通兩次所實現的商品價格＝20 億貨幣；10 億貨幣流通一次所實現的商品價格＝10 億貨幣；二者合計＝30 億商品。與流通的商品相關而言，什麽是貨幣的流通速度呢?這 20 億貨幣已實行 $1\frac{1}{2}$次的流通(好像全額先實行一次流通,其後又有半數實行一次流通)$=\frac{3}{2}$。實際是$\frac{30\text{億價格總額}}{\frac{3}{2}\text{次流通}}=20$億貨幣。

貨幣流通的速度,在這裏,是怎樣決定的呢?

第三場合第四場合和第一場合相比較,流通速度不同,是由這樣發生的:〔在第一場合〕,每次流通的商品的價格總額,不更多也不更少於流通商品總額的價格總額的三分之一。那總只有值 10 億貨幣的商品流通。反之,在第三場合和第四場合,卻是一次流通 20 億商品,一次流通 10 億商品,即一次流通現有商品量的三分之二,一次流通現有商品量的三分之一。就因為這個理由,故與零售商業比較,大商業需有較大的鑄幣流通。

我們講過,(見經濟學批判第一輯"貨幣的流通"),貨幣的歸流指示了,購買者會變成售賣者,不管他是不是賣給他所由以買的人。但若這是發生在相同諸人間,那就會有曾經引起許多錯誤(例如在特斯杜·德·托拉西的場合)的現象發生。買者變成賣者的事實,表示有新的商品必須售賣。於是,發生商品流通的連續性——與商品流通的不斷的更新(第一輯第73頁),是同意義的——從而表示再生產。不過,例如在工廠主對勞動者的場合,買者也能變成賣者,但不表示再生產的行為。和能夠稱做再生產的情形比較,這種情形只是這種歸流的反復(Wiederholung)的連續性而已。

貨幣的歸流,如果指示資本復歸到貨幣形態的轉化,便必然會指示一個變化的終了,並在資本照原樣繼續進行時,指示一個再生產的再開始。在這場合,和在其他一切場合一樣,資本家先是賣者(W——G),然後成為買者(G——W);他的資本,必須在 G 形態上才可以再和它的各種再生產要素交換;在這裏,W 代表種種再生產要素。G——W,表示貨幣資本轉為生產資本或產業資本的轉化。

再者，我們講過，貨幣回到出發點的歸流，指示了這一點：即，一系列買賣的貨幣差額，對於開始這個過程系列的買方，是有利的。

第一個買者F用10億貨幣向S購買。S用20億貨幣向F購買。這裏有10億貨幣流回到F手裏。就其餘10億說，那不過在S和F之間，發生了單純的貨幣移轉。

最後，不表示差額支付的貨幣歸到出發點的歸流，在(1)支付的差額互相抵銷，從而沒有差額要在貨幣形態上支付的場合，和(2)沒有這種抵銷，從而有一個貨幣差額要支付的場合，都能够發生。看一看以上解說的情形。在這一切場合，比方說，F是不是與同一的S相對待，是不成問題的。在這裏，與F相對的S和與S相對的F，是代表他所賣於對方和他從對方買到的東西的全數。（和差額支付會在貨幣歸流上表示出來的例，全然是一樣的）。在這一切場合，貨幣都流回到墊支貨幣入流通界的人手裏。像銀行券一樣，它實行它的任務之後，就流回到它的發行人手裏，在這裏，它只是流通手段。上述諸資本家，相互間付來付去。它也就這樣，流回到它的支出者手裏。

F. 由工資墊支在前商品售賣在後這一件事來說明資本利潤

有人以爲，資本家的利潤應由資本家在能把商品化爲貨幣以前，須先以貨幣墊支於勞動者這個事實來"說明"。由以上（第94頁以下，譯本第93頁以下）所說，可知這種主張，是怎樣背理的。第一，我爲我自己消費而購買商品時，雖然我是購買者，商品所有者是"售賣者"，我的商品已有貨幣形態，他的商品須先轉化爲貨幣，我仍不能藉口於這個理由，便取得利潤。並且，資本家還是在消費勞動之後才對勞動實行支付，至若別種商品，他卻要在消費以前實行支付的。資本家在消費勞動之後才實行支付的情形，和這種商品的特別的性質，正相符合，因爲這種商品正是在它被消費的時候，被售賣，被交出。在這場合，貨幣是以支付手段的資格出現。資本家總是在支付之前就把勞動這種商品佔有了。他購買勞動，雖然只爲要由勞動生產物的再賣出，得到一個利潤，但這不能是他賺取利潤的理由。那只是動機。像這樣的說明，不過表示這樣的意思：卽，他在工資勞動的購買上所以能够賺到一個利潤，就因爲他想要由它的再賣出，賺到一個利潤。

第二：但他還在貨幣形態上，把那應當作工資屬於勞動者的生產物部分，墊支於勞動者。他還使勞動者無須費神，冒險，花時間，去把那當作工資應屬於勞動者自己的商品，轉化爲貨幣。對於這種費神，這種冒險，這種時間，勞動者不應當支付報酬嗎？就是爲這個原故，所以他所受得的生產物，要比異此的情形，更少了！不過，這樣說，工資勞動和資本的全部關係，將被推倒；剩餘價值之經濟的辯護，將被破壞了。由這個過程，我們得到的結論實際是：資本家所由以支付勞動者的基金，不外是勞動者自己的生產物；資本家和勞動者事實上是依照可除的部分，來分配生產物。但這個事實上的結果，對於資本和工資間的交易，（剩餘價值之經濟的辯護，卽以商品交換法則爲根據的辯護，就是立足在這一點上面），絕對沒有關係。資本家所購買的，是勞動力的暫時的處分權。要到勞動力已經發生作用，並對象化在生產物內那時候，資本家才實行支付。在這場合，貨幣其實是當作支付手段；買賣是發生在買方實際讓渡貨幣之前。在那種交易（那在現實生產過程開始以前已經過去了）之後，勞動就屬於資本家了。當作生產物從生產過程出來的商品，也完全是屬於資本家的。他是用那些屬於他的生產手段，和那些由他購買，雖還沒有支付代價，但也已經屬於他的勞動，去生產那些商品。好像他在生產上，沒有消費別人的勞動一樣。資本家所賺得的利潤，所實現的剩餘價值，正是由這樣發生的：卽，勞動者所賣與資本家的，不是實現在商品內的勞動，只是當作商品的勞動力自身。如果他能够在前一種形態上，以商品所有者的資格，和資本家對立，資本家就不會賺得任何利潤，不能實現任何剩餘價值了，因爲依照價値法則，互相交換的是等價物，是等量勞動與等量勞動。換言之，資本家的剩餘價值，正是由這樣發生的：即，他不是向勞動者購買商品，而是向勞動者購買勞動力自身。這種勞動力，比它的生產物，只有更小的價值；或者說，勞動力實現成的對象化勞動，比實現在勞動力自身內的對象化勞動，更多。但現在爲要辯護利潤，人們把利潤的源泉阻塞了。並且把利潤所從出的交易消滅了。因爲只要過程是連續的，資本家實際就是用勞動者自己的生產物來支付勞動者，勞動者也只由他自己的生產物的一部分，得到支付。所以，墊支只有一個外觀。那不過表示：勞動者在生產物轉化成貨幣以前，已經把自己份內的生產物部分，賣給資本家了。（或者還是在這種生產物能轉化爲貨幣以前，就賣給資本家了。勞動者的勞動固然對象化在一個生產物內了，但也許還只實現爲可賣商品的一部分，例如房屋只造成一部分）。這樣，資本家就不是生產物的所有者；他無代價地佔有他人勞動的過程全部，也被抹殺了。這樣，就是商品所有者互相對立了。資本家有貨幣，勞動者不是以勞動力售於資本家，而是以商品，即以本人勞動所實現成的生產物一部分，售於資本家了。

現在，勞動者會對資本家說："比方說，在這5磅紗內，有$\frac{3}{5}$是代表不變資本。那是屬於你的。其中$\frac{2}{5}$即2磅，是代表我的新加的勞動。所以，你要把2磅付給我。你要把2磅紗的價值付給我"。他不僅要取得工資，並且要取得利潤；那就是，要取得一個貨幣額，和他新加在，並且對象化在2磅紗形態內的勞動量相等。

資本家說："但是，我不是墊支了不變資本麼"？

勞動者說："對呀，就因爲這樣，所以你可以取出3磅，只付我2磅呀"！

資本家又說："但是，你沒有我的棉花和工具，你就不能把你的勞動對象化，你就不能紡績呀！對於這個，你一定要支付一點代價"。

勞動者說："呀，如果我不替你紡績，你的棉花將會霉掉，你的紡績機將會鏽掉。5磅棉紗只消費了這樣多的棉花和紡錘，只包含這樣多的棉花和紡錘，你所取去的3磅，已經把這種棉花和紡錘代表了。棉花和紡錘的價值所以能够保存，只是靠我的勞動，因爲我的勞動把生產手段當作生產手段來使用。我的勞動有保存價值的能力。但對於這種能力，我不要求任何的代價，因爲這種能力，不須在紡績之外，再費我什麼額外的勞動時間。這對於我的勞動，是一種自然的恩惠，不要花費我什麼，但會把不變資本的價值保存着。我固然不能因此便有所要求；你一樣不能因爲我沒有紡錘和棉花便不能紡績的理由，便對我有所要求。沒有紡績勞動，你的紡錘和棉花，也值不得什麼"。

被驅入困境的資本家，於是說："2磅紗事實上是值4先令。它代表你這樣多的勞動時間。但我要在這種棉紗賣出以前，支付給你呀！也許我會賣不出去。這是第一種危險。第二，也許我會在它的價格以下賣。這是第二種危險。還有第三，無論如何，要把它賣掉，總還須費一些時間。我應當無代價的，爲你擔負上面講的兩種危險和時間損失麼？無代價就是死"。

勞動者答說："請慢一步。什麼是我們的關係？我們是以商品所有者的資格相對待，你當作買者，我當作賣者呀！你願意賺去我份內的那部分生產物2磅紗；你不外把它當作我自己的對象化的勞動時間。但現在你主張，我必須在價值以下售賣我的商品，使你結果在商品形態上獲得的價值，能够比你現今在貨幣形態上所有的價值更大。我的商品的價值，是等於4先令。你只給2先令，圖由此（因爲2先令和一磅紗是包含相等的勞動時間），使你得進的價值，倍於換出的價值。反之，我卻得不到等價，只得到等價的一半，得不到二磅紗的等價，只得到一磅紗的等價。這種要求，和商品交換比例於商品價值的法則，是矛盾的。你怎樣支持你這種要求呢？怎樣呢？因爲你是買者我是賣者；因爲我的價值在棉紗（商品）形態上，你的價值在貨幣形態上，一個在棉紗形態上的價值和一個在貨幣形態上的相等的價值，互相對立麼？或者你是抱這種幼稚的見解，以爲每一種商品都必須在它的價格以下（那就是在表示商品價值的貨幣額以下）售賣，因爲在貨幣形態上它會取得更大的價值麼，但不是的，好友，它並沒有更大的價值；它的價值量不會因此發生變化，不過由此表示爲純粹的交換價值。再想想，好友，你把你自己放在怎樣不快適的情形下了罷。你的主張，是從這點出發：即，售賣者常須把商品在價值以下售於購買者。不錯，以前確乎是這樣；因爲以前我們勞動者不是把我們的商品，只是把我們的勞動力自身，賣給你。你是依照價值購買我們的勞動力，但你是在它表現成的價值以下，購買我們的勞動自身。且拋開這種不快適的記憶罷。自從我們依照你先生的決心，不把我們的勞動力當作商品售賣於你，而是把商品自身（那是我們的勞動的生產物）售賣於你以來，我們就幸而免除了這種地位了。但我們還是回來講先生自己設想的不快意的情形罷。你所定下的法則是：爲要將商品轉化爲貨幣，賣者不僅必須支付他的商品，用他的商品來和貨幣交換，並且必須在價格以下售賣他的商品；依照這個法則，買者常常欺騙賣者，常常侵佔賣者。這個法則當然須以同程度適用於每一個買者和賣者啊。我們就同意你這個主張罷，但你自己也須遵守你自己剛才定下的法則呀。當你是售賣者時，你也須無代價，以商品一部分放棄給買者，買者才會爲你把貨幣化爲商品呀！你買我 2 磅棉紗，那是值 4 先令的，但你只給我 2 先令，由此賺 2 先令的利潤，即賺百分之 100 的利潤。你把我所有的 2 磅買去，你就有 5 磅棉紗，共值 10 先令了。你會想，那已經是一個很好的賺賬。這 5 磅僅費你 8 先令，你卻可以賣到 10 先令。但你的購買者說，不行！你的 5 磅棉紗是商品，你是賣者。我有同一的價值在貨幣形態上，我是買者。所以，依照你所承認的法則，我須從你手裏，賺取百分之 100 的利潤。你把這 5 磅售於我時，須低於其價值百分之 50，只能賣 5 先令。這裏是 5 先令，你應給我價值 10 先令的商品。我要從你那裏賺到百分之 100 的利潤。因爲，對於一個人公平的事情，對於別一個人也是公平的。好友啊，你知道，你的新法則，會引出怎樣的結果了。你其實不過欺騙了你自己，因爲你不過暫時是買者，轉瞬你就會變成賣者。在一定的場合，你以賣者資格損失的，比你以賣者資格賺到的，會更多。這當然是公平的。並且，在你向我買去的2磅棉紗尚未存在以前，你不是已經買過了嗎？沒有這種先行的購買，一般說來，這5磅棉紗不能產生出來。你不是先買過了現在由三磅棉紗代表的棉花和紡錘嗎？利物浦的棉花經紀商人和奧爾特漢的紡錘製造業者，曾以賣者的資格，和當作買者的你相對立。他們代表商品，你代表貨幣，當中的關係，和我們當時在榮譽狀態中或在不適狀態中相互對待的關係，完全是一樣的。對於狡猾的棉花經紀商人和你的奧爾特漢的機智的同僚，你會藉口，你會把他們的商品化爲貨幣，他們會把你的貨幣化爲商品，藉口他們是賣者，你是買者，便提出要求，要他們無代價把棉花和紡錘一部分賣給你，或者說，要他們在價格（即價値）以下售賣商品於你嗎？是啊，他們一經得到現金，一經得到純粹獨立形態上的交換價値，便不要冒任何危險了。你呢，你卻要冒怎樣的危險啊！當你由棉花紡錘製造棉紗時，你要通過生產過程的各種危險，然後又要冒險，把棉紗再賣出去，把它再轉化爲貨幣，還要冒這種危險，那就是它可以是依價値，可以是在價値以上，可以是在價値以下售賣。還要冒這種危險，那就是，它也許賣不出去，也許不能再轉化成貨幣。棉紗本身，對於你是毫無利益的。你不能吃棉紗，你不能喝棉紗；除了把它賣掉，你不能再有別的方法用它。你說，你把棉紗再化成貨幣，從而間接把棉花紡錘化成貨幣時，你須受時間上的損失嗎？你說無論如何，這種時間上的損失，必須有代價嗎？但你的同僚們將會答說：老先生啊，不要這樣滑稽罷，不要說這種無意義的話罷。你對於我們的棉花和我們的紡錘所說的，同我們有什麽關係呢？燒掉它們罷，丟掉它們罷，你要怎樣就怎樣罷，但必須拿錢來。笑話；因爲你是紡績業者，因爲你在這種職業上顯得能力不够，（因爲你把這當中的危險，誇張得這樣厲害），我們就應當在我們的商品上，送你一份禮麽？你還是不幹這種紡績事業罷，不然，你到市場上來，就不要再說這一類顚顚倒倒的話"！

對於勞動者們的這種責備，資本家以嘲笑的態度答說："你們聽見了有點東西在響，但不知道響的鐘掛在哪裏？你們所說的，我一點也不懂。諸君以爲，我已經把現錢給了利物浦那位小子和奧爾特漢那位市民麼？銅氣也沒有。我給他們的，只是一張匯票；在這張匯票到期以前，利物浦小子的棉花已經在事實上紡成了紗，賣掉了。對於你們，情形卻完全是不同的。你們只要現金"。

勞動者說："好喲，不過利物浦小子和奧爾特漢市民，是怎樣處理你的匯票呢"？

資本家答說："他們怎樣處理麼？費話！他們把它存到他們的銀行業者那裏去，並從那裏提出"。

"對於這個，他要付多少給銀行業者"？

"多少麼？目下貨幣極其便宜。我想，他們要支付三釐的貼現罷。這不是指全金額的3%，而是指匯票所記的期限，照全年三釐的利率計算的"。

"那就更好了"，勞動者說，"你每天就付我4先令，這是我的商品的價格。或者付我24先令，因爲我們願意每星期計算一次。但請在其內扣去十四天年利三釐的利息"。

"但是"，資本家說，"這種匯票太小了。沒有銀行業者肯貼現的"。

勞動者於是答說："好啊！我們有一百人。合起來，你要付我們240先令。你給我們這樣一張匯票罷。20鎊的數目不算小罷，可以有貼現的資格罷。並且，這種匯票還是由你自己貼現的；在你看來，那當然不能認爲過小，因爲你正是從這樣大的金額，在我們身上賺你的利潤。不會扣更大的數目罷。因爲，如果我們不需要你貼現，我們就會把我們的生產物這個更大的部分，完全收歸已有了。我們當然不會比交易所經紀人，對於這十四天，給與你更多的信用"。

就使工資和這全部關係的顚倒，要由總生產物中那屬於勞動者的價值部分的貼現來推尋，換言之，由資本家曾在貨幣形態上提前把這個部分付給勞動者這件事來引導，他所給於勞動者的匯票，也應當像他所給於棉花經紀人的匯票一樣，是期限極短的。這樣，勞動者仍舊會獲得他的生產物的最大部分，資本家仍舊會立即喪失他的資本家的資格。與勞動者相對而言，他將不復是生產物的所有者，只是銀行業者了。並且，資本家固然要冒在價值以下售賣的危險，但也同樣有在價值以上售賣的機會。並且，當生產物賣不出去時，勞動者也會被投到馬路上。如果生產物竟長久落在市場價格之下，工資也會壓到平均以下，工作時間也會縮短。所以，還是勞動者冒最大的危險。

最後，租地農業家會在貨幣形態上支付地租，產業資本家會在貨幣形態上支付利息。因為要支付它們，他必須事先把他的生產物轉化為貨幣。但誰也不會因為有這種情形，便認他可以在他的地租或利息內，扣除下一部分來。

第 二 篇

亞當斯密和生産勞動的概念

I. 價值由勞動決定[1]

亞當斯密(Adam Smith)和一切值得提到的經濟學者一樣，曾從重農主義者手裏，接受平均工資的概念。他把這種工資叫做勞動工資的自然價格:

"一個人必須常常能够由自己的勞動來生活，他的工資至少須够他維持他自己。在大多數場合，他的工資還須比這多一點；不然的話，勞動者就不能撫育兒女了；勞動者的種族，就會跟着最初的一代，死絕了"。(斯密國富論第一篇第八章)。

亞當斯密明白論證了，勞動生產力的發展，對於勞動者自己毫無利益。他說:

"勞動的生產物，是勞動的自然報酬，或是勞動的自然工資。在

1 草稿第243頁至249頁。末二段，是採自第283a頁和第300頁。——K.

土地被人佔有，資本（stock）被人蓄積以前的社會原始狀態內，勞動的全部生產物，卽是屬於勞動者。那時候，沒有地主，也沒有僱主，來和他分割生產的結果。如果這種狀態繼續下去，勞動的工資就會和勞動生產力的增加（那是分工的結果）一同增加了。一切物都也許會逐步變得更便宜了[2]。它們將會由比較小量的勞動生產出來；並且，因爲在這種狀態下，同量勞動的生產物，自然會在交換上有相等的價值，所以它們也能够用較小量的勞動去購買了。……但勞動者佔有其全部勞動生產物的狀態，不能延續到土地最初被人佔有，資本被人蓄積的時候以後。所以，在勞動生產力有大進步以前，這種狀態早成過去了。所以，進一步研究這種狀態對於勞動工資將會有怎樣的影響，是無益的"。（前書）。

在這裏，亞當斯密明白地說明了，勞動的生產力，是從勞動已轉化爲工資勞動，勞動條件已轉化爲土地所有權和資本，而與其對立那時候起，才有現實的大發展。勞動生產力的發展，是在勞動者不復能佔有自身勞動的結果的條件下，才開始的。所以，全然用不着研究，生產力的增進，對於那與勞動生產物相等的工資，會發生怎樣的影響，或者說，在勞動生產物（或這種生產物的價值）屬於勞動者自己的前提下，將會發生怎樣的影響。

亞當斯密很薰染了重農主義派的思想。在他著作裏，往往有整個的礦層，是從重農主義者那裏借來的，和他自己的眞正的見解完全矛盾。例如在地租學說上。他的著作的這個構成部分——那不是

2 無論如何，這一切東西再生產所必要的勞動量，將會更小。但這不是"也許會"；實際會變得更便宜的。

他的特徵的見解；就這個關係說，他寧可說是一個重農主義者——對於我們這裏研究的目的，是可以全然置於度外的。

我已經在這個著作第一個部分[3]分析商品之際，論證了，在交換價值的決定上，亞當斯密是搖動不定的。由商品生產所必要的勞動量決定商品價值的主張，時而和以下的主張混同，時而和以下的主張互相排斥；那就是，他有時又有由能够購買一定量活勞動的商品量，或者換一下，能够購買一定量商品的活勞動量，決定商品的價值。在這裏，他是用勞動的交換價值，當作商品價值的尺度。在事實上，他就是用工資當作商品價值的尺度；因爲，工資就等於用一定量活勞動所能購得的商品量，或等於用一定量商品所能購得的勞動量。勞動的或者不如說勞動力的價值，是和任何別一種商品的價值同樣變動的，不能在任何一點上和別種商品的價值相區別。價值成了價值的標準尺度和說明理由，那是一個有缺陷的循環論法。

不過，由如下的說明，可知這種含糊，這兩種全然異質的決定方法的混同，並沒有影響斯密對於剩餘價值的性質和起源之研究，因爲在一切展開議論的地方，實際上他總是無意地固執着正確的商品價值的決定方法——那就是，由商品內加入的勞動量或勞動時間，決定商品的交換價值。

但第二，這種矛盾以及這樣由一種說明方法到別一種說明方法的推移，在斯密的場合，還有更深的基礎在；對於這個更深的基礎，里嘉圖在發現這種矛盾時，也忽略過去了，沒有加以正確的評

3 經濟學批判第一輯第 37 頁。

價，從而也沒有把它解決。假設，一切勞動者都是商品生產者，不只生產商品，並且把商品售賣。這種商品的價值，是由商品內包含的必要勞動時間決定的。如果商品是依照價值售賣，勞動者用一個商品（假設那是12小時勞動的生產物），會在別一個商品的形態上，購回 12 小時勞動，那就是購回實現在別一個使用價值形態上的12小時勞動。這樣，他的勞動的價值，就等於他的商品的價值了，那就是，和12小時勞動的生產物相等了。賣與再買，簡言之，全部交換過程，商品的形態變化，不會在這裏引起任何變化。它只會改變使用價值的姿態，只會改變12小時勞動所依以實現的使用價值的姿態。這樣，"勞動的價值"就和勞動生產物的價值相等了。第一，在商品（如果它們是照價值交換）形態上，對象化勞動的諸等量，將互相交換。但第二，一定量活的勞動又會和等量對象化勞動相交換，因為第一，活勞動是對象化在一個生產物，一個屬於勞動者的商品內；第二，這種商品，會再與一個包含等量勞動的別種商品相交換。所以，在事實上，一定量的活勞動，會和等量的對象化勞動相交換。所以，不只商品和商品交換時，會依照這樣的比例，以致相互交換的商品，表示有同樣多的勞動時間對象化在它們裏面；並且，一定量的活勞動也會和那個表示有等量勞動對象化於其內的商品相交換。在這個前提下，"勞動的價值"，（那是指人們用一定量勞動可以購得的商品量，或是指人們用一定量商品可以購得的勞動量）就和商品內含的勞動量，一樣可以當作商品價值的尺度了；因為，"勞動的價值"所表示的對象化的勞動量，和生產該種商品所必要的活勞動量，常常是相等的，或者說，一定量活的勞動時間，常會支配一定的商品量，在其內，有等量勞動時間對象化着的。但現在我們卻發覺那是正好相反的。在一切生產方法內，尤其是在資本主義的生產方法內，勞動的對象條件，是屬於一個階級或幾個階級，單純的勞動力則屬於別一個階級，即勞動者階級。勞動的生產物或勞動生產物的價值，並不是屬於勞動者的。一定量活的勞動，不能支配等量的對象化勞動；或者說，一定量在商品內對象化的勞動，會支配一個活勞動量，比商品自身包含的勞動量更大。

亞當斯密完全正確地，從商品和商品的交換出發；生產者原來只以商品所有者，商品售賣者，商品購買者的資格互相對待的；所以，他發覺了，在資本和工資勞動的交換上，在對象化勞動和活勞動的交換上，一般法則是被破壞了。商品（因爲勞動也是商品，如果勞動是被買被賣的）不是比例於它們所表示的勞動量來互相交換。所以，他結論說，勞動條件一經在土地所有權和資本的形態上，和勞動者相對立，勞動時間就不復是規定商品交換價值的內在標準了。像里嘉圖所說，他也許一定會得到相反的結論，以致認"勞動的量"和"勞動的價值"這兩個名詞不是一致的，所以商品的相對價值，雖然是由商品內含的勞動時間規定，但不是由"勞動的價值"規定，因爲後一種看法，在它與前一種看法一致的限度內，才是正確的。以後我們論述馬爾薩斯時，我們還要更詳細地論到，就使勞動的生產物，勞動生產物的價值，是由勞動者自己佔有，我們把這個價值或勞動的價值，視爲和勞動時間或勞動本身（價值尺度和價值創造要素）一樣是價值尺度，也是謬誤的，不合理的。因爲，就在假定的場合，人們能够用一種商品購得的勞動，也不能和商品內含的勞動，在同一意義上當作價值尺度。其一不過是他一的指數。

無論如何，亞當斯密覺得了，要由商品交換所依以決定的法則，推尋資本和勞動間的交換，（這種交換，顯然是以相反的全然反對的原則爲根據），是不無困難的。在資本直接與勞動相對立，不與勞動力相對立時，矛盾是不能解釋的。不過，亞當斯密也很認識了，再生產勞動力和維持勞動力所費的勞動時間，和勞動力本身所能實行的勞動，是極有區別的。他自己還曾從侃梯龍(Cantillon)商業性質論，引用如下的話：

“這位著者還說，就一個健全強壯的奴隸來說，他的勞動的價值，被估計是倍於他的生活費用的價值；但他相信，最低級日傭勞動者的勞動，和一個強壯的奴隸的勞動比較，論價值，是不能更小的”。（國富論第一篇第八章）。

從別方面說，很奇怪，亞當斯密並不知道，他的思想，與支配商品相互交換的法則，沒有多少關係。商品A和商品B須比例於各自包含的勞動時間互相交換這事實，決不由生產物A和生產物B（或不如說它們的價值）在A諸生產者或B諸生產者間實行分配的比例受擾亂。假設A的一部分分歸土地所有者，一部分分歸資本家，一部分分歸勞動者。無論那是用什麽比例分配，A本身還是依照它的價值，和B相交換。A和B這兩種商品各自包含的勞動時間的比例，和A或B所包含的勞動時間怎樣由不同諸種人佔有的事實，是絕對沒有關係的。

“如果棉布和麻布的交換完成了，棉布諸生產者在麻布形態上享有的部分，和他以前在棉布形態上享有的部分，將會相等”。（哲學的貧困德文譯本第二版第 25 頁)。

在這點上面,後來里嘉圖學派曾適當地反對亞當斯密的主張。馬爾薩斯學徒約翰·加澤諾夫 (John Cazenhve) 也說,不要把 interchange of commodities(商品的交換)和 distribution(商品的分配)混同。

"影響一方面的事情,不常會影響別一方面。比方說,一種商品的生產成本的減少,會變更它對其他各種商品的關係,但不必會變更它自身的分配,也不會以任何一種方法,變更別種商品的分配。從別方面說,在一切商品上面同樣發生的商品價值的一般減少,不會觸到它們的相互關係,卻會影響商品的分配"。(約翰·加澤諾夫編馬爾薩斯著經濟學上的諸定義序,此書 1853 年出版於倫敦)。

但因生產物價值在資本家和勞動者間的"分配"本身,就是以商品間——商品和勞動力——的"交換"爲根據,所以,這在亞當斯密的場合,又引起了研究上的一種混亂。把"勞動的價值"或把一種商品(貨幣)能够購買勞動的程度也當作價值的尺度這一回事,在斯密說明價格理論,說明競爭對利潤率的影響的地方,擾亂了斯密的說明,把他的著作的統一性破壞,並且把許多根本問題,排在他的研究範圍之外了。不過,像我們立卽就會講到的,這在剩餘價值一般的說明上,是毫無影響的,因爲在這點上面,他是固執着正確的方法,卽由各商品內含的勞動時間去決定價值的方法。

在我們進論剩餘價值以前,還有一件事要提到。亞當斯密把各種不同的事混同了。第一,他在國富論第一篇第五章,說:

"一個人是富或貧，就看他有怎樣的手段，可用來支配生活資料，便利品，和享受品。但自分工大進步以來，人們只能由自己的勞動，生產這個生活資料和享受品的極小部分了；一個更大得多的部分，必須取自別人的勞動了。此後，他是富或貧，就看他能够支配(command)怎樣大的一個勞動量，或者說，看他有怎樣大的手段，可用來購買勞動了。一種商品，對於不要親自使用它，消費它，只想拿它來和別種商品交換的所有者，其價值是等於用這種商品能够購買或支配的勞動量。所以，勞動是一切商品的交換價值的眞實尺度"。

其次：

"它們（商品）包含一定量勞動的價值，我們會用它們，和被假設包含等量價值的東西相交換。……世界的全部財富，原來不是由金或銀，而是由勞動購買的(purchrased)；並且，對於佔有着它，想把它用來交換新生產物的人，它的價值，正好等於用它能够購買或支配的勞動量"。（前書）。

最後又說：

"霍布士說，財富就是權力。但獲得了或繼承了大財產的人，並不必會由此獲得或繼承政治上的，民政上的，或軍事上的權力。……這種所有權直接帶來給他的權力，是這種支配權，即在市場上購買一切勞動和勞動生產物的權力"。（前書）。

我們可以看到，在這一切文句裏，亞當斯密都把"別人的勞動"和"這種勞動的生產物"混同。在分工導入之後，一個人所有的商品的交換價值，是由他所能購得的別人的商品構成，那就是，由別人商品內包含的別人的勞動之量，由對象化的別人的勞動之量構成。別人的勞動之量，又等於他本人商品內包含的勞動量。他明白地說："它們（商品）包含一定量勞動的價值，我們會用它們，和被假設包含等量價值的東西相交換"。在這句話裏，"價值"二字，其實是贅餘的，無意義的。

在這裏，着重點是那種由分工引起的變化：即，財富不復由本人勞動的生產物構成，卻由這種生產物所支配的別人的勞動之量，由他所能購買的社會勞動之量構成。這個量，已由本人生產物內包含的勞動量決定了。實際在這裏，交換價值的概念，只包含這樣的意思：即，我的勞動，只當作社會勞動，從而我的勞動的生產物，當作對於等量社會勞動的支配權，才決定我的財富。我的包含着一定量必要勞動時間的商品，給我一種支配權，使我可以支配等價值的任何他種商品，從而，支配一個等量的實現在別種使用價值上的別人的勞動。在這裏，他所着重的，是由分工和交換價值引起的本人勞動和別人勞動即社會勞動（不過，斯密忘記了，我的勞動或在我商品內包含的勞動，也已經當作社會的勞動，並已在本質上改變它的性質）的同一化；他所着重的，絕不是對象化勞動和活勞動二者間的區別，絕不是二者交換上的特殊法則。在這裏，亞當斯密不過說，商品的價值是由該商品內含的勞動時間決定，商品所有者的財富是由他所能支配的社會勞動量構成。不過，勞動和勞動生產物的同一化，已經在這裏，惹起了這樣一種混同：商品價值由商品內含勞動量決定的主張，和商品價值由商品所能購買的活勞動量，從而由"勞動的價值"決定的主張，混同了。

亞當斯密又說："他的財產是大還是小，還與這種權力（購買或對於勞動或勞動生產物的支配權）的範圍成比例，或者說，正與他用此能够購買能够支配的別人的勞動之量成比例，換言之，（在這裏，他把兩種不同的東西，錯誤的，看做相同的了），正與他用此能够購買能够支配的別人的勞動的生產物相比例"。（前書）。他這樣說時，他同樣可以說：他的財產是大還是小，是比例於其中所包含的社會勞動的量了。

謬誤的結論，在這個第五章，已經指示出來。例如，在那裏，就可以看到這樣的話：

"所以，勞動，價值從來不發生變化的唯一的東西，才是最後的現實的標準尺度；在一切地點，在一切時候，一切其他商品的價值，都是依照這個標準來評計，來比較的"。（前書第 57 頁）。

適用於勞動自身從而適用於勞動量（即勞動時間）的話——無論"勞動的價值"如何變化，商品的價值常與其內實現的勞動時間成比例——在這裏，就變化中的勞動價值而言，也是適用的。

亞當斯密先是說明商品交換一般；交換價值，分工，和貨幣的性質。交換者還只以商品所有者的資格相對立。他們是在商品形態上購買別人的勞動，他們自己的勞動也是在商品形態上出現。所以，他們所能支配的社會勞動量，是等於他用來購買的商品所包含的勞動量。但當他在以下數章討論對象化勞動和活勞動間的交換，討論資本家和勞動者間的交換，並極力主張，商品的價值不復由其自身所包含的勞動量決定，卻由另一個勞動量即由它所能支配所能購買的別人的活勞動量決定時，實際並不是說，商品自身不再比例於其中包含的勞動時間來互相交換，他不過說，富的增殖，商品內包含的價値的增殖以及增殖的程度，是依存於對象化勞動所推動的活勞動量。作這樣解，那是正確的。不過，斯密始終沒有弄清楚。

* * * *

亞當斯密在他的著作的進行中，說明現實的事實的地方，屢屢把生產物內包含的勞動量，看做是價値和價値決定的要素。這可由許多例指示出來。其中一部分，我們將在論述里嘉圖時論到。關於分工和機械改良對於商品價格的影響，他的全部學說，都是立脚在這上面。這裏提到一段就够了。在第一篇第十一章，亞當斯密曾經提到，他那時許多製造品，和前數世紀比較，已經益益趨於低廉，並且說："以前，要把商品運到市場上，必須費去較大量的勞動。所以，當商品運到市場上時，它必須買得或換得較大的價格"。

對於我們以上論述亞當斯密的地方，我們還可加註一筆：即，他在價値的決定上，是躊躇莫定的。除在工資問題上陷入明白的矛盾之外，他還曾陷入這種混亂中，以致把當作內在尺度同時又爲價値實體的價値尺度，和這種意義上的價値尺度混同了，貨幣就是在這種意義上被稱做價値尺度的。就是在後一種意義上，我們試要發現一種價値不變的商品，來當作別種商品的不變的準尺。關於當作貨幣的價値尺度和勞動時間決定價値的方法二者間的關係，可以參看拙著第一輯[4]。在里嘉圖的場合，這種混同也有時發現。

4 〔經濟學批判第一輯第42頁以下〕。

II. 剩餘價值的起源[5]

A. 利潤

在第一篇第六章，亞當斯密由生產者僅以商品售賣者和商品所有者資格互相對立的關係，過渡到勞動條件所有者和勞動力所有者間的交換的關係。

"在各種原始的，未進步的，尙未有資本蓄積，也未有土地所有權的社會狀態內，獲得各種目的物所必要的勞動量間的比例，便是唯一的可以當作交換標準的事情。一件普通要用兩日勞動或兩小時勞動來生產的東西，和一件普通只要用一日勞動或一小時勞動來生產的東西相比較，當然有二倍的價值"。

所以，生產各種商品所必要的勞動時間，決定這各種商品相互交換的比例，或者說，決定它們的交換價值。

"在這情形下，勞動生產物全部，屬於勞動者，爲獲得或生產一種商品普遍所用的勞動量，成了唯一的事情，只有這件事情，可以決定人們用這種商品普通能够購得，支配，或換得的勞動量"。

所以，在這個前提下，勞動者只是商品售賣者；一個人支配着別人的勞動，不過因爲他用他自己的商品，購買了別人的商品。所以，他用他自己的商品能够支配別人的勞動多少，就看他自己的商品內包含着多少的勞動；二者只以商品互相交換，諸商品的交換價

5 草稿第250頁至第262頁。——K.

値是由諸商品內包含的勞動時間或勞動量決定的。

"但是",亞當斯密往下說,"一自有資本(stock)蓄積在人手中以來,自然有些人會把這種資本用來使用勤勞的人民(industrious people),他們爲這種勤勞的人民,預備好原料和生活資料,預期由他們的生產物的售賣,或由他們的勞動加在原料價值內的東西,取得一個利潤"。

在往下抄引以前,我們且停下來看一看。第一,我們要問,這種沒有生活資料也沒有勞動材料,總之,毫無所有的"勤勞的人民",是從哪裏來的呢?假設我們在斯密的文句裏,把他的素樸的見解剝出來,他就不外是說,資本主義生產,是在勞動條件屬於一個階級,勞動的支配權屬於別一個階級那時候開始的。勞動和勞動條件的分離,是資本主義生產的前提。

第二,亞當斯密說,資本所有者使用勤勞的人民,"預期由他們的生產物的售賣,或由他們的勞動加在原料價值內的東西,取得一個利潤"。他這句話,是什麽意思呢?他是說,利潤由售賣生出嗎?他是說商品會在其價值以上售賣嗎?他是指斯杜亞所說的"讓渡利潤"(profit upon alienation)嗎?只是指既有財富的別樣的分配嗎?讓他自己答覆罷。

"在完成品對貨幣,對勞動[6],或對別種商品的交換上,除了支付原料的代價和工資,還須有一些東西提供出來,當作企業家的利潤;這種企業家,曾經把他的資本,投在這種企業上冒險"[7]。

6 這裏,又是新的錯誤的源泉。

7 關於這種冒險,我們以後還要講到。參看論辯護論者的利潤觀那一章。

在完成品交換上必須當作企業家利潤來提供的那一些東西，是由商品在其價值以上售賣的事實發生麼？是斯杜亞所謂“讓渡利潤”麼？

亞當斯密接着說：“勞動者加到原料裏面去的價值，在這場合[8]，是分成二部分，其中一部分支付工資，別一部分支付企業家墊支在原料和工資上面的資本全額的利潤”。

在這裏，亞當斯密又明白說明了；完成品售賣上賺得的利潤，不是由於售賣，不是由於商品在其價值以上售賣，不是讓渡利潤。勞動者加到原料內的價值或勞動量，會分成二部分。一部分支付他們的工資，並且是在工資形態上支付的。他們由此領回的勞動量，只等於他們在工資形態上得到的勞動量。別一個部分，形成資本家的利潤；這是一個他沒有買但可以由他拿去賣的勞動量。如果他是依照商品的價值來售賣商品，換言之，如果他是依照商品內包含的勞動時間售賣商品，換言之，如果他是依照價值法則來和別種商品交換，他的利潤就只能由這樣成立了；即，商品內包含的勞動的一部分雖然是沒有給付的，但依然可以賣出。這樣，亞當斯密就把他自己曾經主張過的主張攻破了。他曾主張，勞動的生產物不復全部屬於勞動者，勞動者多分要以生產物或其價值一部分分歸資本所有者的事情，廢止了這個法則，即廢止了商品交換比例或交換價值由商品內對象化的勞動時間的量決定的法則。其實，他寧可由資本家對於加在商品內的勞動的一部分沒有被支付代價的事實，去追

8 即自資本主義生產成立以來。

尋資本家利潤的起源，去說明他售賣商品時得到的利潤。我們還會看到，亞當斯密實際是由勞動者已經超過這個勞動量（所依以支付工資或者說用等價補還工資的勞動量）實行勞動的事實，來說明利潤的起源。所以，亞當斯密是已經把剩餘價值的眞正起源認識了。同時他還明白說明了，這種剩餘價值並不是由墊支的基金生出的，無論那種基金在實在的勞動過程上怎樣有用，它的價值總不過再現在生產物內。他明白認定了，這種利潤，是由勞動者在新生產過程內加在原料裏面的新勞動生出的；在這生產過程內，那種基金不過當作勞動手段或勞動工具用。

錯誤（並且這種錯誤就是立脚在我們開頭已經講過的那種混同上）是在這一句話："在完成品對貨幣，對勞動，或對別種商品的交換上"。

就令他是用商品對貨幣或對商品交換，他的利潤也是由所賣勞動比所付勞動更多，沒有用等量對象化勞動和等量活勞動相交換這件事發生。亞當斯密不應把"對貨幣或對別種商品的交換"，和"完成品對勞動的交換"，並列起來。因爲在前一種交換上，剩餘價值所以會發生，也是因爲這個事實：即，商品雖然是依照價值，依照其內包含的勞動時間相交換，但這種勞動時間卻有一部分是沒有給付的。這當中包含着這種意思：即，資本家不會以等量的過去勞動，交換等量的活勞動，由他佔有的活勞動量，比由他支付的活勞動量更大。不然，勞動者的工資，就和他的生產物的價值相等了。如果完成品對貨幣或商品是照價值交換的，這種交換上的利潤，就只有這樣發生了：那就是，完成品和活勞動間的交換，是依照別一個法則進行，不是以等價物交換等價物。這兩種情形，是不可以混同的。所以，利潤不外是勞動者加在勞動材料上的價值的一種扣除。但勞動者加在勞動材料上的，不外就是新勞動量。所以，勞動者的勞動時間，是分成兩部分：對於其中一部分，他由資本家那裏獲得了等價物，那就是他的工資；對於其中別一部分，他是無代價地，給予資本家，從而形成利潤了。亞當斯密正確地指出了，只有那由勞動者新加在材料上的勞動（價值）部分，會分解爲工資和利潤，所以新創造的剩餘價值，就其自體說，是和那當作材料和工具投下的資本部分，絲毫不相干的。

這樣把利潤還原爲無給的別人的勞動之佔有後，亞當斯密接着又說：

"人們也許會說，資本利潤只是一種特別勞動的工資的別名，那就是監督勞動和指揮勞動(labour of inspection and direction)的工資。

對於這種錯誤的見解，（認利潤爲監督勞動和指揮勞動的工資），他是反對的。在別一章，我們還有論到這點的機會。這裏我們只要說明，他極正確地認識了，他的利潤起源的見解，和這種辯護論者的見解是反對的。他非常看重這二種見解的反對。

他進一步論述這種反對之後，往下又說：

"在這個狀態下，勞動生產物，不完全屬於勞動者。在大多數場合，他多分要和使用他的資本家共分。現在，得到或者生產一種商品普通所用的勞動量，已經不是決定該種商品普通應該購買，應該支配，應該換得的勞動量的唯一事情了。很明白，還須有一個追加量，當作墊支工資和供給勞動原料的資本的利潤”。

這是全然正確的，資本主義生產包含着這樣的前提：表現在貨幣或商品形態上的對象化勞動，在它本身包含的勞動量之外，還常常能够購買“一個追加量”的活勞動，當作“資本的利潤”。那其實就是說，它會無代價地，佔有活勞動的一部分，而不支付它。亞當斯密強調地極力說明了，這種變化是和資本主義生產一同開始的。這是斯密強過里嘉圖的地方。但他也有不及里嘉圖的地方，因爲他屢屢抱這樣的見解，（雖然他自己後來的說明，會經把這種見解駁倒），好像在對象化勞動和活勞動間有了這種變化的關係以後，商品（它們不過代表不等量的但確定量的實現化對象化的勞動）相對價值的決定上，就也會發生一種變化。

B. 地 租

斯密這樣把一種形態上的剩餘價值，即利潤形態上的剩餘價值，當作勞動的一部分，當作勞動者代置其工資以後伸長的勞動部分來說明之後，又用同樣的方法，處理剩餘價值的別一種形態，即地租。與勞動分離並當作別人的所有而與勞動相對立的對象的勞動條件之一，是資本；他一是土地自身，是土地所有權。斯密說過資本所有者之後，接着又說：

“在一國，土地一經變成私有，土地所有者也就和一切人一樣，愛在自己不播種的地方從事收穫，他們甚至會要求一個地租，當作他的土地的自然生產物。他（農民）必須把他的勞動所收集所生產的東西的一部分，移交給土地所有者。這一部分，或者說這一部分的價格，構成地租”。

所以，像眞正的工業利潤一樣，地租也只是勞動的一部分，這種勞動是勞動者加在原料上的，但要無代價的，被交到土地所有者手裏；所以，那也只是剩餘勞動的一部分。這所謂剩餘勞動，便是他代置工資（或補還一個等價，來代置工資內所含的勞動時間）所必須勞動的時間以上的勞動。

亞當斯密又把剩餘價值（即剩餘勞動，是有給勞動或代置工資等價的勞動以上的剩餘，那已經提供出來，並已經實現在商品內了），當作一般的範疇來看，只把眞正的利潤和地租，當作是其中的分枝。不過，他並沒有把這樣的剩餘價值，當作一個固有的範疇，和利潤，地租那兩種特殊形態分開來。所以，在他的研究上，留下了許多的錯誤和缺陷。後來的里嘉圖是更加如此。

C. 資本利潤

剩餘價值所依以表現的別一個形態，是利息（the interest or the use of money）。但斯密後來在同一章（第一篇第六章）又說，“這種貨幣利息，常常只是一個派生的所得(a derivative revenue)，它如果不是由利用貨幣所賺到的利潤支付，便須由某種別的所得源泉支付[9]，除非借者是一個浪費者。這種借者，爲要償付第一個債務，不得不借入第二個金額”。

9 那就是由地租或工資支付。如由工資支付，則在所取僅爲平均工資的場合，利息便不是由剩餘價值派生的，只是工資的一種扣除，或者，像我們後來要講的，在資本主義生產未發展的場合，形成利潤的一種特殊形態。

所以，利息或是利潤的一部分，由所借資本賺到的利潤的一部分；這樣，它就是利潤的一個附屬形態，是利潤的一個分枝，不過表示在利潤形態上賺到的剩餘價值，將在不同諸人間再分割而已。或者，它是由地租支付。在這場合，情形就和上面講的一樣。或者，借者是由他自己的或別人的資本支付。在這場合，一般說，它不形成任何剩餘價值，只是既有財富的分割的變化，像讓渡利潤一樣，只是 Vibration of the balance of wealth between parties（財富在諸當事人間的平衡的變動）。利息一般不是剩餘價值形態的最後情形除外，（以及利息只是工資的扣除或其本身就是一種利潤形態的情形除外；關於這最後的情形，斯密從來沒有說到），利息便只是剩餘價值的一個附屬形態，只是利潤或地租的部分，（只與利潤或地租的分割有關係），所以，它所表示的，不外是無給的剩餘勞動的一部分。

第二篇有一章(第四章)，專門論究生息資本。這一章開頭就說：

"貸者常常把生息的貨幣額，看作是一個資本。他期望，這種資本到相當的時間，會再歸還到他手裏，借者因爲在當中的期間利用了它，將會對他支付一定額的年租。借者或是把這種貨幣當作資本來利用，或是當作供直接消費的基金來利用。如果他把它當作資本利用，他就是用它來使用生產勞動者，這種勞動者會替他再生產這個價值，並帶來一個利潤。在這場合，他可償還資本，支付利息，不致於侵犯任何別的所得源泉。但若是用這種貨幣當作供直接消費的基金，他就像一個浪費者一樣，把那種本來用來維持勤勞者的東西，浪費來維持游惰者了。在這場合，他不侵犯別的所得源泉，例如財產或地租，便不能償還資本，也不能支付利息了”。

所以，如果借貨幣或資本的人，把這種貨幣，當作資本，由此賺取利潤，他支付給貸者的利息，就不外是在一個特殊的名稱下，支付利潤的一部分。如果是把借入的貨幣消費掉，他會把貸者的財產增大，就不過因爲他自己的財產將會減小。這不過是財富分配的改變，使財富由浪費者轉到高利貸者手裏；那不形成任何剩餘價值。所以，在利息一般代表剩餘價值的限度內，利息不外是利潤的一部分；利潤本身又不外是剩餘價值即無給勞動的一定的形態。

D. 課 稅

最後，亞當斯密又說，一切靠課稅來生活的人的收入，或是由工資支付，從而是工資本身的一種扣除，或是以利潤或地租爲源泉，所以只是各種身分的人分享利潤和地租的種種名義，而利潤和地租本身，又不外是剩餘價值的不同諸形態。

“一切的課稅，和一切以此爲基礎的所得，一切俸給，恩給，以及各種年金，結局，都是由上述三種根本的所得源泉的一種或別種，派生出來的。它們是直接地或者間接地，由工資，資本利潤，或地租支付”。（第一篇第六章）。

所以，貨幣利息和課稅或以課稅爲基礎的各種所得，——在它們不是由工資扣除下來的限度內 —— 都只是利潤和地租的部分，而利潤和地租又分解爲剩餘價值，即分解爲無給的勞動時間。

E. 斯密勝過重農主義派的地方

以上是斯密關於剩餘價值的一般學說。

亞當斯密曾把他的全部見解，總述一遍。到此地才非常明白，他對於下面一點，並沒有要予以充分的證明：即，勞動者加在生產物內的價值（除去原料的價值和勞動工具的磨損），因勞動者已經不能把這種價值全部歸自己佔有，而須與資本家和土地所有者共分，故不復由生產物內包含的勞動時間決定了。當然，一商品價值在這個商品諸生產者間分配這件事，不會影響價值的性質，也不會影響這種商品對別種商品的價值關係。

"土地一經變爲私有，土地所有者就會在勞動者所能生產或收集的差不多全部生產物內，要求一個部分。他的地租，是用在土地上的勞動的生產物的第一個扣除。

"耕作土地的人，很少有充分的資料，可以把自己維持到收穫進來的時候。他的生活資料通例要由主人(master)的，即使用他的租地農業家的資本，墊支出來。這種租地農業家將會沒有使用他的意思，如果他的生產物，不會有一部分歸到他手裏，換言之，如果他不能帶着利潤把他的資本補還。這種利潤，對於用在土地上的勞動的生產物，引起了第二次的扣除。

"幾乎其他各種勞動的生產物，都要忍受同樣的扣除做利潤。每一種手工業和製造業都有大部分的勞動者，要有一個僱主，把工作的原料和他們的工資及維持費墊支給他們，一直到工作完成的時候。這種僱主會在他們的勞動生產物內，或者說，在他們加在原料內的價值內，要求一個部分：這個部分，便形成利潤"。(第一篇第八章)。

在這裏，斯密用露骨的字眼，表示地租和資本利潤，只是勞動者的生產物（或其生產物的價值，即他加在材料內的勞動量）的扣除。但這種扣除，像亞當斯密以前已經講過的，只能由勞動的這一部分構成；這一部分，是勞動者超過那只支付工資或只提供工資等價的勞動量，加在材料內的。換言之，這種扣除，只能由剩餘勞動，他的勞動的無給部分構成。（所以，可以附說一筆，資本和土地所有權，決不是價值的源泉）。

我們可以看見，在剩餘價值和資本的分析上，亞當斯密和重農主義派比較起來，曾經有大的進步。在重農主義派看來，創造剩餘價值的，只是一種實在的勞動——即農業勞動。他們認爲，價值的唯一源泉，不是勞動時間，不是一般的社會勞動，只是勞動的使用價值。但在這種特殊的勞動上，實際創造剩餘價值的，也是自然，是土地；剩餘價值不外是（有機）物質的增加，是所生產的有機物質多於所消費的有機物質。他們對於這個問題，是在一個極有限的形態以內考察，從而爲種種幻覺所誤了。在亞當斯密，則創造價值的，是一般的社會勞動，（不問它是表現在何種使用價值上），是單純的必要勞動的量。剩餘價值無論是表現在利潤形態上，還是表現在地租形態上，還是表現在附屬的形態利息上，總不外是這種勞動的一部分，要由客觀勞動條件的所有者，在交換活勞動時，佔有的。在重農主義派看來，剩餘價值只表現在地租形態上。在亞當斯密看來，則地租，利潤和利息，只是剩餘價值的不同諸形態。

我把剩餘價值，在它與墊支資本總額相關的限度內，叫做資本利潤，是因爲直接從事生產的資本家，直接把剩餘勞動佔有；後來他要在各式各樣的名稱下，把這種剩餘價值和土地所有者共分，或和資本的貸者共分這件事，是全然沒有關係的。租地農業家是用這個直接支付給土地所有者。工廠主也從他所佔有的剩餘價值，把地租付給工廠所在地的土地所有者，並把利息付給那以資本墊支給他的資本家。

F. 多量勞動與少量勞動的交換

資本家購買勞動力暫時的處分權，要付以工資或等價物。這種工資或等價物，不是直接形態上的商品，而是轉形了的商品，是貨幣，是當作交換價值，當作社會勞動即一般勞動時間的直接體化物這樣一種獨立形態上的商品。勞動者用這種貨幣購買商品時，他所付的價格，當然和任何別一個貨幣所有者一樣，（在這裏，且不說勞動者將在較不利條件和狀態下購買之類的事情）。他和任何別一個貨幣所有者一樣，以購買者的資格，與商品的售賣者相對立。在商品流通內，他不是以勞動者的資格出現，卻是立在與商品極對立的貨幣極上，當作這樣一種商品的所有者，這種商品是在一般的隨時可以交換的形態上的。他的貨幣，會再轉化爲當作使用價值而供充他使用的商品；在這個過程上，他購買商品是依照市場上一般通行的價格，一般說，是依照價值。在這裏，他不過通過G——W行爲，那只指示一種形態變化，一般說來，決不指示價值量的變化。但因爲他由他的勞動（那是實現在生產物內的）加進去的勞動時間，不只和他所得的貨幣所包含的勞動時間相等，不只付還一個等價，並且要無代價地，提供一種形成利潤的源泉，即剩餘勞動，所以在事實上（勞動力售賣上包含的媒介運動，不會在結果上現出來）他所給予的價值，要比他在工資形態上受得的貨幣額的價值更大。實際，他是以更多的勞動時間，購買那種勞動量；那種勞動量，是實現在那當作工資流回到他手裏的貨幣上的。所以，我們可以說，他在購買一切商品（他所受得的貨幣，結局都要化成這種商品；實在說，這種貨幣，不外是一定量社會勞動時間的獨立表現）時，他所付出的勞動時間，要比這些商品包含的勞動時間更多，雖然他和任何別一個購買者或商品（在第一轉形中的商品）所有者，是用相同的價格去購買它們。反之，資本家購買勞動的貨幣所包含的勞動量，勞動時間，和這種勞動所生產的商品所包含的勞動量或勞動者的勞動時間相比，卻是更少；除了形成工資的那一個貨幣額所包含的勞動量，他還會購得一個追加額的勞動，那是他沒有支付代價的，對於他所付貨幣所包含的勞動量，是一個超過額。這個追加的勞動量，正好構成資本所創造的剩餘價值。但因爲資本家購買勞動力（在事實上即是購買一定量的勞動）的貨幣，不外是其他一切商品的轉形姿態，是其他一切商品的獨立的交換價值形態，所以，我們同樣可以說，一切商品在它們對活勞動的交換中所購得的勞動，會比它們所包含的勞動更多。這種剩餘，便形成剩餘價值。亞當斯密有一個大功績：即在第一篇數章（第六章，第七章，第八章），由單純的商品交換，由單純商品交換的法則，過渡到對象化勞動和活勞動間的交換，資本和工資勞動間的交換，過渡到利潤和地租一般的考察，即剩餘價值的起源時，他感覺到了這當中含有一個間隙；他感覺到了，這個法則會曲折的，（這種曲折性是他不理解的），在事實上，在結果上被破壞；以多量勞動交換少量勞動的事情，（從勞動者方面說），以少量勞動交換多量勞動的事情（從資本家方面說）總會發生；他鄭重地說（這一點，使他陷於完全錯誤），因爲有資本的蓄積和土地所有權，因爲勞動條件和勞動自身相獨立，一種轉向是發生了，價值法則好像（並且在事實上在結果上）是激轉爲它的正相反對了。他的理論上的強點是：他感覺到了這種矛盾，並力說這種矛盾。他的理論上的弱點是：這種矛盾，使他誤解了一般的法則，甚至誤解了單純商品交換的法則，以致他不能看到，這種矛盾是這樣發生的；即，勞動力自身也成了一種商品，就這種特別的商品說，它的與交換價值毫無關係的使用價值，恰好存在它的創造交換價值的能力上。在這點上面，里嘉圖要勝過亞當斯密，因爲這種顯明的當作結果發生作用的矛盾，不曾使他陷於錯誤。但從下面一點說，他又落在亞當斯密之後，因爲他從來沒有感覺到，這裏有一個問題；價值法則在資本形成上的特殊的展開，也從來沒有煩惱過他，他也從來沒有想去研究它。不過，在亞當斯密，這一點正好表示他的天才；在馬爾薩斯的場合，那卻不過在里嘉圖之前表示他是反動的。關於這點，我們以後還要講到的。

當然，亞當斯密的這種見解，還使他動搖不定，使他不能立在堅固的基礎上，並使他對於資本主義體系之抽象的一般的基礎，不能取得統一的理論的綜合的見解。這又是和里嘉圖相反的。

以上所述的亞當斯密的見解——商品所購買的勞動，會比它自身所包含的勞動更多；或者說，勞動者對於商品所支付的價值，會比商品自身所包含的價值更大——也可以在荷治斯金(Thomas

Hodgskin)著作裏看到：

"自然價格或必要價格，指示生產一定商品自然所要求於人的總勞動量。……在我們對自然的關係上，勞動以前是，現在是，並且還是唯一的購買貨幣。……生產一定商品無論需有怎樣大的勞動量，在今日的社會狀態下，勞動者爲獲得並所有這種商品所須支付的勞動，總比向自然購買所須支付的勞動，更多得多。這樣增大的自然價格，便是社會價格"。

人們必須常常區別這二者。（荷治斯金通俗經濟學倫敦 1827 年，第219 頁，220 頁）。在荷治斯金的這種見解上，亞當斯密見解上的是處和混亂處都再看見了。

G. 剩餘價值和利潤的混同

我們已經講過，亞當斯密是怎樣說明剩餘價值一般；地租和利潤只是剩餘價值的不同諸形態和成分罷了。依照他的說明，由原料和勞動手段構成的資本部分，是和剩餘價值的創造，沒有任何直接關係的。剩餘價值完全是由這種追加的勞動量成立，那是勞動者提供其工資等價的勞動部分以上的勞動部分。所以，剩餘價值是直接從投在工資上面的資本部分發生，因爲只有這個資本部分，不只是再生產的，並且會生產一個生產物上和價值上的剩餘。但利潤是依照墊支資本總額計算的剩餘價值；並且，除了這種差別，還須知道，因爲在資本不同諸生產部門，利潤會歸於平均，所以又發生了一種新的差別 (Modifikation)。因爲亞當斯密對於剩餘價值，在事實上，雖然在一個確定的和其特殊形態有別的範疇上研究，但在表現上沒有這樣做。他是把剩餘價值和進一步發展的利潤形態，直接混而爲一了。這個缺點，在里嘉圖以及一切他的後繼者的場合，是保留着。這個缺點，引起了許多不一貫，許多不能解決的矛盾，許多無思想的見解，（在里嘉圖的場合，那是特別顯著；因爲價值的根本法則，在他的場合，是更保持系統的統一和貫徹，所以，不一貫和矛盾的地方也特別顯著）。對於這種不一貫和矛盾，里嘉圖學派只能經院式的，用一種空洞的語句，嘗試去解決（這在我們討論利潤的那一節，可以看到）。粗率的經驗主義，激變爲謬誤的形上學，經院主義了。這種經院主義，要由單純的形式的抽象，從一般法則，演出各種不可否認的經驗的現象，或依照這種法則來辯論。在這裏，我們且就亞當斯密，舉一個例在下面。混亂的所在，不是他明白討究利潤或地租那種種特殊剩餘價值形態的地方，只是在那地方，在那地方，他是把那種種特殊形態，當作剩餘價值一般的形態，當作"勞動者在原料上面應用的勞動的"扣除額來考察。

〔我們已經在上面（第140頁，譯本第140頁），從他著作裏引用這段話〕：

"勞動者加到原料裏面去的價值，在這場合，是分成二部分，其中一部分支付工資，別一部分支付企業家墊支在原料和工資上面的資本全額的利潤"。

亞當斯密接着說：

"他（企業家）如果不能由生產物的售賣，企望在資本代置之後，再得一個餘額，他就會沒有意思要使用他們（勞動者）；如果他的利潤不能嚴密比例於他的資本量，他就會沒有意思要使用大資本，而寧願使用小資本了”。

最先，我要說明，一開始，亞當斯密就把剩餘價值，把企業者代置其資本所必須有的價值額以上的剩餘，還原爲勞動的一部分，這部分是勞動者加在原料內，但超過工資代置所必須有的勞動量以上的。但他認定這種剩餘純然是由那部分投在工資上面的資本生出以後，立卽又把這種剩餘，確定在利潤的形態上，那就是，不把它和它所從出的資本部分關聯起來講，卻把它看作墊支資本總價值以上的剩餘，把它和“墊支在原料和工資上面[10]的資本全額”關聯起來。他是直接在利潤形態上把握剩餘價值。所以發生了下面講的諸種難點。亞當斯密說，資本家“如果不能由生產物的售賣，企望資本代置之後，再得到一個餘額，他就會沒有意思要使用他們（勞動者）”。

假定資本關係已經成立，那是全然正確的。資本家從事生產，並不是爲要由生產物滿足自己的需要；他的生產，一般並不直接顧到消費。他生產是爲生產剩餘價值。但從這個前提，（那不外是，假設資本主義生產已經成立，資本家從事生產就只爲生產剩餘價值），亞當斯密不像他後來許多荒唐的後繼者一樣，去說明剩餘價值；那就是，他並不是從資本家對於剩餘價值的意思和願望，來說明剩餘價值的存在。這種剩餘價值，他是由這種價值導出的：這種價值，是勞動者交換其所得工資時必須加入到原料內去的價值。

但他立卽又說：如果資本家的利潤，不與墊支資本的量保持一

10 這裏沒有說到勞動手段，那是一種忽略。

定的比例，資本家就沒有意思要使用大資本，而寧願使用小資本了。這裏，利潤已不復由剩餘價值的性質說明，而是由資本家的"意思"去說明。這是一件多麼不合理的事。亞當斯密不覺得，因爲他這樣直接把剩餘價值混同於利潤，這樣直接把利潤混同於剩餘價值，他是顚覆了他關於剩餘價值起源所已訂立的法則。既然剩餘價值只是價值（勞動量）的一部分，是勞動者超過其代置工資所應加到原料內的價值部分，爲什麼因爲資本墊支在一個場合比在別一個場合更大，便會直接增大這第二個部分呢？我們把亞當斯密反駁利潤是"所謂監督勞動和指揮勞動"的工資這一種見解的例拿來看，這當中的矛盾是會更明白的。

他說：

"它（資本利潤）是全然不同的，（和勞動工資全然不同），它是完全依從別的法則；和那所謂監督指揮的勞動的量，痛苦，和精神的支出不保持任何的比例。它是全然依照所用資本的價值來決定，其大小是比例於所用資本的量。例如，我們假設，在某特殊地方，工業資本的平均年利潤，是等於10%；在那裏，有兩種不同的製造業，每一種都使用20個勞動者，每一個勞動者每年得工資 15鎊，所以每種製造業都須付300鎊。但我們且進一步假設，一個工廠每年須使用的原料，只等於700鎊，別一個工廠所使用的更精緻的原料，每年卻須用去價值7000鎊。第一種製造業所使用的資本等於1000鎊，第二種製造業所使用的資本計7300鎊。在利潤率爲10%時，前一種製造業的企業家，只得年利潤100鎊；後一種製造業的企業家卻可望得到大約730鎊。但是，雖然他們的利潤這樣不等，他們的監督指揮勞動卻是一樣的或幾乎是一樣的"。（第一篇第六章）。

現在，我們由一般形態上的剩餘價值，過渡到同我們這裏沒有任何直接關係的普通利潤率上來了。但我們且不管它！在這兩個工廠，都有二十個勞動者被使用；工資也一樣等於 300 鎊。假設二者所使用的勞動，在性質上沒有高低上下，所以，一小時勞動，從而一小時剩餘勞動，在這兩種工廠，也包含一樣多的剩餘勞動時間。他們的工資既然相等，所以我們儘可假設，他們的勞動是同樣的平均勞動。一個工廠的勞動者在其工資價值以上加進去的剩餘勞動，怎樣能七倍於別一個工廠呢？爲什麼一個工廠的勞動者因爲被加工的原料，比別一個工廠，要貴七倍，所以一個工廠的勞動者所提供的剩餘勞動，也要比別一個工廠更多七倍呢？他們是得同樣的工資，也只須以同樣的時間，再生產他們的工資呀！所以，一種製造業比別種製造業有七倍大的利潤這個事實，換言之，利潤比例於墊支資本量的法則，一看，好像與剩餘價值或利潤（因爲亞當斯密把二者直接視爲同一），只由勞動者的無給剩餘勞動構成這一個法則，是矛盾的。亞當斯密對於這種矛盾，不加思索地，擱置起來了；他一點沒有感覺到它的存在。他的一切後繼者沒有一個曾經把剩餘價值和其確定形態分別開來，加以一般的考察，所以在這點上面，他們是忠實地跟在他後面的。並且像我們已經講過的，這種矛盾，在里嘉圖的場合，只有更顯著。

因爲斯密不只把剩餘價值還原爲利潤，且也還原爲地租——這是剩餘價值的二特殊種類，其運動係由必然不同的法則決定——

所以他一定已經看見了，他不可以拿一般的抽象的形態，和它的特殊形態，直接視爲一體。像他一樣，一切後來的資產階級經濟學者，對於各種經濟關係的形態區別，沒有從理論方面予以把握，卻只對於經驗所與的近手的材料，從事粗雜的捕捉，並且覺得興趣。所以，他們對於貨幣就沒有正確瞭解的能力——在這裏成爲問題的，只是在價值量不變時交換價值在形態上通過的種種轉變。

III. 資本和土地所有權被認爲是價值的源泉[11]

洛竇德爾(Lauderdale)在其所著公共財富的性質及其起源的研究（愛丁堡 1804 年）內，反駁亞當斯密的剩餘價值解釋——他說，這種見解，和洛克所持的見解是相符的——因爲資本不是亞當斯密所說的財富的原始源泉，它只是財富的派生的源泉。有關的文句，是像下面那樣：

"一百多年以前，洛克就發表了幾乎和亞當斯密一樣的見解。……他說[12]，貨幣是一種不生利息的東西，它不會生產什麼，只會把當作一個人勞動的報酬的利潤，移到別人錢袋裏去。如果這種資本利潤觀是眞正對的，我們就可推論說，資本利潤不是一個原始的財富源泉，只是一個派生的財富源泉了；這樣，我們就可說，資本不是財富的源泉了，因爲資本的利潤只指示貨幣由勞動者錢袋到資

11 草稿第 262 頁至 265 頁。第 161 頁（譯本第 160 頁）有一段，是從草稿第 364 頁插入的。——K.

12 洛克著：減低利息和提高貨幣價值的影響的研究。

本家錢袋的移轉”。（洛審德爾前書第 157 頁，158 頁）。

在資本價值只再現在生產物內的限度內，我們不能說這是財富的源泉。在這場合，它不過當作蓄積的勞動，不過當作一定量對象化的勞動，把它自身的價值，加到生產物去。

在資本只當作一種強迫工資勞動提供剩餘勞動的強制力，並刺激勞動的生產力，冀由此生產相對剩餘價值的限度內，資本又只當作一種關係，才是生產價值的。在這二場合，資本都當作一種與勞動分離的，支配勞動的，為客觀勞動條件所有的權力。它把勞動只當作工資勞動的一種形態。所以，當作工資勞動的條件，它才是生產價值的。但在經濟學者普通所指的意義上，當作在貨幣或商品形態上存在着的蓄積勞動，資本是和一切的勞動條件一樣，並且和無給付的自然力一樣，只在勞動過程內，換言之，只在使用價值的生產上，是生產的，所以不是價值的源泉。它不會創造新的價值；並且，要在它有交換價值的限度內，那就是，自己也分解為對象化勞動時間，從而勞動就是它的價值源泉的限度內，它才會把交換價值加到生產物裏面去。

洛審德爾在這點上面是對的：即，亞當斯密說明剩餘價值和價值的性質以後，又不正確地，把資本和土地所有權當作交換價值的獨立源泉來看；實則，資本和土地所有權，只在它們形成一種要求權，使它們的所有者，可以對於勞動者提供的剩餘勞動（即勞動者在代置其工資所必要的勞動時間以上做的勞動），要求一定量時，方才對於它們的所有者，是所得的源泉。例如，亞當斯密就說：

“工資，利潤，地租，是所得的三個原始源泉，也是交換價值的三個源泉”。(第一篇第六章)。

說它們是“所得的三個源泉”，那是對的；說它們“也是交換價值的三個源泉”，卻錯誤了，因爲一個商品的價值，全然是由商品內含的勞動時間決定的。亞當斯密既經把地租和利潤，看做是單純的扣除 (deduction)，是勞動者加在原料上面的價值或勞動的扣除，他怎樣又可以把它們叫做“交換價值的原始源泉”呢？(除非我們從這個意義去稱呼它們；卽，它們會推動“原始的源泉”，那就是強迫勞動者做剩餘勞動)。在它們形成一種要求權(條件)，由此可以把價值(卽對象化在商品內的勞動)一部分佔有的限度內，它們對於它們的所有者，是所得的源泉。但價值的分割或佔有，並不是被佔有的價值的源泉。就是這種佔有不發生，從而勞動者獲得其勞動生產物全部作爲工資，所生產的商品的價值還會是一樣，不過沒有土地所有者和資本家來分肥罷了。土地所有權和資本，雖說對於它們的所有者是所得的源泉，那就是，會給他們一種在勞動所創造的價值中侵取一部分的權力，但決不能因此，便成爲他們所佔有的價值的源泉。並且，說工資是交換價值的原始源泉，也是錯誤的，雖然工資或寧說勞動力的不斷出賣，是勞動者所得的源泉。創造價值的，是勞動，不是勞動者的工資。工資只是既存的價值；如果我們是考察生產全部，工資也不過是勞動者所創造的價值中那由他自己佔有的部分；這種佔有，是不創造價值的。他的工資上漲了，或者下跌了，他所生產的商品的價值，可以不致由此受得任何的影響。

斯密雖曾確立正確的見解，但還是有這樣錯誤的觀念。這種觀念，在下述一段話內，也表示出來了："地租會加入商品的價格內，但和利潤及工資相比，它是用不同的方法加入的。高的或低的工資和利潤，是高的或低的價格的原因。高的或低的地租，卻是其結果"。（國富論第一篇第十二章）。

但在這裏，我們且不要問，亞當斯密曾怎樣把地租當作商品價格的構成要素來考察。這個問題，對於我們這裏的研究，是無關輕重的，因爲地租被視爲和利潤一樣只是剩餘價值的部分，只是"勞動者加在原料上面的勞動的扣除"，從而在事實上，還只是利潤的扣除——全部無給的剩餘價值，是直接從勞動者那裏，由資本家佔有，到後來，才在某種名稱下，由他和生產手段的別一些所有者即土地所有者或資本貸放者共分。爲簡單起見，我們只說工資和利潤好像新創造的價值，就是分割在這兩項之間。

假設，在一個商品內，有十二小時的勞動對象化了，（且丟開它所消費的原料和勞動手段的價值不說）。我們只能夠把它的價值表現在貨幣上。所以，假設在五先令內，也有十二小時勞動對象化。這個商品的價值等於5先令。亞當斯密所謂商品自然價格，不外是表現在貨幣形態上的商品價值。（商品市場價格，當然會在它的價值以上或以下。並且像我後來要論證的，甚至商品的平均價格，也不斷和它的價值有別。但亞當斯密研究自然價格時，沒有說到這點。並且，如果沒有價值性質的洞察作基礎，我們自無從理解商品的市場價格，更無從理解商品平均價格的變動）。假設商品內包含的剩餘價值，等於商品總價值百分之二十，或者說，等於商品內包含的必要勞動的百分之二十五，則這五先令的價值或商品自然價格，將分解爲工資四先令，剩餘價值一先令（我們且跟斯密的樣，把它叫做利潤罷）。說這個與工資和利潤相獨立的一定的商品價值量，或其自然價格，分解爲工資四先令（勞動的價格）和利潤一先令（利潤的價格），那是對的。但說商品的價值是由那種和商品價值相獨立的工資價格和利潤價格相加或相合而成，卻是不對的。在後一場合，爲什麼商品的總價值，不會是八先令，十先令（假設工資等於五先令，利潤等於三先令等等），就全然沒有理由可言了。亞當斯密曾研究工資的“自然率”或工資的自然價格。那是由什麼決定呢？由生活資料的“自然價格”；這種生活資料，是再生產勞動力所必要的。但生活資料的“自然價格”，又由什麼決定呢？在他想要決定它的限度內，他還是歸着到正確的價值決定方法，那就是由生產這種生活資料所必要的勞動時間。但在他離開正路的地方，他就踏進一個有缺陷的循環論法中去了。決定工資自然價格的生活資料的自然價格，是怎樣決定呢？由“工資”的，“利潤”的，和“地租”的自然價格呀；這三者構成其他一切商品的自然價格，也構成生活資料的自然價格。這樣，就無窮無盡地推下去了。當然哪，供求法則的妄談，沒有能够把我們從這個有缺陷的循環論法救出來。因爲，商品的“自然價格”或與商品價值一致的價格，正好在需要與供給相抵的時候，換言之，正好在商品價格不因供求變動而立在價值以上或價值以下的時候，再換言之，正好在商品的生產價格（或賣者所供給的商品的價值）同時卽是需要者所付的價格的時候，成爲有效的。

但我們講過，在工資自然價格的研究上，亞當斯密逃回到了

——至少有時候是這樣——商品價值的正確決定方法。反之，在討論利潤的自然率或自然價格那一章，則在考察眞正問題的限度內，他是全然陷在空虛的常套話和重複語中。實際原來是商品的價值決定工資，利潤，和地租。現在他倒轉來，（因爲這樣更和經驗的外觀及普通的觀念相近），要由工資，利潤，和地租三者自然價格的合計，來算出商品的自然價格。里嘉圖能够把這種混亂肅淸，這是他的大功績。講到他時，我們還要回來講這點的。

在這裏，還有一筆要附註：當作支付工資和利潤的基金的一定量商品價值，會經驗地，在產業家眼裏，出現在這個形態上：卽，不管工資的變動如何，商品的一定的市場價格會維持一個或長或短的時期。

對於斯密著作的奇特的進程，值得注意一下。他先研究商品的價值，有些地方，還正確決定了，是這樣正確地決定了商品的價值，所以一般說，斯密是已經發現了剩餘價值及其特殊諸形態的起源，並由這種價值，引導出工資和利潤。但他旋卽走上相反的進程，要由工資利潤地租三者的自然價格的構合，引導出商品的價值（他剛才是由商品的價值，導出工資和利潤）。他對於工資利潤等等的變動在商品價格上所生的影響，沒有在何處，予以正確的說明——對於這種說明，他在基礎上就是有缺陷的——就是爲了後一種事情。

IV. 價格被分解爲工資利潤和地租[13]

A. 亞當斯密的意見

現在，我們要說到別一點，那和商品價格或價値（因爲在這裏，我們還假設它們是一致的）的分解問題是有關的。假設斯密的計算是正確的；那就是，假設商品價値爲已定，要把它分解成爲價値在不同諸生產當事人間實行分割的諸成分，但不是反過來，要由這諸種成分的價格，引出商品的價値。所以，在這裏，我們且把這點丟開不說。把工資和利潤只當作分配形態，從而，在同意義下把二者當作所有者可以消費的所得來敍述的片面方法，我們也丟開不說。不說這一切，亞當斯密確乎提出了一種考慮。在這裏，他勝過里嘉圖的地方，不是他正確解決了他所提出的考慮，只是一般說他曾經把這種考慮提出。

亞當斯密說：

"這三個構成部分（工資，利潤，和地租），像是直接地或結局地，形成穀物的全部價格[14]。我們也許會假設，須有第四個部分，來代置租地農業家的資本，或是代置家畜或別種農業器具的磨損。但我們必須想到，每一種農業器具的價格，例如一匹代勞家畜的價格，也是由這三個構成部分合成的：飼養家畜所在土地的地租，飼養家畜的勞動，墊支這種地租和這種勞動工資的租地農業家的利

13 草稿第 265 頁至 272 頁。有幾處是從草稿第 299 頁，283 b 頁，295 頁，369 頁插入的。——K.

14 這是指商品一般而言，斯密這裏說穀物，是因爲就許多商品說，地租不是價格的構成部分。

潤[15]。所以，穀物的價格雖然包含着家畜的價格及其維持費用，但其總價格還是直接地或結局地分解爲這三個成分：地租，工資，和利潤”。（第一篇第六章）[16]。

但像租地農業家把家畜或農具的價格，加到小麥的價格去一樣，家畜飼養者或農具製造者（租地農業家就是向他們購買家畜或農具）會把勞動手段（在其中一個場合，也許包含着一匹馬）和原料，飼料和鐵的價格，加到家畜和農具的價格裏面去，但他們所依以支付工資和利潤（包括着地租）的基金，卻只由在其生產範圍內加入其不變資本既有價值額內的新勞動構成，不是一樣明白嗎？所以，亞當斯密承認，在租地農業家的穀物的價格中，除了那由他自己或別人支付的工資利潤地租，還有第四個不同的成分，卽他所用去的不變資本的價值，如家畜和農具的價格，加進去時，這個話也同樣適用於家畜飼養者和農具製造者；迴避是沒有用處的。並且，對於這種迴避，租地農業家的例，還是特別不當的。因爲，在他的不變資本的項目內，我們可以看到一項，完全用不着向第三者購買，那就是種子。這個價值成分，會對何人分解爲工資利潤和地租麼？

我們且進一步看看，亞當斯密有沒有貫徹他的見解：每一個商品的價值，都會分解成爲這諸種所得源泉（卽工資，利潤，和地租）之一或全部；並且當作消費品被吃掉，或在某種供個人使用（不是

15 這裏，好像利潤就是最原始的形態，還把地租包括在內。

16 這是極不合理的。他旣用勞動代替工資，卻不用土地所有權或資本，代替地租和利潤。

生產的產業的消費)的用途上,被用掉。

先講幾句引題的話。拿摘水菓這件事來做例。雖然在這場合,也多分須有某幾種器具,例如籃筐之類的東西當作勞動手段,我們仍不妨假定,這種水菓的價值純然分解爲工資。不過,在問題爲資本主義的生產時,這個例一般說是和我們毫無關係的。

斯密在第一篇第一章道出的見解,曾一再被他重複提起。

那就是,在第二篇第二章(討論"當作社會總資本一個特殊部門的貨幣"),他開頭就說:

"在第一篇,我們已經指出,大多數商品的價格,是分成三個部分,其一支付工資,其二支付資本利潤,其三支付地租"。

每一種商品的價值全部,就是這樣分解爲諸種所得,當作消費基金,歸到靠這諸種所得生活的某階級手裏。因爲一國的總生產物(例如一年的總生產物)只由所生產的商品的價值總額構成,並且因爲每一個這種商品的價值,都分解成爲所得,所以它們的總額,勞動的年生產物,總所得,都逐年會在這個形態上消費掉。所以,亞當斯密立即就說:

"我們已經講過,因爲就個別的個別考察的商品說,情形是這樣,所以當我們綜合考察商品全部,一國土地勞動的年生產物全部時,情形也必定是這樣。這種年生產物的全部價格或交換價值,也必定會分解成爲那三部分,當作工資,當作資本利潤,當作地租,被分配在一國的各種居民之間"。

這實際是必然的結論。適用於個個商品的話,也必然適用於商品全部。

但亞當斯密說，决不是這樣。他往下說：

“不過，一國土地勞動年生產的全部價值，雖然是依照這個方法被分割，而形成國內各種居民的所得，但像我們可以把一個私有地的地租，分別爲總地租和純地租一樣，可以把一個大國一切居民的所得，實行同樣的分割”。

你看！他剛才正好對我們說相反的話。在個別租地農業家的場合，我們可以把他的小麥的價值，分成一個第四個部分，來代置使用掉的資本。亞當斯密說，這個看法，直接應用在個別租地農業家的場合，是正確的。但我們進一步看，這種在租地農業家手裏形成不變資本的東西，會在它未在他手裏變成資本以前，在以前某處別個人手裏，分解成爲工資利潤等等，簡言之，分解成爲所得。所以，從個個生產家的觀點看，說商品會分解爲不形成任何所得的價值部分，原是正確的，但就“一個大國全體的居民”說，這種看法卻是謬誤的，因爲在一個人手裏形成不變資本的東西的價值，常常是這樣取得的：即，它是由別人手裏，當作工資，利潤，和地租的總價格，出來的。

這裏，他說的，是正相反對的話。

他往下說：

“一個私有地的總地租，包括租地農業家所支付的一切。扣去經營，修理，和別種必要負擔的費用以後，剩下給土地所有者的，就是純地租。純地租包括地租的一部分；他就把這一部分，當作他的直接消費基金，供充他的飲食等等，也不致絲毫損失他的財產。他的實在的富，不與總地租成比例，只與純地租成比例”。

第一，在這裏，亞當斯密把互相矛盾的話，拉在一起了。租地農業家當作地租付給土地所有者的，和他當作工資付給勞動者的，完全一樣，也和他自己的利潤完全一樣，不過是商品價值或價格的一部分，分解爲所得的。但問題是，商品是不是還包含別一個價值成分。對於這點他一定會承認是的。在論租地農業家時，他已經這樣承認過了。好像，這件事，對於穀物（那是指價格或交換價值）單純分解爲所得的話，是全然不會有影響一樣。

第二，可以附帶說一說。把個個的租地農業家當作租地農業家來考察，他所能支配的實在的財富，是依存於他的利潤。但在另一方面，當作商品所有者，他能够把整個田莊售去，或者，當土地不屬於他時，他還能把田莊的全部不變資本，如家畜，農具等等售去。他由此實現的價值，從而，他所能支配的富，是依存於他所有的不變資本的價值，從而依存於其數量。當然，他只能再賣給別一個租地農業家；在這別一個租地農業家手裏，它不是可以自由處分的富，而只是不變資本。

所以，我們的問題還是保留住。

"一個大國全部居民的總所得，包括該國土地勞動的年生產物全部[17]。除去(1)維持固定資本，(2)維持流動資本的費用以後，留下給全國居民自由處分的，便是純所得[18]。那就是，不損害資本已能供充直接消費基金的東西，都包括在純所得內[19]。

17 在這以前，我們卻又聽說過，這個總額或者它的價值，是分解成爲工資，利潤，和地租，分解成爲純所得的諸形態。

18 所以，在這裏，斯密是把勞動手段和原料抽開了。

"很明白，維持固定資本的全部費用，必須算在社會的純收入之外。保持機械，工具，有用建築物等等的原料和把這種原料製成適當形態必要的勞動的生產物，也不能成爲純所得的部分。不錯，這種勞動的價格。往往構成純所得的一部分；譬如這樣被使用的勞動者，能够把他的工資的全部價值，用來充做他自己的直接消費基金。但就別種勞動說，它的價格和它的生產物是一樣可以加入這個基金內；勞動的價格，加入勞動者的直接消費基金內，它的生產物則加入別一些人的直接消費基金內。這別一些人，就由這種勞動者的勞動，來增加他們的生活資料，便利品，和享樂品"。

在這裏，亞當斯密已經接近正確的見解，但他再度離開了他不得不去解答的問題：這個問題是，商品總價格的第四個部分，是不分解成爲工資，利潤或地租的。

一看，那就是全然誤謬的。機械建造業者的情形，是和其他一切產業資本家的情形一樣。使機械的原料等等取得適當形態的勞動，也會分成必要勞動和剩餘勞動，所以不僅分解爲工資，且也分解爲資本家的利潤。但這些勞動者使這些原料取得適當形態所用的原料的價值和工具的價值，既不分解爲工資，也不分解爲利潤。這種生產物在性質上就不是供個人消費的，只是供產業消費的。但這種生產物會不會加入消費基金內的事實，對於這裏的問題，全然沒有關係。比方說，種子（小麥的一部分，決定當作種子用的）雖

19 所以，我們現在覺得，商品總額的價格或交換價值，像在個個資本家的場合，在全國的場合，也會分解成爲一個第四個要素，它對於任何人都不形成所得，不能分解爲工資，也不能分解爲利潤或地租。

然在性質上能够加入消費基金內，但在經濟學上，是必須算在生產基金內的。

並且，說那種決定供充個人消費的生產物的全部價格，會和生產物一同加入消費基金，也是全然錯誤的。例如，麻布當作生產物在它不是用作帆布或別種生產目的時，它是全然加在消費領域內的。但它的價格不是這樣。因爲這個價格的一部分要代置麻紗，一部分要代置織機等等；麻布的價格，只有一部分，分解成爲某種所得。

斯密告訴我們，機械，建築物等等所必要的原料，以及由此造成的機械等等，"對於任何人，都不能成爲純所得的部分"。所以，也不能成爲總所得的部分。在其後不遠，他還在第二篇同一個第二章，說：

"機械和產業工具等等，構成個人的或社會的固定資本的，既不是社會的也不是個人的總所得或純所得的部分；貨幣也是這樣云云"。

亞當斯密的錯雜，他的矛盾，他的背題，證明了，他把工資，利潤，地租，視爲交換價值或生產物總價格的構成部分以後，會固守着這一點，並不得不停滯在這一點上面。

*　*　*　*

亞當斯密的矛盾，有這個意義：即，這種矛盾，包含着一些問題，他沒有把這些問題解決，卻由此表示了他自己是矛盾的。就這關係說，他的正確的本能，最適切地，由這點表示了：他的後繼者們相互間是時而採取他的這一方面，時而採取他的那一方面。

* * * *

斯密在第二篇第二章，考察貨幣流通和信用制度時，曾發揮同樣的見解：一國的年生產物，分爲工資和利潤（地租，利息等等都包括在利潤裏面）。在那裏，他說：

"我們可以這樣考察一國的流通，好像它是分成兩個不同的部門：一個是資本家(dealers)相互間的流通，一個是資本家與消費者間的流通[20]。同一枚貨幣量（或是金屬，或是紙），雖然可以時而在這種流通上使用，時而在那種流通上使用，但因爲這兩種流通是同時無間斷進行的，所以每一種流通，各須有這種或那種貨幣的一定量，來使流通進行不斷。資本家(dealers)間流通的商品的價值，決不能多過資本家(dealers)與消費者間流通的商品的價值；資本家所買的東西，結局總必定要賣給消費者的"。

〔這個主張是錯誤的。假設有兩個農民。每個農民的收穫，是等於120卡德穀物，在其中，各須用12卡德做種子〕。

農民可以把他的全部收穫120卡德賣掉，然後向別一個農民購買12卡德的種子。因爲這別一個農民也須用12卡德做種子，所以留在他手裏可以爲個人的消費而出賣的，只有96卡德。而在240卡德中，現在依然有24卡德，當作種子，再投到土地內去。

但這種情形，會在流通上引起一個差別。在各個人都留下十分之一的場合，有216卡德出現在市場上。在第二場合，第一個農民投下120卡德，第二個農民投下108卡德，合計228卡德。而歸到

20 亞當斯密所謂dealers，是指一切參加生產過程和流通過程的資本家；所謂消費者，是指一切支出其所得的勞動者，資本家，土地所有者，以及他們的依賴者。

實際消費者手裏的，依然只有216卡德。這裏，我們已經有一個例，可以說明資本家與資本家間交換的價値總額，比資本家與消費者間的價値總額更大。

在利潤一部分轉化爲資本的場合，也有這種差別發生；再者，在資本家與資本家間的交易延長至許多年間的場合，也是這樣。

B. 別一些著作家關於這個問題的意見

薩伊(Say)要把亞當斯密的不徹底的主張，分解爲絕對的一般的語句，想由此掩蔽他的陳腐的平凡。他是由下述的方法，把所生產的價値全部，分解爲所得。他曾在康士丹西阿(Constancio)的里嘉圖法譯本第二十六章一個註解內，說道：

"一個人的純所得，是由生產物的價値，減去他的支出，構成的。對於這種生產物的生產，他曾由他的勤勞，由他的資本，或由他的土地，提供他的貢獻。但他的支出，也不過是他付給別人的所得部分，所以他的生產物的價値全部，都是用來支付所得的。一國國民的總所得，就是由該國的總生產物構成，即由在諸生產者間分割的全部生產物的總價値構成"。

這最後一句，應該是這樣說：即，一國國民的總所得，是由總生產物中那當作所得而在諸生產者間分割的部分構成，換言之，是由一切在諸生產者間分割的生產物的總價値構成；那就是，在總生產物中減去在各各產業部門代置生產手段的部分。但如果是這樣表現，這個命題就自行毀棄了。

薩伊接着又說：

"這種價值，在一年的推移中，經過幾次交換之後，會全然被消費掉，但不會因此便不成爲國民的所得，這好比一個有二萬法郎年所得的個人，雖然會在年內把這種所得全部消費掉，但不會因此便不能再有這種所得。他的所得，不單純是由節約構成的"。

他的所得，決不是由他的節約構成，雖然節約往往是由他的所得形成。爲要證明一國國民能逐年把他們的資本和所得消費掉，薩伊是拿一國國民和一個個人比較。這個人把他的資本原樣不動，只逐年消費其所得。如果這個人在一年內把他的資本 200,000 法郎，和他的所得 20,000 法郎，一同消費掉，他在下年就沒有什麼吃了。必須一國國民的全部資本，從而，他的生產物的總價值，都分解爲所得，薩伊的話才是對的。個人消費了他的所得 20,000 法郎。他的資本200,000法郎，不由他消費的，應當是由別一些人的所得合成。他們各把自己的部分消費，所以在一年之末，這全部資本好像都被消費了。不過，這種資本被消費的時候，會被再生產出來，並且是照這個方法被代置的！就該個人說，他逐年再生產他的所得 20,000 法郎，只因爲他的資本 200,000 法郎，沒有被消費掉。如果把資本消費掉，他們就不會再有什麼可以再生產新的所得了。

薩伊在其所著經濟學概論中說：

"如果我們是考察一國全體，那是沒有純生產物的；因爲生產物的價值等於它的生產成本，所以把這種成本扣除，就是把生產物的全部價值扣除……年所得就是總所得"。（前書巴黎 1817 年，第二卷第 489 頁）。

年生產物總額的價值，等於在其內對象化的勞動時間的量。在年生產物中把這個總價值除去，則就價值而言，實際會沒有任何價值留下來，從而，純所得和總所得都會消滅得乾乾盡盡。但薩伊的意思是說，逐年生產的價值，會逐年消費掉。所以，就全國民說，沒有純生產物，只有總生產物。

第一，說逐年生產的價值，會逐年消費掉，是謬誤的。固定資本一個很大的部分，就不是這樣。逐年生產的價值有一大部分加入勞動過程，但不加入價值增殖過程，即其總價值不逐年消費掉。但第二，不是爲要加入消費基金，只是爲要當作生產手段，一從生產界出來，就會再把自身或其等價投入生產界的所生產的價值，是價值常年消費的一部分。第二部分，是由這個部分以上的能够加入個人消費的價值構成。這個價值，便形成純生產物。

關於薩伊的這種見解，斯托齊曾說：

"很明白，年生產物的價值，一部分將變爲資本，一部分將變爲所得(profits)；年生產物價值的各該部分，照例是用來購買這種生產物；這種生產物，被用來代置他們的資本，或更新他們的消費基金，乃是一國所必需的"。（斯托齊經濟學教程；國民所得的性質的考察巴黎 1824 年，第五卷第 134 頁，135 頁）。

我們且問，"由其勞動滿足其全部需要"的家族的所得，（這樣的例，在俄國可以看見許多），是等於"他們的土地，他們的資本，和他們的勤勞的總生產物麼？他們能够居住他們的穀倉和廐舍，消費他們的穀種和家畜飼料，能够把代勞家畜的皮拿來做衣服，能够把農具用來取樂麼？依照薩伊先生自己的命題，我們對於這一切問題，都要做肯定的答覆"。（前書第 135 頁，136 頁）。

“薩伊先生認總生產物爲社會的所得，所以他結論說，社會能够消費一個價值，與這個生產物相等”。（前書第245頁）。

“一國的（純）所得，不是所生產的價值超過所消費的價值總額以上的剩餘，如著者（薩伊）所說；那只是所生產的價值超過在生產上所消費的價值以上的剩餘。所以，如果一國在一年內把這全部剩餘消費掉，他們就把他們的（純）所得全部消費掉了”。（前書第146頁）。

“我們假設，一國的所得與其總生產物相等，那就是，假設不會從總生產物內提取出任何資本來，我們便也須假設，他們就把他們的年生產物的總價值都不生產地消費掉，也不會損及未來的所得了”。（前書第147頁）。

“形成一國資本[21]的生產物，是不能消費的”。（前書第150頁）。

蘭塞(George Ramsay)財富分配論（愛丁堡1836年），關於亞當斯密所謂總價格的第四個部分，（我把它叫做不變資本，來和那投在工資上面的資本相區別），曾說：

“里嘉圖先生似乎承認，全部生產物是分割爲工資和利潤，他忘記了代置固定資本所必要的部分”。（第174頁註）。

在“固定資本”這個名稱下，蘭塞指的，不只是生產工具，並且是原料，簡言之，就是我在各生產範圍內叫做不變資本的東西[22]。

21 這裏應當說不變資本。

22 在蘭塞著作內，（見前書第166頁），我們看見了一個優良的對於不變資本的說明，不過他只論到它的使用價值方面。在那裏，有這樣的話：“無論總收益（比方說租地農業家的總收益）是大是小，在總收益中，代置各種形態上在生產上消費掉的東西所必要的量，總是一樣的。這個量，必須視爲是不變的，如果生產要以同一的規模繼續下去”。

里嘉圖說到生產物分割爲利潤和工資，他總是假設，墊支在生產上並消費在生產上的資本，已經被扣下。但在主要的問題上，蘭塞是對的。里嘉圖把不變資本部分等閑放下，不進一步去研究時，他是犯了一個重大的錯誤。特別是，他把利潤和剩餘價值混同了。而在利潤變動和利潤率的研究上，尤其是如此。

我們且聽蘭塞自己怎樣說：

"我們拿這種生產物和……支出在這上面的資本比較。……就全國來說，……很明白，所支出的資本的各種要素，必須在這一個生產部門 (employment) 或那一個生產部門再生產出來；否則，這一國的生產，將不能再依照原來的規模經營下去。工業的原料，器具，以及農業的器具，工業上的擴大的機械，生產和貯藏生產物所必要的建築物，必須是一個總生產物(total return)的部分，像必須是資本主義企業家(master capitalists)的墊支的部分一樣。所以，前一個量能够和後一個量相比較。因爲，我們可以認爲，每一個商品差不多可以和同種類的商品並列起來"。

就產業資本家說，因爲他的支出不是在自然形態上代置的，其中還有遙較爲大的部分，是得於"交換，但爲這個目的，一定量的生產物是必要的"，所以，"個別的資本主義企業家，對交換價值，是比對生產物量看得更重的"。（前書第 145 頁，146 頁）。"生產物的價值越是超過墊支資本的價值，他的利潤就越是大。他計算利潤時，是以價值比較價值，不是以量比較量。……利潤的上升或下落，與總生產物或其價值中代置必要墊支所必要的部分的減少或增加，成比例"。所以，利潤率依存於兩件事情："第一，看總生產物中，有怎樣大的一個部分，歸到勞動者手裏；第二，看爲要在自然形態上或由交換把固定資本代置，必須貯存怎樣大的一個部分"。（前書第146頁至148頁及其他各處）。

蘭塞關於利潤率所發的議論，要到講利潤的那一部分討論。他能正確把這個要素提出，那是一件重要的事。從一方面說，里嘉圖說，構成不變資本（蘭塞所謂固定資本，就是指這個）的諸商品的便宜化，常常會使現有資本的一部分價值減少，也是不錯的。這種議論，尤其適用於眞正的固定資本，機械等等。與總資本相比剩餘價值已經提高的事實，對於個別資本家，是無利益可言的，如果這個比率的提高，是由於不變資本（在價值跌落以前已經由他佔有的不變資本）的總價值已經下落。但這個話，只能以極小的程度，適用於那由原料或完成品（不加入固定資本內）構成的部分。已經在他手裏但曾經這樣貶價的這種物品的量，和總生產比較起來，往往只是一個近於消滅的量。就投在流動資本形態上的資本部分說，以上的話也只能有小規模的適用程度。反之，因爲利潤等於剩餘價值量與墊支資本總額相比例，並且因爲能被吸收的勞動量，不是取決於價值，只取決於原料的量和生產手段的效率，不是取決於它們的交換價值，只取決於它們的使用價值，所以很明白，以生產物形成不變資本要素的諸部門的勞動越是成爲生產的，生產一定量剩餘價值所必要的不變資本的支出越是小，則剩餘價值對墊支資本全額所持的比例將越是大；從而在剩餘價值量爲一定時，利潤率也會越是大。蘭塞的雙重考察——就全國的再生產說，是以生產物代置生產物；就個別資本家的再生產說，是以價值代置價值——

是兩個觀點：這兩個觀點，在資本的流通過程上，（對於個個資本，便同時是再生產過程）都要加以考察的。

附　錄

A. 全部資本分解爲工資和利潤這個問題的研究：第一設問[23]

亞當斯密從事研究並以種種矛盾去說明的眞正的困難，蘭塞並沒有解決掉。直率地說，這個困難是，全部資本（當作價值）分解爲勞動，不外爲一定量對象化的勞動。但有給勞動等於勞動者的工資，無給勞動等於資本家的利潤。所以，全部資本必須能直接或間接被分解爲工資和利潤。假設勞動不分解爲工資和利潤，卻只爲這個目的，即代置生產上消費掉的價值，（再生產的條件），哪裏還會有人去勞動呢？但是，是誰做這種勞動呢？因爲勞動者的全部勞動是分成兩個量，一個維持他自身的勞動力，別一個形成資本的利潤麼？

爲要把一切混雜不清的事情從問題掃除出去，我們有事先略加說明的必要。當資本家以其利潤即所得一部分轉化爲資本即勞動手段和勞動對象時，這兩者都是由勞動者無代價替資本家做的勞動部分，來支付。有一個新的勞動量，形成一個新商品量的等價，這種商品，依照它們的使用價值，就是由勞動手段和勞動對象構成的。所以，這個問題，結局是歸着到資本蓄積問題，沒有包含任何困難；那就是，不變資本要超過舊的限界來增加，或者說，新的不變資本要超過原有的必須代置的量來形成。困難是原有不變資本的再生產，不是新的不變資本（待要再生產的不變資本以上的不變資本）的形成。新的不變資本分

23 草稿第272頁至 283a 頁。——K.

明是起源於利潤,它會暫時取得所得的形態,然後轉化爲資本。利潤的這個部分,分解爲剩餘勞動時間;這種剩餘勞動時間,即使沒有資本存在,似也須不斷由社會去實行;要這樣,才能取得一個所謂發展基金;人口的增加,已經使這種基金成爲必要的。

所以,先要〔解決〕一個事實:不變資本的新形成——與既經存在且既經使用掉的不變資本的再生產相區別——是以利潤爲源泉而流出的。那就是,一方面,假定工資只够再生產勞動力,別方面又假定全部剩餘價值是在利潤這個範疇內被把握,因爲直接佔有全部剩餘價值的是產業資本家,雖然他後來還要把其中一部分,在某處分給某人。

"資本主義企業者是國民所得的一般分配者;他是這種人,他付各種價值源泉的所有者以他們在年生產物中各應得的部分。他付勞動者以工資,付貨幣資本家以利息,付土地所有者以地租"。(蘭塞第 218 頁,219 頁)。

因爲我們把全部剩餘價值叫做利潤,所以我們考察產業資本家時,第一,把他們當作這種人,他們把所生產的全部剩餘價值先行佔有;第二,把他們當作這種人,他們會把這種剩餘價值,分割在土地所有者,貸放資本所有者,和他們自身之間。

新不變資本由利潤發生這句話,不外說,這種新的不變資本,是起因於勞動者的剩餘勞動的一部分。這好比,未開化人必須在打獵的時間之外,使用必要的時間來製造弓矢。又好比,在家長制的農業下,農民必須在耕作土地的時間之外,用一定量的勞動時間,來調製他大部分的工具。

但在這裏,問題是,誰勞動,來代置那已經在生產上使用掉的不變資本的等價?勞動者爲自己勞動的勞動部分,代置他的勞動工資;如就生產全體說,便是創造他的勞動工資。反之,他的形成利潤的剩餘勞動,一部分是當作資本家的消費基金,一部分是轉化爲追加資本。但資本家不是由這種剩餘勞動,或利潤,來代置那已經在它自身的生產上消耗掉的資本。從另一方面說,形成工資的必要勞動和形成利潤的剩餘勞動，構成全勞動日，在此以外，是不做勞動的。（資本家偶爾擔任的監督勞動和指揮勞動，也包括在勞動工資內。從這方面說，他也是工資勞動者，雖然不是任何別的資本家的工資勞動者，而是他自己的資本的工資勞動者）。這樣，代置不變資本的源泉，勞動，是從哪裏發生的呢？

投在工資上面的資本部分，將由新的生產代置（把剩餘勞動丟開不說）。勞動者把工資消費掉，但他加入的新勞動量，會和那由他破壞掉的舊勞動量一樣多；如果我們是考察全勞動階級，不為分工的現象所擾亂，他就不僅會生產同一的價值，並且會生產同一的使用價值，所以，同一個價值，同一個勞動量，將會視勞動的生產力如何，而當作一個較大量或較小量的相同諸種使用價值再生產出來。

假設社會是在任何時代，總會有一定額的不變資本，當作生產的條件，以極不相同的比例，同時存在於一切生產部門。這種資本，是斷然屬於生產範圍的，必須不斷付還給生產範圍，例如種子必須還給土地。看構成這種不變資本的商品的再生產是更便宜了，還是更昂貴了，這種不變資本的價值可以下落或者上騰。但雖有這種價值變動，它在它當作生產手段的生產過程內，仍不妨當作一個前提的價值，必須再現在生產物的價值內。所以，不變資本的價值變動，可以在這裏置於度外。在一切情形下，總有一定量過去的對象化的勞動，決定要移入生產物的價值內去。

不變資本不會在一年內將其全部價值移入生產物內，但像固定資本一樣要移入許多年的生產物量內的事實，也不會在這裏影響我們的問題。因為，在這裏，問題只在這一部分不變資本，這一部分是實際在一年內消費掉的，從而也必須在一年之內被代置。

為使問題更為確定起見，且假設生產成本或不變資本部分的價值是不變化的，不變的。

不變資本再生產的問題，顯明要屬於那一篇；在那一篇，我們才考察資本的再生產過程或流通過程。不過，在這裏，仍不妨把主要點解決。

我們且先說勞動者的工資。他爲資本家勞動十二小時，而受得一定的貨幣額，此額貨幣恐只有十小時勞動對象化於其內。這個工資將化爲生活資料。一切的生活資料，都是商品。假設這諸種商品的價格，與其價值相等。在這諸種商品的價值中，含有一個成分，與其內包含的原料和消費掉的生產手段的價值相當。但這諸種商品的一切價值成分，合起來，是和勞動者所支出的工資一樣，只包含十小時勞動。我們假設，這諸種商品的價值的三分之二，是由其內包含的不變資本的價值構成，三分之一是由那把生產物做成消費對象的勞動構成。所以，勞動者十小時的活勞動，代置了三分之二的不變資本，三分之一的活勞動（在當年加在對象物上的）。如果他所購的諸種生活資料即諸種商品，不包含不變資本；如果這諸種生活資料即諸種商品不費任何原料，也不需有任何勞動器具，那就會有兩種情形是可能的。或者，這諸種商品還是包含十小時勞動。在這場合，勞動者就是用十小時活勞動，代置十小時活勞動。或者，他用他的工資購買的，他的勞動力所依以再生產的同量諸種使用價值，只費$3\frac{1}{3}$小時勞動。在這場合，勞動者將只勞動$3\frac{1}{3}$小時的必要勞動，他的工資就會在事實上降落，而等於$3\frac{1}{3}$小時的對象化勞動。

假設商品是麻布：12 碼（這裏的問題，絕不是現實的價格）＝36 先令。其中三分之一，代表新加的勞動，三分之二代表原料（紗）和機械磨損。必要勞動時間＝10 小時，剩餘勞動＝2 小時。一小時勞動，用貨幣表示出來＝1 先令。在這場合，12 小時勞動＝12 先令，工資＝10 先令，利潤＝2 先令。假設勞動者和資本家支出其全部工資和利潤，那就是支出 12 先令，支出那加在原料和機械上面的總價值，支出那在麻紗轉化爲麻布時對象化在那當作消費品的麻布上的新勞動時間全部。（後來把一勞動日以上的時間再支出在這種生產物上的事，也是可能的）。一碼麻布費去 3 先令。勞動者和資本家，把他們的工資和利潤合起來，用12先令，只購買4碼麻布。在這4碼麻布中，包含着12小時的勞動，但其中只有4小時代表新加的勞動，8小時是代表已經實現在不變資本內的勞動。用這12小時勞動，工資和利潤合起來，只購買總生產物的三分之一，因爲總生產物的三分之二是由不變資本構成的。12小時勞動分爲4+8，其中4小時是代置它自身，其餘8小時是代置那在對象化形態上，即在棉紗和機械形態上，加到織布過程去的勞動。就生產物（商品）中那當作消費品（或者是爲什麽生產的目的，因爲商品出賣的目的，毫無關於我們的問題）來和工資及利潤交換或被工資及利潤購去的部分說，很明白，生產物價值中那由不變資本形成的部分，也是由那個分解爲工資及利潤的新加勞動的基金，來支付。究竟有多少不變資本，又有多少在最後生產過程中加入的勞動，是由工資和利潤的合計購去；換言之，最後加入的勞動和那在不變資本內實現的勞動，是依照什麽比例被支付，那要看它們原來是依照什麽比例，當作價值成分，加入完成商品之內。爲求簡單起見，我們且假設這個比例：即，三分之二是實現在不變資本內的勞動，三分之一是新加的勞動。

現在，有兩點是明白的：

第一：在麻布的場合，勞動者和資本家，因爲他們把工資和利潤實現在由他們自已生產的商品上，所以，會依照一定的比例，再購回他們自已的生產物的一部分。在他們把這個價值額投在他種生產物上時，這個比例還是保持不變。依照每個商品包含三分之二不變資本三分之一新加勞動的假設，工資和利潤合起來，總只能購買生產物的三分之一。12小時的勞動時間=4碼麻布。如果這4碼麻布轉化爲貨幣，它們就會成爲12先令。如果這12先令再轉化爲麻布以外的其他商品，它們也是購買價值12勞動小時的商品，其中4小時是新加的勞動，8小時是實現在不變資本上面的勞動。所以，假設在別種商品內是和在麻布內一樣，新加勞動對不變資本內實現的勞動，相互間是保持相同的原來的比例，這個比例便是一般的。

第二，如一日新加的勞動＝12小時，則在這12小時中，只有4小時是代置它自身，那就是，代置活的最後加入的勞動，其中8小時是支付已經實現在不變資本內的勞動。但那不由它自身代置的8小時活勞動，由誰支付呢？就是由那8小時已經實現的勞動。那已經包含在不變資本內，會和8小時活勞動相交換的。

所以，這是不容疑問的：完成品中那由工資利潤總額（它們合起來，不過代表那最後加在不變資本內的勞動）購去的部分，會在一切它的要素——這部分所包含的新加勞動，以及包含在不變資本內的勞動量——上被代置。這又是無疑問的：那包含在不變資本內的勞動，在這裏是由活的最後加到不變資本內的勞動基金，取得它的等價。

但到這裏，困難就發生了。十二小時織布勞動的總生產物＝12碼麻布，但其價值＝36小時勞動即36先令。織布勞動的總生產物的價值，和織布勞動自己所生產的價值，完全不同。工資和利潤合起來，或12小時的總勞動時間，在這36小時勞動中，只能購回12小時，或者說，只能購回4碼的總生產物，一點不能更多。其餘8碼又如何呢？

我們先要知道，這8碼不外代表已經支出的不變資本。但它現在已經取得一個轉化的使用價值形態。它現在是當作新的生產物，不再是麻紗，織機等等，而是當作麻布了。這8碼麻布，和那4碼由工資和利潤購去的麻布一樣，從價值方面考察，是包含在三分之一在織布過程中加入的勞動，三分之二原在不變資本內存在的對象化勞動。但以前那4碼，既然以新加勞動的三分之一，代置那包含在4碼中的織布勞動，三分之二代置那包含在4碼中的不變資本，所以反過來，在這8碼麻布內，也要以不變資本的三分之二，代置這8碼裏面包含的不變資本，不變資本的三分之一，代置這8碼裏面包含的新加勞動。

這8碼麻布——在其內，包含着全部在十二小時織布勞動中加入生產內的不變資本，那已經不見了，轉化成爲一個生產物的形態，決定供尤直接的個人的（不是產業的）消費了——將如何呢？這8碼是屬於資本家的。如果他要把它消費掉，像消費那代表利潤的$\frac{2}{3}$碼一樣，他就不能再生產那包含在十二小時織布過程內的不變資本了；並且，在所論爲這個十二小時的過程所包含的資本時，他也將不能以資本家的資格發生機能。所以，他會把這8碼麻布賣掉，把它轉化爲等於24先令或24小時勞動的貨幣額。在這裏，我們到難題目上來了。他把它賣給誰？他把它轉化爲誰所有的貨幣？關於這個問題，我們立卽會回來討論。我們還是先把進一步的過程看一看。

他一經把這8碼麻布（他的生產物的價值一部分，其價值等於他所墊支的不變資本的價值）轉化爲貨幣，把它賣掉，使它取得交換價值的形態，他就會用這個，再購買同種類（從使用價值方面說）的商品，他的不變資本原來就是由這種商品構成的。他會購買棉紗，織機等等。他會依照生產新麻布所必要的比例，把這24先令，分配在原料和生產手段上。

他的不變資本原來是由何種勞動的生產物構成，它在使用價值方面就須由何種勞動的新生產物代置。他再生產了它。但依照我們的假設，這種新的紗，織機等等，也是三分之二由不變資本，三分之一由新加勞動構成的。所以，如果前4碼麻布（新加的勞動和不變資本）完全由新加的勞動支付了，這8碼麻布就要由它自己的新生產出來的諸生產要素來代置。這諸種生產要素，也是一部分由新加勞動，一部分由不變資本形成的。所以，至少有一部分不變資本，要和別種形態上的不變資本相交換。生產物的這種代置是實在的，因爲在紗被加工成爲麻布時，麻會被加工成爲麻紗，麻種會被耕作成爲麻。又，當織機被利用時，會有新的織機被製造出來。並且當這種新織機被製造出來時，會有新的木材和鐵被開採出來。這些要素在某一生產部門被加工時，同時會在別一些生產部門被生產出來。但在這一切同時進行的生產過程（雖然各個代表一個較高的生產物階段）內，不變資本會〔依〕種種比例被消耗掉。

所以，完成品（麻布）的價值會分成兩部分，其中一部分被用來再購買那在同時生產的不變資本諸要素，別一部分被投在消費品上。爲求單純起見，我們且不說有一部分利潤會再轉化爲資本的事情，從而在這全部研究上，我們是假設，工資和利潤，即加在不變資本上的勞動全額，都當作所得被消費掉。

問題依然只是：總生產物的一部分，其價值被用來再購買當時新生產出來的不變資本諸要素的，將由誰去購買？誰購買這8碼麻布呢？

我們爲要斬斷一切的遁辭，且假設是這樣一種麻布，它是特別供個人消費，不是像製帆的布一樣，決定供生產消費的。在這裏，我們還須把一切只有媒介作用的中間商業活動，完全置於度外。比方說，這8碼麻布是賣給一個商人，並且不只通過一個商人，卻須通過二十個商人的手，要經過二十度的買和再賣；這樣，這8碼麻布，結局在第二十度，還是要由商人賣給現實的消費者；現實的消費者實際是支付給生產者，或支付給第二十個商人，不過這個商人，與消費者相對而言，也是代表第一個商人即現實生產者的。這一切的中間活動，不過把最後的交易推到側邊去，或者說，把最後的交易媒介成功，但不能說明這最後的交易。無論我們是問，是誰從麻布織造業者手裏購買這8碼麻布，還是問，是誰從第二十個商人手裏，把這8碼麻布買去，（在他手裏，這8碼麻布已經通過了一系列的交換行爲），問題總是一樣的。

這8碼麻布，和前4碼麻布一樣，必須移入消費基金內。那就是說，那只能由工資和利潤支付，因爲這是生產者的唯一的所得源泉；在這裏，生產者也只以消費者的資格出現。

這8碼麻布包含24小時勞動。所以，我們假設（十二小時假定是一般適用的標準勞動日），有其他兩個部門的勞動者和資本家，像織布業上的勞動者和資本家一樣，處分他們的勞動日全部，即支用其全部工資和利潤在麻布上面。（勞動者使用10小時，資本家使用他在每個勞動者10小時上面賺到的2小時剩餘勞動）。在這場合，麻布織造者賣掉了這8碼，他織造12碼的不變資本的價值，就被代置了；這個價值能够再投在不變資本所依以成立的諸種商品上，是因爲這諸種商品（紗，織機等等）是在市場上既有的，它們會在紗和織機被加工成爲麻布那時候被生產出來。紗和織機當作生產物出來的生產過程，和它們當作生產物加入（不是當作生產物出來）的生產過程，是同時並進的；這種同時並進的生產過程，說明了，麻布價值的一部分，與被加工的材料，織機等等的價值相等的，能够重新分解爲紗和織機等等。如果麻布的各種要素的生產，不與麻布自身的生產同時並進，那麼，就使這8碼麻布賣掉了，轉化爲貨幣了，也不能再由貨幣轉化爲麻布的諸種不變要素[24]。

但從另一方面說，雖然新的紗，新的織機等等，已經在市場上，雖然新的紗，新的織機等等，會在已成的紗，已成的織機被轉化爲麻布那時候被生產出來，雖然紗和織機的生產和麻布的生產同時進行，這8碼麻布，在未賣掉，未轉成貨幣以前，還是不能再轉化爲織布業者的不變資本的各種物質要素。所以，麻布諸種要素的生產，會與麻布自身的生產不斷在同時進行的事實，還不能說明不變資本的再生產；我們還須知道，購買這8碼麻布，使它再取得貨幣形態即交換價值形態的基金，是從哪裏來的。

爲要解決上述的困難，我們假設 B^1 和 B^2（假設一個是製鞋業者，一個是屠戶業者）把他們的工資和利潤的總額，那就是把他們所能支配的24小時的勞動時間，完全支出在8碼麻布上面。這樣，麻布織造業者A的困難就全然解除了。他的全部生產物，他的12碼麻布，（其內有36小時勞動對象化了），就全然由工資和利潤代置了，那就是由 A, B^1, B^2 這幾個生產部門新加在不變資本上面的勞動時間全部，來代置。一切在麻布內包含的勞動時間，無論是原先在不變資本內存在的，還是在織布過程內新加進去的，都是和這種勞動時間

24 例如，南北美戰爭的結果，棉織業者對於棉紗棉花就感到了這樣的情形。他們的生產物雖然售去了，但他們的貨幣還是不能再轉化爲生產手段，因爲市場上沒有棉花。

相交換，這種勞動時間不是原先已經當作不變資本存在某生產部門內的，而是同時在A，B^1，B^2這三個生產部門新加到不變資本內去的。說麻布的本來價值，會單純分解爲工資和利潤——因爲這個價值，會分解爲工資和利潤的總額的價值，即等於12小時織布勞動，和24小時在織布過程外已經包含在紗和織機等等不變資本上面的勞動——固依然是錯誤的，但說12碼麻布的等價，即12碼麻布已經售得的36先令，會單純分解爲工資和利潤，那就是，不只織布勞動，即紗和織機內包含的勞動，都單純由新加的勞動代置，即由A的12小時勞動，B^1的12小時勞動，B^2的12小時勞動代置，卻像是正確的。已售商品本身的價值，分解爲新加的勞動（工資和利潤）和原有的勞動（不變資本的價值）。但購買者所給於售賣者的購買價值，等價，只分解爲新加的勞動，爲工資和利潤。

但若說因爲每一個商品在出賣以前都是待賣的商品，並會由單純的形態變化變爲貨幣，所以每一種商品，當作已經售出的商品即當作買的商品（當作貨幣），是由不同的價值成分形成，那是不合理的。又，說（比方）一年內由社會實行的勞動，不只可以彌補它自身，以致如果我們把全商品量分成相等的二部分，年勞動的半數恰好成爲其他半數的等價，並且其中三分之一，還會等於三倍於它自身的量，那還是更不合理的。

在我們以上的例解中，我們把難點推進了一步，即由A推到B^1和B^2身上。但難點是由此增加了，沒有減少。第一，在A的場合，我們可以藉口說，4碼所包含的勞動時間，和加在紗上面的勞動時間恰好相等，所以A的利潤和工資的總額，將在麻布（自己的勞動的生產物）形態上被消費。在B^1和B^2的場合，情形不是這樣，因爲他們是把他們加進的勞動時間，消費在A部門的生產物（麻布）上，不是消費在B^1或B^2的生產物上。所以，他們的生產物中那包含24小時勞動的不變資本部分，固然要賣掉，他們生產物中代表新加在不變資本上面的12小時勞動的部分，也須賣掉。B^1必須售賣36小時，不是像A一樣，只售賣24小時。B^1是這樣，B^2也是這樣。

第二，爲要使A的不變資本賣掉，並轉化爲貨幣，我們不僅需有B^1的全部新加勞動，且也須有B^2的全部新加勞動。

第三，B^1和B^2不能以生產物的任何部分售於A，因爲A生產物中那分解爲所得的部分全體，已經由A的生產者支出在A自身的生產物上面了。他們也不能用他們自己的生產物的任何部分，來代置A的不變資本部分，因爲依照假設，他們的生產物不能用作A的生產要素，而只能加入個人的消費。所以，每進一步，困難總只有增加。

A的生產物包含36小時；爲要使這36小時單純和加在不變資本上面的勞動相交換，A的工資和利潤（在A部門新加的12小時勞動），須消費其自身的生產物的三分之一。總生產物的其餘三分之二，等於24小時的，是代表那包含在不變資本內的價值。這個價值，要和B^1或B^2的工資和利潤的總額，或新加勞動的總額相交換。但B^1和B^2要能以其生產物中分解爲工資和利潤的24小時購買麻布，他們已經要把這24小時，在他們自己的生產物的姿態上售賣出去。在此以外，他們爲要代置不變資本，還須把48小時，在他們自己的生產物的姿態上售賣出去。所以，他們有72小時的B^1和B^2的生產物要售賣出去，與別一些生產部門的利潤和工資的總額相交換。並且，因爲我們假設標準勞動日爲12小時，所以，必須有$12\times6=72$小時，或在六個其他生產部門加入的勞動，被實現在B^1和B^2的生產物上。那就是，必須有C^1——C^6諸生產部門各自加在不變資本上面的勞動的總額，即利潤和工資，被實現在B^1和B^2的生產物上。但這六個部門，又因其生產物沒有任何部分，是由本部門的生產者消費，（他們的所得全部，都用在B^1和B^2的生產物上了），所以，又須把他們的全部生產物賣掉，其中沒有任何部分，能在本部門之內解決掉。所以，這六個部門所須售賣的生產物，等於6×36小時勞動$=216$，其中144代表不變資本，72(6×12)代表新的勞動。要依類似的方法，把C^1——C^6的生產物轉化爲工資和利潤，卽轉化爲新加勞動，必須有十八個部門D^1——D^{18}的新加勞動，卽十八個部門的工資利潤總額，完全被投在C^1——C^6諸部門的生產物上。這十八個部門D^1——D^{18}因爲不消費其自身生產物的任何部分，因爲已經把他們的全部所得支出在C^1——C^6那六個部門內，所以有18×36小時勞動或648小時勞動必須售賣，其中18×12或216是新加的勞動，432是不變資本內包含的勞動。要使D^1——D^{18}的總生產物完全分解爲其他生產部門新加的勞動，或工資和利潤的總額，又必須有E^1——E^{54}諸部門的新加勞動，那是等於12×54＝648小時勞動。E^1——E^{54}諸部門的總生產物＝1944，（其中648＝12×54＝新加勞動，1296小時勞動等於包含在不變資本內的勞動）。如要與新加的勞動相交換，他們就須吸收F^1——F^{162}諸部門的新加勞動，因爲162×12＝1944；F^1——F^{162}又須吸收G^1——G^{486}諸部門的新加勞動，並依此類推下去。

這是一個美麗的無窮的過程；如果我們把一切生產物分解爲工資和利潤，爲新加的勞動，並認爲不僅加在一個商品內的勞動，並且它的不變資本，也須由別一個生產部門新加的勞動來支付，我們就會走上這個無窮的過程上去。

爲使這個序列的法則更爲一目瞭然起見，我們得式如下：

1.[25] A^1 生產物＝3勞動日＝36小時，12小時的新加勞動；24小時的不變資本。

2. B^{1-2} 生產物＝3×2＝6勞動日＝72小時。新加勞動＝12×2＝24小時。不變資本＝48＝2×24小時。

6. C^{1-6} 生產物＝3×6勞動日＝3×72小時＝216小時勞動。新加的勞動＝12×6小時勞動＝72；不變資本＝2×72＝144。

18. D^{1-18} 生產物＝3×18勞動日＝54勞動日＝648小時勞動。新加的勞動＝12×18＝216；不變資本＝432小時勞動。

54. E^{1-54} 生產物＝3×54勞動日＝162勞動日＝1944小時勞動。新加的勞

25 這裏假定的數字1，2，6等等，是指勞動日的日數，或是指不同諸生產部門的勞動種數；因爲我們假定每一個部門有一個勞動日。

動=12×54=648小時勞動；不變資本=1296小時勞動。

162. F^{1-162} 生產物=3×162勞動日=486勞動日=5832小時勞動；新加的勞動=12×162小時勞動=1944小時勞動；不變資本=3888小時勞動。

486. G^{1-486} 生產物=3×486=1456勞動日=17,496小時勞動。新加的勞動=12×486=5832小時勞動，不變資本=11,664小時勞動。以下類推。

不同諸生產部門（這裏有729個生產部門）有729個勞動日，即1+2+6+18+54+162+486。這已經是一個分工頗爲精密的社會了。

但我們且假設，到G部門，我們的推移就盡頭了。情形究將怎樣呢?我們將會有一個生產物，它包含着1456個勞動日，其中有486日是新加的勞動，972日是實現在不變資本內的勞動。這486勞動日，可以被投用到F^{1-162}諸部門。但包含在不變資本內的972勞動日，要由什麼去購買呢?在G^{486}部門之外，沒有任何新的生產部門，從而也沒有新的勞動部門了。而在它後面，除開F^{1}——F^{162}，又沒有任何部門可以和它們相交換。G^{1-486}已經把它們所包含的工資和利潤，完全用在F^{1-162}上面了。所以，在G^{1-486}總生產物中實現的672勞動日，與其不變資本價值相等的，依然是賣不出去。所以，我們把A的8碼麻布或24小時，（在其生產物內代表不變資本價值的）推延到將近800個生產部門，還是一點用處沒有。

有人以爲，如果A不把它的全部利潤和工資用在麻布上面，而以其中一部分用在B^1和B^2的生產物上，情形就會不同。但這種想像，也無濟於事。A，B^1，B^2內包含的新加的勞動時間，只能支配一個與其自身相等的勞動時間。他們多購這種生產物，便會少購別種生產物。那只會使我們的計算紊亂，決不會把結果改變。所以，怎樣辦呢?

在以上的計算上，我們得下式：

	生產物（勞動日）	新加勞動（勞動日）	不變資本（勞動日）
A=	3	1	2

B=	6	2	4
C=	18	6	12
D=	54	18	36
E=	162	54	108
F=	486	162	324
總計	729	243	486

假設，在上述的計算中，最後的324勞動日，F的不變資本，是由農民自己去代置，那就是從他自己的生產物取出來，把它再投回到土地去，從而，不是由新的勞動支付。在這情形下，計算也通得過去。不過，謎的得到解決，仍不過因爲不變資本一部分是自行代置，〔即不分解爲工資和利潤〕。

在事實上，我們有243勞動日，（與新加的勞動相等），是可以消費的。F諸部門的最後生產物的價值，486勞動日，是等於A至F諸部門所包含的全部不變資本的價值。爲要解決這個，我們假定在G之中，有486日新加的勞動。我們將會知道 在這場合，我們所要說明的，不是486日的不變資本，而是972勞動日的不變資本，那是G 1458勞動日的生產物內包含着的。假設在G部門內不使用任何不變資本，其生產物只等於486日新加的勞動，我們的計算雖然像是清楚了，但對於生產物中那與不變資本相當的價值成分將由誰購去的問題，我們仍不過用這樣的方法去解決：即，假設在一個場合，不變資本等於零，從而，不成爲生產物的價值成分。

爲要使A的全部生產物能够與新加的勞動相交換，能够分解爲利潤和工資，A，B^1，和B^2的全部追加勞動，必須支用在那實現在A生產物內的勞動上面。爲要使B^1+B^2的全部生產物賣掉，新加在C^1——C^6內的一切勞動，又必須如此支用。爲要購買C^1——C^6的全部生產物，新加在D^1——D^{18}生產物內的勞動全部又須如此支用。以下可以類推。最後，爲要使F^{1-162}的全部生產物賣掉，加在G^{1-486}生產物內的全部勞動時間，又須如此支用。在這由G^{1-486}代

26 那是由A自己消費的。

表的486個生產部門內，新加的勞動時間全部，是與F^{162}部門的生產物全部相等，而這全部由勞動代置的生產物，也和A，B^{1-2}，C^{1-6}，D^{1-18}，F^{1-162}內的不變資本一樣大。但G部門的不變資本，（倍於A——F^{162}所使用的不變資本），還是沒有被代置，不能被代置。

實際我們已經發現了，因爲依照我們的假定，每個生產部門新加勞動的原有勞動的比例是1:2，所以，爲要把前一生產部門的生產物購去，最後的生產部門G所包含的新加勞動，常須二倍於這全部生產物所包含的新加勞動。總之，在結果G上，像在出發點A上一樣，我們發覺，在它自己的生產物中，新加勞動所能購買的量，決不能更大於它自身的量；所以，它是不能把不變資本內既有的勞動購去的。

所以，所得的價值，決不能等於全部生產物的價值。但因在所得之外，沒有任何基金，可用以支付生產者售供個人消費的生產物，所以，減去所得的價值以後，全部生產物的價值，一般是沒有可能被售賣，被支付，或被用在個人消費上。不過，從另一方面說，每一種生產物都是必須被賣出，並依照它的價格被支付的。（在這裏，我們假設價格是與價值相等）。

並且，我們自始就預見了，交換行爲的介入，不同商品間或不同諸生產部門的生產物間的賣和買，不會使我們更向前進一步。就A，第一種商品麻布來說，我們有三分之一或12小時的新加勞動，和2×12或24小時原先存在資本內的勞動。工資和利潤，在A商品中，在A商品的等價（不管是哪一種生產物）中，都只能購回與12小時勞動相等的生產物部分。它們決不能把24小時的它自己的不變資本購回，也不能在任何別一種商品的等價上，把這種不變資本購回。在商品B，新加勞動和不變資本可能有不同的比例。但不變資本對新加勞動，無論在不同諸生產部門有怎樣不同的比例，我們總能求到平均數；假設在全社會或全資本家階級的總生產物中，在資本的總生產物中，新加的勞動＝a，當作不變資本原已存在的勞動＝b。或者，我們把在A（麻布）場合假定的比例1:2,用記號a:b表示出來。我們所要證明的,不過是:這兩個要素(一個要素是在一年或任一期間內加入的活勞動,別一個要素是當作不變資本原已存在的過去的勞動)間,常有某種依某種方法決定並且能够決定的比例存在着。如果附加在紗上的12小時,不是全部購買麻布,比方說,它只用當中的4小時購買麻布,這樣,當中就還有8小時,可以購買任何別一種生產物,不過合起來,不得多於12小時。如果它是用8小時購買別種生產物,A還要賣的,便不是24小時的麻布,而是32小時的麻布了。這個適用於A的例,也適用於全社會的總資本。不同諸種商品的交換的介入,只會使問題混亂,不會把問題改變。

我們且假定,A就是社會的總生產物,所以這個總生產物中,有三分之一,得由生產者自已消費,而由他們用他們的工資和利潤的總額,去購買,去支付。其餘待購買,待支付,待消費的三分之二,卻是他們沒有基金可以購買的。新加的勞動(即能轉化爲利潤和工資的三分之一),要由它本身的生產物,或由代表總勞動三分之一(新加勞動或其等價)的生產物的價值部分支付;同樣,這三分之二原有的勞動,也須由它本身的生產物支付。這就是說,不變資本總是不變資本,要由總生產物中那代表它本身的價值部分代置。不同諸商品間的交換,不同諸生產部門間賣者與買者的交易,不過會在形態上引起這樣一種區別:卽,不同諸生產部門的不變資本,會依照不同諸生產部門原來包含不變資本的比例來互相解決。

這一點,尙須更精密地加以決定。

B. 這個問題的進一步的研究:第二設問[27]

我們回來講我們的例。麻布織者A每日的生產物=12碼=36先令=36

27 草稿第283頁至300頁。最後一段,是由草稿第304頁錄下的。——K.

小時勞動，其中有12小時新加的勞動，得分解爲工資和利潤，其中24小時或二日，等於不變資本的價值，不過這種不變資本現今不是在紗和織機的舊形態上了，而是在麻布的形態上了；它是存在一個麻布量中，那等於24小時，等於24先令，其中所含的勞動量，和它所代置的紗和織機內所含的勞動量一樣多；如果紗和織機的價值不變，各產業部門的勞動的生產力也不變，我們用這個麻布量就能够把同量的紗和織機購回來。紡績業者和織機建造業者必須以其全部年生產物或日生產物（在這裏，就我們的目的說，二者是全然沒有差別的）售於織布業者，因爲紗和織機，只對於織布業者有使用價值。織布業者是它們的唯一的消費者。但當織布業者每日消費掉的不變資本等於2勞動日時，織布業者一勞動日，就須有紡績業者和織機建造業者2勞動日了，這2勞動日，會以極不同的比例，再分爲新加勞動和不變資本。但紡績業者和機械業者（假設他只建造織機）二者合起來，一日的生產物，不變資本和新加勞動合起來，決不能多過二勞動日，而織布業者一日的生產物全部，卻因有他新加入的12小時勞動，所以是等於三勞動日。紡績業者和機械建造業者，和織布業者消費同樣多的活勞動的情形，是可能的。在這場合，他們的不變資本內包含的勞動時間，是必須更小。這個或者那個。但在任一場合，他們所能使用的勞動量，對象化勞動和活勞動的總和，總不能和織布業者所使用的相等。與紡績業者相比，織布業者很可能只使用比例更小的活勞動時間。並且，舉例來說，與種麻者比較，紡績者就確乎只使用比例更小的活勞動時間：在這場合，他的不變資本超過可變資本部分的超過額，就不得不依比例成爲更大的。

所以，織布業者的不變資本，會代置紡績業者的全部資本，不只代置他們的不變資本，並且代置那在紡織過程和機械建造過程上新加入的勞動。他們把他們的商品賣給織布業者時，不僅代置了他們的不變資本，並且取得了他們的新加勞動的代價。織布業者的不變資本，替他們把不變資本代置了，又實現了他們的所得，即工資和利潤的總和。在織布業者的不變資本中，且只說那只替他們代置他們的不變資本的部分。那是他們在紗和織機形態上交付給他的。就這一部分說，就不過是以一種形態上的不變資本，交換別一種形態上的不變資本。在事實上，不變資本的價值不會發生任何變化。

但我們且再追溯上去。紡績業者的生產物，也分成二部分，先用一部分，分成麻，紡錘，煤炭等等不變資本，再用一部分，分成加入的勞動。機械建造業者的總生產物，也是這樣。紡績業者代置其不變資本時，他不僅須支付紡績製造業者等等的總資本，且須支付種麻業者的總資本。他的不變資本，須支付他們的不變資本一部分加上新加的勞動。現在再就種麻業者來說，在農具等等被扣下之後，他的不變資本是分成種子，肥料等等。我們假設，在農業上面，多少曲折的，常會發生如下的情形：即，租地農業家的不變資本一部分，會逐年在他自己的生產物內，形成一個減除額，即逐年從他自己的生產物，被投回到土地，被投回生產上面來，在這場合，我們發覺，有一部分不變資本，是自行代置的，沒有拿去賣，沒有被支付，也沒有被消費，那就是不加入個人的消費領域。種子等等的價值，雖然會加入總生產物的價值內，但這同一的價值，不會在流通中出現，因爲同一的生產物量（假設勞動的生產力保持不變）將從總生產物再提出，再投回到生產上面。在這裏，我們至少有一部分不變資本，當作農業的原料看，是自行代置的。所以，在這裏，我們在常年生產中，發現了一個巨大的部門，從範圍和資本量言，都是最巨大的部門；在其中，那由原料（除人造的肥料等等）構成的不變資本部分，是自行代置的，它不加入流通，所以，不是由任何形態的所得去代置。不變資本中那由種麻業者自行代置自行支付的部分，無需由紡績業者付回種麻業者，也無需由織布業者付回紡績業者，或由麻布購買者付回織布業者。

我們且假設，一切直接或間接參加12碼麻布生產的人，都是用麻布得到支付。很明白，麻布各種要素的生產者，即麻布不變資本的生產者，不能消費他們自己的生產物，因爲這種生產物是爲生產的目的而生產的，它們不會加入直接的消費。他們一定會把他們的工資和利潤用在麻布上面，即最後要加入個人消費界的生產物上面。不用在麻布上面的，也一定會被他們用在別種可消費的照價值來和麻布交換的生產物上面。這是和消費在麻布上面一樣，因爲他們消費別種生產物，別種生產物的生產者也會消費麻布。所以，不講到交換，這全部的謎必須由如下的考察來說明：即，這12碼麻布是怎樣在一切生產者間分配。這一切生產者，或曾參加這12碼麻布的生產，或曾參加這12碼麻布的要素的生產。

紡績業者和織機建造業者，用勞動，把他們的生產物的價值三分之一加進去；他們的不變資本，構成紗和織機的三分之二。所以，他們能够在8碼麻布（24小時或24先令，那會代置他們的全部生產物）中消費掉三分之一，即消費$2\frac{2}{3}$碼麻布或8小時勞動或8先令。

在那代置織布業者不變資本的8碼麻布中，有2碼=6先令=6小時，會由紡績業者消費，$\frac{2}{3}$碼（2先令，2小時勞動）由織機等等的建造業者消費。

剩下要我們說明的，是$8-2\frac{2}{3}$碼，即$5\frac{1}{3}$碼（=16先令=16小時勞動）。這剩下的$5\frac{1}{3}$碼，是像下面這樣分解的。我們假設，在8碼中，有6碼得自紗，2碼得自織機。其中，4碼代表紡績業者的不變資本，即代表紗的要素；$1\frac{1}{3}$碼代表織機建造業者的不變資本。而分解爲紡績業者不變資本的那4碼中，有3碼分解爲麻，1碼分解爲紡績機。

在麻之中，有一大部分不變資本，應用在它的生產上面的，無需乎代置，但由種麻業者自己，在種子，肥料，家畜飼料等等形態上，再投回土地去。所以，在由他賣出的那部分生產物中，只有工具的磨損等等被算做不變資本。在這場合，我們估計，新加的勞動至少有三分之二（2碼），要代置的不變資本至多只有三分之一（1碼）。

留下待我們計算的，還有織機建造業者的不變資本。織機等於2碼，其不變資本＝$1\frac{1}{3}$碼（＝4先令＝4小時勞動）。最後，一碼（3先令，3小時勞動*）代表紡績機內包含的總生產物。織機的和紡績機的建造業者，也許是同一個人。

我們先把那由機械建造業者，因紡績機的緣故，可以取來消費的部分，除下來。

紡績機　總生產物＝1碼{3先令 3小時勞動}

不變資本	新加勞動	可消費部分
$\frac{2}{3}$碼	$\frac{1}{3}$碼	$\frac{1}{3}$碼
2先令	1先令	1先令
2小時勞動	1小時勞動	1小時勞動

其次，把農業機械（種麻業者的不變資本）分解爲可消費部分的，除下來。

農業機械　總生產物＝1碼{3先令 3小時勞動}

不變資本	新加勞動	可消費部分
$\frac{2}{3}$碼	$\frac{1}{3}$碼	$\frac{1}{3}$碼
2先令	1先令	1先令
2小時勞動	1小時勞動	1小時勞動

把結果寫成一個表的形式，得：

織布業者

總生產物…………………12碼
不變資本…………………… 8碼
新加的織布勞動12小時＝4碼
消費……………………… 4碼

紡績業者		織機建造業者	
總生產物	6碼	總生產物	2碼

* 原版爲"1先令，1小時勞動"。——譯者。

不變資本	4碼
紡績勞動	2碼
消費	2碼

種麻業者

總生產物	3碼
不變資本	1碼
農業勞動	2碼
消費	2碼

不變資本	$\frac{4}{3}$碼
機械建造勞動	$\frac{2}{3}$碼
消費	$\frac{2}{3}$碼

紡績機建造業者

總生產物	1碼
不變資本	$\frac{2}{3}$碼
機械建造勞動	$\frac{1}{3}$碼
消費	$\frac{1}{3}$碼

農業機械建造業者

總生產物	1碼
不變資本	$\frac{2}{3}$碼
機械建造勞動	$\frac{1}{3}$碼
消費	$\frac{1}{3}$碼

把那分解爲機械的總生產物部分加起來,其中2碼是爲織機的,1碼是爲紡績機的,1碼是爲農業機械的,合計起來,是4碼,是總生產物12碼麻布的三分之一。在這4碼中有,$\frac{2}{3}$碼,是歸織機建造業者消費的,$\frac{1}{3}$碼是歸紡績機建造業者消費的,$\frac{1}{3}$碼是歸農業機械建造業者消費的,合起來是$1\frac{1}{2}$碼。還有$2\frac{2}{3}$碼,其中$\frac{4}{3}$碼代表織機的不變資本,$\frac{2}{3}$碼代表紡績機的不變資本,$\frac{2}{3}$碼代表農業機械的不變資本。所以,這形成了機械建造業者待代置的不變資本。

這種不變資本分解爲什麽呢?一方面是分解爲它的原料,鐵,木,皮帶等等。另一方面,是分解爲他的因製造機械而被磨損掉的工作機部分(這種工作機,可以是機械建造業者自己建造的)。我們且假設原料等於這種不變資本的四分之三，建造機械的機械等於其四分之一。用在木和鐵上面的四分之三，是等於$2\frac{2}{3}$碼的四分之三，即是2碼[28]。

先考察木和鐵等等的形成。

我們假設，在此際，是三分之一爲機械，三分之二爲新加的勞動(因爲這裏用不着原料)，所以，2碼的三分之二代置新加的勞動，2碼的三分之一即$\frac{2}{3}$碼代置機械、鐵生產者和木生產者(可總稱爲開採工業)的不變資本，只由我們這裏統稱爲機械的生產工具構成，不包含原料。

與機械建造業者的不變資本相當的，是$2\frac{2}{3}$碼。這$2\frac{2}{3}$碼的四分之一，即$\frac{2}{3}$碼，代置他的建造機械的機械。但這種機械又分解爲原料(鐵，木等等)，機械(爲建造那建造機械的機械而被使用的)的磨損和新加的勞動。所以，如果最後一個要素是等於三分之一，那就有$\frac{2}{9}$碼，爲新加的勞動而被解決掉了；剩下$\frac{4}{9}$碼，是不變資本，那是要在建造機械用的機械形態上代置的。其中$\frac{3}{9}$碼是代表原料。$\frac{1}{9}$碼是代置這個價值成分，那是爲把原料加工好的機械而用的。

從另一方面說，代置鐵，木生產者的機械的$\frac{2}{3}$碼，也是分解爲原料，機械，和新加勞動 如果新加勞動等於三分之一，即$\frac{2}{9}$碼，則在這部分機械形態上的不變資本，等於$\frac{4}{9}$碼.其中$\frac{3}{9}$碼代表原料，$\frac{1}{9}$碼代置機械磨損。

在機械建造業者手裏，還有$\frac{1}{9}$碼，當作不變資本，代置其機械磨損，即代置

28 照原稿，原料和製造機械的機械磨損間的比例，在這裏是假定爲三分之二對三分之一，後來是二分之一對二分之一，但最後是四分之三對四分之一。馬克思在這種計算上，常常變更他的前提；由此，那已經很複雜的說明，是更見複雜了。我試把當中的前提儘量加以統一。我這裏用四分之三代替三分之二，因爲這個更單純的數字，不會引出大的分數來。——K.

他的建造機械的機械的磨損；在鐵生產者木生產者手裏，也還有$\frac{1}{9}$碼，代置機械的磨損；合起來，是$\frac{2}{9}$碼。

從另一方面說，在機械建造業者手裏要代置的不變資本中，有$\frac{3}{9}$碼代置建造機械的機械所包含的原料，$\frac{3}{9}$碼代置鐵，木生產家的機械所包含的原料，合共$\frac{6}{9}=\frac{2}{3}$碼。但其中又有三分之二，分解爲新加的勞動，三分之一分解爲磨損掉的機械。所以，在這$\frac{6}{9}$碼中，有$\frac{4}{9}$碼被用來支付勞動。但在這種原料中，還是有$\frac{2}{9}$碼被用來代置機械。這$\frac{2}{9}$碼會再回到機械建造業者手裏。以是，在機械建造業者手裏，還有$\frac{1}{9}$碼，當作建造機械的機械的磨損，$\frac{1}{9}$碼當作要由鐵，木生產者代置的機械的磨損，還有$\frac{2}{9}$碼，當作在原料，鐵等等形態上代置機械的價值成分。

我們可以這樣無窮推演下去，其分數益益變得小，但這12碼麻布始終沒有能够解決掉。

我們以上進行的研究，可以概括如下：

第一，在不同諸生產部門內，新加勞動和勞動所依以加入的不變資本之間，會有不同的比例，但我們假設有一個平均比例，例如a新加勞動，b不變資本，或假設二者的平均比例爲1:2。當資本的各生產部門都是如此時，則在一定的生產部門內，新加勞動（工資和利潤合起來），常只購買其自身生產物的三分之一，因爲工資和利潤合起來，在那實現在生產物內的總勞動時間中，只形成三分之一。但生產物中那代置不變資本的三分之二，也屬於資本家。如果他要繼續生產，他就須代置他的不變資本，從而，把他的生產物的三分之二再化爲不變資本。他必須爲這個目的，把這三分之二賣掉。

但賣給誰呢？能够由利潤和工資的總和購去的生產物三分之一，我們已經解決掉了。如果這個總和代表一勞動日或12小時，則價值與不變資本相等的生產物部分，是代表二勞動日或24小時。所以我們假設，生產物的三分之一，由別一個生產部門的工資和利潤購去，生產物的最後三分之一，將由第三個生產部門購去。這時候，第I個生產物的不變資本，是只與工資和利潤相交換了，那就是，和新加的勞動相交換了，但第II個生產物和第III個生產物的新加勞動全部，卻要被用來消費第I個生產物的不變資本。第II個生產物和第III個生產物所包含的六勞動日（新加勞動和原有勞動），既不由第I個生產物內包含的勞動來代置，來購買，也不由第II個生產物或第III個生產物內包含的勞動來代置，來購買。所以，我們必須再假設有別種生產物的生產者，會把他們的新加勞動全部，投用來購買第II個生產物和第III個生產物。最後，我們總會得到一個生產物，在其內，新加勞動是和以前一切生產物的不變資本相等，但它自己的更大的三分之二不變資本，還是賣不出去。問題並沒有一步進展。在第X個生產物上，是和在第I個生產物上一樣，我們要問，代置不變資本的生產物部分，將賣給誰？加在生產物上的三分之一新勞動，能够代置那在生產物內包含的三分之一新加勞動和三分之二既有勞動麼？$\frac{1}{3}$能够等於$\frac{3}{3}$麼？

由此指示了，把困難由第I個生產物推延到第II個生產物，並依此推延下去，簡言之，單純商品交換的媒介，是無濟於事的。

所以，我們且把問題換一個方式提出。

我們假設，12碼麻布＝36先令＝36小時勞動，是一個生產物，在其內，有12小時或一日的織布勞動（必要勞動與剩餘勞動合起來，等於利潤加工資的總和），但其三分之二是代表麻布內包含的不變資本（紗和機械等等）的價值。為要斬斷一切遁辭和中介作用，我們再假設，麻布是屬於這一類，決定要供充個人的消費，絕不能在新生產物內再成為原料。由此，我們假設，它是這樣一種生產物，那必須由工資和利潤來支付，必須和所得相交換。最後，爲求簡單化起見，我們還假設，利潤沒有任何部分，再化爲資本，全部利潤都是當作所得來支出。

就最先的4碼說，即就生產物的第一個三分之一說，那是等於12小時由織布業者加入的勞動，所以是很容易解決的。它會分解爲工資和利潤：它的價值，和織布業者的工資和利潤的總和的價值，恰好相等。所以，它將會由他和他的勞動者們自已消費掉。這4碼的解決，是絕對的。因爲，如果利潤和工資不消費在麻布上面，而消費在別種生產物上面，那不過因爲有別種生產物的生產家，不把那應由他們自已消費的部分，用在他們自已的生產物上，卻把它用在麻布上面。比方，假設這4碼麻布中，麻布織者自已只消費1碼，3碼是由他消費在肉，麵包，布疋上面。這4碼麻布的價值，就依然是由麻布織者自已消費掉；不過他把這個價值的四分之三，消費在別種商品的形態上，同時別種商品的生產者，又把那由他們當作工資和利潤生產的肉，麵包，和布疋，消費在麻布的形態上。在這全部研究上面，我們常假設，商品會賣掉，並且依照價值賣掉。在這裏，我們當然也是這樣假設的。

但眞正的問題來了。織布業者的不變資本，現今是在8碼麻布的形態上＝24小時勞動＝24先令；如果他要繼續生產，他必須把這8碼麻布轉化爲貨幣，爲24先令，並用這24先令，購買市場上現有的新生產的商品，來形成他的不變資本。爲使問題簡單化起見，且假設，他不是經若干年後才把他的機械代置，卻是逐日由他的生產物的代價，在自然形態上把機械的一部分予以代置，那就是，把機械價值逐日磨損的部分，予以代置。他必須以不變資本的要素，或其勞動的客觀生產條件，代置生產物的這個部分，這個部分是與消費掉的不變資本價值相等的。在另一方面，他的生產物，麻布，不會當作生產手段，加入任何別一個生產部門，卻是加入個人的消費。所以，他只能在如下的情形下，代置他生產物中那代表不變資本的部分：那就是，用這個部分和所得相交換，或者說，和別一些生產家的生產物中那分解爲工資和利潤，即分解爲新加勞動的價值部分相交換。這樣，問題就在正確的形式上面提出了。成爲問題的，只是：它在什麽條件下才可以解決。

我們第一次把握這問題時遇到的困難，現在有一部分被排除了。雖然在每一生產部門新加的勞動都是等於三分之一，並依照假設，不變資本都是等於三分之二，但這三分之一的新加勞動或所得的價值總額，只能消費在那種直接生產個人消費品的產業部門的生產物上。其他一切產業部門的生產物，是只能當作資本被消費，那就是只能加入產業的消費。

由8碼（＝24小時＝24先令）代表的不變資本，是由紗（原料）和機械構成的。假設四分之三是原料，四分之一是機械。（在原料裏面，還可算入各種補助材料如油，炭等等。但爲求簡單起見，不如把它全然丢開）。紗費18先令或18小時勞動＝6碼，機械費6先令或6小時勞動＝2碼。

當織布業者用他的8碼麻布，購買值6碼的紗，值2碼的機械時，他用他的不變資本8碼，就不僅代置了紡績業者和織機建造業者的不變資本，且還代置了他們新加入的勞動。表現爲織布業者不變資本的東西的一部分，在紡績業者和機械建造業者方面，會表現爲新加的勞動，從而，在他們看來，不是分解爲資本，而是分解爲所得！

在6碼麻布中，紡績業者能消費其三分之一即2碼（等於新加的勞動，利潤和工資）。4碼對於他只代置麻和機械。比方說，3碼代置麻，1碼代置機械，那是他必須支付的。

織布業者爲織機，會以2碼支付給機械建造業者。在這2碼中，機械建造業者能够消費$\frac{2}{3}$碼；還有$\frac{4}{3}$碼，只能代置鐵和木（簡言之，就是原料）和建造機械所用的機械。比方說，在這$\frac{4}{3}$碼中，1碼代置原料，$\frac{1}{3}$碼代置機械。

至此爲止，我們在12碼麻布中：(1) 4碼由織布業者消費了；(2) 2碼由紡績業者消費了;(3)$\frac{2}{3}$碼由機械建造業者消費了,合共$6\frac{2}{3}$碼。留下待計算的,還有 $5\frac{1}{5}$碼。這$5\frac{1}{5}$碼,是像下面那樣解決的。

其中 4 碼的價値,會由紡績業者用 3 碼代置麻,1 碼代置機械。其餘$1\frac{1}{3}$碼,會由機械建造業者用 1 碼代置鐵等等,$\frac{1}{3}$碼代置他自己建造機械時所使用的機械。

代置麻的 3 碼,會由紡績業者付給種麻業者。在種麻業者的場合,我們遇見了這個特徵 卽,他的不變資本的一部分(卽種子,肥料等等,簡言之,包括一切再投回到土地上面的土地生產物),不會在流通中出現,從而不須從他所賣的生產物內減去;所以,他的生產物(除了那代置機械,人造肥料等等的部分),也許只表現爲新加勞動,從而只分解爲工資和利潤。這裏,我們必須假設,總生產物的三分之二是新加勞動,所以在這 3 碼中,會有 2 碼在這個範圍內解決掉。其餘的部分,是應歸於機械的[29]。

在我們待要消費的 $5\frac{1}{3}$碼中,減去 2 碼,還剩下 $3\frac{1}{3}$碼。

在種麻者方面,還剩下 1 碼,由他用來購買機械。

機械建造業者的計算是:他會在機械的不變資本中,把 1 碼用在鐵等等上面,把$\frac{1}{3}$碼用來代置生產織機時所使用的機械的磨損。紡績業者也會用 1 碼,向機械建造業者購買紡績機,種麻業者會用 1 碼向機械建造業者購買農具。在這 2 碼中,機械建造業者又會把三分之一,當作新加勞動消費掉,把三分之二,爲那支出在紡績機和農具上面的不變資本而支出。所以,有$\frac{2}{3}$碼會再被機械

29　在這裏,馬克思假設只有$\frac{1}{2}$碼;在以前,他却以 1 碼計算農業機械。以下的計算,就是從這個新的假定出發的。爲使說明的統一性得以保持起見,我在本文槪用 1碼,不用$\frac{1}{2}$碼,並依此把數字換算了一下。——K.

建造業者消費；$\frac{4}{3}$碼分解爲不變資本。所以，在尙未消費的 $3\frac{1}{3}$碼中，又有$\frac{2}{3}$碼解决掉了。但還剩下$2\frac{2}{3}$碼。

在機械建造業者手裏分解爲不變資本的$\frac{4}{3}$碼中，會有四分之三卽1碼，被用在原料，鐵，木等等上面，四分之一卽$\frac{1}{3}$碼代置那建造機械的機械的磨損。

全部計算，現在是像下面：

機械建造業者的不變資本

	代置原料	代置機械磨損
織機的	1碼	$\frac{1}{3}$碼
紡績機和農具的	1碼	$\frac{1}{3}$碼
	2碼	$\frac{2}{8}$碼

這2碼被用來向鐵生產者和木生產者，購買等價值的鐵和木。但這裏一個新的問題浮起來了。在種麻業者的場合，原料，不變資本的這一部分，不會加到他所賣的生產物內，因爲我們已經把它除開了。而在鐵生產者和木生產者的場合，我們也須把全部生產物分解爲新加勞動和機械。我們且假設，在這裏，追加的勞動形成生產物的三分之二，機械形成生產物的三分之一，所以，在這2碼中有$\frac{4}{3}$碼是可以消費的。還有$\frac{2}{3}$碼，是當作不變資本，用在機械上面。這$\frac{2}{3}$碼會流回到機械建造業者手裏。所以，12碼的餘額，是由一個$\frac{2}{3}$碼（那是機械建造業者爲本人的機械磨損，而付給他本人的）和另一個$\frac{2}{3}$碼，（那是鐵生產家和木生產家爲機械而付給機械建造業者的）構成的，合共$\frac{4}{3}$碼。

假設鐵生產家木生產家付還給機械建造業者的$\frac{2}{3}$碼（$=\frac{6}{9}$碼）中，有三分之二，卽$\frac{2}{9}$碼，是新加的勞動。這$\frac{2}{9}$碼會被消費掉，其餘$\frac{4}{9}$碼則代表木生產家的斧頭和鐵生產家的機械所包含的不變資本。其中四分之三卽$\frac{3}{6}$碼，等於原鐵，木材等等，四分之一卽$\frac{1}{9}$碼，等於使用掉的機械。

所以，有$\frac{2}{3}+\frac{1}{9}$碼卽$\frac{7}{9}$碼，與建造機械的機械的磨損相當。

就把那代表木和鐵的$\frac{3}{9}$碼，再分解爲它的各種成分，而以其中一部分付還給機械建造業者，一部分付還給鐵生產家和木生產家，也是全然沒有用處。那總會留下一個餘額來，成爲一個無窮無盡的序列。

所以，我們就照我們現在這樣的情形，來考察罷。

機械建造業者自已保留$\frac{7}{9}$碼的價值，來代置磨損掉的機械。

$\frac{3}{9}$碼代表木和鐵的價值。機械建造業者把這$\frac{3}{9}$碼給予鐵生產家和木生產家，來代置他的原料。這樣，我們得到$\frac{7}{9}+\frac{3}{9}$碼卽$\frac{10}{9}$碼，當作餘額。

機械建造業者當作餘額取來代置機械磨損的$\frac{7}{9}$碼，是等於$\frac{7}{3}$先令或$2\frac{1}{3}$先令，或$2\frac{1}{3}$小時勞動。機械建造業者不能用這個價值，受得任何麻布；他必須把這個麻布再賣掉，換到$2\frac{1}{3}$先令，來代置他的機械的磨損，簡言之，建造一架建造機械的機械。但賣給誰呢？賣給鐵和木以外的各種生產物的生產者麼？但這一切生產者，已經把他們能够消費在麻布上面的一切，消費在麻布上面了。只有形成織布業者工資和利潤的4碼，能够和他們的不變資本所包含的生產物以外的各種生產物，或這個資本所依以自行代置的勞動相交換。不過，那4碼我們已經計算過了。或者，他是用這個支付給勞動者？但我們已經把勞動者在這上面加進的一切，從他的生產物內扣除掉了，並且假定那是全然消費在麻布上面了。

爲要把問題換一個方式表示：

用來代置機械的東西	
織布業者有	2碼＝6 先令＝6 小時勞動
紡績業者有	1碼＝3 先令＝3 小時勞動
種麻業者有	1碼＝3 先令＝3 小時勞動
木生產家鐵生產家有	$\frac{2}{3}$碼＝2 先令＝2 小時勞動
	$4\frac{2}{3}$碼＝14 先令＝14 小時勞動

這就是投在機械上面的總碼數，或者說是麻布價值中由機械構成的部分的總和。

在這$4\frac{2}{3}$碼中，要爲利潤和工資，除去三分之一，即除去$\frac{14}{9}$碼。

留下爲不變資本的，有$\frac{28}{9}$碼。其中四分之三即$\frac{21}{9}$碼是爲原料的，四分之一即$\frac{7}{9}$碼，是爲機械的磨損的。

這$\frac{7}{9}$碼，代置機械磨損的，便是留在機械建造業者帳內的全部。爲原料之故，他會把$\frac{21}{9}$碼或 $2\frac{1}{3}$碼，付給鐵生產者和木生產者。

因爲木生產者和鐵生產者所有能够用在機械代置上面的東西，即$\frac{2}{3}$碼，已經在計算上，劃到機械建造業者方面了，所以要他們再對機械負什麼責任，是錯誤的。生產鐵和木所需用的全部機械，都已經在這個項目下計算過了，所以，不能二度計算進去。最後的$2\frac{1}{3}$碼，爲鐵和木而支付的，是純粹分解爲勞動，(因爲在這場合，不包含原料），可以消費在麻布上面。

剩下的全部剩餘，仍是$\frac{7}{9}$碼，那代置機械建造業者所使用的機械的磨損。

這全部問題，已經有一部分，由這個方法解決了：即農業者的不變資本的一部分，不分解爲新加勞動，也不分解爲機械，是全然不流通的，會由它自身的生產，抽出來代置它自身。所以，除去機械之後，他的全部流通的生產物，是分解爲工資和利潤，從而可以被消費在麻布上面。這是解決的一部分。別一部分是，在一個生產部門表現爲不變資本的東西，會在其他生產部門，當作同年加入的新勞動表現出來。在織布業者手裏表現爲不變資本的東西，就有一大部分，分解爲紡績業者，機械建造業者，種麻業者，鐵，木生產者們的所得。

這是很明白的，比方說，一個兼營紡與織的工廠主的不變資本，和一個專營織布事業的工廠主的比較，會更小；他的新加勞動會更大，那就是他生產物中分解爲新加勞動，爲利潤和工資的部分，會比較更大。在織布業者的場合，所得＝4碼＝12先令；不變資本＝8碼＝24先令。如果他兼營紡與織，他的所得就＝6碼。他的不變資本也是＝6碼；卽2碼爲織機，3碼爲麻，1碼爲紡績機。

但第三，我們以上發現的分解法，是由這樣成立：卽，一切生產過程，只爲那些結局會加入個人消費界的生產物，供給原料或生產手段的，都不能把它們的所得，消費在它們自身的生產物上面，只能把那種所得，消費在可消費的生產物上面，或者說，只能依相等的價値額，與別個生產者的可消費的生產物相交換。它們不把它們的新加勞動，實現在它們自已的生產物內，卻實現在可消費的生產物內，好像那只是由工資和利潤構成的，只是由新加勞動構成的一般。

所以，問題的未決部分，已經還原爲這樣：卽，機械建造業者爲建造機械而用的機械會有磨損。（這裏不是說所使用的工作機的磨損，因爲這種磨損，會分解爲新勞動，這種新勞動，把新機械的形態，給予於那種沒有在原料形態上破費什麼的原料）。代置這種磨損的$\frac{7}{9}$碼，將會如何？或者換一個形式說，機械建造業者在什麼條件下，方才能够把這$\frac{7}{9}$碼，消費在麻布上，同時又代置他的機械？這就是眞正的問題。這種情形，實際也會發生，並且必然會發生。所以，問題是：這種現象要怎樣去說明？

除了在農業（飼畜業，捕魚業，培林業等等由人工經營再生產的事業，也包括在內）上面，——從而，除了衣服的原料，眞正的食料，以及大部分在產業上當作固定資本用的生產物，如帆布，繩索，皮革等等，——我們還在開礦業上面，發現不變資本一部分是在自然形態上由生產物去代置的，所以，加入流通的生產物部分，用不着代置固定資本的這一部分，比方說，在煤炭的生產上，將有一部分煤炭，被利用來推動那被用來抽水或開採煤炭的蒸汽機。年生產物的價值，有一部分是等於原已在煤炭上存在而在煤炭生產上消費掉的勞動部分，一部分是等於新加勞動的量，（把機械的磨損等等除開不說）。但不變資本中那由煤炭構成的部分，會直接在總生產物內扣除下來，再投到生產上去。生產者會自己把它代置，所以不須有誰替他去代置它。如果勞動的生產力不下落也不上升，生產物這一部分所代表的價值部分，也就保持不變，而與勞動量的一定的可除部分相等；這個勞動量，一部分是當作原有的勞動，一部分是當作當年加入的勞動，對象化在生產物內的。在其他各種開礦業上，我們也有時看見，不變資本有一部分，是在自然形態上實行代置的。

在這裏，我們還要考察生產物的廢屑，例如棉花廢屑，那會當作肥料，加到農業上面去，或當作其他產業部門的原料，例如襤布當作造紙的原料。在這樣的情形下，像在前一種情形下一樣，一個產業的不變資本的一部分，會直接和別種產業的不變資本相交換。例如，棉花與當作肥料的棉花廢屑，會互相交換。

一方面是機械製造和原料生產（鐵，木，炭等等原料的生產），別一方面是其他各種生產部門。一般說，在這二者之間，有一個主要的區別。後者是沒有交互作用發生的。麻布不能成爲紡績業的不變資本的部分。紗本身也不能成爲種麻業者或機械建造業者的不變資本的部分。但機械的原料，除了由皮革，繩索等等農產物構成外，還由木，鐵，炭等等構成；同時，機械也會當作生產手段，再成爲木，鐵，炭等等生產家的不變資本。在實際上，二者也都會在自然形態上，自行代置不變資本一部分。這裏我們就看見了不變資本與不變資本的交換。鐵生產者會在機械建造業者之前，計算那在鐵生產上使用的機械的磨損；機械建造業者也會計算那被他用來建造機械的機械的磨損。假設鐵生產家和煤炭生產家同是一個人。第一，像我們講過的，他會自行把煤炭代置。第二，他的鐵和煤炭的生產物，全部的價值，是等於加入勞動的價值加磨損掉的機械內原有的勞動的價值。這個總生產物，除去代置機械的鐵量，會剩下一個鐵量，分解爲新加的勞動 這後一部分，形成機械建造業者的原料。對於這後一部分，機械建造業者會用麻布，對鐵生產者，實行支付。前一部分 就會被鐵生產者，用來購買機械，以代置他的機械的磨損。

在另一方面，我們發現了機械建造業者的不變資本的一部分，是分解爲他的建造機械的機械，工具等等的磨損——所以，不能分解爲原料，也不能分解爲新加的勞動；只要機械建造業者在他的最初的機械中，自行把一個或幾個建造機械的機械保留下來，這種磨損就實際被代置了。他的生產物的這一部分，只分解爲對於原料的超過的需要。它不代表新加的勞動，因爲在勞動的總生產物中，有這樣多的機械，等於新加勞動的價值，這樣多的機械等於原料的價值，這樣多的機械，等於建造機械的機械已經包含的價值成分。最後一成分，實際也包含新加的勞動。但在價值方面，那是等於零，因爲在原料和機械磨損內包含着的勞動，不會由代表新加勞動的機械部分，取得任何支付；代置新加勞動和機械的部分，也不會由那代置原料的第二部分，取得任何支付；同樣，從價值方面考察，第三部分也不包含新加勞動和原料；機械的這一部分，只代表機械的磨損。

機械建造業者自己的機械，是不賣的。那是在自然形態上代置的，會在總生產物中被抽出來。所以，他所賣的機械，只代表原料（那只分解爲勞動，因爲原料生產家已經爲他把機械的磨損，計算清楚了）和新加勞動，從而，只分解爲機械建造家自己和原料生產家所得而消費的麻布。

現在特別就原料生產家來說。他爲他的機械磨損部分，抽去等價值額的鐵，他只和機械建造業者交換這個，俾使兩方面都由實物實行支付。這個過程，和所得在他們中間的分割，是毫無關係的。

以上是我們的問題；論資本的流通時，我們會回頭來講這個問題。

不變資本實際是這樣代置的；即，它會不斷重新生產出來，並自行再生產其一部分。不變資本中加入可消費品內的部分，是由那加入不可消費品內的活勞動支付。因爲這種勞動不由它自身的生產物支付，所以它能把全部的可消費品分解爲所得。逐年考察起來，不變資本的一部分，僅有外觀上的存在。不變資本還有一個部分，它雖加在總生產物之內，但它既不當作價值成分，也不當作使用價值加在可消費品內，卻在自然形態上被代置，並不斷被留在生產上。

在這裏，我們已經考察了，可消費的生產物是怎樣分配，怎樣分解爲各種加入這種生產物裏面去的價值成分和生產條件。

但可消費品（在它分解爲工資的限度內，它是與資本的可變部分相等）的生產及其生產所必要的不變資本各部分（它們或是加在這種可消費的生產物內，或是不加在這種生產物內）的生產，是不斷同時並行的。每一個資本，會不斷地同時分割爲不變資本和可變資本；這個不變資本，雖然要和可變資本一樣不斷由新的勞動去代置，但在生產同樣繼續下去的限度內，它也會同樣繼續存在下去。

在機械建造業者和原料生產者（鐵，木等等的生產者）間，會發生這種關係：即，他們實際會以他們的不變資本一部分，互相交換，（這種現象，和其一的不變資本的一部分，會分解爲他一的所得這件事，毫無共同之處），因爲他們的生產物（雖然這一個的生產物，會成爲別一個的生產物的前階），會相互當作生產手段，相互成爲不變資本。鐵生產家木生產家，爲了他們所需用的機械，會把一個等價值額（和那種待要代置的機械價值相等）的鐵，木等等，給於機械建造業者。鐵〔生產家〕[30]的不變資本的這一部分，對於他自已，是和農民的種子完全一樣，那是他的年生產物的一部分，他會自行在自然形態上代置它，它自身也不對他分解爲所得。而在另一方面，對於機械建造業者，鐵生產家需用的機械內所包含的原料，固然由此在原料的形態上被代置了；就是這種機械裏面由新加勞動及由他自己的機械磨損構成的價值部分，也由此在原料的形態上被代置了。

所以，它不僅把機械建造業者自己的機械的磨損代置了，並可以當作代置額，解決掉別一些機械所包含的磨損部分。當然，鐵生產家的機械，也包含與原料及新加勞動相等的諸價值成分。但爲了這個，會在別一些機械裏面被解決的磨損，就會依同比例減少。所以，他們的不變資本的這個部分或他們年勞動生產物內的這個部分，即被用來代置不變資本內代表磨損的價值部分的部分，不會算入機械建造業者賣給其他工業家的機械裏面。這別一些機械的磨損，對於機械建造業者，當然是由上面講的$\frac{7}{9}$碼麻布＝$2\frac{1}{3}$小時勞動〔代置〕。他會用這個購買等價值額的原鐵，木材等等；〔當中的磨損〕，就在不變資本的別一個形態上，即原鐵形態上，代置了。他的原料的一部分，對於他，就在原料的價值額之外，代置了他的磨損的價值額了。而在原鐵等等生產家方面，這種原料是只分解爲新加勞動的，因爲這些原料（鐵，木，炭等等）生產家的機械，已經被計算清楚了。

所以，麻布的一切要素，是分解爲一個勞動量總和，那和新加勞動的總和相等，但不是和全部包含在不變資本內，並由再生產而永久化的勞動的總和相等。

說一部分由活勞動構成，一部分由原有勞動構成的勞動量，即構成逐年加入個人消費界的商品總和的勞動量，也即當作所得被消費的勞動量，不能比逐年新加的勞動量更大，只是把同義複述一遍。因爲，所得是等於利潤和工資

30 原文是"Eisenbauers"。——K.

的總和，是等於新加勞動的總和，是等於包含着同勞動量的商品的總和。

鐵生產家和機械建造業者的例，只是一個範例。我們在那些互相以生產物當作生產手段用的不同諸生產部門間，也發現其一的不變資本與他一的不變資本，是在自然形態上進行交換（雖然也有一序列的貨幣交易，在外表上掩蔽着）。在情形如此時，最後生產物（加入消費界的生產物）的消費者，用不着代置這種不變資本，因爲它已經被代置了。

例如在機關車的製造上，每天都會有大車的鐵屑，排泄出來。這種鐵屑會被掃集起來，再賣給（或記在貸方）那種以主要原料供給機關車建造業者的鐵生產者。鐵生產者使鐵屑取得整塊的形態，把新的勞動加到裏面去。在這種鐵屑被他送回到機關車建造業者手裏時所採的形態上，這種鐵屑就成了代置原料的生產物的一個價值部分。這種鐵屑就是這樣在這兩種工廠之間，來來去去；當然，不是同一的鐵屑，但會不斷有一定量的鐵屑。這個部分，是交替在這兩個產業部門形成原料；在實際上，不過由一個工作場所，徜徉到別一個工作場所。所以，它不會加到最後的生產物內，卻只是不變資本在自然形態上的代置。

實際，機械建造業者供給的每一個機械，從價值方面考察，都分解爲原料，新加勞動，機械的磨損。但加入其他部門的生產內的總和，從價值方面考察，只能等於機械的總價值，減那不斷在機械建造業者和鐵生產者間來來去去的不變資本部分。農民所賣的一卡德小麥，是和別一卡德小麥一樣貴。賣去的一卡德小麥，和那在種子形態上還回土地的一卡德小麥，不會更便宜。不過，如果生產物是等於6卡德，每卡德等於3鎊——每卡德都包含新加勞動，原料，和機械這幾個價值成分——農民必須保留一卡德，作爲種子，那他就只會售賣5卡德，合計售得15鎊。〔消費者〕對於那包含在一卡德種子內的價值成分，好像就不須支付了。所賣生產物的價值既等於其內包含的一切價值要素，新加勞動和不變資本，消費者怎樣能不支付不變資本，而將生產物購去呢？問題正是在這裏。

以下一段話，指示了愚鈍的薩伊．對於這個問題，是怎樣不瞭解："要完全瞭解所得問題，我們必須注意，一個生產物的總價值，是分成各種人的所得；因爲每一個生產物的總價值，都是由土地所有者、資本家，和勞動者（industrieux）的利潤合成的；這幾種人合起力來，使這種生產物生產出來。結果是，一個社會的所得，等於所生產的總價值，不是像經濟學者一派所想像，等於土地的純生產物。……一國的所得如果只由所生產的價值超過所消費的價值之剩餘構成，那就會引出這個全然背理的結論來 即，一個國家，如其在一年內所消費的價值等於所生產的價值，就不會有所得"。（前書第2卷第63頁，64頁）。那就是，該國在既往的年度是有所得，在未來的年度卻將會沒有。當然哪，說勞動的年生產物全分解爲所得，是錯誤的，因爲年勞動的生產物只在勞動的年生產物內，形成一部分。但說加入逐年個人消費界的生產物，會全部分解爲所得，卻是正確的。只由新加勞動構成的所得，能够支付一部分由新加勞動構成，一部分由原有勞動構成的生產物，換言之，新加勞動不僅可以在這個生產物內支付它自身，並且能够支付原有的勞動．那不過是因爲也由新加勞動和原有勞動構成的別一個生產物部分，只代置原有的勞動，只代置不變資本。

C. 資本與資本間的交換及價值變動在這上面的影響[31]

一個開煤廠把煤供給一個鐵廠，並由這個鐵廠取得鐵，當作生產手段，加入開煤事業。這時候，煤是和資本（一個等價值額的鐵）交換；反過來，鐵也是當作資本，依其價值額，和煤炭交換。煤和鐵，從使用價值方面考察，都是新勞動的生產物，雖然這種勞動要用既有的勞動手段來從事生產。但年勞動的生

31 草稿第350頁至356頁和368頁。——K。

產物的價值，不是年勞動的生產物。年勞動的生產物的價值，多分還要代置那對象化在生產手段內的過去勞動的價值。總生產物中和這個價值相等的部分，不是年勞動的生產物的部分，只是過去勞動的再生產。

比方拿一個開煤廠，一個鐵廠，一個斫木廠，一個機械工廠一日勞動的生產物來說。這各種工業的不變資本，是等於資本一切價值成分的三分之一。這各種工業每日各自供給的生產物爲 Z, Z′, Z″, Z‴。這各種生產物是一定量的煤，鐵，木，和機械。當作這樣的生產物，它們是日勞動的生產物，但也是逐日消費的原料，工具，機械等等的生產物，因爲這些原料，工具，機械等等也會在逐日的生產上協力。假設這各種生產物的價值等於 X, X′, X″, X‴。這種價值不是日勞動的生產物；因爲 X, X′, X″, X‴ 的不變要素，在參加日勞動以前，已有 $\frac{X}{3}$，$\frac{X'}{3}$，$\frac{X''}{3}$，$\frac{X'''}{3}$ 的價值。所以，$\frac{Z}{3}$，$\frac{Z'}{3}$，$\frac{Z''}{3}$，$\frac{Z'''}{3}$ 或所生產的使用價值的三分之一，只代表既有勞動的價值，並且不斷把這種既有勞動代置。

Z 就是 X；不過 X 是全部 Z 的價值。但 $\frac{1}{3}$X 是等於全部 Z 內包含的原料等等的價值。所以，$\frac{Z}{3}$，勞動的日生產物的一部分（不是日勞動的生產物，而是與日勞動相結合的原有勞動的生產物），便是與日勞動相結合的原有勞動所依以再現或代置的部分。但 Z 的每一個可除部分（那只代表鐵，煤等等現實生產物的量），在價值方面，都代表三分之一的原有勞動和三分之二在同日生產並且加進的勞動、原有勞動與新加勞動，以什麼比例加到生產物總和裏面去，也就會以什麼比例加到那個總和所依以構成的個個生產物裏面去。但我且把這個總生產物分成二部分，把其中三分之一放在一邊，其中三分之二放在別一邊，我們就說，這三分之一，只代表原有勞動，那三分之二只代表日勞動，也無不可的。事實上，前三分之一就代表一切加在總生產物內的過去勞動，即代表所消費的生產手段的價值全部，減去這三分之一以後，其餘三分之二就代表日勞動的生產物了。它代表那加在生產手段裏面的全量日勞動。所以,後三分之二是等於生產者的所得(利潤和工資)。生產者可以把它消費掉,那就是,把它投到那種種物品上面,加入他的個人消費上去。

假設當日生產的煤的這三分之二由消費者或購買者購買時,不是用貨幣購買,而是用商品——在情形不如此時,他們也許必須把它事前轉化爲貨幣,俾用此來購買煤——購買。在這三分之二內,有一部分爲私人取暖加入煤生產者自已的個人消費內。這部分,不加入流通內;即使預先已經出現在流通內,它也會再由它自已的生產者取出來。減去煤炭生產者自己在這三分之二煤炭內消費掉的部分,其餘各部分(如果他願意把它消費掉)全要和加入個人消費的物品相交換。在這種交換上,他可以不必問,那些消費品的售賣者到底是用資本還是用所得來和煤炭交換,那就是,不必問,是織布業者爲暖自已的私家而用布來和煤炭交換,還是織布業者的僕役傑姆士用他當作工資取得的布,來和煤炭交換,還是織布業者爲要代置他的工廠所必需但已經消費掉的煤炭,而用布來和煤炭交換。在第一場合,煤炭對於織布業者是消費品,他是用所得,用代表利潤的一定量的布,來支付這種煤炭。在第二場合,煤炭也是消費品,也是和織布業者的所得相交換,不過織布業者曾經用他的所得,和僕役的不生產的勞動相交換。

在最後的場合,織布業者用來交換的布,卻是代表他的不變資本,只代表他的生產手段的價值;煤炭,對於他,也不只代表這個價值,並且代表自然形態上的生產手段。但對於煤炭生產者,布只是消費品;對於他,布和煤炭都只代表所得。煤炭是在所得尚未實現的形態上代表所得,布卻是在所得已經實現的形態上代表所得。

但最後的三分之一煤炭,開煤的人不能把來用在那加入他個人消費的物品上面,不能把來當作所得用。那是屬於生產過程(再生產過程)的,必須再轉化爲鐵,木 機械等等形成不變資本諸價值成分的物品;沒有這種種物品,煤炭的生產是不能更新，不能繼續的。當然，他也能用這三分之一和消費品交換（或者說，和這種消費品的生產者的貨幣交換），但這種交換，只能在這種條件下進行：即，這種消費品，會再和鐵，木，機械交換，那不加入他自己的消費，也不加入他的所得的支出，卻加入木，鐵，機械等等的生產家的消費和所得的支出上；同時，這一切生產家又會發覺他們的生產物，有三分之一，不能用在供個人消費的物品上。

假設煤炭會加入鐵生產家，木生產家、機械建造業者的不變資本。從另一方面說，鐵，木，機械等等，也加入煤炭生產家的不變資本。在他們各人的生產物相互依等價值額加入他們的資本內這個限度內，他們是在自然形態上把資本代置，一方面須支付他方面的，只是差額。這種差額所以發生，只因爲他賣給對方的東西，超過他從對方買進的東西。在這裏，貨幣在實務上（例如匯票等等），也只是以支付手段的資格出現，不是當作鑄幣，不是當作流通手段，並且只是支付差額。煤炭生產家會在這三分之一煤炭中用一部分來實行他自己的再生產，和他會在那三分之二煤炭中提出一部分來供他自己消費的事情，也是完全一樣的。

這全量的煤炭，鐵，木，和機械，相互由不變資本對不變資本的交換（即一種自然形態上的不變資本和別種自然形態上的不變資本的交換）來自行代置的，絕對無關於所得對不變資本的交換，也絕對無關於所得對所得的交換。這全量所演的節目，恰好和種子在農業上演的節目，畜種在飼畜業上演的節目，相同。它是勞動年生產物的一部分，但不是年勞動生產物的一部分，（或者說，是年勞動加原有勞動的生產物的一部分）；這一部分，在生產條件不變的情形下，要逐年當作生產手段，當作不變資本來自行代置。它除了加入資本家（dealers）與資本家間的流通，不會加入別的流通。對於加入資本家和消費者間的流通的生產物部分之價值，它是不發生任何影響的。

假設這三分之一煤炭全部，是在自然形態上，和它自身的各種生產要素

（鐵，木，機械）相交換，（比方說，單只與機械直接交換，但機械建造業者再把它當作不變資本，不只和他自己的，並且和鐵生產家，斫木業者的不變資本相交換的情形，也是可能的）。比方說，煤炭生產家的總生產物計 30,000 百磅。這樣，他只會把 20,000 百磅，當作所得，交換出去。依照前提，其餘 10,000 百磅，是由鐵，木，機械等等，在自然形態上予以代置；簡言之，在 30,000 百磅內消費掉的生產手段的全部價值，將由同種類和等價值額的生產手段，予以代置。所以，20,000 百磅的購買者，對於包含在 20,000 百磅內的既有勞動的價值，實際是沒有支付一文。因爲在總生產物中，這 20,000 百磅只代表價值三分之二，是新加勞動所依以實現的。就說這 20,000 百磅只代表（比方說一年內）新加入的勞動，絕不代表原有的勞動，也無不可。購買者雖然對於每一百磅都支付全部價值，原有勞動加新加勞動，但他是只支付新加的勞動，因爲他只購買 20,000 百磅；在總生產物中，他的購買量，只與全部新加勞動的價值相等。同樣，他除了支付他所吃的小麥，是不要支付農民的種子的。這個部分，要由生產家相互代置，用不着在他們手裏爲第二度的代置。他們會用他們自己的生產物的一部分，代置它；生產物的這個部分，固然也是他們的勞動的年生產物，但決不是他們的年勞動的生產物，寧可說是他們年生產物中那代表原有勞動的部分。固然，沒有新勞動，這種生產物是不會有的，但沒有對象化在生產手段內的勞動，這種生產物也是不會有的。如果這種生產物只是新加勞動的生產物，它的價值就會比現在更小；在這場合，生產物也就沒有任何部分，會再投回生產去。如果別樣的勞動方法，必須把生產物的一部分再投回生產去，但不會是更生產的，不會提供更多的生產物，它也就不會被人使用了。

雖然在這三分之一煤炭中沒有一個價值成分，會加入那當作所得來售賣的 20,000 百磅煤炭內，但不變資本（那代表三分之一或 10,000 百磅）的價值變化，一定會在當作所得賣的 20,000 百磅上，引起價值的變化。

試假設鐵，木，機械等等生產要素（生產物的三分之一，就分解爲這些）

的生產，變得更貴了。開煤勞動的生產力，還是保持不變。用同量鐵，木，煤炭，機械，和勞動，還會有 30,000 百磅煤炭生產出來。但因鐵，木，機械變得更貴了，比以前要費更多的勞動時間了，所以和以前比較，也須用更多的煤炭來交換它們。

不變資本要比以前多費$\frac{6}{10}$即百分之 60，所以照以前的價值，那在以前是等於 10,000 百磅煤，現在是等於 160,000 百磅煤了。所以，假設每百磅以前是值 1 鎊，不變資本以前是等於 10,000 鎊，現在卻要費 16,000 鎊。代表新加勞動的 20,000 鎊，還一樣是費 20,000 鎊。所以，總生產物現在會等於36,000 鎊，在以前是等於 30,000 鎊。每百磅以前費 1 鎊。現在每百磅卻等於 $1\frac{1}{5}$鎊＝1 鎊 4 先令。不變資本的價值，以前等於總生產物的價值$\frac{3}{9}$（即 30,000 百磅中的 10,000 百磅），現在等於總生產物的價值$\frac{4}{9}$（即 30,000 百磅中的 16,000 百磅）。鐵，木等等生產家所消耗的 10,000 百磅煤，現在是費 12,000 鎊；煤炭生產家就用這個〔再買鐵和木等等〕。

所以，有下表：

	不變資本	新加勞動
價值＝36,000 鎊	16,000 鎊（生產物的$\frac{4}{9}$）	20,000 鎊（價值和以前一樣＝生產物$\frac{5}{9}$）
生產物＝30,000 百磅	$13,333\frac{1}{3}$百磅	$16,666\frac{2}{3}$百磅

開煤工人的勞動沒有變得更不生產；但照他們的勞動和現有勞動的生產物來尺度，它是變得更不生產了；那就是，爲要代置不變資本的價值成分，已經在總生產物中，多需有九分之一了。新加勞動的價值，在生產物內，包含更少九分之一了。

現在，假設鐵，木等等生產家依舊只對 10,000 百磅的煤支付。這 10,000

百磅，以前費他們 10,000 鎊，現在要費他們 12,000 鎊。不變資本的成本一部分，可以互相抵消，因爲煤炭漲價了，他們再生產鐵，木等等所需用的那部分煤炭，已經要支付更高的費用了。但煤炭生產家必須用 16,000 鎊，從他們那裏，購買原料等等。所以，還會留下一個 4000 鎊的差額要他支付，那是等於 3333 $\frac{1}{3}$ 百磅煤炭。但他還是像以前一樣，必須以 16,666 $\frac{2}{3}$ 百磅 + 3333 $\frac{1}{3}$ 百磅 = 20,000 百磅煤炭，即生產物的三分之二，供於消費者；對於這 20,000 百磅，這種消費者現在要支付 24,000 鎊，不是 20,000 鎊了。因此，他們不僅須爲他代置新加的勞動，且須爲他代置不變資本的一部分。

就這些消費者說，情形像是極簡單的。如果他們願意消費的煤炭量，還是和以前一樣，他們支付的代價，便須比以前更多五分之一，並〔相應地〕減少別種生產物上面的支出，如果每個部門的生產成本還是和以前一樣。困難只在這一點：鐵，木等等的生產家，既然不會因爲煤炭生產家須爲鐵，木等等支付4000 鎊，便需要煤炭，煤炭生產家對於這 4,000 鎊鐵和木等等，將怎樣支付呢？他已經把他的 3333 $\frac{1}{3}$ 百磅（ = 4000 鎊 ）賣給煤炭的消費者，並由此取得各種商品了。這 3333 $\frac{1}{3}$ 百磅既不能加入他自己的消費，也不能加入他的勞動者的消費，但必須加入鐵，木等等生產者的消費，因爲他必須在這種商品的形態上，代置 3333 $\frac{1}{3}$ 百磅煤炭的價值。人們會說，問題是極簡單的呀。煤炭的一切消費者，將會少消費〔4000 鎊〕在其他一切商品上，或者說，每個都〔相應地〕，把各自的商品，多用一點在煤炭上面 這裏所說的〔多額〕，將由鐵，木等等生產家消費。但鐵廠，機械建造業，斫木業等等的變化了的生產力，怎樣能使它們的生產者比以前消費一個更大的所得呢，這並不是一看就十分明白的，因爲他們的商品的價格，依照前提，是等於它們的價值，只能比例於他們的勞動生產力的減低，而騰貴起來。

假設鐵，木，機械等等，各在價值上騰貴五分之三，即百分之 60。這只能起因於兩個原因。那或是因爲鐵,木等等的生產,由於用在它上面的活勞動已經變得更不生產的原故,如要生產同量生產物,必須使用更大的勞動量。在這場合,這些生產者必須使用的勞動,會比以前更多五分之三。勞動生產力既然只在少數幾種生產物上暫時發生變化,工資率會保持不變。所以,剩餘價值率也會保持不變。以前生產者使用 15 勞動日,現在要使用 24 勞動日了,但現在,在 24 日的每日內,他還是把 10 小時勞動付給勞動者,還是一樣無代價每日叫他們勞動 2 小時。在 15 勞動日中,勞動者爲自已勞動 150 小時,爲他勞動 30 小時;在 24 勞動日中,他們爲自已勞動 240 小時,爲他勞動 48 小時。這裏,我們不管利潤率。工資,在它被支出在鐵,木,機械等等上面的限度內,——實際情形不是如此——才見得是減落了。但現在 24 個勞動者,和以前 15 個勞動者比較,要多消費五分之三。煤炭生產家在 $3333\frac{1}{3}$ 百磅的價值中,能够把這樣更大的部分,賣給他們。

但鐵,木等等生產上的生產力的變化,也能以這件事爲根據;他們的不變資本,他們的生產手段,有一些已經變得更昂貴了。在這場合,上述的情形,再會在〔一個別的生產部門〕出現;結局,變化的生產力,不得不還原爲所用活勞動量的增大。從而,工資也會增大;煤炭的消費者會把這種增大的工資,對 4000鎊的一部分實行支付。

在所用勞動已經增加的生產部門,剩餘價值的量也會增大,因爲所使用的勞動者數將會增大。從另一方面;因爲不變資本的成分〔增加了〕,利潤率將會在這程度內下落。但在那些部門,投在工資上面的流動資本,既然比必須代置的不變資本部分增加得更多,所以利潤率是會上騰的。所以,這些部門也可以消費這 4000 鎊的一部分。

就那些在自然形態上自行交換的不變資本部分說,價值發生變化以後的情形,是一樣的。它是照舊要用這樣多的鐵,木,煤炭等等在自然形態上交換那已經使用掉的鐵，木，煤炭等等；價格的增進，在這場合，會相互抵消。但現今在開煤家不變資本內形成一個部分但不加入這種實物交換的煤炭餘額，還照舊要和所得交換（在上述的場合，一部分不僅要和工資交換，並且要和利潤交換），不過這種所得，不是到以前的消費者手裏，卻是到這些生產部門的生產者手裏；在這些生產部門，有較大量的勞動被使用了，勞動者數已經增加了。

一個產業部門，如其所生產的生產物，只加入個人的消費，既不能當作生產手段加入任何別一個產業（在這裏我們說生產手段，不外是指不變資本），也不像在農業，畜牧業，開煤業內一樣，（在開煤業內，有一部分煤炭，是當作補助材料加入），加入它自已的再生產，它的年生產物（超過年生產物發生的若干剩餘，對於這裏發生的問題，是毫無關係的），就常常要由所得（工資或利潤）去支付。

以上，我們假設勞動在一定產業部門的生產力保持不變，但用自身的生產物估計，這個生產部門所使用的活勞動的生產力，可以已經減少。這毫無奇異之處。事情是極簡單的。

假設紡績業者的勞動的生產物，等於5磅紗。假設，他為此只用去五磅棉花（那就是沒有廢屑）；每磅紗費一先令；我們把機械丟開不說，假設機械的價值不跌也不漲。所以，對於我們當前考察的情形，它是等於零。棉花一磅費8便士。在5磅棉紗所費的5先令中，有40便士得於棉花，20便士得於新加的勞動。所以，5磅紗中，有三分之二代置不變資本，三分之一代置那支付勞動的生產物部分。

假設，每磅棉花的價格，現在漲價百分之50，即由8便士漲至12便士，或一先令。在這場合，我們的5磅紗，第一要用5先令代置5磅棉花，20便士（即1先令8便士）代置新加勞動，這種新加勞動的量，從而它的用貨幣表示的價值，是保持不變。所以，5磅棉紗現在是費5先令+1先令8便士=6先令8便士=80便士。現在，勞動只在總生產物的價值中，形成四分之一，即80便士中的20便士，以前卻形成三分之一，即60便士中的20便士。在另一方面，原料現在是形成四分之三，以前卻只在總生產物的價值中，形成三分之二。因爲5磅棉紗現在是費80便士，所以一磅費$\frac{80}{5}$便士，即16便士。代置新加勞動的價值（即工資和利潤）的20便士，現今只代表$1\frac{1}{4}$磅紗，以前卻代表$1\frac{2}{3}$磅。所以，用自身的生產物估計，勞動是變得更不生產了，雖然它的生產力還是一樣，不過原料更貴了。它的生產力是保持不變的，因爲同樣多的勞動，會在同一的時間內，把5磅棉花轉化成爲5磅棉紗。從使用價值考察，這種勞動的眞正生產物，只是棉花所受得的棉紗形態。5磅棉花依然由這樣多的勞動，受得棉紗形態。但現實的生產物不只由這種棉紗形態構成，且也由原料（被放在棉紗形態上的材料）構成。現在這種材料的價值，在總生產物內，和給予形態的勞動相比，形成一個更大的部分了。所以，同量紡績勞動將用更少的棉紗來支付；或者說，用來代置紡績勞動的生產物部分，已經變得更小了。

*　*　*　*

可變資本是分解爲所得，第一是工資，第二是利潤。所以，如果把資本和所得對立起來把握，不變資本就好像是眞正的資本，是總生產物中屬於生產並加入生產成本內的部分；這個部分，不會供充任何人（代勞家畜當然除外）的個人的消費。這個部分，可以全然由利潤和工資生出。在究局的分析上，它也只能由這裏生出；它是勞動的生產物；但這種勞動，是把生產工具本身當作所得來考察，像未開化人看待他們的弓一樣。但它一經轉化爲不變資本，生產物的這一部分就不再分解爲工資和利潤了，雖然它的再生產會把工資和利潤提供。生產物的一部分，就是屬於這個部分的。後來的生產物，都是過去勞動和現在勞動的生產物。現在的勞動所以能够維持下去，不過因爲總生產物的一部分，會被投回到生產上去，會在自然形態上把不變資本代置。如果它變得更生產了，它就會增加生產物的量，不過不會增加它的價值，寧可說會把它減小。如果它變得更不生產了，它就會把它的價值提高。在一個場合，在總生產物中代表過去勞動的可除部分將會增加；在別一個場合，這個可除部分就會下落。在一個場合，活勞動將變爲更生產的；在別一個場合，活勞動將變爲更不生產的。

*　　*　　*　　*

原料的改良，也是使不變資本費用減少的事情之一。例如，如果棉花有優劣不等，在同一時間內就不能紡出等量的棉紗來。在這裏，且不說廢屑等等的比較分量了。

D. 所得和資本的交換[32]

我們要分別(1)所得的一部分，會轉化爲新的資本；那就是，利潤的一部分，會再行資本化。在這裏，我們全然不考慮這部分。那是應當在論蓄積的地方討論的。(2)所得，會和那種在生產上消費掉的資本相交換；由這種交換，不會有新的資本形成出來，不過舊資本被代置了，換言之，舊資本被保存了。至於那部分轉化爲新資本的所得，我們在這個研究上，儘可以把它看做是等於零。

所以，年生產物的全量，被分成兩部分；一部分當作所得被消費；一部分是在自然形態上代置所消費的不變資本。

所得會和所得相交換；例如，麻布生產者會在代表利潤和工資（即代表所得）的生產物部分（麻布）內，拿一部分，和代表農業家利潤和工資一部分的穀物相交換。這裏是麻布與穀物相交換。這兩種商品，都加入個人的消費。所以，這兩種商品的交換，只是麻布形態上的所得與穀物形態上的所得相交換。這是一點困難沒有的。只要可消費品是依照適應於需要的比例生產出來，生產這種種生產物所必要的社會勞動的比例量，是依適當的比例分配（恰好適當的情形，當然是沒有的，那會不斷引起種種錯誤和不勻稱的情形，因而互

32 草稿第379頁至390頁。——K.

相歸於均衡；不斷的均衡運動，也就以這種不斷的不均衡爲前提），則比方說，麻布形態上的所得，會恰好和它當作消費資料被使用的量相等，並從而由其他諸生產家的消費資料代置掉。麻布生產者在穀物等等形態上消費掉的東西，將由農民等等在麻布形態上消費掉。所以，他生產物中那代表所得，被用來交換別種商品（消費資料）的部分，將會當作消費資料，由這其他諸種商品的生產者，交換掉。他在別種生產物形態上消費掉的東西，將會在他的生產物的形態上由別個人消費掉[33]。

33 附註一筆：不把社會需要量以上的必要勞動時間投在一種生產物上，那就是，不使用這種商品在生產上平均必要以上的時間，乃是資本主義生產的結果。這種生產，會不斷把必要勞動時間的最低限壓下。但要做到這樣，商品必須以不斷增大的規模生產。

就令1碼麻布只費1小時，並且就令這就是社會爲要滿足其對1碼麻布的需要所必需應用的必要勞動時間，我們也不能由此便推論：如果要生產12百萬碼麻布，那就是如果要有12百萬小時勞動，或要有1百萬勞動日，或1百萬勞動者，當作麻布織者被使用，社會也就"必然"會在它所有的勞動時間內，把這樣大的一部分，用在麻布織造業上。已知必要勞動時間，已知在一日內能夠生產的麻布量，我們還要問，實際有幾多這樣的日數，用在麻布生產上。雖然生產物的每一個可除部分，只包含生產它必要的勞動時間，雖然所用勞動時間的每一個可除部分，都是生產總生產物中與此相應的可除部分所必要的，但用在一定生產部門上的勞動時間的總量，對於全部可以使用的社會勞動，仍可以比正當的比例更高或更低。從這個觀點出發，必要勞動時間取得了一種別的意思。於是，我們要問，必要勞動時間是以怎樣的量，分配在不同諸生產部門之內。

競爭不斷把這種分配廢止，又不斷調節着這種分配。假設有過大量的社會勞動時間被用在一個部門了，那也只會被支付以這樣多的代價，好像所用的量恰好相當一樣。〔一個部門的〕總生產物——即總生產物的價值——在這場合，將不等於其內包含的勞動時間，只等於其總生產物與其他部門的生產保持比例時，比例上應使用的勞動時間。若總生產物的價格落在它的價值以下，它的每一個可除部分的價格，也會同樣落在價格以下。假設6000碼（不是4000碼）麻布被生產了，〔4000碼麻布的價值爲8000先令〕，6000碼還會賣8000先令。〔在後一場合〕，每碼的價格將是$1\frac{1}{3}$先令，不是2先令，比它的價值更低三分之一。這好比，生產一碼麻布，不必要的，多用了三分之一的勞動時間一樣。若已知商品的使用價值，則其價格低在其價值以下的事實，便指示了，雖然生產物的每一部分，都只費社會必要的勞動時間（這裏假設生產條件是保持不變一個生產部門（生產消費品的生產部門）的所得，會有一部分被消費在別個生產部門的所得上。關於所得的這部分，我們可以說，需要會恰好與它自身的供給相等，（如果生產是依照比例的）。我們很可以認爲，每個生產部門是自行消費它的所得的這一部分。在這場合，只有形式上的商品形態變化發生：卽，W——G——W，麻布——貨幣——小麥。

互相交換的兩種商品，在這裏，只代表在年內新加入的勞動的一部分。但第一，很明白，當兩個生產者相互以代表所得的生產物的一部分，消費在對方的商品上面時，這種交換只能發生在這些生產部門；這些生產部門，代表消費品卽直接加入個人消費的物品，從而，在這些生產部門，所得是能够當作所得支出的。第二，又很明白，生產者的供給，等於他對於他所要消費的別種生產物的需要這句話，就生產物交換的這一部分說，才是正確的。這裏實際成爲問題的，只是單純的商品交換。他不生產自己的生活資料，卻爲那些爲他生產生活資料的人，生產生活資料。在這場合，不會有所得和資本的關係發生。一種消費品形態上的所得，和別種消費品形態上的所得相交換，所以實際上是消費品對消費品交換。決定它們要互相交換的事情，不是二者都是所得，不是二者都是消費品。在這裏，它們雖要當作所得，但這種形態決定性，在這裏，是全然沒有

的），但用在這一個部門內的社會勞動是過多了，超過必要的總量了。

商品相對價值因生產條件〔這個商品本身或別種商品的生產條件〕變更而起的下落，是全然兩樣。這疋已經在市場上的麻布，曾費去2先令，也許只等於1勞動日。但現今它已經能夠每天用1先令再生產出來。因爲價值是由社會必要的勞動時間，不是由個個生產者所需用的勞動時間決定，所以，生產者爲生產麻布一碼所使用的一日，是只等於社會規定的〔勞動〕日的半日。他的一碼麻布的價格由2先令跌至1先令，換言之，它的價格跌在它所費於他的價值以下這個事實，不過指示了生產條件的變化，卽指示必要勞動時間自身的變化。

反之，如果麻布的生產成本不變，但有若干不能當作麻布成分的別種商品（除了金，卽貨幣材料），例如小麥，銅等等漲價了，麻布一碼就會依舊等於2先令。它的價格不會下落，但它的相對價值，用小麥，銅等等表示，將會落下來。

關係的。當然，雙方商品的使用價值，表示二者都會加入個人消費，但這又不外表示，消費品的一部分，會和消費品的別一個部分相交換。所得的形態，只在有資本形態和它對立的地方，伸出來。但就在這場合，薩伊等庸俗經濟學者的主張，也錯誤了。薩伊之類的人主張，A不能賣出他的麻布或僅能在它的價格以下賣出——那就是，不能把他願要當作所得吃掉的麻布部分賣出——是因爲B,C等等所生產的小麥，肉類等等太少。是的，這可以因爲是他們生產的這種種東西太過少。但也可以因爲是A生產的麻布太過多。就使B,C等等生產了充分的小麥等等足以購去A的一切麻布，他們也不會把A的一切麻布購去，因爲只有一定量的麻布，是由他們消費的。並且，這還可以是因爲A生產的麻布，比他們所得中能够被用在衣着材料上面的部分更多，因爲每個人都只能把他的生產物的一定量，投在所得上面，但A的麻布生產，是以一個較實有額爲大的所得爲前提。並且，在所論只是所得對所得的交換的地方，假定所求的，不是生產物的使用價值，只是這種使用價值的量，忘記在這種交換上面，所問的只是欲望的滿足，不像在交換價值的場合那樣是量，也是十分可笑的。

但是，每一個人都更情願有多量的商品，而不情願少。如果這個話能够解決我們的困難，那就絕對不會瞭解，爲什麼麻布生產者，不實行更簡單的過程，即以其所得一部分，用在多餘的麻布上面，而要用他的麻布，來和別種消費資料交換，並把這種東西大量累積着呢？爲什麼他要把他的所得，由麻布的形態，轉化爲別種形態？因爲他除了需要麻布，還有別種需要必須滿足。爲什麼他自己只消費麻布的一定部分呢？因爲麻布只有一個在分量上有定的部分，對於他有使用價值。對於B,C等等，也可以這樣說的。比方，B有葡萄酒，C有書籍，D有鏡子出賣時，他們各人也許會情願把他們各人的所得的餘額，用在他本人生產物的形態（葡萄酒，書，鏡子）上，不情願把它用在麻布上面。所以我們不能說，因爲A全然不能或不能照價值額把他的在麻布形態上的所得，轉化爲葡萄酒，書，鏡子，所以絕對必然是葡萄酒，書，鏡子等等生產得太少。並且，把所得和所得的交換——商品交換的一部分——偷偷地轉換爲全部的商品交換,也是滑稽的。

生產物的一部分,我們已經處置了。可消費品的一部分,會在這些可消費品的生產者中間,换手。每一個這種生產者,都會把他的所得(利潤和工資)的一部分,消費在别人的可消費品上,不但把它消費在自已生產的可消費品上。而所以能够如此做,又不過因爲别人也相互不消費自已的可消費品,卻要消費别人生產的可消費品。結果,無異每個人都把自已生產的可消費品中那代表本人的所得的部分,消費掉。

但就生產物的全部餘額來說,卻有較複雜的關係發生了;直到這裏,所交換的商品,才是以所得和資本的資格互相對待,從而不只以所得的資格互相對立。

先要分别一下。在一切生產部門,總生產物都有一部分代表所得,代表當年加入的勞動,代表利潤和工資。地租,利息等等,只是利潤的諸部分;國家官吏[34]的收入,只是利潤和工資的部分;别一些不生產勞動者的收入,也是利潤和工資的部分,那是他們用來購買不生產勞動的,所以,不會增加已經在利潤和工資形態上存在的生產物,卻只決定,這種利潤和工資有多少是由這種人消費,有多少是由勞動者和資本家自已消費。

但只有一部分生產部門,能够把代表所得的生產物部分,直接在自然形態上加入所得裏面,或者照他的使用價值,就能够當作所得來消費。一切只代表生產手段用的生產物,都不能在它的自然形態上,在它的直接形態上,當作所得來消費;能够這樣消費的,只是它的價值。固然,有一部分生產手段,如果是當作消費資料用,便也能當作消費資料用,例如馬和車等等。有一部分直接的消費資料,也必須能够當作生產手段用,例如釀酒的穀物,作種子的小麥等

34 這裏,馬克思用了一個神經的叫人忍受不住的字眼,我不敢照樣印出來。——K.

等。幾乎一切消費資料，都能當作消費的排泄物，再加入生產過程，例如消耗的半腐爛的麻布襤褸，可以加入紙製造業。但任誰生產麻布，也不是要把它當作襤褸，變成紙的原料。它取得襤褸的形態，是在麻布織造業的生產物本身已經加入消費之後。它當作消費的排泄物，當作消費過程的遺留和生產物，才能再當作生產手段，加入一個別的生產部門。這種情形，不是我們要在這裏討論的。

在每一場合，都會有一序列的生產物，在其中，一個可除部分，代表所得的，從價值方面說，（但不是從使用價值方面說），能够由它自己的生產者消費掉——比如，他們的機械，在其內，代表工資和利潤的部分，是必須賣掉，方才能够消費的，因爲，機械當作機械不能直接滿足任何的個人需要。這種生產物，也不能由別種生產物的生產者消費，不能加入他們的個人消費，不能在他們的所得所依以支出的生產物內，形成任何的部分，因爲這件事是和這種商品的使用價值相矛盾的；依照事物的性質，這種商品的使用價值，就不許加在個人的消費內。

這種不可消費的生產物的生產者，只能消費這種生產物的交換價值；那就是，他們必須先把它化成貨幣，再把貨幣化成可消費品。但把這種非消費品賣給誰呢？賣給別種不能供個人消費的物品的生產者麼？這樣，他們就不過用別種非消費品代替這種非消費品而已。但我們假設，生產物的這一部分，是形成他們的所得；他們賣掉它，只因爲他們要把它的價值，消費在可消費品上。所以，他們必須把這個生產物，賣給那些可供個人消費的生產物的生產者。

商品交換的這一部分，代表一個人的資本對別個人的所得的交換；或者說，代表一個人的所得對別個人的資本的交換。

可消費品的生產者的總生產物，只有一部分代表所得，別一部分，是代表不變資本。他既不能自己把這一部分消費，也不能用這一部分和別個人的可消費品交換。他既不能在自然形態上消費這部分生產物的使用價值，也不能用這部分生產物和別種可消費品交換，而將其價值消費。他一定要把它再轉化爲他的不變資本的自然要素。他必定要把生產物的這一部分，用在產業的消費上，那就是當作生產手段來消費。但他的生產物，從使用價值方面看，是只能加在個人的消費內的；所以，他不能在自然形態上，把它再轉化爲他自已的生產要素。它的使用價值，不許它加入個人的消費。所以，他只能在產業上消費它的價值。他既不能在自然形態上消費他的生產物的這個部分，也不能把它用來交換別種可供個人消費的生產物，從而消費它的價值。生產物的這一部分，不能加入他自已的所得內，也不能由別種可供消費的生產物的生產者的所得，來代置；因爲，這種代置，在他用他的生產物和別種可供個人消費的生產物交換，從而消費他的生產物的價值時，才是可能的；在這裏，顯然是不可能的。但因爲他的生產物的這個部分，和其中由他當作所得消費掉的部分，從使用價值方面看，只能當作所得來消費，必須加入個人的消費，不能代置不變資本，所以，這個部分必須加在非消費品諸生產者的所得內，必須和他們生產物中那能够由他們消費或表現爲他們的所得的部分，相交換。

我們且從各交換當事人方面考察這種交換。對於A(可消費品的生產者)，這種交換表示了資本到資本的轉化。他會在他的總生產物中，把一個與總生產物所包含的不變資本價值相等的部分，再轉化爲能够當作不變資本用的自然形態。在交換之前，是和在交換之後一樣，它在價值方面是代表不變資本。反之，對於B,（非消費品的生產者），這種交換卻只代表所得由一個形態到別一個形態的轉化。他會在他的生產物中，把那形成他的所得的部分，即總生產物中代表新加勞動的部分，轉化爲能够當作所得來消費的自然形態。在交換之前，是和在交換之後一樣，它在價值方面，總只代表他的所得。

如我們從兩方面考察這種關係，A便是用他的不變資本和B的所得交換，B就是用他的所得和A的不變資本交換。B的所得，代置了A的不變資本；A的不變資本，代置了B的所得。

不說交換當事人的目的，我們在這種交換內，只看見有商品互相對待，只看見單純的商品交換；交換的商品都單純以商品的資格互相發生關係；對於它們，所得和資本的規定性，是毫無關係的。商品的不同的使用價值，不過指示了，一種商品只能供充產業的消費，別一種商品只能供充個人的消費，只能加入個人的消費。但不同諸種商品的不同諸種使用價值的不同諸種用途，是消費範圍以內的問題，和商品自身的交換過程毫無關係。但當資本家的資本轉化爲工資，勞動轉化爲資本時，情形卻是全然兩樣。在這裏，商品不是當作單純的商品互相對立，而是資本當作資本，〔與創造剩餘價值的商品即勞動力，互相對立〕。在以上考察的交換上，賣者與買者卻只當作賣者與買者，只當作單純的商品所有者互相對待。

又很明白：一切決定用在個人消費上的生產物，換言之，一切加在個人消費內的生產物，在加入個人消費的限度內，都只能和所得相交換。它不能用在產業的消費上，這不過說，它只能當作所得消費，只能用在個人的消費上。像上面講過的，在這裏，我們是把利潤的資本化，丢開來不說。

A是一種可供個人消費的生產物的生產者，他的所得是等於他的總生產物的三分之一，他的不變資本是等於三分之二。依照前提，前三分之一會由他消費掉，那或是全部在自然形態上被他消費，或僅一部分在自然形態上被他消費，或全然不在自然形態上被他消費，那就是，把它的價值消費在別種消費資料上面；這些消費資料的售賣者，就把他們自己的所得，消費在A的生產物上面。可消費品中那代表生產者的所得的部分，或是直接由這種生產者消費，或是間接由這種生產者消費，因爲這些生產者會相互交換那歸他們消費的生產物；在此際，是所得與所得相交換，這部分也正好代表A部類本年加在不變資本內的勞動量；並且，這個勞動量，就等於A部類本年生產的工資和利潤的總和。

A部類總生產物的其餘三分之二，等於不變資本的價值，所以必須由B部類（它供給不可消費的生產物，這種生產物只加入產業的消費，只當作生產手段加入生產過程）的年勞動的生產物，來代置。但因爲總生產物A的這三分之二，是和前三分之一一樣，必須加入個人的消費，所以，B部類的生產者，只能用他生產物中那代表所得的部分，來和它交換。所以，A部類是用他的總生產物的不變部分，來和這個不變部分原來的自然形態相交換，即再轉化爲B部類新供給的生產物；B部類雖只由他生產物中那代表他的所得的部分，得到支付，但這個部分只能由他們自己消費在A的生產物上。B部類實際只是由他們自己新加入的勞動得到支付；這種勞動是完全表現爲生產物的這個部分，這個部分要和生產物A的後三分之二相交換的。所以，A的總生產物全是和所得相交換，或全是加入個人的消費。從另一方面說，依照前提，（因爲所得的資本化，在這裏，是在我們的考慮之外，被假設爲等於零的），社會的全部所得也是投在A的生產物上；因爲，A的生產者是把他們的所得消費在A的生產物上；B的生產者也是這樣。而在這二部類之外，又沒有任何別的部類。

A的總生產物都要被消費掉；雖然其中包含有三分之二的不變資本，不能由A的生產者消費掉，必須再轉化爲它的生產要素的自然形態。A的總生產物，等於社會的全部所得。但社會的全部所得，表示社會當年加在既有不變資本內的勞動時間的總和。雖然在 A 的總生產物中只有三分之一是由新加勞動構成，有三分之二是由過去的必須代置的勞動構成，但它能完全由新加的勞動購去，因爲年勞動全部的三分之二，不能消費在它本身的生產物上，卻必須消費在A的生產物上。A所代置的新加勞動，比它本身包含的新加勞動，是更多三分之二；這三分之二，是B部類的新加勞動；B部類只能把這三分之二，用在個人的消費上，即用在A上面，好比A部類只能把同樣的三分之二，用在產業的消費上，即用在B上面。所以，總生產物A在它全部當作所得被消費時，它的不變資本同時也能被代置好。或者不如這樣說，總生產物A能全部當作所得被消費，只因爲其中三分之二，會由不變資本的生產者代置；這種生產者不能在自然形態上消費那代表他們的所得的生產物部分；這個生產物部分，他們只能把它消費在A的形態上;那就是,必須先與A的三分之二交換。

這樣，A的最後三分之二，也被我們弄淸楚了。很明白，就使有第三個部類C存在,（其生產物旣能供充個人的消費,也能供充產業的消費，例如穀物可由人消費，也可由家畜消費,又如種子,車馬,家畜等等），也毫無影響於我們的問題。當這類生產物加入個人的消費時，它們就必須當作所得,由它們自已的生產者，或由不變資本部分（包含在它們裏面的）的生產者，直接地或間接地,消費掉。如果它們不加入個人的消費,它們就要歸到B部類去了。

第二類交換的過程（在這類交換上，不是所得與所得交換，而是資本與所得交換；在這類交換上，全部不變資本結局都須分解爲所得,爲新加勞動）可以兩重地表示出來。比方,假設A的生產物是麻布。三分之二的麻布,（那與A的不變資本或其價值相等）,支付紗,機械,補助材料。但紗製造業者和機械建造業者在這個生產物中，只能消費其中代表他們的所得的部分。麻布織造業者用這個生產物的三分之二，支付了紗和機械的全部價格。他是用這個,爲紡績業者和機械建造業者，代置了他們的當作不變資本加在麻布內的總生產物。但這個總生產物自身，也是等於不變資本加所得，等於紡績業者和機械建造業者加入的勞動部分，加別一個部分，卽他們自已的生產手段（就紡績業者說,是麻,油,機械,煤炭等等,就機械建造業者說,是煤炭,鐵,機械等等）的價值。〔三分之二的麻布,等於〕A的不變資本的,代置了紡績業者和機械建造業者的全部生產物，他們的不變資本和由他們加入的勞動。但他們只能把他們的所得，消費在A上面；他們在A的這三分之二內除去那與他們的所得相等的部分後,便用餘額,來支付他們的原料和他們的機械。但依照前提,他們已經沒有不變資本要代置了。所以,他們的生產物,只能比例於A能够支付的數量,以適當的部分，加在生產物A內，從而,加在那當作A的生產手段的生產物內。但A用這三分之二能够支付多少,又要看B用他的所得能够購買多少,那就是,要看在B由此換去的生產物中,有多大的一個部分,是代表所得，代表新加的勞動。假令A的最後一個生產要素的生產者，紡績業者，還有一個生產物量，代表他們自已的不變資本(即他們加在不變資本內的勞動以上的部分)的，待要賣出，他們還是不能在A的形態上，受取這當中的給付，因爲生產物的這個部分，是不能由他們消費的。相反的情形，也會發生。

我們再由諸階段逆進。假設，總麻布〔在價值上〕等於12日。種麻業者，鐵製造業者等等的生產物，等於4日；這種生產物會售於紡績業者和機械建造業者，他們會在它上面，再加上4日；然後把它售於織布業者，他再加入4日。他的生產物的三分之一，可以由麻布織者自已消費；8日代置他的不變資本，支付紡績業者和機械建造業者的生產物；紡績業者和機械建造業者能够消費4日，而以其餘4日支付給種麻業者等等，並由此代置他們的不變資本；種麻業者等等就用麻布裏面最後的4日，代置他們的勞動。在這三場合，所得雖是一樣大，一樣假定是等於4日，但他們的所得，在這三類生產者(他們對於生產物A，曾經協力)的生產物內部，卻持有不同的比例。在麻布織者的場合，它等於他的生產物的三分之一；在紡績業者和機械建造業者的場合，它等於他們的生產物的二分之一；在種麻業者的場合，它等於他的生產物。但與總生產物相關而言，〔在每一場合〕，所得都是一樣的，即各等於12日的三分之一。在織布業者手裏，紡績業者，機械建造業者和種麻業者的新加勞動，表現爲不變資本；在紡績業者和機械建造業者手裏，他們自已和種麻業者新加入的勞動，表現爲總生產物，但有種麻業者的勞動時間表現爲不變資本。在種麻業者手裏，不變資本的外觀就消滅了。

不待說，A部類的不變資本，只有那加在A價值增殖過程的部分，換言之，只有那在A勞動過程中消費掉的部分，要由新勞動去代置。原料，補助材料，和固定資本的磨損，是全部加入的。固定資本其餘的部分不加入，故也無須代置。

既有的不變資本，有大部分(就固定資本對總資本所持的比例而言的)，不消每年由新的勞動代置。A和B的不變資本，都有這樣一個部分，會在剩餘價值爲已定時，全體參加利潤率的決定，但不參加進去決定固定資本的現實的再生產。對總資本比例而言，這個部分益益大——即當作前提的現有的固定資本依益益大的規模被生產——則爲代置固定資本磨損而用的再生產的實際分量也會益益大；不過，與總資本比例而言，其比例分量將會相對地益益小。

假設各種固定資本的平均再生產時間爲10年。

假設不同諸種固定資本，在30年，20年，17年，15年，12年，11年，10年，8年，6年，4年，3年，2年，$1\frac{1}{3}$年，$\frac{1}{3}$年（共十四種）內週轉一次，所以固定資本平均10年週轉一次。

所以，固定資本平均必須在10年內代置。假設固定資本全部等於總資本十分之一，則在這個總資本中，每年只有百分之一要代置。

但我們且拿再生產期間不同的諸固定資本來比較。比方說，一個經用20年，一個經用$\frac{1}{3}$年。

那種經過20年才要再生產的資本，每年只有二十分之一要代置。假設那等於總資本的半數，所以總資本中每年只有四十分之一要代置。反之，假設那種經過一年的三分之一就要再生產一次的資本，（即在一年內週轉三次的資本），只在總資本中形成十分之一，則固定資本每年要代置三次，總資本有十分之三要每年代置。

平均計算，〔我們可以說〕，與總資本相比較，固定資本越是大，則其相對的（不是絕對的）再生產時間會越是大；反之，越是小，則其相對的再生產時間也越是小。手工具在手工業資本內形成的部分，和機械在機械工業資本內形成的部分相比，是更小得多的。但手工具也比機械遙較爲易於磨滅。

固定資本的再生產或其磨損的絕對量，會在固定資本的絕對量增大時增大起來，但因其週轉時間多分會比例於其量而增大，所以固定資本的再生產或其磨損的比例量，多分會在固定資本的絕對量增大時，減小下去。由此，有一點是特別被證明了：再生產機械或固定資本的勞動量，與原來生產這種機械所費去的勞動，即在生產條件沒有變化的情形下，也不保持任何比例；因爲，要代置的，只是逐年的磨損。如果像這個部門常見的情形一樣，勞動的生產力增進了，則再生產不變資本這一部分所必要的勞動量，還會更加減小。當然，這裏還要顧到機械逐日的消費資料，但這和機械建造本身使用的勞動，無直接關係。並且，只使用煤炭和少許油脂的機械，和代置機械及建造機械的勞動者比起來，是遙較爲善於播生的。

現在我們已經解決了A全部類的生產物，並解決了B部類生產物的一部分。A是全被消費的；三分之一，由它自身的生產者消費，三分之二由B部類的生產者消費。B部類的生產者不能把他們的所得，消費在他們自己的生產物上。A的三分之二（B生產者就把他們生產物中那代表所得的價值部分，全消費在這上面），同時會爲A的生產者，在自然形態上，把不變資本代置，或者說把那種供他們用在產業消費上的商品，供給於他們。但生產物A中那〔由A〕消費的〔三分之一〕全部，和生產物A中那由B〔消費〕的三分之二，〔由此，A的不變資本由B代置了〕，一經解決掉，代表逐年新加勞動的生產物部分，就全被解決了。這種勞動不能購買總生產物的任何其他部分。實在說，除利潤的資本化不說，全部逐年新加的勞動，也正與A所包含的勞動相等。因爲，A的三分之一，由它本身的生產者消費的，正好代表他們當年新加在A三分之二（那形成A的不變資本）上面的勞動。除了這種勞動，（他們就把它消費在他們自己的生產物上），他們沒有做任何別的勞動。A的其餘三分之二，由B生產者代置，並由B生產者消費的，又代表那種勞動時間，那是由B生產者加在他們自己的不變資本上面的。他們沒有在勞動形態上加入任何以上的東西，他們也沒有任何更多的東西可以消費。

生產物A，在使用價值方面，代表逐年總生產物中那逐年加入個人消費的部分全體。而在價值方面，它是代表年內由生產者新加入的勞動全量。

但我們還留下一個餘額，那是等於總生產物的三分之一。構成這個餘額的各成分，在交換上旣不能表示所得對所得的交換，也不能表示資本和所得的交換，或所得和資本的交換。這個部分，便是B生產物中那代表B不變資本的部分。這個部分，不會加入B的所得內，所以不能由A的生產物代置，也不能與A的生產物交換，所以也不能當作構成部分，加在A的不變資本內。在這個部分不只加入B的勞動過程，並且加入B的價值增殖過程內的限度內，它會被消費掉，產業地消費掉。這個部分，和總生產物其他各部分一樣，必須比例於它在總生產物中形成的部分，並在自然形態上，由同種類的新生產物，被代置。但從另一方面說，它不是由新的勞動代置；因爲新加勞動的總量，是等於A內包含的勞動時間；這種勞動時間所以能全被代置，只因爲B把他的所得，消費在A的三分之二上，並且在交換上，把那種一般說必須在A部類被消費被代置的生產手段，供給於A，因爲A的第一個三分之一，由它自己的生產者消費的，從交換價值方面說，只能由那由他們自己新加入的勞動構成，不包含任何的不變資本。

現在我們看看這個餘額。

這個餘額，第一，是由加在原料內的不變資本構成；第二是由加在固定資本形成上的不變資本構成；第三，是由加在補助材料內的不變資本構成。

第一，原料。它的不變資本，第一是分解爲固定資本，機械，工具，和建築物，及若干補助材料，即所用機械的消費資料。對於直接可供消費的原料部分，如家畜，穀物，葡萄等等，是不會有困難發生的。從這方面看，它們是應該屬於A部類。它們裏面包含的不變資本部分，會加在A的那三分之二不變部分內，那會當作資本，與B部類的非消費品相交換。B也就在這上面消費他的所得。就某些不能直接用在消費上面的原料說，也只要它們會在自然形態上加入可消費品內，（不管它們在生產過程上要通過怎樣多的中間階段），我們也就可以這樣說。例如麻的一部分。這部分麻先轉化爲麻紗，後來再轉化爲麻布，所以,全是加在可消費品內的。

但生物性原料的一部分,例如木頭,麻,苧麻,皮革等,一方面會直接加在固定資本的成分內,一方面會加在固定資本的補助材料內,例如在油脂的形態上,就是這樣。

第二,原料的不變資本,會分解爲種子。植物性的材料和動物性的材料,都會自行再生產的。那就是繁殖和生殖。這裏,我們在種子這個名稱下面,固然指眞正的種子,但也指那種當作肥料再投回土地去的家畜飼料,和畜種等等。年生產物中或年生產物的不變部分中,有這個很大的部分,會直接當作繁殖的材料,自行再生產的。

非生物性原料(例如金屬,石塊等等)的價值,只由兩個部分構成,因爲在這場合,沒有種子(這在農業上面就代表原料)可言。其價值只由新加勞動和消費掉的機械(機械的消費資料也包括在內)構成。所以,在這裏,除了那代表新加勞動,從而會在B對A三分之二的交換上出現的生產物部分,是只有固定資本的磨損及其消費資料(例如煤炭,油脂等等)要實行代置。但這種非植物性的原料,正是固定資本(機械,工具,建築物等等)不變〔部分〕的主要成分。所以,它們要由交換,在自然形態上,代置它們的不變資本。

第二,固定資本(機械,建築物,和工具,各種容器)。

它的不變資本,也是由它的原料,金屬,石塊,生物性原料,如木,皮,帆布等等構成。但當這種原料形成它的原料時,它自身也會當作勞動手段,加在這種原料的形成上。它們會在自然形態上自行代置。鐵製造家有機械要代置,機械建造業者有鐵要代置。在石塊裏面,有機械的磨損加入,但在工廠建築物內,也有石塊的磨損加入,其餘可以類推。再者,建造機械的機械的磨損,也須加以考察;這種機械,也須在一定期間內,由同種類的新生產物代置。當然,同種類的生產物,是可以自行代置的。

第三,補助材料。其中一部分必須有原料,如油,肥皂,脂,瓦斯等等。從別方面說，它們會轉爲肥料等等的形態，一部分會再加到原料的形成上。煤炭是瓦斯製造必要的，但在煤炭等等的生產上，會消耗瓦斯燈。別一些補助材料，卻只由加入的勞動和固定資本（機械，容器，導管，皮管等等）構成。煤炭必須代置在煤炭生產上使用的蒸汽機的磨損。但蒸汽機會消費煤炭。煤炭本身又會成爲煤炭的生產手段。所以，在這裏，它會在自然形態上代置它自身。它的鐵道運輸，會加在它的生產成本內，但煤炭也會加在機關車的生產成本內。

如果我們把負重家畜算在機械內，則必須代置的，有飼料以及一定條件下的廄舍。但飼料加入家畜的生產，家畜也會加入飼料的生產。

以後關於化學工廠，還要特別說到幾點。這種工廠的目的，是在準備種種補助材料，容器的原料（例如玻璃，陶器），及直接加入消費的物品。

一切染料都是補助材料。但它不僅在價值方面，會加在生產物內，像所消耗的煤炭會加在棉花內一樣，並且會在生產物（染色）的形態上，自行再生產出來。

補助材料可以是機械的消費資料。那或是正在動轉中的機械的燃料，或是爲減少工作機磨擦而用的東西，例如油脂，肥皂等等。那或者是建築物的補助材料，例如油灰等等。那或者是經營生產過程所需用的補助材料，例如點燈取暖的設備等等。那是勞動者爲要能够勞動所必須有的補助材料。

或者，這種補助材料，是加在原料形成上的，例如各種肥料，和原料上消費的化學藥品。或者，它是這種補助材料，它加入完成品內，例如染料，研磨材料等等。

所以，結論是：A 代置他自已的不變資本，（他的生產物的三分之二），是因爲他會和非消費品 B 中代表 B 的所得的部分，那就是，和 B 部類當年加入的勞動，相交換。但 A 不代置 B 的不變資本。B 必須在自然形態上，用同種類的新生產物，來代置這種不變資本。但 B 已經沒有勞動時間留下來，代置它了。因爲，一切由他加入的新勞動，形成他的所得的，已由生產物 B 中當作不變資本加到A裏面去的部分代表了。

然則，B的不變資本是怎樣代置的呢？一部分，是由它自身的植物性的或動物性的再生產，例如，在農業和畜牧業上面。一部分，是由一個不變資本部分和別個不變資本部分在自然形態上的交換，因爲這個部門的生產物，會當作原料或生產手段，加到別個部門。因爲，不同諸生產部門的生產物，不同種的不變資本，會相互在自然形態上當作生產條件用。

非消費品的生產者，爲那些生產可消費品的人，生產不變資本。但同時他們的生產物，還會相互當作不變資本的要素或成分。那就是，他們會相互在產業上消費他們的生產物。

在這場合，不變資本是由不變資本代置。如果這種代置，不是直接的，不是不經交換的，那就是資本和資本相交換，從使用價值方面考察，便是生產物和生產物相交換。這種生產物會相互加入各人的生產過程。每種這樣的生產物，都會由別種這樣的生產物的生產者，消費在產業上面。

資本的這個部分，既不分解爲利潤，也不分解爲工資。它不會有任何新加的勞動。它也不和所得相交換。無論這種資本代置有〔沒有〕商人〔作媒介〕，它總不是直接地也不是間接地由消費者支付。

亞當斯密以爲，資本家(dealers)與資本家間的交易，必定和資本家與消費者間的交易相等。亞當斯密的這個命題是錯誤的。這個命題是以他的錯誤的原則爲根據：生產物全部分解爲所得。實際他的這個命題，不外表示：商品交換的一個部分，即資本對所得的交換，便是商品交換的全部。杜克(Tooke)曾把這個命題，應用到貨幣流通上來，關於資本家間流通的貨幣量，對資本家和消費者間流通的貨幣量，持什麼比例的問題，有所發揮，那當然一樣是錯誤的。

我們且把購買生產物A的商人，當作是最後的與消費者相對待的資本家。這個生產物會在他手裏，由A的所得($=\frac{1}{3}$A)和B的所得($=\frac{2}{3}$A)購買掉。他的商業資本，就在他手裏，由這種所得代置掉。他們的所得，必須和他的資本相等。這位商人所賺的利潤，必須這樣解釋：他自己會保留A的一部分，並依照A的價值，拿A的更小的部分來賣。無論我們把商人認爲是必要的生產代理人，還是把商人認爲贅瘤樣的居間人，問題總是一樣。A的資本家與消費者間的這種交換，依照價值，是等於經營商品A的資本家與生產商品A的生產家全部間的交換，從而，是等於這種生產者相互間的買賣。

商人購買麻布。這是資本家與資本家間最後一次的交易。麻布織者購買紗，機械，煤炭等等。這是倒數第二次的資本家與資本家間的交易。紡績業者購買麻，機械，煤炭等等。這是倒數第三次的資本家與資本家間的交易。種麻業者和機械建造業者購買機械，鐵等等。但麻，機械，鐵，煤炭的生產者間爲代置不變資本而行的種種交易，和這種種交易的價值，不會加入生產物A所通過的諸次賣買內（不管是以所得交換所得，還是以所得交換不變資本）。〔在〕這種交易——不是生產者B和生產者A間的交易，只是B諸生產者相互間的交易——上，B這個部分的價值，既不加入A的價值內，故對A的賣者而言，也不是由A的買者代置。這種交易，也須有貨幣，也是由商人媒介。但專屬於這個部門的貨幣流通部分，和資本家與消費者間的貨幣流通部分，是全然分開的。

現在還有兩個問題要解決：

(1)在以上的考察上，工資被認爲是所得，沒有和利潤分開來。但在什麼範圍內，我們要考察它同時還是資本家的流動資本的部分呢？

(2)以上我們假定，全部所得是當作所得支出的。所以，還有一種變化要考察。只要所得（利潤）的一部分被資本化，這個變化就會發生的。這個問題，實際可以和蓄積過程一同考察。但在形式方面不是如此。說代表剩餘價值的生產物部分，會一部分再轉化爲工資，一部分再轉化爲不變資本，是很簡單的。在這裏，我們要研究，這個情形，對於以上考察的各種項目下的商品交換，會發生什麼影響。這幾項，便是所得對所得的交換，所得對資本的交換，和資本對資本的交換。

這個插幕，是要在這個歷史的批判的部分內，同時解決的。

V. 生產的與不生產的勞動

A. 生產勞動被定義爲生產資本的勞動[85]

〔關於亞當斯密，我們所要研究的最後一點，是：生產勞動與不生產勞動的區別〕。

我們以上已經發現了，在一切點上，亞當斯密都有兩面的見解；在他區分生產勞動與不生產勞動，而予生產勞動以規定時，也是如此。我們發覺，他對於所謂生產勞動，有兩重的定義錯綜着。我們先要考察他的第一種正確的定義。

在資本主義生產的意義上，生產勞動是指這種工資勞動；在它和可變資本部分的交換上，它不僅須再生產這個資本部分（即它自身的勞動力的價值），並且要在此外，爲資本家生產一個剩餘價值。只因如此，所以商品或貨幣會轉化爲資本，會當作資本來生產。只有工資勞動是生產的，會生產資本。那就是，它會把那投在它身上的價值額，依更大的分量再生產出來，或者說，它所酬還的勞動，會比它在工資形態上受得的勞動更多。只有價值增殖較大於其自身價值的勞動力，是生產的。資本階級，從而資本的存在，是以勞動的生產力爲基礎，但不是以它的絕對的生產力爲基礎，只是以它的

85 草稿第301頁至304頁。——K.

相對的生產力爲基礎。比方說,如果一勞動日剛好够維持一個勞動者的生活,那就是,剛好够把他的勞動力再生產出來,絕對地說,勞動也是生產的,因爲它是再生產的,那就是,會不斷把它所消費的價值(等於它自身的勞動力的價值)代置。但在資本主義的意義下,它不是生產的,因爲它不生產任何的剩餘價值。實在說,它沒有生產任何新的價值,不過代置了舊的價值,它在一個形態上把價值消費了,不過爲要在別個形態上,把這個價值再生產。在這個意義上,我們可以說,生產與其自身消費相等的勞動者是生產的;消費大於再生產的勞動者,是不生產的。

在資本主義的意義上,勞動的生產性是以相對的生產力爲基礎;即,勞動者不只代置舊的價值,並且創造一個新的價值;即,他生產物內對象化的勞動時間,比維持他(當作一個勞動者)生存所必要的生產物內對象化的勞動時間,更多。資本,資本的存在,就是以這種生產的工資勞動爲基礎。

從亞當斯密關於剩餘價值起源,關於資本性質所持的見解,自然會有這種生產勞動觀推出來。在他抱持這種見解的限度內,他是沿着重農主義派甚至重商主義派已經走過的方向走,不過使這個方向,脫離錯誤的表象方法,從而抽出了它的內核。重農主義派錯誤地認爲,只有農業勞動是生產的,但他們的這一點是正確的:即,從資本主義的立場看,只有那種創造剩餘價值的勞動(當然不是爲自己,只是爲生產手段的所有者創造剩餘價值)是生產的;換言之,只有那種不爲自己但爲土地所有者創造一個純生產物(produit net)的勞動,是生產的。因爲,有剩餘價值或剩餘勞動時間,對象化在一個剩餘生產物或純生產物內了。

不過,他們又看錯了。比方說,他們是在勞動者和租地農業家吃過以後還有小麥餘留下來的地方,看見這種純生產物;但織布者自己(勞動者與企業家)衣着所需之外,也有布疋多餘下來。

剩餘價值也被解釋得錯誤了,因爲他們有錯誤的價值觀。他們把價值還原爲勞動的使用價值,不把它還原爲勞動時間,社會的無性質差別的勞動。不過,他們還是保持着正確的見解:卽,只有所創價值多於所費價值的工資勞動是生產的。亞當斯密使這個正確的見解,從錯誤的表象分開來;在重農主義者的場合,這種正確的見解,卻是和那種錯誤的表象,結合在一起的。

我們再由重農主義派回來講重商主義派。在這裏,他們也無意識地,關於生產勞動,得到了同樣的見解。在他們,根本的觀念是,只有這一些生產部門的勞動是生產的,這一些生產部門的生產物,會向外國輸出,因而帶回更多的貨幣來,那就是,比它所費的貨幣更多(或者說,比必須爲它而輸出的貨幣更多)。所以,這些生產部門,將使國家,對於新開的金銀礦生產物,可以依照特別的程度,去參加。他們看見,在這些國家,財富和中等階級,都進步得很快。但金的這種入流,實際是以什麼爲基礎呢?那是因爲,工資不與商品價格相比例而提高呀!所以,工資實際是下落了;由此,相對的剩餘勞動增加了,利潤率提高了。但這不是因爲勞動者已經變得更生產,只是因爲絕對工資(卽勞動者所受的生活資料的量)被壓下了,一句話,因爲勞動者的情形變得更壞了。所以,在那些國家,勞動對於它的使用者而言,在事實上成了更生產的。這個事實,和貴金屬的流入連結在一起；並且，也就爲了這個動機（雖然這個動機也只朦朧地被感覺到），所以在重商主義派看來，只有這一些生產部門所使用的勞動是生產的。

"過去五六十年間，幾乎在歐洲各處，都發生驚人的人口增加現象。這種現象的主要原因，是美洲礦山的生產性的增大。貴金屬的增大的過剩[36]，使商品價格與勞動價格相比，以更大的比例提高起來。這種加大的過剩，把勞動者的狀況壓低，同時卻增進了他的僱主的利潤，因此，僱主儘可能增大了他的流動資本，俾能使用儘可能多數的勞動者"。這就招致人口的增加了。"馬爾薩斯曾說，美洲金礦的發現，使穀物的價格漲三倍至四倍，但勞動的價格只在這時候加一倍。……供國內消費的商品（例如穀物）的價格，不是直接因金流入而騰貴的；但因爲與工業的利潤率相比較，農業的利潤率下落了，所以，資本會由農業移到工業上來。就是這樣，所以一切資本都會提供較高的利潤；利潤的增進總同時表示工資的下落"。（約翰·巴登 影響社會勞動階級狀況的各種情形 倫敦 1817 年，第 29 頁以下）。

所以，第一，依照巴登說，那在十六世紀末葉和十七世紀喚起重商主義體系的現象，又在十八世紀後半期再現了。第二，因爲只有輸出品，用金銀尺度時，是依照金銀的已經下落的價值來尺度，那些決定供國內消費的商品，用金銀尺度時，依然照金銀的舊價值來尺度（到後來，資本家間的競爭，才把兩種不同尺度做標準的事

36 那當然是它的實在價值已經下落的結果。

情消滅），所以前一類生產部門的勞動，像是直接生產的，會創造剩餘價值的；因爲這些生產部門，會把工資壓到它的舊水準以下。

亞當斯密關於生產勞動所述的錯誤的見解，和他的正確的見解纏在一塊，所以在同一段話裏，這二種見解往往接連着攪在一起。所以在說明他的第一種見解時，我們必須把引用的話，斷片的，分別抄錄下來。

國富論第二篇第三章，劈頭就說：

"有一種勞動，會在它操作的對象物上，加進一個新的價值；還有一種勞動，不會有這樣的作用。我們可以把前一種勞動叫做生產勞動，因爲它會生產一個價值；別一種勞動，可以被叫做不生產勞動。一個產業勞動者的勞動，通例會把新價值加到他所操作的材料的價值裏面去；那就是，加上他自己的生活費和他的僱主的利潤。但一個侍僕（menial servant）的勞動，不會把任何的價值加入。雖說產業勞動者的工資是由他的僱主墊付的，但實際他是毫無所費於他，因爲這種工資的價值，通例會由勞動對象物的價值的增大，帶着一個利潤，被送回來。反之，侍僕的維持費用，卻不會被送回來。一個人，使用許多產業勞動者，會成爲富裕的；維持許多侍僕，他就會變得貧窮了"。

在這段話內——以及在以後我們要引述的話內，在裏面，互相矛盾的決定方法，還更是糾纏在一起——生產勞動主要是指那種勞動；那種勞動，除了再生產"他（勞動者）自己的維持費用"的價值，還會生產一個剩餘價值，即生產"他的僱主的利潤"。如果產業勞動者，除了再生產他自身生存所費的價值，不會加入一個剩餘價值，產業家也就不能因“使用許多產業勞動者，成爲富裕的”了。

第二，在這裏，亞當斯密還在生產勞動這個名詞下面，指那種一般說會“創造一個價值”的勞動。但我們暫且把這種解釋丟開不說，先引述別一段話，在那段話裏，第一種見解被複述了一遍，並且更銳利地定下來了，那就是更進一步地發展了。

“如果不生產勞動者所消費的營養資料和衣着物，被用來分配在生產勞動者中間，這些人就會把他們消費的全部價值，帶着一個利潤，再生產出來”。

在這場合，他顯明是把這樣的勞動者叫做生產勞動者：卽，他們不單爲資本家，再生產工資所包含的生活資料的全部價值，並且爲他再生產這種價值時，還帶來一個利潤。

只有生產資本的勞動是生產勞動。但商品或貨幣是這樣變成資本的：卽，它們直接被用來和勞動力交換，並且這種交換的唯一目的，便是要由更多的勞動（比它們包含的勞動更多）來代置。因爲，對於資本家，勞動力的使用價值不是由它的現實的使用價值構成，那就是，不是由紡績勞動，織布勞動等等特殊的具體的勞動之效用構成；對於他，勞動力的使用價值，也不是由這種勞動生產的生產物的使用價值構成；因爲，對於他，這種生產物是商品，在它未通過它的第一形態變化以前，不是任何消費品。商品裏面使他關心的事是：它所有的交換價值，比他爲它而支付出去的交換價值更大。所以，對於他，勞動的使用價值是由這點成立的：卽，他所受回的勞動時間的量，會比他在工資形態上付出的勞動時間的量，更大。當然，一切依某種方法參加商品生產的人，自眞正的手勞動者，到經理，工程師（不是資本家），都屬於生產勞動者的範圍。晚近英國政府的工廠報告，也明白把工廠及其所轄營業所內所使用的一切人員，除了工廠主自己，通統算在被僱工資勞動者的範疇內。在這場合，生產勞動者是由資本主義生產的立場決定的。亞當斯密也很肯要地，大體上確當地，說明了這個事情——他在學問上最大的功績之一是，他把生產勞動定義爲直接與資本交換的勞動；也就因有這種交換，所以勞動的生產手段和價值一般，貨幣或商品，才在科學的意義上，轉化成爲資本，勞動才在科學的意義上成爲工資勞動。（並且，如馬爾薩斯所說，生產勞動與不生產勞動之批評的區分，依然是全部資產階級經濟學的基礎）。由此，什麼是不生產勞動，也是絕對確定的了。不生產勞動，是不和資本交換，但直接和所得交換的，那就是，和工資或利潤交換，當然也和利息地租這各種項目（資本家利潤的共同所有者，就是在這幾個項目下，分享他們應得的部分）交換。在勞動一部分由自己支付（例如徭役農民的農業勞動），一部分直接與所得交換（例如亞細亞的都市製造業勞動）的情形下，資產階級經濟學意義上的資本和工資勞動，都還沒有。所以，這種決定，不是由勞動的實質的效果，勞動的生產物的性質，勞動當作具體勞動所生的效果，決定的；那只是由勞動所依以實現的一定的社會形態，即社會生產關係，決定的。

比方說，一個戲子，甚至一個滑稽表演家，如果他是替一個資本家（企業家）做事，會把更多（比他在工資形態上從資本家手裏得到的勞動更多）的勞動給回資本家，他就是生產勞動者；反之，一個縫級業者，如果他到資本家家裏去替他縫級褲子，只替他創造一個使用價值,他便是不生產勞動者。前者的勞動,是與資本交換,後者的勞動,是與所得交換。在前者,會有一個剩餘價值創造出來;在後者,卻會有所得被消費掉。

生產勞動與不生產勞動的區分,在這裏,只是從貨幣所有者或資本家的立場講的,不是從勞動者的立場講的。但就因爲這樣,所以對於這個問題全不瞭解的甘尼爾(Ganilh)等人,會發出這樣毫無意義的問來:一個妓女的勞動或機能,不會帶貨幣進來麼?

一個著作家所以是生產勞動者,不是因爲他生產了觀念,只是因爲他叫發行的書商賺了錢,或者因爲他是一個資本家的工資勞動者。

B. 生產勞動被定義爲生產商品的勞動[87]

生產勞動者的勞動,體現在一個商品上,這個商品的使用價值,可以是極無意義的。它的物質效果,和它的這種性質〔生產勞動的體化〕,是全然無關的。它的這種性質,不如說只表現一定的社會的生產關係。那不是由它的內容或結果發生;只是由它的一定的社會形態發生。

在另一方面,假設資本已支配生產全部——商品(要與單純的使用價值相區別)不復是由所有其生產手段(生產這種商品的生產手段)的勞動者生產——從而只有資本家是商品的生產者(只

87 草稿第304頁至314頁。第278頁(譯本第264頁)的註和結末一段,採自第394頁。第281頁至第284頁(譯本第268頁至第270頁)的說明文句,採自418頁至419頁。——K.

有勞動力這種商品是例外），所以，所得必須與資本所生產所售賣的商品相交換，或者和那種勞動相交換，那種勞動，和那些商品一樣，是爲了消費的目的，是爲了它有實際的用途，爲了它的使用價值，那就是，爲了它的勞務（它在它的實際用途上，會對它的購買者，消費者，提供的勞務），才被人購買的。對於這種勞務的生產者，這種勞務便是商品。它有一定的使用價值（想像的或是現實的），並有一定的交換價值。但對於購買者，這種勞務卻只是使用價值，只是他的所得所依以消費的對象物。這種不生產勞動者，不能毫無報酬地，在所得（工資和利潤）中，或在生產勞動所生產的商品中，取得他們的部分(Anteil)。他們必須購買它，但它的生產，是和他們無關的。

但在一切情形下都很明白：支出在資本所生產的商品上的所得（工資和利潤）越是多，能用來購買不生產勞動者的勞役的所得，將會越是少。反之，就越是多。

勞動之實質的性質，從而，勞動生產物之實質的性質，就其本身說，毫無關於生產勞動與不生產勞動的區別。例如一個公開旅店內的廚子和跑堂，是生產勞動者，只要他的勞動會轉化爲旅店老板的資本。但只要他是當作侍僕，我不是把資本支出在他的勞務上，只是把所得支出在他的勞務上，他就是不生產勞動者了。當然，如果我是消費者，那就在旅店的場合，他對於我也只是不生產勞動者。

"一國土地勞動年生產物中那代置資本的部分，除了使用生產者，不能直接用來僱用任何人。這個部分，只支付生產勞動者的工資。直接當作所得用的部分，那就是，成爲利潤或地租的部分，可以使用生產勞動者，一樣可以使用不生產勞動者。

"一個人，無論在他的資財（stock）中用怎樣的部分當作資本，他總希望，這個部分能够帶着一個利潤，再被得回來。所以，他只把它用來使用生產勞動者。它必須先在他手裏完盡資本的機能，然後能在他們手裏成爲所得。如果他把其中一部分用來僱用任何種類的不生產勞動者，這個部分從這時候起就不再是他的資本，要轉到他的消費基金項下了"。（前書第二篇第三章）。

資本越是支配生產全部，家內生產和小生產，簡言之，一切爲自己生產使用品卽生產非商品的產業形態越是消滅，那很明白，不生產勞動者，以勞務直接與所得交換的不生產勞動者，將有最大部分，只實行個人的勞務，只有最小部分（例如廚子，女縫師，縫紉師等等），生產實在的使用價值。他們不生產商品，那是當然的。因爲眞正的商品，決不是直接的消費品，而是交換價值的擔當者。所以在更發展的資本主義生產方法下，不生產勞動者只有極小的部分，會直接參加物質的生產。他們必須用〔他們的〕勞務來和所得交換，方才能够在物質的生產上，〔取得他們〕應受的部分。當然，如亞當斯密所說，這種不生產勞動者的勞務的價值，和生產勞動者的勞務的價值，是依同樣的（或類似的）方法決定的，能够決定的。那就是由維持或生產它所費去的生產成本，去決定。在這裏，當然還要加入一些別的事情；但這些事情，是不能在這裏考察的。

生產勞動者的勞動力，對於生產勞動者自己，就是一種商品。不生產勞動者的勞動力，對於不生產勞動者自己，也是一種商品，但生產勞動者會爲他的勞動力的購買者，生產商品。不生產勞動者只會爲他的勞動力的購買者，生產使用價値，不生產商品；一個想像的或現實的使用價値。不生產勞動者不爲他的購買者生產商品，但會由他的購買者手裏受取商品，這件事，對於他正是一種特徵的事實。

"社會內某一些最尊貴階級的勞動，是和侍僕的勞動一樣不生產價値。……例如，國王以及他屬下的文武官員，以及全部海陸軍，都是不生產勞動者。他們是公衆的僕役，要由別一些人勤勞的年生產物的一部分來維持。…… 牧師，法律家，醫生，各種文人，是和戲子，魔術師，音樂師，歌女，舞女等等，屬於同一個階級"。（前書）

我們講過，就本身來說，生產勞動和不生產勞動間的這種分別，既然無關於勞動的特殊性，也無關於這種特殊性所依以體現的特殊的使用價値。在生產勞動的場合，勞動是與資本交換；在不生產勞動的場合，勞動是與所得交換。在前一場合，勞動會轉化爲資本，並爲資本家創造一個利潤；在後一場合，勞動卻是一種支出，是所得所依以被消費的東西。例如一個提琴製造業者的勞動者，是一個生產勞動者。他的勞動，不只代置他所消費的工資，並且會在生產物（提琴，即提琴製造業者所賣的商品）中，在工資的價値以上提供一個剩餘價値。反之，如果我不到店裏去買，卻把製造一個提琴所必要的材料購好（或者說勞動者自己已經有這些東西也可以），叫提琴製造工人到我家裏來製造一個，這個提琴製造工人就是不生產的勞動者了，因爲他的勞動是直接和我的所得相交換了。

但這是很明白的，資本越是支配全部生產，一切商品越是爲商業，不是爲直接消費而生產，勞動的生產力也依同程度越是發展，則生產勞動與不生產勞動間的實質上的區別會依次越是變得顯著，因爲前者除了少數例外，將完全用來生產商品，後者除了少數例外，將只實行個人的侍奉工作。前一種勞動者，將生產直接的，物質的，由商品構成的財富，生產一切不由勞動力自身構成的商品。正是這樣的一個視點，使亞當斯密在第一個原則上確定的特徵之外，再加入了別一個特徵。

所以，由不同的聯想，他說：

"反之，一個侍僕[88]的勞動，不會增加任何價值。……一個侍僕的維持費用，決不能收回來的。一個使用許多產業勞動者的人，會變成富裕的；一個維持許多侍僕的人，會變成貧窮的。固然，後者的勞動是和前者的勞動一樣有價值，一樣應受工資；但產業勞動者的勞動，會固定在，對象化在某種特殊的物品或可賣品上，那至少可以在勞動做完以後，還經用一個期間。好像將會有一定量的勞動堆積在其上，在必要時可以在後來拿出來使用一般。這種對象物，或者說，這種對象化的價格，在必要時，可以推動一個勞動量，與原來生產它的勞動量相等。反之，侍僕的勞動，不會固定在，也不會對象化在某種特殊的物品或可賣品上。他的勞務，通例做了就完了，極少會留下什麼價值的痕跡*來，可以在以後用來獲取等量的勞務。

"社會上某一些最尊貴階級的勞動，是和侍僕的勞動一樣不生產價值，不會固定在，對象化在任何耐久的物品或可賣品上"。（第

88 與製造業者相區別的。

* 原本譯文爲"eine Spur oder einen Wert"。照斯密原著改正。——譯者。

二篇第三章）。

爲要給不生產勞動一個定義，我們看見了下述種種的決定方法，那明白表示了亞當斯密的內部思想的環節：

不生產勞動者“不生產價值”，“不增加價值”，“其維持費用不能收回來”，“他的勞動不會固定在，對象化在一個特殊的物品或可賣品上”，“他的勞務通例做了就完了，絕少會留下什麼價值的痕跡來，可以在以後用來獲取等量的勞務”。最後，“他的勞動不會固定在或對象化在任何耐久的物品或可賣品上”。

在這種見解上，生產勞動和不生產勞動，取得了一種和原來不同的意義。它不復與剩餘價值的生產——這種生產，就其自身說，就包含一個等價（所消費的價值的等價）的再生產——相關了。依照他的這種看法，勞動者的勞動只要會把一個等價代置所消費的價值，即由他的勞動，把一個與工資既含價值相等的價值量，加到某種物質上去，它便是生產的。在這裏，我們離開了以上所說的決定方法；以上，我們是由勞動者與資本主義生產的關係，決定誰是生產勞動者，誰是不生產勞動者。在第四篇第九章，（斯密批判重農主義派學說的地方），我們可以看到，亞當斯密會走入這條迷路，一半是因爲他反對重農主義派，一半是因爲他依存於重農主義派。一個勞動者如其逐年只代置他的工資的等價，他對於資本家就不是生產勞動者。他固然代置了工資，代置了勞動的購買價格，但這樣做，當中的交易，就和資本家向生產這種商品的勞動者購買商品，全然沒有兩樣了。他支付了那包含在不變資本和工資內的勞動。他現今在商品形態上所有的勞動量，和他以前在貨幣形態上所有的勞動量，是相等的。他的貨幣，不會由此變成資本。這情形，和勞動者自有其生產手段的情形，完全一樣。在他的年生產物的價值內，他必須逐年把生產手段的價值提出來，把它代置。他逐年消費的或者能够消費的，只是他的生產物的這個價值部分，那等於逐年加在不變資本上面的新勞動。所以，在這場合，不會有資本主義的生產了。

亞當斯密何以會把這種勞動叫做"生產的"呢？第一就是因爲重農主義派，把它叫做"不產的"(stérile)和"不生產的"(non productive)。

在前面引用過的那一章，斯密曾對我們說：

"第一，他們（重農主義派）承認，這個階級（即不經營農業的工業階級）會再生產他們逐年消費的價值，至少會更新他們所賴以維持，所賴以僱用的基金或資本。…… 租地農業者和農業勞動者，固然會在他們所賴以維持，所賴以僱用的基金之上，逐年生產一個純生產物，那就是，爲土地所有者生產一個自由的地租。……租地農業者和農業勞動者的勞動，當然比商人，手工匠，製造業者的勞動，是更生產的。但一個階級的較大的生產物，不能使別個階級成爲不生產的"。（前書第四篇第九章）。

這裏，亞當斯密回到重農主義的見解上面了。眞正的生產勞動，即生產一個剩餘價值從而生產一個"純生產物"的生產勞動，是農業勞動。他放棄他自己的剩餘價值觀，接受了重農主義派的剩餘價值觀。但同時他又反對重農主義派的剩餘價值觀，說產業的（在他看來，甚至商業的）勞動，也是生產的，雖然就最高義來說不是。

這樣,他就拋棄了他以前的定義,不復從資本主義的立場,來決定誰是"生產勞動者"了;他反對重農主義派說,不經營農業的工業階級會再生產他們自己的工資,從而會生產一個價值,與他們所消費的價值相等,從而"至少會更新他們所賴以維持,所賴以僱用的基金或資本"。這樣,在依存於重農主義派又反對重農主義派的情形下,他對於什麼是"生產勞動",立下了第二個定義。

亞當斯密說:"第二,把手工業者,製造業勞動者和商人,和侍僕同樣看待,從下面的理由看,也像是極不妥當的。侍僕的勞動,不會更新維持他們僱用他們的基金。他們的維持和使用,完全出自他們的主人的費用;他們的勞動,在性質上,就是不能把這種費用代置的。構成那種勞動的,通例是做了就完了的勞務,不會固定化,對象化爲某種可賣的商品,可以代置他們的工資和維持費用的價值。反之,手工業者,製造業勞動者,和商人的勞動,卻會固定在,對象化在某種這樣的可賣品上。從這個理由,我曾在討論生產勞動和不生產勞動的那一章,把手工業者,製造業勞動者,和商人,算在生產勞動者裏面,把侍僕算在不生產勞動者裏面"。

資本一經支配全部生產,那與勞動交換的所得,就不會直接與生產商品的勞動交換了,只會與勞務相交換了。所得,一部分會與那種當作使用價值用的商品交換,一部分會與勞務(services)相交換,那也是直接當作使用價值消費的。

與勞動力相區別的商品,是一種在物質上與人類相對立,而於人類有某種用處的物品,在其內,有一定量的勞動,固定着,對象化着。

所以，我們得到了那當然會包含在第一段內的決定方法：卽，生產勞動者是這種勞動者，他們的勞動會生產商品，並且他們所消費的商品，不更多於他們所生產的商品，也不更多於他們的勞動所費去的商品。他們的勞動，會固定爲，實現爲"某種可賣的商品，可以代置他們的工資和維持費用的價值"。就因爲他生產商品，所以生產勞動者會不斷再生產可變資本，那是他不斷在工資形態上消費的。他會不斷生產那支付給他，"維持他，並且使用他"的基金。

第一，亞當斯密當然把一切直接使用在物質生產上的知識勞動，包括在那種會固定在，或對象化在某種可賣品上的勞動內。不僅包括直接的手勞動者或機械勞動者，且包括監工，技師，經理，代理人等等，簡言之，包括在一定物質生產部門內爲生產一定商品所必要的全部人員的勞動。這一切人的合作（Kooperation）是商品生產上必要的。實在說，他們也會把他們的勞動全部加在不變資本上面，並依此額增加生產物的價值。（這個話，在什麼程度內，適用於銀行業者等等呢？）

第二，亞當斯密說，大體就通例來說（generally），不生產勞動者的勞動，不是這樣。就使資本已經支配了物質的生產，大體說，就使家內工業已經消滅，或直接在消費者家內爲消費者創造使用價值的小手工業者的工業已經消滅，亞當斯密也一定很淸楚，我僱到家裏來縫襯衫的一個女裁縫，或僱到家裏來修理傢具的勞動者，或僱到家裏來打掃房屋的一個僕人，或僱到家裏來烹調肉類的女廚師，會和在工廠內縫衣裳的女裁縫，修理機械的機械工人，洗滌機械的勞動者，當作資本家的工資勞動者而在旅店內掌鍋的女廚師一樣,把他們的勞動,固定在一個物品上,並且實際把這種物品的價值提高。照可能性來說,這種使用價值也是商品;襯衫可以送到當店去,房屋可以再賣,傢具可以拍賣等等。所以,照可能性來說,這些人也生產商品,並且把價值加到他們勞動的對象物上去。但這在不生產勞動者間是一個極小的部類,說到大多數僕役,僧侶,官吏,兵士,樂師等等,那是不能這樣說的。

但無論這種"不生產勞動者"的人數是大是小,這總是很明白的:即,使勞動成爲"生產勞動"或"不生產勞動"的事情,不一定是勞動的特殊性,也不一定是勞動生產物的現象形態。這點,已經由一個限制語,承認了:即,"他的勞務通例做了就完了"。同一種勞動,如果我是以資本家的資格,以生產者的資格購買它,想把它的價值增殖,它就是生產的;如果我以消費者的資格,以所得支出者的資格,購買它,想消費它的使用價值,它就是不生產的,不管這個使用價值,是和勞動力的活動一同消滅,還是對象化在,固定在一個東西裏面。旅店的女廚師,會替旅店主人(以資本家資格購買她的勞動的人),生產一種商品。羊排的消費者,會支付她的勞動;她也會對旅店主人(除開利潤不說)代置他繼續支付給她的基金。反之,如果我購買一個女廚師的勞動,叫她替我烹調肉類,不是爲要把她的勞動,當作勞動一般來實行價值增殖作用,卻把它當作這種確定的具體的勞動來享受,來使用,她的勞動便是不生產的,雖然這種勞動也會固定在一個物質的生產物上,並且和旅店主人的場合一樣,可以(在結果上)成爲一個可賣的商品。但當中的大差別還是存在:這個女廚師不能爲我這個私人,代置我憑以支付給她的基金。因爲，我購買她的勞動時，不是把它當作價值形成的要素；我只是爲了它的使用價值。她的勞動，不替我代置我依以支付給她的基金，那就是，不替我代置工資的基金，這好比我在旅店內吃了午餐，但不能因此便能再度去買，去吃同一的午餐一樣。但這種區別，在商品之間，也會發生的。資本家購備來代置其不變資本的商品（例如印花業者購買棉布），將會在印成的棉布內，把它的價值代置。反之，如果他購買棉布，只是爲自己消費，這種商品是不會代置他的支出的。社會的最大多數，即勞動者階級，還須親自擔任這類的勞動；但要能親自擔任這類的勞動，他必須已經實行生產的勞動。他們能够自己煮肉，只因爲他們曾經生產一個工資，可以用來支付肉；他們能够自己洗滌打掃傢具和住所，擦亮自己的皮鞋，只因爲他曾經生產傢具，房租，和皮鞋的價值。所以，就生產勞動者階級自己說，他們爲自己實行的勞動也表現爲不生產的勞動。他們雖然做過了這種不生產勞動，但並不因此便能重新再做這種不生產勞動，除非他們事先做過了生產勞動。

第三，從另一方面說，戲院，音樂館，妓院等等的企業者，對於戲子，樂師，妓女等等的勞動力，會購買其暫時處分權——在實際上，這種購買，包含一個曲折，但那只有經濟的形式的意味，結果的運動是一樣的，他購買的這所謂"不生產勞動"，其"勞務是做了就完了的"，決不會（在它自身以外）固定或實現在"一個耐久的或（特殊的）物品或可賣品上"，但這種勞務賣於公衆時，卻會有工資和利潤回到他手裏來。他所購的勞務，使他能够再購它；那就是，這種勞務所憑以支付的基金，會自行更新。律師在事務所內使用的書記的勞動，也是這樣，不過這種勞動通例會體現在極廣闊的"特殊對象物"上，體現在浩瀚的文書堆的形態上。不錯，對於企業者，這種勞務是由公衆的所得支付的。但這是一樣眞確的，一切加入個人消費的生產物，都是如此。國家固然不能把這種勞務本身輸出去；但能够把這種勞務的實行者輸出。比如，法國就輸出舞蹈師，廚子等等，德國也輸出教師。不過，舞蹈師和教師被輸出時，他們的所得也被輸出了；舞蹈鞋和書本被輸出時，卻會有一個代價被帶回來。

所以，如果從一方面說，所謂不生產勞動的一部分，會體現爲物質的使用價值，一樣可以成爲商品（vendible commodities），同時，從另一方面說，沒有任何客觀姿態（不能當作物品而與勞務實行者分離存在，也不能當作價值成分加在一個商品內）的勞務的一部分，也會被資本（勞動的直接購買者的資本）購買，從而代置它自己的工資，並且帶回一個利潤來。簡言之，這種勞務的生產，有一部分，可以被包攝在資本下面，而體現在有用物內的勞動，也有一部分，會直接由所得購去，不被包攝在資本主義生產下面。

第四，全商品界可以分成兩大部類。第一是勞動力，第二是和勞動力自身相區別的商品。有一些勞務，是訓練，維持，修正勞動力的，簡言之，是使勞動力取得特殊性，或者只把勞動力維持的。例如"產業上必要的"或有用的教師的勞務，又如維持健康，從而保存一切價值源泉即勞動力自身的醫生的勞務。它會生出一種"可賣品"，即勞動力自身，來代替它的位置。這種勞務，也會加在這種勞動力的生產成本和再生產成本內的。但亞當斯密知道，"教育"加在勞動者大衆生產成本內的成分是怎樣小，並且在一切情形下，醫生的勞務都屬於生產上的虛費（faux frais）。我們很可以把醫生的勞務，算在勞動力的修理費用項下。假設工資和利潤合計，在總價值方面，由某種原因（例如國人變得更懶惰了）減少了，同時在使用價值方面，又因勞動變得更不生產了（例如因爲收穫不良等等）減少了。換言之，假設因爲去年加入的新勞動更少了，並且因爲加入的勞動更不生產了，生產物中那與所得相當的部分已經減少。現在，再假設資本家和勞動者還和以前一樣要消費等價值額的物質品，他們就只能購買更少的醫生勞務，教師勞務等等了。如果他們不得不在這項上面，繼續支出同樣多的錢，他們就須限制別種物品的消費。所以，很明白，醫生和教師的勞動，不能直接創造他們憑以得到給付的基金，雖然他們的勞動，要算在一切價值的創造基金的生產成本內，那就是，要算在勞動力的生產成本內。

亞當斯密往下說：

"第三，在任何一種前提下，說手工業者的，製造業者的，商人的勞動，不會增大社會的眞正所得，都好像是不妥當的。比方說，就令我們像這個體系一樣，假設這個階級逐日消費，逐月消費，逐年消費的價值，恰好等於他們逐日生產，逐月生產，逐年生產的價值，我們也不能由此便說，他們的勞動不會增加實在的所得，不會增加社會的土地勞動年生產物的眞正價值。例如，一個手工業者，在收穫後六個月內，實行了一個值 10 鎊的勞動。他雖然會在這時候消費值 10 鎊的穀物及其他種種生活資料，但也會實在地把 10 鎊的價值*，加到社會的土地勞動年生產物內。他把半年的所得 10 鎊，消費在穀物及其他種種生活資料上時，會生產一個相等的價值，能够爲他或爲某別人，購備一個同樣大的半年所得。所以，在這六個月內消費的和生產的東西的價值，不是10鎊，而是20鎊。固然，也許在任一瞬間，所有的價值，都不多過10鎊。但若價值10鎊的由手工業者消費的穀物及其他種種生活資料，是由一個兵士或一個侍僕消費掉，則在半年之後存有的生產物的價值，和手工業者勞動結局會有的價值比較，會更少10鎊。所以，就令手工業者的生產物的價值，在任何瞬間，都不比他所消費的價值更大，但他勞動的結果，市場上實有的價值總額，和異此的場合比較，總會更大的"。（前書第四篇第九章）。

因有"不生產的勞動"，每一瞬間市場上實有的商品的價值，和沒有這種勞動的場合比較，不也會更大麼？每一瞬間，市場上，不都會在小麥，肉類等等之外，還有妓女，律師，牧師，樂師，戲院，兵士，政客等等麼？這些男女，取得這些"穀物及其他種種生活資料"時，並不是無代價取得的。他們對此會給與或被迫繳出他們的勞務，並且當作勞務看，那也是有使用價值的，並且因爲曾經費去各種生產成本，所以還有一個交換價值。在每一瞬間，都會在那種在商品形態上存在的可消費品之外，存有一定量在勞務形態上存在的可消費品。在每一瞬間，可消費品的總額，都和沒有這種可消費的勞務時比較，更大。第二，價值也是更大的：因爲，它的價值，是等於爲這種勞務而支付的商品的價值，這個價值又等於勞務自身的價值。在

* 原本譯文爲"einen realen Wert"。照斯密原著改正。——譯者。

這場合，是和以商品交換商品一樣，以等價交換等價；因此，同一的價值有了二重的存在，一是在買者方面，一是在賣者方面。

關於重農主義派，亞當斯密還說：

"這個體系的代表者說，手工業者，製造業者，和商人的消費，等於他們所生產的東西的價値；他們這樣說時，他們的意思也許只是，他們的所得或供他們消費的基金，是與這個（他們所生產的東西的價値）相等"。

在這個問題上面，重農主義派正確地把勞動者和企業者總括在一起；地租在後者的利潤中不過形成一個特殊的項目[39]。

39 斯密就這個機會，在批判重農主義派時（第四篇第九章）說過：

"任一個社會的土地勞動的年生產物，只能由兩個方法增加：或是由該社會實際維持的有用勞動的生產力的增進，或第二是由這種勞動的量的增加。

"有用勞動的生產力的增進，第一依存於勞動者熟練的增進，其次依存於他們用來工作的機械的改良。

"……一個社會實際使用的有用勞動量的增加，完全依存於使用這種勞動的資本的增加；這種資本的增加，又恰好與所得的節蓄額相等，那或是由經營職業指導職業的人的所得節蓄，或是由借錢給他們的人的所得節蓄"。

這裏，發生了一個兩重的缺陷循環：

第一，年生產物由較大的勞動生產力而增加。一切使勞動生產力增加的手段，如果不是起源於自然的偶然，例如特別有利的氣候，便都需有資本的增大。但爲要使資本增大，勞動的年生產物必須增大。這是第一個循環。

第二；年生產物能夠由所用勞動量的增加而增加。但所用勞動量只能在這情形下增加，卽使用勞動的資本已經增加在前。斯密是由節蓄（saving）從這兩個循環來救出他自已的。在節蓄這個名詞下面，他是指所得轉化爲資本。說全部利潤會當作資本家的所得被吃掉，本身就是這種錯誤的說法。資本主義生產的法則，多分會要求：勞動者所實行的剩餘勞動或無給勞動，有一個部分轉化爲資本。如其個個資本家是以資本家的資格，資本機能者的資格實行，則在他，那是可以表現爲節蓄的；但對於他，那也可表現爲這個準備基金的必要。並且，勞動量的增加，不只依存於勞動者數，並且依存於勞動日的長度。分解爲工資的資本部分卽不增加，勞動量也能增加的。在這個前提下，機械斯密關於生產勞動和不生產勞動所抱的第二種見解（這種見解和他的別種見解是夾纏着的）是：第一種勞動會生產商品，第二種勞動不會生產商品。但他不否認，一種勞動和別種勞動一樣是商品。他說：

“後者的勞動……也有它的價值，並且和前一種勞動一樣值得工資”。

那是從經濟方面說的。無論是那種勞動，都不是從道德等等方面考察的。

但商品的概念，總包含這個意思：卽，勞動體化在，物質化在，實現在它的生產物內。勞動自身，在它的直接存在上，在它的活的存在上，不能直接看做是商品；只有勞動力可以這樣看待；勞動力的暫時的外顯，就是勞動自身。眞正的工資勞動，只能在這個方法上被說明，“不生產勞動”也應如此說明。亞當斯密一般也是由生產“不生產勞動者”所必要的生產成本，去決定它。總之，商品必須認爲與勞動自身有不同的存在。這樣，商品界會分成二大部類：

一方面是勞動力。

另一方面是商品自身。

等等也不一定要增加（雖然它的磨損會更加速，這是與問題毫無關係的）。必須增加的全部東西，只是分解爲種子等等的原料部分。所以，把國外貿易除外，我們說，在一國之內，在從農業得到原料的工業能夠投出剩餘價值之前，剩餘價值必須先已在農業上面提供，是不失爲正確的。其原料的一部分，如炭，鐵，木，魚類等等（最後一項，例如，可以當作肥料用），在勞動者人數不變的場合，就只能由增大的勞動得到的。在這點上面，那當然是不可少的。在另一方面，又老早證明了，生產力的增進，原來是不斷以資本的累積爲前提，不是以資本的蓄積爲前提。不過到後來，這兩個過程會成爲互相補充的。

但勞動的體化，並不能像亞當斯密那樣用蘇格蘭人的風格去把握的。我們把商品當作勞動的體化物（即在其交換價値的意義上）來說罷。這樣，它將只是商品的一個想像的或者說單純社會的存在方法，和它的物質的現實性是毫無關係的；它會被表現爲社會勞動或貨幣的一定量。它所依以造成的具體勞動，可以不在它上面留下任何的痕跡。就製造品來說，這種痕跡會在原料外表保持的形態上面，保留下來。但在農業等等上面，例如小麥，家畜之類的商品所採取的形態，雖然也是人類勞動的生產物，並且生產這種形態的勞動，還是一代傳於一代，一代補足一代的，但這種勞動在生產物上面，是看不見的。並且，還有別一些工業勞動，它的目的原不在改變物品的形態，只在改變它的地點。例如，當一種商品由中國運到英格蘭時，勞動留在物品本身上的痕跡是看不出的；這種物品非英格蘭出品的事實，才叫人把這種痕跡想起來。所以，勞動在商品內的體化，是不能像這樣去瞭解的[40]。這裏，錯誤是這樣發生的；社會關係表現在物的形態上了。固然，說商品是過去的對象化的勞動，所以，如不表現在一個物的形態上，便只能表現在勞動力自身的形態上，仍不失爲正確的。但無論如何，商品不能直接表現爲活

40 下一段話，指示亞當斯密並未把勞動的固定化（das Fixieren der Arbeit），視爲全然表面的。在那段話裏，他列舉了固定資本各種不同的成分：

"4.社會一切成員已獲得的有用才能。這種才能的獲得，通例要費去這種實在的支出；學習者在敎育，研究，或學習的時間內，要有這種支出來維持的。這種支出，形成一個資本；這個資本，很可以說是固定在，實現在他的人身內。這種才能，是他的財產的一部分，也是他所屬的社會的財產的一部分。這個勞動者的較高的熟練，從這個觀點看，很像是一個便易勞動，縮短勞動的機械或工具；那雖然會引起支出，但這種費用，會帶着一個利潤，再回來"。（前書第二篇第一章）。

的勞動，只能依一種實際好像毫無關係（其實不是如此）的迂路，表現在各種工資的決定上。總之，生產勞動好像是這樣的勞動了，它生產商品，或直接生產，教育，發展，維持，再生產勞動力自身。亞當斯密所謂生產勞動，不包含後一項；這是隨意的，但包含着一種正確的本能，因爲當他把後面一項包入時，他就爲生產勞動的謬誤的幻想，開放一扇大門了。

所以，把勞動力自身丟開不說，生產勞動就會分解爲生產商品（物質的生產物）的勞動了；這種物質的生產物之形成，會費去一定量的勞動或勞動時間。一切藝術的和科學的生產物，書籍，畫像，雕像等等，在表現爲有形物的限度內，也包括在這種物質的生產物內。但這種勞動生產物，必須是這個意義下的商品，是"可賣品"，那還是在它的第一形態上，必須先通過它的形態變化的。

一個工廠主在他不能在別種情形下製造機械的時候，可以利用他的空閒時間，爲自己建造機械，其目的不在賣，而在把它當作使用價值來利用。在這場合，他是把它當作不變資本的一部分來利用的；它將會在它所助成的生產物的形態上，零星地，把它賣出。

侍僕的某一些勞動，同樣可以（在可能性上）表現在商品上，並且在物質方面考察，尙是表現在同一的使用價值上。但他們不是生產勞動者，因爲他們在事實上，不是生產商品，只生產直接的"使用價值"。那種對於購買者或僱用者爲生產勞動者（例如戲子的勞動對於戲院老板）的勞動，也會由如下的事實，被證明是不生產的：即，它的購買者，不能在商品的形態上，只能在活動自身的形態上，把它售賣給公衆。

丟開這個不說，生產勞動便是生產商品的勞動，不生產勞動便是生產個人勞務的勞動了。前一種勞動，表現在一個可賣的物品上；後一種勞動，必須在操作的時候被消費。前一種勞動，包括一切在實物形態上存在的物質財富和精神財富，肉和書籍（但形成勞動力自身的勞動除外）；一切依某種方法滿足個人需要（幻想的或現實的需要），或反乎本人志願被迫到本人身上來的勞動，都屬於第二種。

商品是資本主義財富之最原素的形態。所以，"生產勞動"是生產"商品"的勞動這樣一種說法，除了和生產勞動是生產資本的勞動的看法相應，還和一個更基本得多的觀點相應。

斯密的反對派，卻把第一種主要的說明置於度外，固執着他的第二種說明，並強調了這裏的不可避免的矛盾和首尾不一貫。在這裏，他們由如下的方法，使論戰變得隨意了：那就是，他置身去研究勞動之物質的內容，尤其是勞動必須固定在一個相當耐久的生產物上這一個性質。我們馬上就會知道，這個論戰特別地引出了什麼。

在往下講以前，我們且附帶說一說。關於重農主義體系，亞當斯密說，好像這個體系的全部功績，就是在這點：即，他們認識了國富"不是由不能消費的貨幣貯藏構成，卻是由逐年會由社會勞動再生產的可消費品構成"。（第四篇第九章）

在這裏，由他的第二種生產勞動[41]定義，引出了這樣的推論。

41 這裏原文是"of distinctive labour"。這是沒有意義的。分明是一個筆誤。—K.

當然，剩餘價值的定義如何，要看價值本身是在什麽形態上被把握。在貨幣主義和重商主義體系中，剩餘價值是表現爲貨幣；在重農主義者看來，剩餘價值是表現爲土地的生產物，爲農業生產物；最後在亞當斯密看來，剩餘價值是表現爲商品一般。在重農主義派論到價値本質的限度內，他們是把價值完全分解爲使用價值（材料，物質）；重商主義派卻把價值完全分解爲生產物當作一般社會勞動所依以表現的價值形態，即分解爲貨幣；在亞當斯密手上，商品的這兩個條件，使用價值和交換價值，被綜括在一起了，所以，每一種勞動，凡表現在某種使用價值，有用生產物上的，都是生產的。勞動是表現在生產物內的。這一句話，已經包含生產物等於一定量一般社會勞動的意思。與重農主義派不同，亞當斯密再把生產物的價值，表現爲資本主義財富的本質，但在另一方面，又剝去了重商主義者的單純的幻想，照重商主義看來，價值是表現在金和銀的形態上的。每一種商品，就其自體說，都是貨幣。當然，亞當斯密曾再回到重商主義派的"耐久性"即"不滅性"的觀念。我們也許會記起配第的話[42]。他曾說，財富是依照它的不滅的程度，耐久的程度來估價的，結局，金和銀是當作"不可磨滅的財富"，被放在最高點了。

布隆基(A. Blangue)[43] 說："他（亞當斯密）完全把財富的性質，限制在價值上面，即體化在物質品的價值上面；這樣，非物質性

42 參看政治經濟學批判第一輯第109頁，那裏曾引述配第政治算術第196頁這一段話。

43 經濟學史布魯悉1842年，第152頁。

的價值之無限的巨量，即文明國家的精神資本的產物等等，是全放在生產帳簿之外了”。

*　*　*　*

斯密在第四篇第一章還說：

“洛克先生在貨幣，和別種動產之間，曾加以區別。他以為，一切其他的財產都有可滅的性質，所以任何人都不能過於依賴由這種財產構成的富。……反之，貨幣卻是永久的朋友”。

在同一章，他還說：

“人們說，消費資料會立即被破壞，金與銀卻有更耐久的性質。這種金屬，如果不是有這種不斷的輸出，就可以累世紀地蓄積起來，一直到國家實在財富增加到不能置信的地步”。

貨幣主義派熱中於金和銀，因為金和銀是貨幣，是交換價值之獨立的存在，是交換價值之可捉摸的存在；不把它們用做流通手段，不把它們用做商品交換價值的一現即滅的形態，它們便是交換價值之不能破滅的耐久的存在了。金銀的蓄積，存貯，貯藏，便是他們的致富方法。並且，如配第的引語[44]所指示，其他各種商品也看它們是怎樣耐久，看它們能把交換價值的資格保存多久的程度，來評價。

現在，第一，亞當斯密把他已經在某一篇（在那裏他論到，一種消費，對於財富的形成能有多大的用處，就看所完成的消費資料，有多大的耐久性）說過的關於商品的相對耐久性有大有小的

[44] 政治經濟學批判第109頁。——K.

議論，重行提了起來。所以，貨幣主義又伸出頭來了，這是必然的，因爲就在直接消費的場合，這個陷阱還是保存着：即，消費資料是財富，是商品，從而是使用價值與交換價值的統一，但這又要看使用價值是在什麼程度以內耐久的，從而，看消費在什麼程度以內，只能緩緩地，將商品成爲交換價值擔當者的可能性廢止掉。

第二，斯密用他的第二種方法來分別生產勞動和不生產勞動時，完全——在更廣泛的形態上——再回到貨幣主義的分別方法了。

生產勞動"會固定在，實現在一個特殊的物品或可賣品上。那至少可以在勞動做完以後，還經用一個期間。好像將會有一定量的勞動堆積在其上，必要時可以在後來拿出來使用一般"。反之，不生產勞動或勞務的結果，"通例是做了就完了，絕少會留下什麼價值的遺跡來，可以在以後，用來獲取等量的勞務"。(第二篇第三章)。

貨幣主義在金銀和別種商品間所劃的區別，被亞當斯密用在商品和勞務之間了。在這裏，還有蓄積會影響當中的區別；不過，這種蓄積不是在貨幣貯藏的形態上，而是在再生產的實質的形態上。商品會在消費中消滅，但它會在以後，生產一個有較高價値的商品，或者說，如果不是這樣使用，它還是可以用來購買別種商品的價值。勞動生產物有這種性質：即，它會存在一個相當耐久的可以再行賣出的使用價值上面，那就是存在一個使用價值上面，在其內，它是交換價值的擔當者，是商品自身；或者說，在事實上，就是貨幣。勞務或不生產勞動，卻不能再成爲貨幣。我不能用我所付的律師，醫生，牧師，樂師，政治家，兵士等人的勞務，來支付任何債務，購買任何商品，或購買任何可以生產剩餘價值的勞動。這種勞務，像一用卽了的消費資料一樣，是一用卽了的。

所以，在根柢上，斯密所說的，是和貨幣主義所說的，一模一樣。在貨幣主義派看來，只有生產貨幣（金和銀）的勞動是生產的。在亞當斯密看來，只有那種能夠爲購買者生產貨幣的勞動是生產的，不過他穿過了一切掩蔽，在一切商品裏面看破了貨幣性質，貨幣主義卻只在這種商品——那是交換價值之獨立的存在——內看到貨幣性質。這種區別，是以資本主義生產的本質爲基礎的，因爲財富不等於使用價值；只有商品，當作交換價值擔當者或當作貨幣的使用價值，是財富。貨幣主義所不瞭解的，是這樣：這種貨幣是由商品的消費，不是由商品到金銀的轉化，賺到的，增加的。在轉化中，商品雖然當作獨立的交換價值結晶起來，但它不只會喪失使用價值，並且會不改變它的價值量。

* * * *

如果亞當斯密能以完全的意識，堅持實質的他所已有的剩餘價值分析（剩餘價值是只能在資本對工資勞動的交換上發生的），他就會只把那和資本交換的勞動，認做生產勞動，不把那和所得本身交換的勞動，也這樣看待了。固然，所得也會和生產勞動交換，但這樣的所得必須先轉化爲資本。

但同時他又從傳統說法的一面，認生產勞動只是一般會直接生產物質財富的勞動，並把這種說法，和他的別一種區分方法（分別那是以資本和勞動間的交換爲基礎，還是以所得和勞動間的交換爲基礎）結合在一起，所以他〔得到了如次的結論〕：與資本相交換的勞動總是生產的，總會生產物質財富等等。但與所得相交換的勞動，可以是也可以不是生產的。但所得的支出者多分會情願把本來不生產的勞動，當作生產的勞動來推動。我們看見了，亞當斯密曾由這兩個區別的混淆，大大地削弱了，淺薄化了主要的區別。

C. 斯密的定義所引起的論戰[45]

斯密關於生產勞動和不生產勞動所劃的區別，已具論如上。對於這種區分所發生的論戰，主要是發生在一些小紳士中間。在其中，斯托齊(Storch)要算是最著名的了。這種論戰，沒有發生在任何著名經濟學者中間，沒有發生在任何在經濟學上能够說有什麼發現的人中間。反之，對於這種論戰，只有第二流作家，那些教師式的編書業者和編撰考試指南的人，以及在經濟學範圍內練習寫字的玩賞者和通俗論者會去注意它。而引起這種論戰的原因，則又如下述：

第一，大多數所謂"高級"勞動者——例如官吏，軍人，名流，醫生，牧師，法官，律師等等，就某方面說，他們不但不是生產的，並且在本質上是破壞性的，但"物質"財富中，有一個極大的部分，一方面由他們的"非物質"的商品的售賣，一方面由這種商品的強制的課加，而被他們取去——決不承認，在經濟方面，他們是和滑稽表演家，侍僕，屬於同一個階級，只是眞正的生產家（或不如說是生產當事人）之共同消費者，寄生蟲。他們的職能，一向被認為是神

45 草稿第315頁及316頁。——K.

聖的，被人迷信地予以尊崇；把他們放在滑稽表演家和侍僕一類去，簡直是一種異常的褻瀆。古典時期的經濟學，是和暴發戶時期的資產階級一樣，對於國家機構，竭盡批駁能事的。後來他們卻看見了——實際也是如此——由經驗知道了，這種種全然不生產的階級的必要，有一部分，就是由他們自己的組織喚起的。那種不生產勞動者，在他們不創造任何享受品，其購買全依存於生產當事人支出其工資或利潤的方法的限度內，換言之，在他們被視爲必要的或成爲必要的，不過因爲有身體上的缺陷（例如醫生），或因有精神上的缺陷（例如牧師），或因爲有個人利益與國民利益的衝突（例如官吏，一切法官，警察，兵士）的限度內，在亞當斯密看來，在產業資本家自己和勞動者階級看來，都只表現爲生產上的一種虛費，必須儘可能減至必要的最小限，並須儘可能變爲便宜的。資產階級社會，對於這一切，曾經在它們的封建形態或專制形態上予以鬬爭過，現在卻要在他們自身的形態上，把這一切全都再生產出來。於是，在理論方面恢復不生產勞動者中這個單純寄生的部分，甚至爲其中不可缺少的部分所享受的過大的要求權辯護，就成了這種社會尤其是上等階級的阿諛者的主要任務了。這在事實上已經宣佈了，觀念階級是依存於資本家的。

但第二，生產當事人（物質生產本身的生產當事人）一部分曾有時被這個，有時被那個經濟學者認爲是"不生產的"。例如有一部分經濟學者，卽代表產業資本家的經濟學者（里嘉圖），就認土地所有者是不生產的。還有別一些經濟學家（例如加雷）認眞正的商人是不生產勞動者。還有第三種經濟學者，他們簡直認資本家是不生產的，或者要把資本家的要求權(對於物質財富的要求權)還原為工資，即還原為一個"生產勞動者"的工資。在這種懷疑當前，有許多精神勞動，也被包括在內。所以，現在正需要妥協，並承認一切不直接包在物質生產當事人內的階級的生產性了。一隻手洗乾淨別一隻手；像蜜蜂寓言中講過的，從"生產的"經濟的觀點出發，有各種"不生產勞動者"的資產階級世界，是一切世界中最好的；並且，因為"不生產勞動者"對於那種"為享樂而生"的階級的生產性，或者說，對於那些無所事事的生產當事人（例如土地所有者），會加上批判的考察，所以更加是如此。無所事事者是和他們的寄生者一樣，必須在這個最好的世界秩序內，找出他們的位置。

第三，資本的支配越是發展，不直接與物質財富創造有關的生產部門越是依存於資本，實證科學（自然科學）越是能够當作物質生產的手段，經濟學上的俗流的阿諛者便越是相信，每一個活動範圍都必須由如次的事實來頌揚，來辯護：即，它表現得和物質財富的生產"有關係"，即表現為物質財富生產的手段；它會使一個人成為"最狹"義上的"生產勞動者"，會使他成為一個在資本命令下勞動的勞動者，而依這種或那種方法，有益於資本的增加。

此外，還有一些人，如馬爾薩斯之流，就短刀直入地，為"不生產勞動者"和寄生者辯護，說他們是必要的，有用的。

D. 亞當斯密之前及其後關於生產勞動的幾種見解[46]

[46] 這一節是由草稿第1297頁，318頁，1346頁，1347頁，316頁，317頁，1294頁，1333頁，764頁編成的。——K.

〔在霍布士(Thomas Hobbes)的書上，我們已經發現生產勞動和不生產勞動要互相分別的感覺。在1651年初版的利維坦(*Livaithan*)內，他寫道〕：

“一個人要維持他的生活，單勞動還是不够的；在必要的時候，他還須鬬爭，來確保他勞動的結果。像猶太人一樣，他們自巴比崙釋放回來以後，必須在再建廟堂時，用一隻手耕作，一隻手拿着刀劍。不然，就須僱用別人來替自己戰爭”。（利維坦，霍布士全集麽勒維茲版，倫敦1839——1844年，第三卷第333頁）。

照霍布士的意思，“一般有用物（譬如築城，製造機械，及別種戰爭工具）”的技術之母，是科學，不是實行的勞動。這種技術，“是一種權力，因爲它們是防禦和戰爭所必需的；但它們的眞正的母親雖然是科學，尤其是數學，但把它們實行出來的手工人(artificer)的手，也被認爲是它們的起源，因爲在多數人(the vulgar)眼裏，產婆是和產母混同着”[47]。

〔霍布士曾經說過，科學常被人輕視爲小力量，因爲只有科學上已有高深造就的人，能够瞭解它〕。

47 在這段話後面，霍布士往下說：

“一個人的價值(valne or worth)，和一切其他物的價值一樣，是他的價格；那就是看他的能力被利用時會被付以多少”。（前書第76頁）。

在別一處，他說：“一個人的勞動（卽他的勞動力的利用），也是一個商品，能夠像別種的物品，和利益(benefit)相交換”。（前書第233頁）。

在霍布士看來，除了可以直接供人消費的自然賜物，勞動便是一切財富的唯一源泉。神（自然）“或是無代價地給予，或是以人的勞動爲代價而售賣”。（利維坦第232頁）。但在霍布士看來，隨意分配財產和土地的，是君主。〔“君主是依照他自己認爲（不是依照任何別人或許多臣民的意思）合理，適於公共福利的方法，把土地分賜於每個人”。（前書第234頁）〕。

精神勞動的生產物——科學——實際常是低在它的價値之下，因爲〔再〕生產它所必要的勞動時間，與原來生產它所必要的勞動時間不持任何比例，例如二項定理，一個小學生也可以在一點鐘內學習好的。

* * * *

配第也會分別生產勞動者和不生產勞動者。"耕作者，航海業者，兵士，手工人，和商人，是每一個社會的眞正的礎石"。一切別的職業，都是由社會的弱點和過失引起的；但航海業者兼有四項中的三項，因爲他不但是水手，並且是商人和兵士。（政治算術倫敦1699年，第177頁）。"航海業者的勞動和船上的貨物，依照本質，便常常是輸出的貨物；輸出額超過輸入額的剩餘，會把貨幣帶回本國來"。（前書第178頁，179頁）。

在這裏，配第再說明了分工的利益。"支配海上貿易的人們，能够用更便宜的運費，爲取得更大的利潤而操作；別的國家的運費是更昂貴的：因爲，像衣服一樣，如果有一個人梳刷羊毛，第二個人紡，第三個人織，第四個人把布疋張開，第五個人把它加光澤，最後第六個人把它包裝起來，衣服的製造一定會更便宜。同樣，支配海上貿易的人們，將會爲各種目的，建造各種船舶，例如海船，江船，商船，戰船等等。"荷蘭和鄰國比較所以能够在運輸上更便宜，主要原因就是這個。因爲，荷蘭能够爲各不同的商業部門，建設各式各樣的船舶"。（前書第179頁，180頁）。

並且，亞當斯密的見解，在這裏，已經完全由配第下面那一段話暴露了。爲要支付那些不從事"生產任何物質品或於社會有實在效用和價值的物品的人以貨幣"而從産業家等人的財産抽取賦稅，結果一定會使國家的財富減少。但精神的修養和休息，不能如此看待，因爲這種修養和休息，如果應用得當，會使人能够做並且愛好那在本身就更屬重要的東西"。（前書第198頁）。已經計算好必須有多少人從事産業勞動之後，"其餘的人，便專心於娛樂和裝飾的藝術及訓練，也於社會毫無害處。自然知識的最大的進步，就是這樣發生的"。（前書第199頁）。"製造業的利益，比農業的利益更大，商業的利益比製造業的利益又更大"。（前書第172頁）。"一個航海業者，值得三個農民"。（前書第178頁）。

以下的引語，是從配第所著課稅論倫敦1662年版引用的。（這裏是照1679年版引用）。這些話，也與生産勞動和不生産勞動的問題有關。

a. 牧師

我們的朋友配第的"人口理論"和馬爾薩斯的，全然不同[48]。照他說來，生殖能力的"阻止"，一定要加在牧師身上，獨身主義必須再實施到他們身上。

"因爲在英國，男人比女人更多……所以這種精神事業者頂好能够守獨身，或者結了婚的人，頂好不幹這種精神事業。……這樣我們這些獨身的僧侶，不要說有現在的全部僧祿，就只有現在的僧祿的半數也可以過活了"。（第7頁，8頁）[49]。

48 我們還可以比較以下的文句："人口較少，便是實際的貧窮；一個有八百萬人口的國家，其富是倍於同面積內只有四百萬人口的別一個國家"。（第16頁）。

49 配第曾用這樣巧妙的反語，來考察牧師們：

"牧師們最謙遜的時候，就是宗教最發達的時候，這好比，法律家最少事做的時候，

2. 商人和零售業者

“在這種人中間，有一大部分可以除去；他們在根本上對於公衆無任何勞績，因爲他們只是一種以貧民血汗爲賭本的賭博者：他們本身沒有任何的生產，不過像靜脈管和動脈管一樣，把社會的血液和營養汁分配出去，那就是把農工業的生產物分配出去”。（第10頁）。

3. 律師醫生官吏等等

“多數與政府司法和教堂有關的職位，以及神學家，法律家，醫生，商人，和零售業者，都只供公衆以少許勞動，而獲取巨額工資。如果這種人減少，則依比例，國家的支出會更易支辦了”。（第11頁）。

4. 待救濟貧民和無業者(supernumeraries)

“誰該支付給這種人呢？我答道，每一個人。……我想，很明白，我們不能讓他們餓死，不應該把他們絞死，也不應該把他們趕走”。我們或是把“多餘的東西給他們，如果沒有多餘的東西，就稍許把別人的食料在分量和品質兩方面略爲減一點，也是正當的”。（第12頁，13頁）。

無論把什麽勞動給於這種無業者都是妥當的，不過不要由此誘起外國商品的消費。主要的原則是“在他們被使用時，應注意使

就是法律最清明的時候”。（第59頁）。他勸告，在任何情形下，“都不可繁育過多的牧師，以致今日分配在他們之間的俸祿，不夠分配。”比方說，在英格蘭和威爾斯有12,000牧師的位置。“在這場合，便不應生產24,000牧師；否則，就會有12,000無職者爲要獲得生計而奮鬥。他們達到這個目的的最容易的方法，就是對人們宣傳，這12,000有職的牧師會毒害他們的靈魂，會饑餓他們的靈魂，會在到天堂的途中，引他們到迷途去”。（第59頁，60頁）。這正是對英國宗教戰爭的諷刺。

被使役者的性情，習於紀律，順從，使他們的體力，習於有耐心地做各種更有利的勞動”。（第 13 頁）。

最好是把他們使用來建築道路，房屋，或開礦等等。（第 12 頁）。

* * * *

達芬南曾從一位古統計家金格(Gregory King)引用一個表，題名為 1688 年英格蘭數家族的收支表。在那個表內，研究者金格分人民全體為二大類，一類會增加國富的，計 2,675,720 名有餘，一類會減少國富的，約計為 2,825,000 名；所以第一類是“生產的”，第二類是“不生產的”；生產階級是由公爵，男爵，騎士，鄉紳，紳士，上級下級官吏，海上貿易的商人，地主，僧侶，土地所有者，租地農業家，自由職業者，零售商人和小商人，手工業者，海上官員構成。反之，不生產階級則由普通水手 (common seamen)，農業勞動者和製造業日傭勞動者(labouring people and out servants)，小屋農(cottagers) ——這種人，在達芬南時代，佔英國全人口的五分之一，內包括兵卒，待救恤貧民，流浪人，盜賊，乞丐，和無業流氓——構成。達芬南對於研究者金格的這個階級表，曾加以說明：“他的意思是指，前一種人民，能夠靠土地，靠手藝，靠職業上的勤勞、來維持他們自己，每一年都會把一些東西，加入國民資本裏面去；在這裏面，且不說在他們的剩餘中，每年會有這樣多，可用來維持別人。第二個階級也有一部分可以由勞動來維持自己，但其餘，例如婦女，兒童，卻要靠別人出錢來養活，從而對於公衆成為一種常年的損失、因為他們逐年消費的東西，在異此的情形下，將會加到國民的一般資本內。（達芬南論可能的使一國人民在貿易差額上成為爲勝利者的方法倫敦 1699 年，第 36 頁和 50 頁）。

〔休謨曾在他論利息的論文上，說道：〕

"律師和醫生不創造任何工業品，他們只有犧牲別人，才能賺到財富，所以，他們的富增加時，別一些人的財富一定會同樣迅速地減少"。（論文集第二版倫敦 1764 年，第二卷第 334 頁）。

〔現在，還要說到幾個著作家，曾在亞當斯密之後，論到生產勞動或不生產勞動〕。

西斯蒙第 (Sismondi) 著新經濟學原理第一卷第 148 頁，接受了斯密區分法的正確說明（在里嘉圖的場合，不待說也是如此），接受了生產階級與不生產階級的實在區別；即，"前者常以勞動與國民的資本交換，後者常以勞動與國民所得的一部分相交換"。

里嘉圖有一段話，應該舉在這裏。在那段話裏，他證明了，如果剩餘價值（利潤，地租）所有者把剩餘價值消費在"不生產勞動者"（例如僕役）身上，不把它用在"生產勞動者"所生產的奢侈品上面，那對於生產勞動者，將會是比較更有利益得多的事情。

里嘉圖說：

"土地所有者或資本家如果像貴族一樣把他的所得，用來維持許多的侍僕，他將會僱用遙較爲多的勞動；如果他把他的所得，用在他的衣着上面，或昂貴的傢具，車馬，或別種奢侈品上，他所能僱用的勞動一定會更少得多。在這二場合，純所得是一樣，總所得也是一樣，但在每一場合，前者都將被實現在別種商品上面。假設我的所得，等於 10,000 鎊，無論我把這個金額實現在綺麗的衣着物和貴重的傢具上面，還是實現在等價值額的生活資料量上面，我所使用的生產勞動量，總差不多是相等的。但若我把我的所得，實現在第一類商品上面，我們便不能由此進一步使用任何別的勞動了。我將使用我的傢具和衣着物；但我就這樣把它解决了。反之，如果我把我的所得，實現在生活資料上面，希望使用些僕人，則在原有對勞動者的需要之外，還會加上對這種勞動者的需要；我將用我的10,000鎊所得，或等價値的生活資料，來使用這種勞動者。對勞動者的需要，就因我選擇第二種支出所得的方法，而增加了。勞動者旣然關懷於對勞動的需要，他們當然會希望，在所得裏面，儘可能少用一些在奢侈品的處分上面，多用一些在僕人的維持上面”。（里嘉圖經濟學及賦稅之原理第三十一章）。

* * * *

從資本主義生產的觀點看，生產可賣品，但其額只與自身勞動力〔的價値〕相等，從而不爲資本家生產任何剩餘價値的勞動者，不是生產的。這一點，我們已經由里嘉圖的話看到了。他說明了，這種人的生存是一個害(a nuisance)。這正是資本的理論和實際。

“資本的理論和實際——使勞動定在這點，在這點，它能在勞動者的維持費用以上，爲資本家生產一個利潤——好像與調節生產的自然法則，是相反的”。（荷治斯金通俗經濟學倫敦1827年，第238頁）。

生產勞動者“會替他的主人增加財富”的說明，是妥當的。（馬爾薩斯經濟學原理第二版1836年，第47頁註）。

此外，還有一段話可以引在這裏：

“可以適當稱做生產消費的唯一事情，是資本家爲再生產而實行的富的消費或破壞。……資本所使用的勞動者，當然會把他工資內那不被節約但當作所得來維持生存和享樂的部分消費掉；這部分，是不會爲生產的目的，當作資本的。所以，他對於使用他的人和國家，是生產的消費者，但對於他自己，他不能如此被稱呼”。（馬爾薩斯經濟學上諸定義加澤諾夫版第30頁）。

穆勒先生(J. St. Mill)在經濟學上未決諸問題（倫敦1844年），也曾努力於生產勞動和不生產勞動的解釋。在那裏，他對於斯密的（第二種）說明，不過加上了這一筆：即，生產勞動力自身的勞動，也是生產的。

享樂的源泉，是能够蓄積的，累積的；享樂的本身卻不能够。一國的財富，是由該國所有的（物質的或非物質的）耐久的享樂源泉總額構成的：凡足以增大或保存這種耐久源泉的勞動或支出，都可稱爲生產的”。（前書第82頁）。“方在製造紡績機的機械建造業者，是從事生產勞動，方在學習職業的紡績業者，也是從事生產勞動。他們二者在此時消費的東西，都是生產地被消費的，那就是說，那種消費的趨勢不是減少，而是增加國內享樂的耐久源泉；因爲，由此，會有新的源泉創造出來，可以抵補消費額而且有餘”。（第83頁）。

E. 加尼爾[50]

我們現在要簡略地講講，斯密關於生產勞動和不生產勞動所

50 草稿第318頁，319頁，347頁，350頁，356頁，357頁，358頁，400頁，421頁。——K.

抱的見解，曾遇到怎樣種種陳腐的反對論調。

最先我們要說到加尼爾(Germain Garnier)。他是斯密國富論的繙譯者，在他的第五卷譯本的註解內，（巴黎 1807 年），他發揮了他的見解。

關於最高義的生產勞動，加尼爾的見解，是和重農主義派的見解一樣的，不過略爲把他們的見解緩和了。他反對斯密的見解，因爲照斯密看來，"生產勞動是實現在一種對象物上的勞動，會把活動的痕跡留下來，其生產物能够被賣出或交換的勞動"。

他反對斯密的理由，有一部分，曾經由他的學徒們反復敍述。

第一，他反對斯密的區分法：

"這種區分法是錯誤的，因爲那是以一種不存在的區別爲基礎。在著者所謂生產勞動的意義下，每一種勞動都可說是生產的。一種勞動，可以和別種勞動一樣是生產的，只要它對於支付代價的人，會提供一種享受，一種便利，或一種效用。否則，勞動不會有工資了"。

勞動是生產的，因爲它會生產某種使用價值，因爲它可以出賣，因爲它有一個交換價值，因爲它自身就是一種商品。在這一點的研究上，爲例解起見，加尼爾曾引證許多例子，證明不生產勞動者是和生產勞動者一樣做事，會生產同樣的使用價值或同種類的使用價值。例如，"服侍我的下女或僕人，他們爲我生火，爲我理髮，爲我洗滌衣服傢具，爲我整理房間，爲我烹調食物，他們所供給的服務，和那些爲顧客洗衣的洗衣女人所供給的服務，是一樣的。……和那些爲顧客烹調食物的旅館主人或菜館主人所供給的服務，是一樣的；和那些爲顧客直接服務的理髮師所供給的服務是一樣的[51]，最後，和那些爲顧客修理房屋，其常年收入由新建築也由單純修理勞動[52]生出的泥水匠，屋頂匠，細木匠，玻璃匠，煖爐匠，以及他種建築工人所提供的服務，也是一樣的。這種勞動，與其說是生產，寧說是維持；他們的目的，與其說是以價值加到他們所操作的東西上面，寧說是防止它的損壞。一切這種勞動者，包括家僕在內，都不過使那種付錢給他們的人，可以省卻保存所有物的勞動[53]。在最多數場合，他們就是爲這個原故，並且只爲這個原故被使用[54]；所以，一切都是生產的，不然，就沒有一種是生產的"。（前書第171頁，172頁）。

第二，在一個法國人看來，橋梁道路的管理（ponts et chaus-

51 這種人的最大部分，在亞當斯密看來，是和聽差一樣不是生產勞動者。

52 亞當斯密並沒有說，固定在相當耐久物品上的勞動，只能是新的創造，不能是修理勞動。

53 所以，他們很可說是保存價值的機械，或不如說是保存使用價值的機械。這種"省卻"勞動的見解，在特・托拉西(Destutt de Tracy)的場合，更進一步被主張了，那是我們以後會知道的。

一個人的不生產勞動，決不能因爲它省卻了別個人的不生產勞動，便成爲生產的。兩者中，總有一個要實行這種勞動。斯密所謂不生產勞動，已有一部分，由分工成爲必要的——不生產勞動的一部分，是使一物可以任人消費所絕對必要的(所以這種勞動，很可歸屬在消費成本內)——而它所以會成爲必要的，不過因爲某一個生產勞動者，賴有他，可以把這種時間省下來。不過，斯密並不否認這種分工的利益。由分工之故已可依較良方法實行的生產的和不生產的勞動，在沒有這種分工的場合，就須由每個人自已去做了；不過，這種情形，毫無影響於一種勞動爲生產勞動，別種勞動爲不生產勞動的事情。

54 爲要使一個人省卻這種侍奉自已的勞動，必須有十個人侍奉他。這是一種特別的"省卻"勞動的方法。並且，這種"不生產勞動"的最大多數，還是由那種無所事事的人使用的。

sées)是不能缺少的。他說:“爲什麽商業上或工業上一個私人企業的監督人和經理人的勞動，要稱做生產勞動，一個管理國事,例如維持公路，運河，港口，造幣廠和別種發達商業的大機關，保障交易,切實執行契約等等的官吏的勞動，就要稱做不生產勞動呢?他們不可以認爲是大社會工廠的監察人嗎?那完全是同種類的勞動，不過規模更大得多罷了”。（第172頁，173頁）。

但這樣的人旣然參加了可以出賣的物質品的生產（或是保存和再生產），所以，如果他們不是在國家手裏,亞當斯密多分會認他們是生產的。“大社會工廠的監督人”云云,卻是法國人的發明。

第三:在這裏,加尼爾歸結到“道德”了。爲什麽製造香水來奉承我的嗅覺的工人的勞動是生產的，悅我們的聽覺的音樂師的勞動是不生產的呢?（第173頁）。亞當斯密會答說,因爲其一供給一種物質品，其他卻不。這兩種人的德和“功績”,是與這種區別無關的。

第四:說“提琴製造業者,風琴製造業者,樂譜家等等”,是生產的,用這些人的勞動作準備的職業，卻是不生產的，不顯然是矛盾嗎?“二者勞動的最後目的,是同種類的消費。其一的目的，旣不値得列在社會勞動的生產物之內,爲什麽我們卻要特別青眼地,看待其他呢?那不過是達到這個目的的手段罷了”。（前書第173頁）。

依照這個辯解，吃穀的人和生產穀的人一樣是生產的了。因爲,爲什麽要生產穀物呢?爲要吃呀!旣然吃穀的勞動不是生產的，爲什麽種穀的勞動是生產的呢?種穀不過是達到吃穀這個目的的手段。並且，吃穀的人也會生產腦筋,筋肉等等,這不和大麥小麥一樣是貴重的生產物嗎——我們這位激怒了的人類之友，也許會這樣質問亞當斯密。

但第一，斯密並不否認，不生產勞動者也會生產某種生產物。不然的話，他就不配算是勞動者。第二，說開藥方的醫生不是生產勞動者，但配藥方的藥劑師是，製造提琴的製造業者是生產勞動者，但奏提琴的音樂師不是，看起來好像是奇怪的。這好像不過證明了，"生產勞動者"所供給的生產物，除了在不生產勞動者手裏當作生產手段，便無別種目的。但這種說法，並不比這個事實更可驚奇：即一切生產勞動者，究局的說，第一是供給手段，來支付不生產勞動者。第二是供給生產物，讓人在無任何勞動的情形下去消費它。

在以上諸點中，第二點，與不忘橋梁道路管理的法國氣味相投合；第三點，歸結到道德上面；第四點，或是包含這種胡言，認消費和生產一樣是生產的（這在資產階級社會是錯誤的；在這種社會內，是一種人生產，別一種人消費），或是要證明，生產勞動的一部分，只供給不生產勞動以材料，但這一點亞當斯密也沒有在任何處否認。

只有第一層，包含正確的意見：即，亞當斯密照他的第二種定義，會把同一種勞動叫做生產勞動又叫做不生產勞動——或者說，他所謂"不生產勞動"，有一個比較小的部分，依照他自己的定義，必須認為是生產的。所以，這不是否認定義，只是指斥這個定義的包容性，或是反對這種區別的適用性。

最後，研究者加尼爾走到問題上來。

"在亞當斯密所分的二階級間，我們所能劃出的唯一的一般區別，好像是在這點：就他所謂生產階級說，物品完成者和消費者間，或是已經有或是能够有一種居間人存在；就他所謂不生產階級說，則在勞動者和消費者間，不能有這種居間人，他們當中的關係也必然是直接的，無媒介的。很明白，需要醫生的經驗，外科醫士的手術，律師的知識，音樂師或戲子的才藝，或僕役的侍候的人，對於每一個這樣的勞動者，在他們勞動的時候，都發生一種直接的無媒介的關係；反之，就別一個階級的職業說，則待消費的物品，是由一種物質的可捉摸的物品構成，那會通過各種交換行爲，才由它的完成者手裏到它的消費者手裏"。（第174頁）。

在後面幾句話裏，加尼爾無意地指示了，在斯密的第一種定義（即與資本相交換的勞動和與所得相交換的勞動）和第二種定義（即固定在物質的可賣品上的勞動，和不固定在它上面的勞動）間，有怎樣一種祕密的聯想。不固定在任何商品上的勞動，依照它的性質，往往不能隸屬於資本主義生產方法的範圍；別一種勞動，卻可能隸屬於資本主義生產方法之內。在這裏，我們全不管，在資本主義生產方法的基礎上（在這個基礎上，物質的可捉摸的商品有最大一個部分，是在資本的支配下，由工資勞動者生產的），那些〔不生產〕勞動（或服務，不管是妓女的服務，還是教皇的服務），只能由生產勞動者的工資或由其僱主的利潤（或分享利潤者的所得）來支付。我們也全不管，這種生產勞動者會替不生產勞動者，創造他們所賴以維持，所賴以生存的物質基礎。但這位平凡的饒舌家，有一個特色是：他，願望做一個國民經濟學者，一個資本主義生產研究者的他，把那種使生產成爲資本主義生產的事情（卽資本和工資勞動交換，不是所得和工資勞動直接交換，不是勞動者自己付給自己以直接的所得），視爲非本質的。因此，在他看來，資本主義生產自身，是一種非本質的形態，不是一種發展勞動社會生產力，並使勞動化爲社會勞動所必要的（雖然只是歷史上一個時期必要的）形態了。

加尼爾往下說：

"我們必須在生產階級中，把這一切的勞動者除去；因爲，這些勞動者的勞動，不過把完成品加以洗刷，加以保存或修理，沒有把任何新生產物帶到流通中去"。（第175頁）。

斯密沒有在任何處說，勞動及其生產物必須加在流動資本內。它們可以直接加在固定資本內，例如在工廠內修理機械的機械工程師的勞動。但在這場合，它的價值卻會加在生產物（商品）的流通內。而在家內做這種工作的修理工人，卻不是用他們的勞動和資本交換，只是和所得交換。

"就因有這種區別，所以像斯密所說，不生產階級只是由所得維持。因爲在這個階級和它們的生產物的消費者（享受他們的勞動的人）間，不能有任何的居間人，所以這個階級是直接由消費者支付，或直接由那種只能用所得來支付的人支付。反之，生產階級的勞動者，通例是由一個居間人支付，這居間人是想由他們的勞動賺到一種利潤的；所以，他們通常是由資本支付。但是，這種資本結局常須由消費者的所得代置；否則，它將不能流通，也不會對它的所有者提供利潤"。

這最後一個“但是”，全然是愚昧的。第一，加尼爾說，全部資本結局常是由消費者的所得代置，便是錯誤的，因爲資本的一部分，是由資本代置，不是由所得代置的[55]。第二，這還是背理的，因爲所得自身，在它不是工資（或由工資支付的工資，或由工資派生的所得）的限度內，只是代表資本的利潤（或由資本利潤派生的所得）。最後，說不流通（卽不由消費者的所得代置）的資本部分，“不能對它的所有者提供利潤”，也是背理的。實際——在不變的生產條件下——這個部分是不會提供利潤的（或不如說不會提供剩餘價值）。但沒有它，一般說，資本會不能生產它的利潤。

“由這種區別，我們所能推出的結論是這個事實：卽，爲要使用生產勞動者，不僅享受他們的勞動的人的所得是必要的，並且還須有一個資本，爲居間人提供利潤；但爲要使用不生產勞動者，通例有一個所得來支付這種勞動者就够了”。（前書第175頁）。

這一段話純然是胡說，由此我們知道，斯密的繙譯者加尼爾，實際沒有瞭解整個的斯密，尤其不明瞭國富論的本質，——卽資本主義的生產方法是最生產的，而和一切以前的生產形態比較，那還無條件是最生產的。

斯密說，不生產勞動是直接由所得支付的。加尼爾卻說，“爲要使用不生產勞動者，通例有一個所得來支付這種勞動者就够了”。這種說法眞是好笑到極點。現在是正相反對！“爲要使用生產勞動者，不僅享受他們的勞動的人的所得是必要的，並且還須有一個資

55　這裏，馬克思有一個很長的插論；爲使前後的關聯不致打斷，我把它編在前章附錄裏面了，標題爲：“資本和資本的交換”。——K.

本,爲居間人提供利潤”。再看,加尼爾先生的農業勞動是怎樣生產的罷。在農業勞動上面,除了享受土地生產物的人的所得,還須有一個資本,這個資本又不只提供居間人的利潤,且還爲土地所有者提供地租。

爲要“使用生產勞動者”,不是第一需有資本,第二需有所得。那種資本,是用來使用他們的;那種所得,是用來享受他們的勞動,不是當作資本,創造所得,來享受他們的勞動的結果的。比方說,我以縫業資本家的資格,把100鎊投在工資上面,這100鎊比方說會爲我創造120鎊。它爲我造出20鎊的所得;用這個,只要我願意,我是可以在上衣形態上,享受這種裁縫勞動的。反之,如果我用20鎊去購買一件衣服,這件衣服,分明不會爲我創造20鎊,讓我去購買它。假設我是叫一個裁縫到家裏來,用20鎊爲我縫一件上衣罷,情形也還會是這樣。在第一場合,我會比以前多有20鎊;在第二場合,則在行爲之後,我所有的,會比以前更少20鎊。並且,我還立卽會覺察到,直接用所得支付給裁縫來製造上衣,一定不像從居間人那裏購買一樣便宜。加尼爾以爲,利潤是由消費者支付。不錯的,消費者要支付商品的價值;並且,雖然在這個價值裏面,還爲資本家包含着一個利潤,但這種商品,和消費者直接用他的所得付給勞動,叫他爲他個人的需要,依最小的規模去生產的情形比較,對於消費者,還會是更便宜的。在這裏,很明白,加尼爾對於資本是什麼的問題,連最小的預覺也沒有。他往下說:

“不過,也有許多不生產勞動者,例如戲子,音樂師等等,通例是由經理人那裏取得他們的工資;這種經理人,也由他投在企業上的資本，取得利潤”。（前書第 176 頁，177 頁）。

這種議論是正確的，但不過指示了，有一部分勞動者，照斯密的第二種定義應稱爲不生產勞動者的，照他的第一種定義，卻應稱爲生產勞動者。

“由此，我們可以結論說，我們必須承認，在生產階級佔極多數的社會內，在居間人或勞動僱主手裏，會成立一個大的資本蓄積”。（前書第 167 頁）。

實際，龐大的工資勞動，只是龐大的資本的另一種表現。

“所以，並不像斯密所假定，是資本量和所得量間的比例，決定生產階級與不生產階級間的比例。後面那種比例，好像是由民族的道德習慣，由民族工業發展的程度決定的”。（前書第 177 頁）。

如果生產勞動者是由資本支付的勞動者，不生產勞動者是由所得支付的勞動者，則很明白，生產階級和不生產階級相互間的比例，是等於資本和所得相互間的比例。這兩個階級之比例的增加，不只依存於資本量和所得量相互間已有的比例，並且還要看，增加的所得（利潤），是以什麼比例轉化爲資本，或當作所得來支出。雖然資產階級原來是極節省的，但在資本的卽勞動者的生產力發展時，他們就效法封建社會造成一種僕役制度了。依照最近（1861年）的工廠報告，聯合王國眞正工廠內使用的總人數（管理人包括在內），只有 775,534 名[56]，而英格蘭一處使用的女僕，已經有一百萬。眞是一種美妙的佈置啊！工廠女工每日在工廠流汗 12 小時

56 下院報告書，記着 1881 年 4 月 24 日的日期（1862 年 2 月 11 日印刷的）。

之後,工廠主就用由她們身上獲得的無給勞動的一部分,來僱用她們的姊妹做下女,僱用她們的兄弟做馬夫,僱用她們的父親做兵士警察,來服侍他個人!

加尼爾最後加上的一句話,不過是一種無意義的同義複述。依他說,生產階級與不生產階級的比例,不依存於資本和所得的比例,或者說,不依存於既有商品量中在資本形態或所得形態上支出的部分之間的比例;依他說,那是依存於國民的道德習慣,依存於該國的工業狀況。其實,資本主義生產,要到較大的工業發展階段,方才出現的。

以波拿拔蒂皇室元老院議員的資格,加尼爾當然會對於家臣和僕從,寄與莫大的同情。

"人數如果相等,沒有別一個階級,還比僕從階級,更有益於這種轉化了:即,把由所得生出的金額,轉化爲資本"!(第181頁)。

實在的,小市民中一個下賤的部分,是不會由任何階級補充的。加尼爾不知道,怎樣"一個在觀察上有如此敏感的人"如亞當斯密,"對於那種中間人,站在富人方面,將那不免會在富人手裏揮霍浪費掉的所得之殘滓收拾起來的",竟不能有較高的評價。(前書第183頁)。

但就在他自己的用語中,這種中間人也不過是收拾所得之殘滓。但這種所得,是怎樣成立的呢?由生產勞動者的無給勞動呀!

加尼爾這樣極無意味地批駁亞當斯密之後,才再歸到重農主義的立場,宣告農業勞動是唯一的生產勞動!爲什麼呢?"因爲它會創造一個新價值,一個在勞動開始發生作用時尙未在社會上存在,也還沒有等價存在社會內的價值；對土地所有者提供地租的，就是這個價值”。（前書第184頁）。

所以，什麼是生產勞動？那就是會創造一個剩餘價值的勞動。這種勞動，會超過他在工資形態上受得的等價，來創造一個新的價值。加尼爾不瞭解，資本對勞動的交換，不外就是用有一定價值（等於一定勞動量）的商品，交換一個更大的（比它自身所含勞動量爲大的）勞動量，所以“會創造一個新價值，一個在勞動開始發生作用時尚未在社會上存在也還沒有等價存在社會內的價值”。但這是不能由亞當斯密負責的。

* * * *

1796年加尼爾先生已經在巴黎刊行經濟學原理提要一書。書內除包含只有農業勞動是生產勞動這種重農主義的見解，還包含這種見解，很可以說明他反駁斯密的地方。那就是，主要由“不生產勞動者”代表的消費是生產的源泉，並且生產的大小，要由消費的大小尺度。不生產勞動者滿足人爲的需要，並消費物質的生產品，所以總是有用的。加尼爾反對節約。在他的序言第13頁上，他說：“一個人的財產，會由節約而增大；社會的財產卻要由消費的增加來增大”。在論國債的一章第200頁，又可以看見如下的話：“農業的改良和維持，從而，工商業的進步，不能在人爲需要的增加之外，找出別的原因”。由此他結論說，國債是極有用的，因爲它會把這種需要增進。

加尼爾的消費主義，大消費在經濟上極其有用的理論，是和重農主義結合着。關於這種結合，希馬爾茲，重農主義在德國留下的胞衣，曾有如下的註解，是重要的：

"還有甚者，（重農主義）還認他們（消費者）的消費是一種功績，可以助成國民收入的增加。如果不是這樣，他們所消費的東西，就不會生產出來，也不會爲土地所有者生出任何利益了"。（國家經濟學通信集第287頁）。

對於亞當斯密區別生產勞動與不生產勞動的說法，這位希馬爾茲小子也批評說：

"同樣，我也不要指責，如果我們只要討論別人的勞動一般眞正有什麼價值，則亞當斯密在生產勞動與不生產勞動間劃的區別，全然不是本質的。別人的勞動，不過節省我們的時間[57]。爲我做一雙橇子的木匠，和爲我送信到郵局，爲我洗衣，並且侍候我的僕人，對於我，是做完全一樣的服務；它們節省了我的時間，會節省我兩重的時間；第一是我現在必須爲自己做事的時間；第二是我以前爲獲得這種熟練所必須使用的時間"。（前書第274頁）。

F. 甘尼爾[58]

一個極無意義極膚淺的雕刻細工，是甘尼爾（Ch. Ganilh）的經濟學體系。該書出版（第一版）於1809年巴黎，第二版1821年。（這裏是照第二版引用）。他的腐論是正對加尼爾發的。他就是和

57 這裏他混惑了。由分工引起的時間"節省"，不會決定一物的價值；不過我將獲得更多的使用價值，來代表同一的價值。勞動將成爲更生產的，不過因爲在同時間內會供給較大量的生產物；但當作重農主義的回音，他當然不能在勞動時間自身上面見到價值。

58 草稿第358頁至364頁。第318頁（譯本第304頁）的註，採自367頁。——K.

他辯駁。

甘尼爾先生的出發點是這個基本事實：商品是資產階級財富的原素，從而生產財富的勞動，必須生產商品，必須以其自身或其生產物拿去售賣”。在今日的文明狀態下，勞動是只能由交換認識的”。(第一卷第79頁)。“沒有交換，勞動不能創造任何價值”。(第81頁)[59]。

由這個見解，甘尼爾立即跳到重商主義體系內了。因爲沒有交換，勞動不會創造任何資產階級的財富，所以財富全然是由商業發生”。(第84頁)。或如他後來所說，“只有交換或商業，會把價值給於物品”。(第98頁)。“一般勞動(travail général)有生產性的學說，是以價值和財富互相合一的原理爲基礎”。(第93頁)。

甘尼爾說明了，“重商主義”——他叫它做“貨幣主義的修正”——“由勞動的交換價值，引出私人的和公共的財富，無論這個價值會不會固定在物質的耐久的不變的對象物上”。(第95頁)。

所以，像加尼爾復歸到重農主義體系一樣，他是復歸到重商主義體系。所以，他的劣作，雖然沒有別種用處，但拿它來標示這個體系及其剩餘價值觀念的特徵，是沒有害處的；這特別是因爲，他是用這個觀念來反對斯密，里嘉圖等人。

財富是交換價值；會生產交換價值或本身有交換價值的勞動，都會生產財富。只有“一般勞動”這幾個字，可以表示甘尼爾是一個

[59] 康納特(Conard)在經濟學原理(巴黎1801年)內，也把財富定義爲“多餘勞動的蓄積”。如果他說，這種勞動是勞動者維持其勞動者生存以後多餘下來的勞動，他的定義就是正確的。

深思的重商主義者。個人的勞動或勞動生產物，必須採取一般勞動的形態。必須如此，它才是交換價值。

甘尼爾實際歸結到了財富即是貨幣的主張；不過，那不復是單純的金和銀，而是同時又爲貨幣的商品自身。

他認"經濟學者的體系或唯物論的體系，和重商主義或一般勞動的價值的交換體系，是對立的"。（第98頁）。

這是一句無意義的話。生產物當作一般勞動的存在體，當作一般勞動的體化物，是價值；它是價值，不是因爲它是"一般勞動的價值"，這等於說價值的價值。但假設商品是以價值的資格成立的，對於我本來就有貨幣形態，即已經發生形態變化。現在，它是交換價值。但它的價值有多大呢？一切商品都是交換價值。它們是不能由此互相區別的。然則，是什麽決定一種商品的交換價值呢？對於這個問題，甘尼爾是站在極表面的現象上。他說，A是更大的交換價值，因爲它會交換許多的B，C，D等等。

甘尼爾曾批評里嘉圖和最初的經濟學者說，雖然他們的體系以及整個資產階級制度是以交換價值爲基礎，但他們考察的，是沒有交換的勞動。他的這種批評，是完全正確的。但他們會如此，不過因爲在他們看來，生產物的商品形態是自明的；所以他們就只考察價值量了。在交換上，個人的生產物都當作是一般勞動的生產物，因爲它們都表現爲貨幣。不過，交換自身是不會給它們以價值量的。在交換上，它們是表現爲一般的社會的勞動；它們能够在什麽程度內這樣表現，就看它們自身能够在什麽程度內表現爲社會的勞動；所以，就看它們能够互相交換的商品〔界〕的範圍，就看它們當作交換價值，能够在怎樣廣的交換範圍內，商業範圍內或商品序列內，表現它們自身。例如，如果只有四種不同的生產部門存在，則每一個生產者都須爲他自己生產他的生產物的大部分。假設有一千個生產部門，每個人就都可以把他的生產物全部，當作商品來生產了。那可以全部加入交換內了。甘尼爾和重商主義者一樣，以爲價值量是交換的結果；實則，生產物由交換得到的，只是價值的形態或商品的形態。

"交換使物品取得一個價值；沒有交換，它們也就沒有價值"。（前書第102頁）。

如果這是說，物品（使用價值），當作社會勞動的相對表現，才變爲價值，才取得這個形態，那就是同義複述。如果這是說，它們由交換，會比沒有交換的時候取得更大的價值，那就是胡說；因爲交換必須壓下B的價值量，方才能够提高A的價值量。如果它給A以更大的（比它們交換以前所有的價值更大）價值，它就會給B以更小的價值。所以，A＋B，在交換之後，和在交換之前，有一樣大的價值。

"最有用的生產物，也不能有價值，如果交換不給它們一個價值[60]。反之，最無用的生產物，也能有大價值，如果交換是於它們有利的"。（前書第104頁）。

60 特別是，如果這些物是生產物，它們自始就會是勞動生產物，不像空氣等等一樣是一般的簡單的自然物；如果它們是最有用的，它們便是最高義上的使用價值，是每個人都需要的使用價值了。如果交換不給它們一個價值云云，在每個人都爲自己生產的情形下，就是可能的。但這是和我們的前提——我們假設它們是爲交換而生產的——相違背。所以這全部討論，是毫無意義。

在甘尼爾先生眼裏，“交換”是一個神秘的人。“最無用的生產物”如果沒有一點用處，沒有任何使用價值，誰要購買它呢？對於購買者，它無論如何必須有想像的用處。如果他不是傻子，他爲什麼要以高價支付給它呢？它的高價，總須有一個原因做根據，那無論如何不會是它的“無用性”。是它的稀少性麼？但甘尼爾叫它做“最無用的生產物”！它既然也是生產物，爲什麼它有大的交換價值，人們還不大量地生產它呢？用許多貨幣去購買那種對於自己既無現實使用價值又無想像使用價值的東西的人，固然是傻子，但情願生產只有較小交換價值的有用品，不生產那有較大交換價值的無用品的售賣者，也是傻子。所以，它的使用價值（由人類自然需要決定的使用價值）雖小，它的交換價值卻大的事實，必定有一種事情做基礎；這種事情，不是由於交換先生，必定是由於生產物自身。它的高的交換價值，不是交換的結果，不過表現在交換上。

“是一物的所交換價值 (la valeur e'changée)，不是它的能交換價值(valeur e'changeable)，決定眞實的價值；這所謂眞實的價值，就是指財富”。（前書第104頁）。

在這種思想進程中，很正確的，有這種觀念做基礎：商品必須以能交換價值的資格加入交換，交換價值的實現不過是交換的結果。由此，商品被注定了要轉化爲貨幣。但能交換價值，不過是一物對他物（它能交換的他物）的比例。反之，A的所交換價值，只是生產物B，C，D等等的一定量。所以，照甘尼爾先生說，不復有價值，只有一個沒有交換的物了。B，C，D等等，都不是“價值”。A成爲價值，是因爲在它的位置上，當作所交換價值，已經有這種種非價值(Nichtwerte)出現。由於換位的原故,這些物會成爲價值,但那是在它們已經離開交換,恢復它們以前的位置以後。

"形成財富的,不是物品的現實效用,也不是它們的內在價值(valeur intrinsèque),只是交換。交換確定它們的價值,決定它們的價值。就是這種價值,使這些物品變爲與財富一樣的東西(identifie)"。(前書第205頁)。

是交換先生確定並且決定某種東西存在或不存在。交換先造成物品的價值,但交換一經停止,這個價值(交換的結果)也會停止。他所造成的東西,會由他奪去。我用A和B+C+D相交換。A就在這種交換行爲中得到價值。這種行爲,一經過去,B+C+D會立在A方面,A會立在B+C+D方面。在交換先生(那不外就是換位)的領域之外,它們是彼此無關的。這樣B+C+D是物品,不是價值。A也不是。或者嚴密說來,交換就只確定並且決定〔它已有的價值〕了,像測量器只決定並且固定我的筋肉的力量,不是創造這種力量一樣了。這樣,價值就不是由交換生產的了。

"如果不是一個人爲一切人勞動[61],一切人也爲一個人勞動[62],則對於個人,對於國家,都不會有財富"。(第108頁)。

[61] 這就是說,如果不是每個人的勞動,都表現爲一般的社會勞動。不是這樣,這句話便全然沒有意義了,因爲不說這個形態,鐵工廠主就不是爲一切人勞動,只是爲鐵消費者勞動了。

[62] 如果這裏是說使用價值,那又是無意義的;因爲一切人的生產物,都是特殊的生產物,每一個人也只需要特殊的生產物。所以,那不外是說,每一種特殊生產物都會採取一個形態;在這個形態內。它對於每個人都是存在的,而所以是存在的,不是因爲它是以特殊生產物的資格可以與一切人的生產物相區別,卻只因爲它可以與一切人的生產物相合一;所以,在這裏,他們也歸結到了社會勞動在商品生產基礎上表現出來的形態。

由這個定義——交換價值是孤立的個人的勞動被表現爲一般的社會的勞動——甘尼爾再陷落到這個最粗糙的觀念，以致認交換價值是商品 A 與商品 B,C,D 等等交換的比例。爲交換 A 而多給予 B,C,D 時，A 便有了大交換價值；但在這場合，就是給予較少的 A，來交換 B,C,D 了。財富是由交換價值構成的。交換價值是由生產物互相交換的相對比例構成的。這樣，生產物的總額沒有交換價值了，因爲這個總額不和什麼交換。這樣，社會——其財富是由交換價值構成——也沒有財富了。由此，不僅會引出甘尼爾自己已經推出的結論："由勞動的交換價值構成的國富"，（第 108 頁），不能在交換價值上增加，也不能在交換價值上降落，（從而也沒有剩餘價值）；並且由此還會推出這樣的結論：卽，國富一般是沒有交換價值的，從而不是財富，因爲財富只由交換價值構成。

"當穀物有餘，其價值下落時，農民的財富將會更少，因爲他們將只有更少的交換價值，可以用來獲取生活上的必需品，便利品，或享受品。穀物消費者賺到的，是和農民損失的，一樣多。一個人的損失，會由別個人的利益，得到均衡。一般財富不會有任何變化"。（前書第 108 頁，109 頁）。

但是啊，穀物消費者只消費穀物，不消費穀物的交換價值。他們在營養資料上更富了，但不是在交換價值上更富。他們可以用更少的生產物，〔和穀物交換了〕。他們的生產物，和他們所交換的穀物量比較，是相對地顯得稀少了。這種相對稀少性，使他們的生產物，有較大的交換價值。

並且，交換價值的社會總和，越是成爲交換價值的總和，就會越是喪失它的交換價值性質了。A,B,C,D,E,F 在互相交換的限度內，才有交換價值。只要它們互相交換，它們對於它的消費者，購買者，就只是生產物了。交換的結果，使它們不復成爲交換價值了。而由此，那由交換價值構成的社會財富，也會消滅。A 的價值是相對的；價值是 A 對 B,C 等等的交換比例。A+B 只有較少的交換價值，因爲它們的交換價值，只由它們對 C,D,E,F 的關係構成。A,B,C,D,E,F 的總和是全然沒有交換價值的，因爲這個總和不表示任何關係。商品的總和，不和任何別種商品交換。所以，只由交換價值構成的社會財富，沒有任何交換價值，也不是財富。

"所以，一國要由國內商業致富是困難的，也許還是不可能。但一國對他國的商業，全然不是這樣"。（前書第 109 頁）。

這是舊的重商主義學說。〔剩餘〕價值是我沒有出等價，而在等價以上得到的。但所以沒有代價，是因爲當中的前提是，A 的價值和 B 的價值，不是由 A 對 B 的關係，也不是由 B 對 A 的關係決定，只是由一個第三物決定；在這第三物上，A 和 B 是歸於一致的。如果沒有等價，也就沒有等價以上的剩餘了。在金和鐵的交換上，我將以少量的金交換多量的鐵。現在假設我有更多的鐵，情願把這個換去，僅受得較少的金。如果以前因較少的金等於較多的鐵可以說是我得利了，則在現在，因更多的鐵等於更少的金，也同樣可以說是我損失了。

●"每種勞動，無論其性質如何，只要它有交換價值，便會生產財富"。（前書第 119 頁）。"交換不會顧到量，也不會顧到物質，也不會顧到生產物的耐久性"。（第 121 頁）。"一切（勞動）所生產的，是和它們所交換的總額相等”。（前書第121頁，122頁）。

最先，一切勞動所生產的，是和那支付給它們的總和，即價格，也即它們的工資的價值相等。但甘尼爾立即更進一步。〔非〕物質的勞動，會生產它所交換的物質的生產物，但在表面上看，像是物質的勞動，生產非物質的勞動之生產物。

“假設有一個勞動者製造箱子，拿這個箱子去交換，可以換得一桶穀；還有一個音樂師，他的勞動也能帶回一桶穀給他。在這兩種勞動者中間，是沒有什麼區別的。就這兩方面說，都會有穀生產出來，一桶爲要支付箱子，一桶爲要支付音樂師所提供的快樂。固然，當這一桶穀由木匠消費時，那會留下一個箱子來，如果這一桶穀是由音樂師消費，那是不會有什麼留下來的。但在相等的情形下，有幾多的勞動可以算是生產的呢？我們要判斷一種勞動是生產的，還是不生產的，我們所要考察的，不是消費之後有沒有什麼留下來。我們要考察這種勞動會不會引起交換或者生產。既然音樂師的勞動和木匠的勞動一樣是生產一桶穀的原因，它們就是依相同的方法生產一桶穀了，——雖然當中的一種勞動，做過以後，不會固定在或實現在任何耐久的對象物上，別一種勞動卻會固定在並實現在一個耐久的對象物上”。（前書第122頁，123頁）。

“斯密要減少那種無用的勞動者的人數，來增加那種有用的勞動者的人數。但我們沒有注意到，如果這種願望能夠實現，每一種財富就都會成爲不可能的，因爲生產家將缺少消費者，不被消費的剩餘也不會再生產出來。生產階級不是無代價地，把他們的勞動的生產物，供給那種不生產任何物質品的階級[63]。他們把他們的勞動生產物給於他們，而在交換上，從他們那裏受得各種商品，便利，或享受。並且，爲要使這種生產物能够被給與於他們，他們也有爲他們生產這些東西的必要。如果勞動的物質生產物，不被用來僱用那種不生產任何物質品的勞動，他們便找不到消費了，他們的再生產就會停止了。所以，生產這種快樂的勞動，和那種被視爲最生產的勞動，是同樣有效地貢獻於生產"。(前書第123頁，124頁)。

"人們所要求的便利品，娛樂品，或享受品，幾乎常常是跟在支付它們的生產物後面，不是發生在這種生產物之前"。(前書第125頁)。

所以，它們好像只是它們所賴以得到給付的生產的結果，不是它的原因。

"如果生產階級[64]不需要那種供給快樂，奢侈品，或裝飾品的勞動，情形就不是這樣了。人們還是不得不對生產階級支付這種勞動的代價，並且不得不在這限度內，限制他們的需要。在這場合，這種強制的給付，可以不引起任何生產物的增加"。(前書第125頁)。"除了在這種情形下，·……每一種勞動都必然是生產的，對於一般財富的形成和蓄積，都多少有貢獻的，因爲每一種勞動都必然會引起它所賴以得到給付的生產物"。(第126頁)。

所以，不生產的勞動所以是生產的，既不是因爲它們是有所費的，換言之，是有交換價值的，也不是因爲它們生產了特別的享受品，換言之，生產了使用價值，卻是因爲它們生產了生產的勞動。

63 在這裏，他還是分別了供給物質品的勞動和不供給物質品的勞動。

64 在這裏，甘尼爾自己也這樣區分了。

既然照斯密看來，直接與資本交換的勞動是生產的，所以要加入考察的，除了形態，還有那種與勞動交換的資本的物質構成部分。那種資本，分解爲必要的生活資料；從而，大多數是商品，是物質品。勞動者這種工資裏面不得不支付給國家和教會的東西，不過爲那課加在他身上的義務，形成一個扣除額；他爲教育而支付的東西，是非常少的；在這樣支出的時候，它的作用是生產的，因爲它會生產勞動力；他爲醫生，律師，牧師的服務而給予的東西，是由於一種不幸；但在勞動者的工資內，那分解爲不生產勞動或服務的部分，依然是極少的；這特別是因爲他的消費成本（烹調，洗滌，甚至修理）都由他自己操心去做。

最足把特徵表示的，是甘尼爾下面一段話：

"如果交換會把 1000 法郎的價值給予僕役的勞動，但只把500法郎的價值給予農民或工業勞動者的勞動，我們必須由此推論，僕役勞動對於財富生產的貢獻，和農民或工業勞動者的勞動比較，有二倍大；如果僕役勞動所得的物質生產品，和農民或工業勞動者的勞動比較，有二倍多，那除了這樣說，便也不能再有別的推論了"。（前書第 293 頁，294 頁）。

假設工業勞動者或農業勞動者的工資等於 500 法郎，由他創造的剩餘價值（利潤和地租）等於百分之 40。所以，他的純生產物等於 200 法郎。這樣，必須有五個這樣的勞動者，才能生產與1000法郎相等的僕役工資。如果交換先生不是逐年購買僕役，卻是逐年以 10,000 法郎去購買一個妾婦，那就需有 50 個生產勞動者的純生產物，方才够用了。一個妾婦的不生產勞動所帶入的交換價值或工資，既然二十倍於一個生產勞動者的工資，則照甘尼爾說來，這種人對於"財富生產"的貢獻，也將有二十倍大了；一國對僕役妾婦所支付的越是多，它所生產的財富會依比例越是大了[65]。甘尼爾先生忘記了，只有工業勞動和農業勞動的生產力，只有那由生產勞動者創造但對於他無所給付的剩餘，可以當作不生產勞動者的給付基金。他是這樣計算：1000 法郎工資，和當作等價的僕役勞動或妾婦勞動，合計爲 2000 法郎。不過，僕役和妾婦的價值卽生產成本，全然依存於生產勞動者的純生產物。甚至他們能够當作這種人存在世間，也是依存於這個。他們的價格和他們的價値，幾乎全然沒有共同之處。

但就假設，一個僕役的價值或生產成本，和一個生產勞動者的價値或生產成本比較，要多費去一倍罷。要知道，一個勞動者的生產力，(和一個機械的生產力一樣)，和它的價値，是全然不同的。它們恰好是成反比例的。一個機械所費的價値，常常是它的生產力的負額。

"有人會無益地反駁說：如果僕役的勞動和農業勞動者工業勞動者的一樣是生產的，我們就不知道，爲什麽一國一般的節蓄不被用來維持僕役時，不只不會有浪費，並且會使價値不斷增加了。這種口實所以看來好像是正確的，不過因爲他們是從這個前提出發：每一種勞動的生產性，是用它對於物質品的生產有沒有貢獻這件

65 一個待救恤的貧民，是和食利者一樣，依靠國家的所得來生活。照甘尼爾先生說，他也是一個交換價値的代表。關在牢裏的犯人，也是這樣。一大部分不生產勞動者，例如領乾薪的人，不過是高等的待救恤者。

事做基礎，並且，物質的生產就是富的形成者，富與生產全然是一件事。人們忘記了，每一種生產，只因有消費從中發生作用，才成爲財富[66]；並且交換會決定，生產在什麼程度以內有助於財富的形成。如果我們記着，一切勞動都直接或間接有助於各國的總生產；交換因爲會確定各種勞動的價值，所以會決定各種勞動在生產上應享有的部分；生產物的消費會實現由交換所受得的價值；並且，生產與消費相比而表現的有餘或不足，才決定國民的富或貧的程度，那我們就會知道，把各種勞動孤立起來，依照它對物質生產的協力程度來尺度它的效果性和生產性，全然不顧到消費，是極不合理的。使勞動有一個價值的，就是消費；沒有這個價值，財富是不能成立的"。（前書第294頁，295頁）。

這位市民，一方面承認財富依存於生產超過消費的事實，另一方面又承認只有消費會給與價值。並且，一個消費1000法郎的僕人，和一個只消費500法郎的農民比較，會在價值的給予上，發生加倍的貢獻。

甘尼爾承認，不生產勞動者不直接參加物質財富的形成。斯密也不外就是這樣主張。從另一方面說，他又費神要一反自己的告白，證明它同樣會創造物質的財富。在一切這類反駁斯密的議論中，我們一方面發覺對於物質生產的贊揚，別方面我們又發覺這種

66 這個市民在以後一頁又說："每一種勞動，會比例於它的交換價值，生產財富；它的交換價值，是由供給和需要決定的。（它生產多少財富，不是比例於它生產了多少交換價值，而是比例於它是多少交換價值，那就是，不比例於它所生產的東西，而是比例於它所費的東西）。所以它的價值對於資本的蓄積所以有貢獻，只因爲它節約了它有權在總生產物中享受的部分，沒有把它消費掉。

願望：要把非物質的生產——甚至非生產，例如侍僕——當作物質的生產，來辯解。純所得的所有者，究竟是把這種所得消費在侍僕身上，消費在妾婦身上，還是消費在肉饅頭上，那是全然沒有關係的。但可笑的是這種幻想：如果不要使生產物的價值歸於消滅，有餘的東西是必須由侍僕消費，不能由生產勞動者自己去消費。馬爾薩斯也承認不生產的消費者是必要的。在有餘的東西是屬於有閑階級(gens oisifs)手裏時，這種必要性實際也是存在的。

G. 甘尼爾和里嘉圖論總所得和純所得[67]

甘尼爾主張，他曾經在他的經濟學理論(一本我未見過的書)中，提起一個學說，這個學說在他之後是由里嘉圖再生產了。這個學說是，財富是依存於純生產物，不是依存於總生產物，那就是依存於利潤和地租的程度。這當然不是甘尼爾的發現；使他覺得出色的，不過是他敍述這一點所取的態度。

〔甘尼爾是這樣對我們解釋的〕：

“當一國沒有機械的幫助，其勞動全然以臂膀的力量爲基礎時，勞動階級幾乎會把他們的生產物全部消費掉。由分工，勞動者，熟練，機械發明之故，一國的產業進步了；依比例，生產成本將會減落，那就是，人們生產追加生產物所需要的勞動者數將會減少”。(前書第211頁，212頁)。

這就是說，產業越是成爲生產的，工資的生產成本就會越是減

67 草稿第364頁至378頁。第329頁(譯本第314頁)的註70錄自第418頁。--K.

少。與生產物相比較，被使用的勞動者將會更少。所以，他們在生產物內取得的部分也會更小。

如果沒有機械，一個勞動者要生產他自己的生活資料，須勞動10小時，如果有機械，他要生產他自己的生活資料只須勞動6小時，則在12小時勞動內，在第一場合，他須以10小時爲自己勞動，2小時爲資本家勞動，而在12小時的總生產物中，資本家將得六分之一。在第一場合，10個勞動者要爲他們自己勞動100小時，（生產10個勞動者需要的生產物），爲資本家勞動20小時。在120的價值中，資本家得六分之一，等於20。在第二場合，只有半數勞動者被僱用了。5個勞動者爲他們自己勞動30小時（生產5個勞動者需要的生產物），爲資本家勞動30小時。現在，資本家在60小時中，要取得30小時，卽取得其半數，三倍於前了。總剩餘價值也由20增至30，增加了三分之一。並且，資本家在總生產物中獲得的半數，就量而言，也較以前爲大。因爲現在6小時供給的生產物，是和以前10小時一樣多；現在，一小時的生產物，$\frac{10}{6}$倍於前了。所以，現在30小時剩餘價值會包含$30\times\frac{10}{6}=50$那樣多的生產物。所以，資本家的剩餘價值和剩餘生產物都增加了。但就令總生產物的量不增加，剩餘價值還是可以增加的。剩餘價值的增加，不外表示，勞動者能够在比以前較小的時間內生產他的生活資料，他所消費的商品的價值將會下落，將代表較少的勞動時間，所以，一定的價值將比以前代表一個較大量的使用價值。勞動者所受的生產物量，是和以前一樣，但這個生產物量只會在總生產物內形成較小的部分，這個生產物量的價值也會在勞動日的結果內表現爲較小的部分。有些產業部門，其生產物不直接也不間接參加勞動者消費資料的形成。雖然這些生產部門的生產力的增進，不能有這個結果（因爲這些生產部門的生產力的增減，不會影響必要勞動對剩餘勞動的比例），但就在這些部門，結果也許也會是一樣的，不過這種結果不是由它們本身的生產力的變化引起。它們的生產物的相對價值，將正確比例於別種商品的相對價值的下落而提高，（如果它們自身的生產力是保持不變）；故依同程度，在這個生產物中，只要用較小的一個可除部分，或在勞動者的體現在這個生產物內的勞動時間內，只要用較小的一個部分，就可以同先前一樣，把同量的生活資料供給於他。所以，剩餘價值在這些勞動部門，會和在別一些勞動部門一樣增加起來。

但那五個被排斥出來的勞動者，將會怎樣呢？人們將會說，也會有一個資本游離出來。這個資本原來是支付給那5個被解僱勞動者的，那5個勞動者每名原來得10小時，合計50小時。以前這5個勞動者就由此取得他們的報酬；當工資降爲6小時的時候，有$\frac{50}{6}$即$8\frac{1}{3}$勞動者* 可以被支付了。用這游離出來的50勞動小時的資本，現今所能支付的勞動者，比解僱出來的勞動者，還是更多了。

不過，並不是全50勞動小時的資本，都游離出來。就假設，同勞動時間內加工好的材料增加，材料也依同程度更便宜了罷。那就是假設這些生產部門的生產力也同樣增加了罷。但新機械還是要

* 這裏原文是“Arbeitstage”（勞動日）。——譯者。

有支出的。假設，這個新機械剛好費去50小時勞動，所使用的勞動者，和所解僱的勞動者就是一樣多。這50小時勞動就全然沒在工資上面，在5個勞動者身上了。但在50勞動小時的機械價值中，有利潤和工資包含着，有有給勞動時間和無給勞動時間包含着。此外，不變資本也會加在機械的價值內。所以，被使用在機械建造業上的勞動者，在人數上面，一定比被解僱出來的勞動者人數更小。所以，不是和被解僱出來的人數相同。機械建造業者對於勞動者的需要的增加，至多只會影響勞動階級的未來的分配；那就是，後一代從事勞動的人，會比前一代，有一個更大的部分，被使用在這個部門。這毫無影響於被解僱者。並且，對於這種勞動者的年需要的增加，也不與新投在機械內的資本相等。比方說，機械經用10年。由此引起的不變的需要，逐年只等於機械內包含的工資的十分之一。在這十分之一以外，還要加入十年間的修理勞動和逐年消費的煤炭，油脂，以及各種補助材料；這一切合起來，也許又等於十分之二。

一個特殊產業部門的生產力的增加，常常只能在將來，由機械等等的原故，實行勞動和資本的移動。這就是說，新加入的勞動者羣的增加，將依不同的方法分配。但這多分是指這些被拋出的人的兒子，不是指他們自己。他們會長期間零落在他們的舊職業內，那就是在最不利的條件下，繼續經營他們原來的職業。他們的必要勞動時間，比社會的必要勞動時間更大了，他們或是饑餓着，或到那種只使用低級勞動的職業部門，去找事做。

* * * *

假設由於產業生產力的增加，以前須有人口的三分之二，現在只須有人口的三分之一，直接從事物質的生產了。以前爲供給全體的生活資料，須使用全人口的三分之二，現今只須使用全人口的三分之一。以前三分之一是純所得，（與勞動者的所得相區別），現在三分之二是純所得。丟開階級的對立性不說，國民以前把他們的時間的三分之一，用在非物質的生產上，現今卻有三分之二的時間，用在這上面了。平均分配下來，一切人[68]現在已有更多的時間，從事不生產的勞動和休息了。但在資本主義生產之內，一切都像是對立的，也實際是對立的。前提裏面並沒有包含人口停滯的意思。全體人數增大時，那三分之一也可以增大。就量而言，會有不斷增加的人數，被使用在生產勞動上。但與全人口相對而言，比例而言，他們總比以前更少百分之50。這三分之二，現今一部分是由利潤和地租的所有者構成，一部分是由不生產勞動者構成，但因競爭之故，這種不生產勞動者的給付也將會變劣。這種不生產勞動者幫助着吃掉他們的所得，但要給或不得不給他們一種勞務做等價，像政治上的不生產勞動者一樣。除了僕役，兵士，水手，警察，下級官吏等等，妾婦，馬夫，滑稽表演家，我們可以假設，這些不生產勞動者，大體說來，會比以前的不生產勞動者，有更高的教育程度；並且，待遇微薄的技術師，音樂師，律師，醫生，學者，教師，發明家等等，也已經增加。

在生產階級之內，商業上的媒介人也會已經增加；而機械建造

68 原文是"Zwei Drittel"。——K.

上，鐵路建造上，開礦事業上被使用的人，尤其是增加了。再者，在農業上經營畜牧業，並供給魚類及礦物性材料做肥料等等的勞動者，也增加了。而爲工業種植原料的農民，和那種生產生活資料的農民比較，爲家畜生產生活資料的農民，和那種爲人類生產生活資料的農民比較，也是這樣的。如果不變資本增加了，總勞動中從事於資本再生產的比例量，也會增加。並且，直接生產生活資料的那部分人的人數雖然減少了，可是他們所生產的生產物，會比以前更多。他們的勞動是更生產了。在個別資本的場合，可變資本部分與不變資本部分相對而起的減少，會直接表現爲投在工資上面的資本部分的減少；同樣，就資本的總量說——在資本的再生產上——這種減少也會表現成爲這樣：所使用的勞動總量，會有一個比例更大的部分，從事生產手段的再生產，只有一個比例更小的部分，從事生產物自身的再生產；那就是，有一個比例更大的部分，從事機械（包括交通機關，運輸機關，和建築物），補助材料（煤炭，瓦斯，油脂，皮帶等等），和當作工業原料的植物的再生產。與工業勞動者相比，農業勞動者將會減少。最後，奢侈品的勞動者將會增加，因爲已經增大的所得，會消費更多的奢侈品。

甘尼爾往下說：

"在分工未在一切勞動部門實行時；在農業人口和工業人口各階級尚未全部達到幸福水準時，機械在許多產業上的發明和應用，只會使那些由機械游離出來的資本和勞動者，流向那些能够利用它們的勞動部門。但很明白，在一切勞動都有它們所需用的資本和勞動者時，一切縮短勞動的進一步的改良，和一切新的機械，必然會把勞動的人口減少;並且因爲他們人數的減少不會限制生產,所以依然可以自由處分的部分將會增加起來,而於資本或地租顯得有利;所以,機械之自然的必然的作用,是減少那靠原生產物來生活的工資勞動階級的人數,增加那靠純生產物來生活的階級的人數"。(前書第212頁)。

"必然會由工業進步喚起的一國的人口移轉,是現代國家權力和文明趨於發達的眞實原因。社會下層階級的人數越是減少,社會就越是不必要爲不幸運階級的貧乏,無知,輕信,和迷信所預示的種種危險而煩惱。上層階級越是增加,則聽國家命令的臣民的人數越是增加,國家會越是強盛,全人口會越是受支配於知識,理性,和文明"。(前書第213頁)。

甘尼爾說:"只有純生產物和那些消費純生產物的人,是國家富強的因素,而有助益於國家的繁榮,光榮,和偉大"。(前書第218頁)。

薩伊曾在康士丹西阿的里嘉圖原理譯本第26章,下一個註解,說:如果一個國家有一千二百萬居民,則爲國家的財富計,在這一千二百萬人口中,寧可只有五百萬生產勞動者,不寧可有七百萬生產勞動者。在前一場合,純生產物是由七百萬不生產者所賴以生活的純生產物構成,在後一場合,則是由五百萬人的純生產物構成。這個註解,曾爲甘尼爾所引用。但薩伊還說:

"這一點,正好叫我們記起十八世紀經濟學者的學說,他們主張,工業家毫無貢獻於國家的財富,因爲工資勞動者階級生產了多少價值,就會消費掉多少價值,對於純生產物,是毫無貢獻的"。

對於這點，甘尼爾答說：

"法國經濟學者認工業階級生產多少價值就消費多少價值。里嘉圖的學說則認工資不能計算在一國的所得內。在二者之間，我們頗不易發現它們的關係"。（第219頁，220頁）。

在這裏，甘尼爾也沒有觸到問題的核心。經濟學者的錯誤在：他們把工業階級只當作工資勞動者階級來考察。這是他們和里嘉圖不同的地方。他們還有一個錯誤在：他們相信工資勞動者只生產他們所消費的東西。和他們相反的里嘉圖，知道了當中的眞理是，生產純生產物的，就是工資勞動者，但他們能够生產純生產物，就因爲他們的消費，卽他們的工資，不與他們的全部勞動時間相等，而只與那種勞動時間相等，那種時間，是他們生產他們的工資所必要的；換言之，他們只在他們的生產物內，受得一個和他們的必要消費相等的部分，那就是，在他們自己的生產物內，只受得這麼多，當作他們自己的必要消費的等價。經濟學者假定，全工業階級，老板和勞動者，都是處在這個位置上面。在他們看來，只有地租是生產超過工資的剩餘。所以，地租成了唯一的富。里嘉圖說，利潤和地租形成這個剩餘，從而是唯一的富時，他的意見雖然和重農主義派有別，卻在下面一點，和重農主義派相同：卽，純生產物，剩餘價值所依以存在的生產物，形成國民的富，雖然他對於這種剩餘的性質，已經有了更進一步的理解。並且，在他看來，純生產物只由所得超過工資的剩餘部分形成。他和經濟學者相區別的一點，不是純生產物的說明，只是工資的說明。經濟學者，錯誤地，把利潤也包括在工資範疇內。

*　*　*　*

甘尼爾先生在嘆賞純生產物時，他的見解也不十分澈底。他引用薩伊的話說：

"我絕不懷疑，在奴隸勞動的場合，生產物超過消費的剩餘，要比在自由人勞動的場合，更大。……奴隸的勞動，除勞動力不繼這一個限界以外，沒有任何別的限界。……奴隸須爲主人的無限的需要和貪欲而勞動[69]"。（薩伊第278頁第三版）。

關於這點，甘尼爾說：

"自由勞動者不能比奴隸消費得更多，生產得更少。……每一種支出，都以他曾生產一個等價可以支付給自己這件事爲前提。如果自由勞動者比奴隸多支出了，他的勞動的生產物也要比奴隸的勞動的生產物更大才行"。（第一篇第234頁）[70]。

69　自由勞動者也是這樣呀。

70　亞當斯密曾在他著作內某處，想要說明爲什麼產業等等的發展，要以自由勞動爲前提。這段話是：

"這種職業（手工業者的職業），被認爲只適於奴隸；市內的自由市民，不許做這種事情。即在沒有這種禁令的城市內，如在雅典和羅馬，事實上，人民的大多數，還是不許經營那種種在今日普通是由市民下層階級去幹的職業。這種職業，在雅典和羅馬，都是由奴隸爲他們的主人而經營的，他的財富，權力，和保護，使貧窮的自由人，幾乎不能爲他們的工作，找到市場，因爲他必須與富人的奴隸相競爭。但奴隸是很少發明的；一切使勞動輕易，使勞動縮短的最重要的改良，無論是機械，還是更適當的勞動佈置和分配，都是自由人的發現。如果奴隸提出一種這樣的改良，主人就會認爲，這不過是懶惰的表示，其目的，不過要犧牲主人，來節省自己的勞動。奴隸不會由此得到報酬，只能由此希望得到侮蔑，甚至懲罰。所以，使用奴隸經營的產業，通例要比自由勞動者經營的產業，多用去一些勞動，才能達到相同的結果。所以，前者的勞動通例比後者的勞動更昂貴。孟德斯鳩說過，匈牙利的礦山，和相鄰的土耳其的礦山相比較，雖然沒有更豐饒，但常能以更小的費用，從而以更大的利潤經營。土耳其的礦山，是由奴隸開採的；奴隸好像工資的大小，只依存於勞動者的生產力，不是（在生產力不變的場合）依存於生產物在勞動者和企業家間的分配。

他往下說："我知道，我們就說，主人以勞動者爲犧牲而爲的節約[71]，可以增進他們的個人支出云云，也不無相當的理由。……但就一般的財富說，則寧願幸福狀態流行在一切階級內，不寧願有過度的財富存在少數人手中"。（第234頁，235頁）。

這個話，怎樣和純生產物相調和呢？並且，甘尼爾還立卽取消了他的自由論調。（第236頁，237頁）。他贊同殖民地的黑奴制度。他倡自由主義，不過因爲他明白，歐洲的自由勞動者，也是奴隸，他們只是爲了要爲資本家，地主，及其寄生者，生產純生產物，方才存在的。也就因爲這樣，所以他不再主張把黑奴制度移入。

"他（魁奈）堅決反駁工資勞動階級的節約可以增加資本這一種主張；對此，他所舉的理由是，這個階級不會有節約的可能。如果他們有剩餘，那也只能由於錯誤，由於社會經濟的紊亂"。（前書第274頁）。

甘尼爾從魁奈著作裏引述了下面的文句，來當作證據。（重農主義第321頁）。

"如果不生產階級節約，圖由此增加他們的現錢，……他們的勞動和利潤，就會依相同的比例減少，並走上覆亡的道路"。（前書

的臂膀，在當時的土耳其看來，便是唯一的能夠使用的機械了。匈牙利的鑛山，卻是由自由勞動者經營的，那曾經使用許多機械，來減輕並且縮短他們自己的勞動。根據少許我們關於希臘，羅馬時代工業品價格的報告，好像比較精緻的工業品，都是異常貴的"。（國富論第四篇第九章）。

71 從而，在這裏，是由於奴隸報酬的節約。

第274頁，275頁）。

一個十分可笑的誤解。這個人是不瞭解魁奈的。

甘尼爾先生把基石建立在如下的文句上：

"它（工資）越是大，社會的所得[72]就越是小。政府的全部伎倆，必須導向這邊來，使其（工資）量減小。……這個任務……和我們生活所在的這個開明的世紀，是相稱的"。（前書第二部第24頁）。

薩伊反對里嘉圖說：

"七百萬全然有業的勞動者，比五百萬，會提供更多的節約"。

但甘尼爾正確地說：

"這就是承認，工資的節約，會喚起那種由省除(suppression)工資而起的節約。……把四萬萬工資給不生產任何純生產物的勞動者，只爲要使他們有由工資節約的機會和手段，天下還有比這更背理的事麽"。（前書第221頁）。

"在文明向前進的每一步中，勞動都會變爲更輕易的，更生產的；被判定要去生產，要去消費的階級將會減少；指導勞動，提拔(!)安慰(!)和教誨全部人民的階級將會增加，成爲人數衆多的，並且把一切由勞動費用減少，生產物有餘，消費便宜引起的利益，佔爲己有。人類將由這個方向提高起來；……由於下層階級的不斷減少和社會上層階級的增加，市民社會將成爲更幸福的，更強大的"。（前書第224頁）。"當被僱勞動者的人數等於七百萬時，勞動工

72 社會立足在勞動者身上，不是勞動者立足在社會內。

資總計爲 1400 百萬;但若這 1400 百萬,比那付給五百萬勞動者的 1000 百萬,不會提供更多的純生產物,則眞正的節約,是 400 百萬工資的免除(這 400 百萬工資是付給那不提供任何純生產物的二百萬勞動者的),不是由那二百萬勞動者能够在他們 400 百萬中節約的東西構成"。(前書第 221 頁)。

里嘉圖在原理第二十六章內說:

"亞當斯密常看重那種與其說由大的純所得,寧說是由大的總所得生出的國家利益。……如果一國的純地租和利潤,不管所使用的勞動量是大是小,合計起來總是一樣大,則使用大量的生產勞動,對於該國,又有什麼利益呢"?

爲要生產另一個五百萬人所賴以生活的純所得,無論是使用了五百萬生產勞動者還是使用了七百萬生產勞動者,"這五百萬人的衣食物,總是純所得。追加人數的僱用,不能使我們的海陸軍增加一個人,也不能使課稅增加一個幾尼"。

這個論調,使我們想起了古時的德意志人。在他們中間,有一部分更番被徵去打仗,別一部分則從事田園的耕作。耕作田園所必要的人數越是小,能被徵去打仗的人數就越是大。如果以前耕作田園只需要 500 人,現在卻需要 1000 人,則人口數目縱使增加三分之一,由 1000 增至 1500,也毫無益處。可以徵調的人數,依然只有 500 人。反之,如果他們的勞動的生產力增加了,有 250 人就能耕作土地了,則在 1000 人中,有 750 人可以被徵,而在以上的場合,在 1500 人中只有 500 人可以徵調。

最先我們要注意,里嘉圖所謂純所得或純生產物,不是指總生產物超過其中必須當作生產手段，原料，或工具再投回生產去的部分的剩餘。他也有這種錯誤的見解，以爲總生產物是分解爲總所得。所謂純生產物或純所得，他是解做剩餘價值。總所得中，有一部分，是由工資，由勞動者的所得構成的。里嘉圖所謂純所得，就是指總所得超過其中這一部分的剩餘。但勞動者的所得，是等於可變資本，等於流動資本中那不斷由他消費不斷由他再生產的部分，等於他生產物中那由他自己消費的部分。里嘉圖既然不把資本家認爲是全然無用的，他既然把他們自己也當作生產當事人看待，從而把他們的利潤的一部分分解爲工資，所以他必定會在純所得中，除去他們的所得的一部分，而這種人的人數也只在如下的限度內，被認爲是於財富有益的；即，他們的工資，只在他們的利潤內，佔一個儘可能小的部分。無論如何，以生產當事人的資格，他的時間至少有一部分是屬於生產自身的。而在這程度內，他們是不能被用在社會或國家的別的目的上。他們在生產指導上越是有自由的時間，他們的利潤就越是和他們的工資相獨立。和他們相反的，有那些只靠利息生活的資本家。還有地主，他們生在世間，完全把自己用在〔生產以外的目的上〕，他們的收入也沒有任何部分加在生產成本內；如果有，那就是被用來再生產他們的尊體的部分了。所以，照這樣看起來，里嘉圖一定會爲國家的利益，希望地租犧牲利潤而增加了，因爲地租是純粹的純所得。不過，里嘉圖的見解，並不是這樣的。爲什麽不是這樣呢？因爲這有害於資本的蓄積；就一方面說，這等於犧牲生產勞動者階級，來增加不生產勞動者階級。

我們講過，亞當斯密有一種意見，認生產勞動直接與資本交換，不生產勞動直接與所得交換。里嘉圖完全採納了斯密的這種意見。不過，斯密對於生產勞動者是獎掖有加的，並存有一種幻覺。里嘉圖不是這樣。成爲一個生產勞動者，其實是一件不幸。生產勞動者是爲他人生產財富的勞動者。當作別人的財富的生產工具，他的生存才有意義。如果同量別人的財富已經能夠由較少數的生產勞動者來供給，則會有生產勞動者被排除出來，乃是當然的。你們的，但不是爲你們的(vos, non vobis)。並且，對於這種排除，里嘉圖的解釋，也不和甘尼爾的解釋一致：照甘尼爾說，單有這種排除，所得已經可以增加，以前當作可變資本（在工資形態上）被消費的部分，將會成爲所得。在里嘉圖看來，生產勞動者人數減少時，這些游離出來的勞動者自己所消費的所生產的生產物量，換言之，這些勞動者的等價，也會跟着消滅。里嘉圖不像甘尼爾那樣，認所生產的生產物量會依然不變。不過，純生產物量會依然不變。假設勞動者消費 200，其餘額等於 100，則總價値爲 300，其餘額等於其三分之一。假設勞動者消費 100，其餘額依然是 100，則總生產物等於 200，其餘額等於其二分之一。總生產物減少了三分之一，減少了 100 個勞動者消費的生產物，純生產物卻是保持不變，因爲$\frac{200}{2}$等於$\frac{300}{3}$。所以，只要總生產物中那形成純生產物的部分保持不變，或增加了（至少沒有減少），里嘉圖是不關心總生產物的量的。

回頭來講我們以前講過的那段話。在那裏，里嘉圖說：

"亞當斯密常看重那種與其說由大的純所得，寧說由大的總所得生出的國家利益[73]。……如果一國的純地租和利潤，不管所使用的勞動量是大是小，合計起來，總是一樣大，則使用大量的生產勞動，對於該國，又有什麽利益呢[74]？……就一個有資本20,000鎊，其利潤逐年等於2000鎊的人說，他的資本是使用 100 人還是使用1000 人，所生產的生產物是賣 10,000 鎊還是賣20,000鎊，眞是一件全然沒有關係的事。他所求的，只是利潤不低在2000鎊以下[75]。國家的現實利益，不是一樣麽？假設該國現實的純所得，該國的地租和利潤是保持不變，則該國有一千萬居民還是有一千二百萬居民，有什麽重要呢？一國維持海陸軍及各種不生產勞動的能力[76]，必須比例於該國的純所得，不是比例於各該國的總所得。如果五百萬人能够生產一千萬人所需要的衣食物，五百萬人的衣食物便是純所得。請問，如果生產這個純所得，現在需要七百萬人了，那就是，如果必須使用七百萬人來生產一千二百萬人的衣食物，那對於該國究竟有什麽用處呢？這五百萬人的衣食物，總是純所得。追加人數的僱用，不能使我們的海陸軍增加一個人，也不能使課稅增加

73 亞當斯密說，這是因爲它所推動的生產勞動量會依比例成爲越是大的。

74 這不外是說，如果較大量勞動生產的剩餘價值和較小量勞動生產的剩餘價值是相等的。進一步，這又不外是說，對於一國，剩餘價值率較小但勞動者數較大的情形，和剩餘價值率較大但勞動者數較小的情形，是沒有差別的。$n\times\frac{1}{2}$是和$2n\times\frac{1}{4}$一樣大（n 指勞動者數，$\frac{1}{2}$和$\frac{1}{4}$指剩餘價值率）。生產勞動者自身，只是生產剩餘價值的生產工具；在結果相等的場合，生產勞動者的人數較大這件事還是有害的。

75 這句話，和以後一段話聯貫起來講，是毫無意義的。例如，一個使用 20,000 鎊，逐年把值 12,000 鎊的酒放在窖中，但把 8000 賣成 10,000 的葡萄酒商人，只使用較少數的人，但仍賺百分之 10 的利潤云云。但還有一個銀行業者！

76 這句話包含有如下的意義：里嘉圖雖然不像亞當斯密那樣錯覺地嘉獎生產勞動，但採納了他關於生產勞動和不生產勞動所抱的見解。

一個幾尼"。(前書第26章)。

與總人口相比,一國的生產人口越是小,該國就越是富,這好比對於個個資本家,生產同量剩餘價値所必需的勞動者是越少越好。生產物的量相等,則與不生產的人口比較,生產的人口越是小,該國就越是富裕。因爲,生產人口之相對的少數,不過是勞動有比較高度的生產力這件事的別一個表示。

從一方面說,資本的趨勢,是把商品生產所必要的勞動時間,從而使生產人口的數目,與生產物的量相比較,減到一個遞減的最小限度。但從另一方面說,資本又有一種趨勢,要蓄積,要把利潤轉化爲資本,要儘可能佔有別人的勞動。資本總想壓下必要勞動的比率,但在必要勞動的比率爲已定時,則要儘可能使用大量的生產勞動。

在這個問題上面,生產物對人口的比例,是無關輕重的。穀物和棉花,可以和葡萄酒,金剛石等等交換;或者,勞動者能够被使用在不直接新加在可消費品內的生產勞動上,例如鐵道建築等等的工程上面。假設,有一個發明之後,資本家以前要使用20,000鎊的事業,現在只須使用10,000鎊(因爲有10,000鎊已經很够),並且以前它會提供百分之10,現在會提供百分之20,當作利潤,從而,現在10,000鎊所提供的利潤和以前20,000鎊所提供的利潤一樣多。但他仍舊不會因此便把以前當作資本用的10,000鎊,當作所得來使用。(直接把資本化爲所得的事情,只在國債的場合,會成爲問題)。他儘可以把它投到別處;並且,還會把它的利潤的一部分化爲資本。

在經濟學者（就一方面說，里嘉圖也包括在內）的著作裏，我們在這個問題裏面，發現了這樣一個二律背反。機械會驅逐勞動，增加純所得——尤其是常常會增加里嘉圖這裏所說的純所得，卽增加所得所從以消費的生產物量。它會減少勞動者數，增加這種一部分由不生產勞動者消費，一部分會在國外被用來交換的生產物等等。所以這好像正是我們所願欲的狀態。但不是的。在這場合，我們要證明，機械會不會把勞動者排除出來。怎樣證明這點呢？由這一點：機械，在一個激動之後，——對於這種激動，那些恰當其鋒的人口階層，也許不能有任何的抵抗——所使用的人數將會比機械採用以前更衆，所以，"生產勞動者"的人數再會增加起來，舊關係再會確立起來。

情形實際也是如此。所以，勞動的生產力儘管增加，勞動者人口還會不斷增加。比例於生產物（和勞動人口一同增加，並且更迅速增加的生產物）來說，雖然不會如此，但比例〔於人口〕來說，卻確乎會如此——比方說，如果同時資本會累積起來，從而生產階級中原來〔自立的〕部分，會淪爲無產階級。在生產階級的這一部分裏面，一小部分將升進爲中等階級。但不生產階級會憂慮沒有太多的東西可以消費。利潤不斷再轉化爲資本的事情，會不斷依更廣闊的基礎，再形成同一的循環。在里嘉圖，對蓄積所懷的關心，比對純利潤所懷的關心還要切，以致純利潤是當作蓄積的手段，熱心地被稱賞了。

因此，勞動者一方面受警告，一方面又受慰安，兩方面恰好相反。勞動者似乎通例會關心資本的蓄積，因爲對勞動者的需要就是依存於此。如果這種需要增進了，勞動的價格也會增進。所以，好像他們會願望工資被壓下來；要這樣，那種從他們那裏取得的剩餘價値，才會在被資本濾過之後，再被用來購買新的勞動，並提高他們的工資。不過，工資提高是不行的，因爲它會阻礙蓄積。在這場合，他們又必須停止生育兒女。由此，勞動的供給會減少，勞動的價格會增加起來。但這種增加會減小蓄積率，減少對勞動的需要，從而又使勞動下落。在勞動的供給減落時，資本會更迅速地跟着減少。但他們會生育兒女。由此，增加他們自己的供給，減低勞動的價格；由此，利潤率會增加起來，資本的蓄積也會增加起來。但勞動者的人口，應與資本的蓄積，以同一步調進行，那就是，勞動人口應精確地在數量上，與資本家需用的勞動人口相等。勞動者人口原來也就是這樣的。

H. 弗里爾：亞當斯密的資本蓄積觀：生產勞動的新定義[77]

弗里爾（F. L. A. Ferrier），稅關副監督。曾著論政府及其與商業之關係（巴黎1805年）；李斯特（List）的主要根據，就是從這部書得到的。弗里爾是波拿拔蒂王室的限制政策等等的謳歌者。在他看來，政府及一切官吏，即種種不生產勞動者，和直接經營生產的人，在生產上是一樣重要的。所以，亞當斯密把官吏稱爲不生產的，這位稅官聽了是極不高興的。他說："亞當斯密關於國民經

77 草稿第391頁至398頁。——K.

濟所定下的原則，是以生產勞動及不生產勞動間的區別爲根據[78]。……這種區別是斷然錯誤的。世間並沒有不生產勞動"!（第141頁）。

"國家有經濟與浪費之別；但國家是經濟的還是浪費的，那要看該國與他國的關係來說，我們須從這個觀點出發去考察這個問題"。（前書第143頁）。

弗里爾還說："國家有經濟，但這種經濟，與斯密所謂經濟，全然不同。國家的經濟，在使所購的外國產品，不多過用本國產品所能支付的程度。國家經濟的目的，往往在使人們全然拒絕使用外國貨"。（前書第175頁）。

現在我們且一說斯密的上下關聯，這在弗里爾看來，是極可憎厭的。

斯密在第一篇第六章，論商品價格諸構成部分那一章結尾的地方說："因爲在文明國家，只有極少數的商品，其交換價值只由勞動生出，地租和利潤對於大多數商品的交換價值會有極大的貢獻，所以該國勞動的年生產物，常常能够購買或支配一個勞動量，這個勞動量，比較這個生產物形成，完成並運上市場被使用掉的勞動量，會更大得多。所以，如果社會是逐年使用它逐年能够購買的勞動全部，則因勞動會每年大大增加，每年的生產物和前一年的生產物比較，將會有更大得多的價值。但沒有一國是把逐年的生產物完全用來維持勤勞者。隨便什麽地方都有游惰者消費其中一大部分，

78 爲什麽呢？因爲斯密希望，以儘可能大的部分，當作資本，卽被用來與生產勞動交換；以儘可能小的部分，當作所得，卽被用來與不生產勞動交換。

一個生產物的普通價值或平均價值，就看這生產物逐年是用什麼比例分配在這兩個階級中間，而或是逐年增加，或是逐年減少，或是年年保持不變"。

在這一段話裏，亞當斯密實際是想解決蓄積的謎。但這段話包括着各式各樣的混亂。

第一，我們再看見了這個錯誤的前提：〔社會逐年所能支配的〕交換價值，是等於勞動的年生產物；這個年生產物則分解爲工資和利潤（地租包括在內）。我們不要再回頭討論這個無意義的主張。只有下述一點，我們要再加以注意。年生產物的數量——或商品（那就是勞動的年生產物）的總額——有一大部分必須在自然形態上，由這種商品構成，這種商品，只能當作要素，加在不變資本內，例如原料，種子，機械等等，那只能用在產業的消費上。這種商品（加在不變資本內的商品的最大部分）的使用價值指示了，它們不適於供充個人的消費，其所得（無論是工資，是利潤，還是地租）全不能支用在這種商品自身上面。固然，原料的一部分，不是原料自身再生產所必要的，也不是當作補助材料或直接成分加到固定資本內去的，會在後來取得可消費的形態；不過，這種形態，要到今年的勞動加上以後，方才會取得。當作去年勞動的生產物，這種原料並不是所得的部分。在生產物中，只有那可消費的部分會被消費，會加在個人消費內，會成爲所得。但就是可消費品，其中也有一部分，如果被消費了，再生產便會成爲不可能的。所以，就在可消費的商品內，也有一部分要被除開；因爲這個部分，必須用在產業的消費上，那就是必須當作勞動材料，種子等等，決不能當作勞動者的也不能當作資本家的生活資料。所以，生產物的這個部分，必須在最初，就從亞當斯密的計算內除開來，或不如說加進去。如果勞動的生產力保持不變，則生產物中這個不能分解爲所得的部分，也是逐年不變的；那就是，如果在勞動生產力不變時依然有同量的勞動時間被使用。

這裏再提到了他的第一個命題：

"因爲在文明國家，只有極少數的商品，其交換價值只由勞動生出；地租和利潤對於大多數商品的交換價值會有極大的貢獻；所以，該國勞動的年生產物，常常能够購買或支配一個勞動量，這個勞動量比較這個生產物形成，完成，並運上市場（那就是生產）被使用掉的勞動量，會更大得多"。

這裏，顯明有種種的問題，被安插在一起。在常年總生產物的交換價值內，不僅有活勞動（當年使用的活勞動）加入，並且有過去的勞動，有往年勞動的生產物加入。不僅有活動形態上的勞動，並且有對象化形態上的勞動。生產物的交換價值，等於其內所含勞動時間的總和，其中一部分由活的勞動構成，一部分由對象化的勞動構成。假設其一對其他保持三分之一對三分之二的比例，卽保持1:2的比例。在這場合，全部生產物的價值等於3，其中對象化勞動時間2，活勞動時間1。所以，卽假設對象化勞動和活勞動是當作等價互相交換，一定量對象化的勞動，只支配一個等量的活勞動，全部生產物的價值所能購買的活勞動，也會比它自身所包含的活勞動更多；因爲，生產物等於3勞動日，但其中所含活勞動時間等於1勞動日。要生產這個生產物，那就是，要把最後的形態給予它的原素，有一日的活勞動就够了。但其中包含着三勞動日。所以，如果把它全部拿來和活勞動時間交換，那就是，如果都被用來"購買並支配活勞動"，它就會能够支配，能够購買三勞動日。但這顯然不是斯密的意思；在他眼裏，這是一個全然無用的前提。他的假定是：生產物交換價值的一大部分，不分解爲工資（或依照前面引用過的混惑的話說，〔不是由工資構成〕），而分解爲利潤和地租，或爲簡單起見，說是分解爲利潤。換言之，生產物中那與當年加入的勞動量相等的價值部分，即眞正由當年勞動生產的生產物部分，第一，要支付工資，第二是加入資本家的所得或消費基金內。總生產物的這個部分全體，都是由勞動生出，且只由勞動生出；但其中包含有給的和無給的勞動。工資等於有給勞動的總和，利潤等於無給勞動的總和。所以，如果這全部生產物都支出在工資上面，所推動的勞動量，當然會比生產這種生產物的勞動量更大；並且，這種生產物能依照什麼比例，來推動更多的（比它自身所含的勞動時間爲多）勞動時間，那正好取決於勞動日是依照什麼比例分爲有給勞動時間和無給勞動時間。假設比例是這樣，勞動者在五小時內，即在半勞動日內，就會把他的工資生產或再生產出來。其餘五小時或半勞動日，就形成剩餘價值。所以，假設這個生產物包括 100 勞動日〔的新加勞動〕，如果每勞動日等於十小時，那就是包含 1000 小時勞動；如果一小時等於一先令，就是等於 1000 先令，或 50 鎊。假設 25 鎊爲工資而支出，25 鎊形成利潤（地租包括在內）。用這 25 鎊即 50 勞動日，可以支付 100 個勞動者，這 100 個勞動者又可以拿他的勞動時間的半數，無報酬地或者說爲他們的主人勞動。如果這100勞動日的生產物又全部用在工資上面，則用這50鎊，可以推動200勞動者；在他們之中，每個人都得到5先令或其勞動生產物的半數，當作工資。這個勞動的生產物是等於100鎊（200勞動日等於2000鎊），用此可以推動400個勞動者，其生產物等於200鎊；依此可以類推下去。就是這樣，所以亞當斯密說，"勞動的年生產物常常能够購買支配的勞動量，比生產這種生產物所使用的勞動量會更大得多。並且，也就是這樣，所以斯密說，如果社會逐年使用它逐年能够購買的勞動，則其勞動量每年會大大地增加，每年的生產物和前一年的生產物比較也會更大得多"。

但這個生產物的一部分，將由利潤和地租的所有者消費掉，一部分將由他們的共食者消費掉。所以，在那裏面，那可以再投在生產勞動上面的部分究竟有多少，要看當中有多大一個部分，不由資本家，收租人，和他們的共食者（同時也是不生產勞動者）自己消費掉。

但總歸有一個新的基金，一個工資基金，可以用前一年的勞動的生產物，在今年，推動較大量的勞動者。並且，因爲年生產物的價值是由所使用的勞動時間的量決定，所以年生產物的價值也會逐年增加起來。

當然，如果沒有更大量的勞動在市場上，那就雖然有一個基金，可以比去年"購買或支配一個更大得多的勞動量"，也會毫無用處的。好比，如果沒有更多的商品現成在市場上，有更多的貨幣可以購買這種商品，又有什麼用處呢？假設資本家在25鎊剩餘價值中，自己消費掉$12\frac{1}{2}$鎊，則在這50鎊中，留作工資的，有$37\frac{1}{2}$鎊，可以推動 150 個勞動者，供給一個 75 鎊的生產物。但若可以利用的勞動者數，依然是 100，這 100 勞動者以前得 25 鎊，現在也許可以得到 $32\frac{1}{2}$ 鎊當作工資，但他們的生產物依然只有 50 鎊。因爲工資漲百分之 50，資本家的所得也會由 25 鎊降至 $12\frac{1}{2}$ 鎊。但亞當斯密以爲，勞動量會增加。一部分由於人口逐年的增加（舊工資水準已經包含的增加），一部分由於無業的待救濟者，半業的勞動者等等。其次，有大羣的不生產勞動者，其中一部分，可由剩餘價值的使用方法的改變，轉化爲生產勞動者。最後，同一的勞動者人數，可以供給較大的勞動量。究竟是用 150 個勞動者代替 100 個勞動者，還是仍舊僱用 100 個勞動者，但使他每日勞動 15 小時，不只 10 小時，對於我是一樣的。

說生產資本增加，或決定用在再生產上的年生產物部分增加時，所使用的勞動（活勞動，即投在工資上面的部分）必定會依同比例增加，是亞當斯密的一個錯誤。這個錯誤，和全部生產物分解爲所得的主張，是吻合的。

所以，他先有一個可消費的生活資料的基金，可以使本年度"購買和支配"的勞動量，較去年度爲大。他有更多的勞動，同時，對於這種勞動，又有更多的生活資料。

現在我們且考察一下，對於蓄積的成立及其必要，斯密是抱什麼見解。

"在原始的社會狀態內，沒有分工，也很少有交易發生，每一個人自己需要的東西，都由自己去籌辦。在這種社會狀態內，爲要使社會的經濟維持不斷，不必要有一個資財蓄積着或貯存着[79]。每一個人都由自己的活動來滿足那隨時浮顯起來的欲望。他饑餓了，就到森林打獵去”。

“但分工的制度，一旦普遍地施行，一個人自己的勞動的生產物，就只能滿足他的臨時發生的欲望的極小部分了。遙較爲大的部分，要由別人的勞動的生產物供給；他是用他自己的勞動的生產物或其價格，來購買別人的勞動的生產物。但他實行這種購買之前，不僅他的生產物要已經完成，並且要已經賣掉。所以他必須貯存有足够的各種物品，來維持他，來供給他以勞動的原料和工具，至少到這兩個前提都已經具備好的時候[80]。一個織布業者，如果不是事先已經有庫存品存在他自己手裏或別人手裏，足够維持他，並把原料和工具供給他，到布已經完成並且已經賣掉的時候，是決不能以全力專心於職業的。很明白，在他能够長期專心致志在一種特殊職業上以前，必須有這一種蓄積。

“既然資本的蓄積依照事物的性質必然會發生在分工之前[81]，所以，勞動的分割，會比例於資本預先蓄積的程度，而越是細密。分工越是細密，則同人數所能加工好的原料量會越是增加。並且，因爲每個勞動者的操作都益益趨於更簡單，所以會有種種新的機械

79 依此，我們其實是假定沒有社會。

80 在第一場合，〔卽商品生產以前的情形〕，他不把兎子打死，也是不能吃兎子。而在未製造古式的弓或類似物以前，又不能把兎子打死。所以好像在第二場合新加入的唯一要素，不是貯存食糧〔以求工具完成〕的必要，〔而只是〕這種必要；那就是必須貯存食糧，以待其勞動生產物賣出。

81 他既然在開始時主張，在分工實行以前，不會有資本蓄積；在這裏，又好像是說，在資本蓄積以前，不會有分工。

發明出來，使這種操作易於成就，並把它縮短。分工越是發展，則爲要不斷使用同數勞動者所必須事先蓄積好的生活資料量雖然和在原始狀態下一樣，但必須事先蓄積好的原料和工具，卻是更多了。資本的蓄積是勞動生產力大進步的先決條件，但蓄積自然也會引出這種進步。每一個使用資本來傭用勞動者的人，都希望採取一種使用方法，使他們儘可能去提供最多的勞動。他會竭力在工人中間實行最適當的勞動分配，並供給他們以最優良的機械，那或是他能夠發明的，或是他能夠購得的。在這兩方面，他的能力通例都看他的資本有多大，或看他所傭用的人數有多少，所以，在每一國，使用勞動的資本增加了，不僅所使用的勞動量會增加起來；並且，增進的結果，還會使同量勞動可以生產更多得多的生產物”。（國富論第二篇導言）。

斯密對於原來就在消費基金形態上存在的物品，全然是用他研究生產勞動和不生產勞動的方法，去研究。例如：

“一個住屋，它本身，對於住屋的人，不會提供任何的所得；那無疑問，對於他極有用處。但那只是他的支出的部分，不是他的所得的部分”。（前書第二篇第一章）。

反之，屬於固定資本的，有“一切有用建築物，如貨倉，堆棧工廠，廐舍，穀倉等等，那不僅會對於出租的所有者當作提供所得的手段，並且對於支付租金的租借者，也是提供所得的手段。這種建築物，與普通的住屋極不相同。它們是一種勞動手段”。（前書）。

“一切力學上的進步，使同數勞動者可以比以前用更便宜更簡單的機械來實行同量勞動的，常被認爲於社會有利。一定量的原料，和一定數勞動者的勞動，以前用來維持更複雜更多費的機械的，此後，可用來增大那種可以用這種或那種機械來做的勞動量了”。

“維持固定資本的全部支出，必然要由社會的純所得項下除去”。——“固定資本的維持費的節省，如不致減少勞動生產力，便一定會增加推動產業的基金，並由此增加土地勞動的年生產物，增加社會的實在的所得”。（前書第二篇第二章）。

因使用銀行劵（一般是紙幣）而被送到外國去的現金——假設是“爲要購買外國商品，來供國內消費”——或是購買奢侈品，例如外國葡萄酒，絲織品等等適於供不生產什麼的游惰者消費的商品，或是購買原料，工具，和生活資料，以便比以前使用更多的勞動者，他們會再生產他們常年消費掉的價值，並提供一個利潤”。（前書）。

亞當斯密說，第一種用錢的方法，會引起浪費，“增加支出和消費，但不會增大生產，也不會創造任何耐久的基金來支辦這種支出，所以從各方面說，都於社會有害”。

反之，“第二種用錢的方法，卻會促進產業；那雖然會增加社會的消費，但會創造一個耐久的基金，可以支辦這種消費，因爲消費的人，會再生產其年生產物的全部價值，並提供一個利潤”。

“一個資本所能運轉的產業範圍，顯然要等於這種勞動者的人數，對於這種勞動者，它必須適合於工作的性質予以原料，工具和生活資料”。（前書）。

在第二篇，第三章，我們看到如下的文句：

“生產勞動者，不生產勞動者，不勞動者，是同樣由該國土地勞動年生產物維持。這個生產物……必定是有限的。就看在一年內，有多大一部分的年生產物，被用來維持不生產者，我們可以知道，還有多少（在前一場合更多，在後一場合更少）年生產物留下來爲生產者，並且可以知道，下一年的生產物更大還是更小。

“雖然每一國土地勞動的年生產物全部，最後都無疑決定用來供充國內居民的消費，並供給他們以一種所得，但當它初由土地生出，或由生產勞動者的手生出時，它自然會分成兩個部分。第一，其中一部分，並且常常是最大的部分，是決定用來代置資本，或更新那已經由資本撤除出來的生活資料，原料和完成品。別一部分，或是形成資本所有者的所得，當作他的利潤，或是形成別一些人的所得，當作他們的地租。……再者，一國土地勞動年生產物中那代置資本的部分，只能直接用來傭用生產勞動者。這一部分，只支付生產勞動者的工資；直接形成所得的部分，當作利潤或當作地租，可以使用生產勞動者，也可以使用不生產勞動者。……不生產勞動者和不勞動者，都須由所得來維持。第一，是由年生產物中那原來決定成爲某人所得，即成爲地租或利潤的部分；第二，是由年生產物的這一部分，那原來代置資本，並只維持生產勞動者的，但一到這種生產勞動者手裏，他們在維持自身以後，就會把餘額或是用來維持生產勞動者，或是用來維持不生產勞動者。例如……當工資高昂的時候，一個普通勞動者也會能够養活一個侍僕，或者到戲院去逛逛，從而，加一份力量進來，維持一系列的不生產勞動者。最後，他還可以負擔種種課稅，由此，加一份力量進來維持別一系列的不生產勞動者，那當然是尊貴的，有用的，但一樣是不生產的。但年生產物中那原來決定用來代置資本的部分，在未推動充分量的生產勞動以前，決不能被用來維持不生產勞動者。

"勞動者如果要把工資的一部分照這個方法支出，他必須先由勞動獲得他的工資。……所以，在任何處，不生產勞動者要獲得他們的生活資料，主要都是仰賴於地租和資本利潤。……地租和資本利潤可以僱用生產勞動者和不生產勞動者。不過它們好像特別喜歡後者。……所以，生產勞動者和不生產勞動者間的比例，在每一個國家，都極依存於年生產物在這兩個部分之間分割的比例。年生產物的一部分，一由土地或由生產勞動者手裏生出，就決定用來代置資本，別一部分則決定要當作地租或利潤，形成所得。這種比例，在富國，是和在貧國，極不相同的。

"所以，在今日，在歐洲各富國，土地生產物有一個極大的，往往最大的部分，決定要用來代置富有的獨立的農業家的資本。……反之，以前在封建時期，在生產物中，只要用一個極小的部分，就可以把農業上使用的資本代置了"。

在商業和工業上，也是這樣。以前，商業和工業上的資本，都是極小的；現在是使用大資本了。

"但這些必須已經提供極大的利潤。利息率在任何處都不低於一分。利潤必須有這樣大，可以支付這樣高的利息。現在在歐洲各進步國家，利息從來不超過六釐，通例是等於四釐，三釐，二釐。雖然由資本利潤生出的所得部分，在富國，比在貧國要更大得多，但這是因為那裏資本也更大得多；與資本相比較，利潤通例是更小得多的。

"年生產物中一經由土地或由生產勞動者*手裏出來就決定用來代置資本的部分，不僅在富國要比在貧國更大得多；並且在富國，這個部分，與決定當作地租或利潤而直接成爲所得的部分相比較，也是更大得多；決定用來維持生產勞動的基金，不僅在富國比在貧國更大得多；並且和這種基金（這種基金雖然可以同樣用來維持生產勞動者和不生產勞動者，但通例有一種趨勢，要用來維持不生產勞動者）[82]比較，也是更大得多。這兩種基金的比例，在每一國，都必然會決定該國居民的一般性格是勤還是惰"。

所以，爲例解起見，斯密說，在英國和荷蘭的製造業都市內，人民的下層階級，特別是依靠所使用的資本來生活，所以在那裏，人民大體是耐勞吃苦，勤而且儉的。反之，在都城和宮廷區域，人民的下層階級，是依靠所得的揮霍來生活，所以，在那裏，人民一般是嬾惰的，放蕩的，貧困的；例如羅馬，凡爾賽，就是這樣。

資本和所得的比例，在任一地方，好像都決定勤勉與嬾惰的比例。在資本佔優勢的地方，是勤勉性佔優勢；在所得佔優勢的地方，是嬾惰性佔優勢。所以，資本的增減，都自然會有一種趨勢，會把職業活動的實在量，生產勞動者的人數，該國土地勞動年生產物的交換價值，一切居民的實在財富和實在收入增加或減少。……"

"在一年內節約下來的東西，和在一年內支出的東西一樣，照規則，會被消費掉，並且幾乎在同時候被消費掉；不過，那是由別一

* 原文是不生產勞動者。——譯者。

82 斯密陷在這個錯誤中，以致把生產資本的量，視爲與其中一部分相等；這一部分是爲生產勞動，供給生活資料的。但在他眼裏，大工業實際也還只被認識了一個開端。

種人消費的”。

所得的第一部分，由僕役和無用的食客消費的，不留下任何東西，來賠償他們的消費。第二部分，由勞動者消費的，卻會再生產他們的年收入的價值，並提供一個利潤”。

“消費是一樣的，不過消費者是不同的”。

在同一章我們又看到這樣的文句；在那些文句裏，斯密說到這種節儉的人，他由逐年的節約，開設一個公共勞動所（a public workhouse）來維持追加數的生產人口，“由此設立一個相當永久的基金，便在以後一切時期，維持人數相等的生產人口”；浪費者“卻會把那決定用來使用生產勞動的基金量減少。……假設那由不生產勞動者消費（這是浪費者浪費的結果）的食料和衣服，改用來分配在生產勞動者中間，他們就會再生產他們消費的價值全部，並提供一個利潤了”。

這個教訓的結論是：在私人中間，經濟和浪費會互相抵消；事實上，總是節儉和理性佔優勢。

“一個大國，從來不會由私人的浪費和放逸，弄成貧困，但有時會由政府的浪費和放蕩，弄得貧困。國家全部所得，或幾乎全部所得，在大多數國家，都是用來使用不生產勞動者。那些住在堂皇都城內的人，也屬這一類。還有大羣的教士，大批的海陸軍，他們在平時不生產任何物，在戰時也不能取得任何物來抵補他們在戰時的維持費。這些不生產任何物的人，全要靠別人勞動的生產物來維持。所以，如果這種人過分增加了，則在一年內由他們消費掉的生產物會太過多，以致沒有充分的東西，來維持那會在次年把這個生產物再生產出來的生產勞動者”。（前書第二篇第三章）。

“決定用來維持生產勞動的基金增加了，對生產勞動的需要也一天一天地增加。勞動者容易找到工作，但資本所有者不易找到可以僱用的勞動者。他們的競爭，使工資提高，利潤下落”。（前書第二篇第四章）。

國富論第二篇第五章，論述資本的種種用法。在那裏，斯密看這種種用法所使用的生產勞動是多是少，所能增進的年生產物的交換價值是多少，而予以分類。他第一舉出農業，其次舉製造業，再次舉商業，最後舉零售商業。各種用途所推動的生產勞動量，就依照這個次序排列的。這樣，我們關於生產勞動又得到一個完全新的定義了。

把資本投在這四種用途上的人，自己都是生產勞動者。他們的勞動，用得其當時，會固定在，對象化在他們依以被使用的東西或可賣品上面，通例，至少會把他們自己的給養和消費的價值，加到它們的價格內去”。

大體說，斯密是把資本的生產〔性〕，還原爲這點：他們會推動生產的勞動。

關於農業，他說：“量相等，那就沒有別種資本，和農業家的資本相比，還能推動較大量的生產勞動了。不只他的僕役；他的代勞家畜也是生產勞動者”。所以牛也是生產勞動者。

1. 洛賓德爾和薩伊[83]

83 草稿第398至400頁。——K.

洛賓德爾（Lauderdale, Earl of）著公共財富的性質及其起源倫敦1804年。法譯本是由德·拉維(Largentil de Lavaise)於1806年在巴黎出版的。

洛賓德爾辯護利潤的論調，要到後來再研究。依照他的見解，利潤是由資本自身生出的，因爲它會"代置"勞動。它必須有報酬，因爲它所做的工作，沒有它，必須由人自己去做，並且，一般說來，那還是人不能做的：

"現在，我們知道在資本使用能够帶回利潤的地方，這種利潤不外由下面兩種事情生出。第一，資本會代置勞動的一部分，沒有它，那種勞動必須由人的手去做。第二，資本會做一種勞動，那是個人的力量不能勝任的"。（前書第161頁）。

洛賓德爾伯爵先生極反對斯密的蓄積學說和節蓄學說。他還反對斯密的生產勞動者和不生產勞動者的定義；但依照他的見解，他不過把斯密叫做"勞動諸生產力"的東西叫做"資本生產力"。他否認亞當斯密關於剩餘價值起源所定立的學說。他的理由是：

"如果這種資本利潤學說是不可否認地正確的，則由此我們將會推出這個結果來：資本利潤不是財富的原始源泉，只是一個派生的源泉。並且，我們還可以不把資本視爲是財富的源泉，因爲它的利潤不過指示由勞動者的錢袋到資本家的錢袋的移轉"。（前書第157頁，158頁）。

在這個假設下，很明白，洛賓德爾在對亞當斯密的論戰中，不過觸到最膚淺的地方。他說：

"勞動所製作的東西，後來會被用在不同的用途上。依照這種使用法，我們可以把同一種勞動，叫做生產的或是不生產的。譬如，如果我的廚師，製好一個麵包，我把它吃掉，他就是一個不生產勞動者，他的職業也是一種不生產的勞動，因爲他的服務一經提供出來，就會立卽消滅。但若這種勞動是在麵食店內進行，它就由此變成生產的了”[84]。（前書第 149 頁）。

“這種奇妙的區別，是以所供服務不能耐久這一點做根據。這種區別，把那些在社會上擔任最重要職務的人，歸到不生產勞動者裏面去。國王，一切在宗教上，政治上，軍事上服務的人，一切保衞國民健康的人，一切教育國民精神的人，都視爲是不生產勞動者”[85]。

“如果交換價値應該是財富的基礎，那就用不着用冗長的研究，來指出這種學說的錯誤。但最能證明這種學說的錯誤的，是這一點：卽，依照這種服務所得的價格來判斷，一望而知，這種服務是尊貴的”。（前書第 149 頁至 152 頁）。

洛賓德爾說明工業勞動者的勞動會固定在，對象化在某種可賣品上以後，又在一個附註內說：

“婢僕所做的勞動和節省流動資本[86]的勞動，二者都不能蓄積或堆積起來，以至可以當作一定的價値，移轉到別人手上去。其一〔服務〕的利潤，和其他〔貨幣〕的利潤，是同樣由他們對主人或所有

84 加尼爾在這種發現上，應享有專利權，因爲他的國富論譯本（1802 年）的註解，比洛賓德爾的著作，早出兩年。

85 斯密在第二篇第三章不是這樣說。在那裏，有一個很好的次序：“牧師，法律家，醫生，各種著作家，是和戲子，滑稽表演家，樂師，歌女，妓女等等一樣”。

86 這是指貨幣，鑄幣也包括在內。

者省卻的勞動生出的。事實上，二者當中的同點是這樣大，我們儘可承認，同一事情，使我們承認前者爲不生產勞動者的，也自然會使我們對於後者，發生同樣的印象"。（前書第195頁，196頁）。

"勞動的省卻"這幾個字，特別爲托克維爾（Tocqueville）所愛用。

弗里爾，加尼爾，洛賓德爾，甘尼爾好像成一個序列。

加尼爾之後，有陳腐的薩伊（J. B. Say）的經濟學概論出版。他非難亞當斯密，說他"不肯把生產物的名義，給於這種職業活動的結果。他把那種以自身爲目的的勞動，稱爲不生產的勞動"。（第三版第一卷第117頁）。

斯密不承認"這種職業活動"會生產任何"結果"，"生產物"，但他曾明白說，"國家的安全，安定和保衞"，"便是官員常年勞動的結果"。（斯密第二篇第三章）。薩伊卻牢牢執着斯密的次要的定義："服務通例是做了就完了的"，（斯密前書）。薩伊先生把這種被消費的"服務或其結果"，簡言之，把它的使用價值，叫做要在生產的瞬間被消費的"非物質的生產物或價值"。他不把〔這種勞動〕叫做"不生產的"，卻把它叫做"生產非物質的生產物的"。他給與了一個另外的名稱。但他進一步說明了，"它無益於國民資本的增加"。

"一個有許多樂師，牧師，和官吏的國家，可過得極快樂，極有教養，極有秩序，但不過如此而已。該國的資本，不能由這種人的勞動，取得任何直接的增加，因爲它的生產物，一生產出來，就會被消費掉的"。（前書第119頁）。

所以，薩伊先生其實是在最固陋的斯密的意味上，把這種勞動，認爲是不生產的。但同時他又要把加尼爾的“進步”，佔爲已有。所以，他用一個新名詞，來代替“不生產勞動”。這就是他的創造性，他的生產性，他的發現方法。但在此際，他又用他常有的論理學，把自己的見解推翻了。他說：

“加尼爾先生以爲醫生，律師，及其類的勞動是生產的，所以增加這種勞動者，是和增加別種勞動者一樣於國家有益。他的這種見解無論如何不能承認”。（前書第 120 頁）。

既然一種勞動和別種勞動一樣是生產的，而生產勞動的增加又一般“於國家有利益”，爲什麽不呢？爲什麽增加這種勞動，不能像增加別種勞動一樣有利益呢？薩伊用他所特有的深刻性答說，因爲增加任一種生產勞動，使其超過人們對於這種勞動的需要，都是沒有利益的。但這樣，加尼爾就很對了。這樣，超過一定量來增加這種勞動或增加別種勞動，是一樣有利益，或一樣沒有利益了。他又說：

“當中的情形，無異超過生產一種生產物所必要的程度，來使用手勞動[87]。生產非物質生產物的勞動，和任何別種勞動一樣，只在這限度內是生產的：卽，在它會增加一種生產物的效用，從而會增加一種生產物的價值的限度內[88]。超過這個限度，每一種勞動都是不生產的”。（前書第 120 頁）。

87 爲要造一張桌子，所使用的木匠勞動，不應多於桌子生產物所必要的。修補一個病人，也只應使用必要的量。所以，律師和醫生，在生產他們的非物質的生產物時，只應用必要的勞動。

88 這是指使用價值；但薩伊是混同使用價值和交換價值的。

所以，薩伊的邏輯是像這樣：增加"非物質生產物的生產者"，和增加物質生產物的生產者相比，不是一樣於國家有利益的。證據：無論生產物是物質性的，還是非物質性的，超過需要來增加一種生產物的生產者，總是絕對沒有用處的。所以，增加物質生產物的無用的生產者，和增加非物質生產物的無用的生產者相比，是更有用處的。

在這兩種場合，我們都不能說，增加這種生產者，是沒有用處的；我們只能說，各種生產者應依各自的方法去增加。物質性的生產物也不能生產得過多。但是 variatio delectat（變化是快樂的）。所以，我們必須在兩個部門內，生產各種不同的東西。此外，薩伊先生還告訴我們說："許多種生產物的銷路的停滯，是因爲有許多別種生產物太過少"。比方說，決不能有過多的桌子生產出來；至多只會覺得可以擺在桌子上面的菜太過少。如果醫生增加太過多，錯誤也不在他們的服務已經太多，卻寧可說在這點：別一些非物質生產物的生產者的服務，例如賣淫婦[89]的服務太過少。最後，秤決不會傾向"不生產勞動者"方面。人們會正確地知道，在一定的生產條件下，製造一個桌子必須用多少勞動者；要造成一定的生產物，必須有多少某種勞動。但就多數"非物質的生產物"說，情形並不是如此。達到某種結果所必要的勞動量，是和結果自身一樣取決於推測。二十個牧師合起來可以生出的教化，也許是一個人做不到的；六個醫生互相商量，也許會找到一個醫生找不到的藥方。一個審判

89 參看前書第123頁，在那裏挑夫，賣淫婦等等被包括在一起。在那裏，薩伊居然主張，一個賣淫婦的"學習時間，不還原爲任何物"。

官團也許比一個單獨的法官，可以伸雪更多的寃屈。保衞國家需要多少兵士呢？維持秩序需要多少警察呢？優良行政需要多少官吏呢？那是頗有考慮的餘地的，比方說，那就常常在英國國會，引起辯論。（不過在英國，我們可以確實知道，要紡成一千磅紗，必須有多少的紡績勞動）。別一些這一類的“生產”勞動者，在概念上，包含着這個意思：卽，他們所生出的效用，取決於他們的人數；甚至他們的效用，不外就是由他們的人數構成。例如僕從，那是他們的主人有錢有勢的證據。他們的人數愈衆，他們會“生產”的效果也愈大。所以，在薩伊看來，“不生產勞動者”決不能增加到充分的程度。

J. 特斯杜·德·托拉西：利潤的發生

特斯杜·德·托拉西（Destutt do Tracy）在其意識學要論第四篇第五篇內，也曾論到生產勞動者與不生產勞動者。（論意志及其效果巴黎 1815 年，第二版名經濟學概論巴黎 1823 年）。

“每一種有用的勞動，都是眞正生產的，社會上每一種勞動階級，都須同樣視爲是生產的”。（第 87 頁）。

但在這種生產階級內，他分出了“這種勞動階級，那是直接生產我們的財富的”，（第 88 頁），所以那就是亞當斯密所謂生產勞動者。

反之，不生產階級是包含那些消費地租或貨幣租金(Geldrente)的人。他們是游惰階級。

眞正的不生產階級是無所事事的游惰者，他們快適地靠他們以前已經做過的勞動的生產物來過活；這種生產物，已經實現在出租（即出租於勞動者）的土地所有權上，或是由貨幣或有價證券構成，那也可以在有報酬的情形下借出去，即是租出去。這些就是蜂巢內的眞正的雄蜂”。（第87頁）。

這些游惰者“只能支出他們的所得。如果他們侵犯了他們的基金，這種基金將無法代置，他們的消費在眼前一刻過度增加了，以後會永久沒有東西消費”。（第236頁，237頁）。

“這種所得，不外是……一種課稅，由勞動市民的活動的各種生產物課取的”。（第236頁）。

這種游惰者直接使用的勞動者又怎樣呢？在他們消費商品的限度內，他們不是消費直接的勞動，只消費生產勞動者的生產物。所以，問題還是在勞動者身上，他們會直接把他們的所得支出來購買這種勞動者的勞動。這種勞動者，是直接由所得，不是由資本，取得他們的工資。

“因爲取得這種所得的人是游惰的，很明白，他們不會經營生產的勞動。他們所支付的一切勞動者，都只有供他們以享樂的任務。沒有疑問，這種享樂是暫時的性質的。……這種人全體的支出，維持了一個龐大的人口。這個人口就由此有生存的可能，但他們的勞動，卻是全然不生產的”。

這種支出的一部分，是多少有點用處的，例如房屋的建築，土地的改良。但這是例外；在這情形下，〔游惰者〕會成爲生產勞動者的暫時的指導者。

“不說這種僅少的例外，這種資本家的全部消費，從每一種關係來看，都是再生產的純損失，是所獲財富的相應的減除”。（第

236 頁）。

斯密之流的眞正的經濟學，只把資本家當作人格化的資本，當作生產當事人來考察。但誰去消費他的生產物呢？勞動者嗎？不是的。資本家自己嗎？那麽，他就是一個大消費者，一個游惰者，不是資本家了。由地租和貨幣租金的所有者嗎？他們不會再生產他們的消費，所以會損害財富。這種矛盾的看法，把資本家看做只是現實的貨幣貯藏者。不把他看做是和守財虜一樣的幻想的貨幣貯藏者。在這種看法內，有兩點是正確的。(1)資本（從而資本家，資本的人格化）只當作發展生產力和生產的要素，被考察；(2)成功的資本主義社會的立場，注意於交換價値，不是注意於使用價値，注意於財富，不是注意於享受。在他們不知道把剝削和消費二者結合，未曾把享受的財富征服以前，這種供人享受的財富，在他們看來好像是一個怪狀的雙胞胎。

"爲要發現這種所得（游惰者所賴以生存的所得）的形成，我們常須歸溯到產業資本家那裏"。（第 237 頁註）。

產業資本家——第二種資本家——"包括各種經營某一種產業的企業家，這種人，有資本，……把他們的能力和勞動用在它們上面，來把它們增殖，不把它們租給別人。所以，他們賴以生活的，不是工資，不是所得，而是利潤"。（第 237 頁）。

下面講的那種情形，在斯密的場合，已經看見了；在特斯杜的場合，也看見了。那就是外表上對於生產勞動者的稱揚，實際只是對於生產資本家的稱揚。這種資本家，是和地主以及那種單純靠所得來生活的資本家，相對立的。

“他們……幾乎有社會的全部財富，握在他們手中。……在營業進行有充分的速度時，他們逐年支出的甚至一年幾度支出的，不只是這種財富的租金，並且是資本自身。但因爲以營業家的資格，他們不會支出任何不會帶回利潤的錢，所以，他們能够在這個條件下實行的支出越是大，他們的利潤也就越是大”。（第 237 頁，238 頁）。

說到他們個人的消費，那是和游惰資本家的個人消費，完全一樣。但他們這種消費“一般說是適度的，因爲這種職業家通例是有節制的”。（第 238 頁）。他們的產業的消費，不是這樣。“那並不是最後的；它會帶着利潤流回到他們手裏”。（前書）。他們的利潤，必須足够供充他們的“個人的消費——並且”要够支付“地租和貨幣租金，那是歸游惰資本家所有的”。（第 238 頁）。

特斯杜在這點上面是正確的。地租和貨幣租金只是產業利潤的減除，是產業資本家必須在其總利潤中付給地主和貨幣資本的部分。

“富有游惰者的所得，只是產業所負擔的租金；只有產業可以使這種所得發生”。（第 248 頁）。

資本主義的企業家，“出租錢，租得土地，房屋，和貨幣（那是游惰資本家的），把它們用在這個方法上，使它們能够在租錢以上，生出一個利潤來，這種租錢，是他們付給游惰者的，所以只是利潤的一部分。他們付給游惰者的租金，是“這種無所事事者的唯一的所得，是他們常年支出的唯一的基金”。（第 238 頁）。

到這裏爲止，一切都是沒有問題的。但資本主義企業家所使用的生產勞動者的工資，是怎樣呢？

"那種人，除了他們日常的勞動，沒有任何的貯藏。這種勞動，把他們的工資供給他們。……但這種工資是從哪裏發生呢？很明白，是由這種人的所有物生出來的，工資勞動者就把他們的勞動賣給這種人。這就是說，由那原來在他們手中的基金生出，那種基金又不外是舊時勞動的蓄積的生產物。由此我們可以推論說，由這種財富支付的消費，很可說是勞動者的消費，因爲由此被養活的，就是這種勞動者，但在根柢上，支付這種消費的，並不是他們，至少可以說，他們是用那種原來在他們僱主手裏的基金來支付。所以，他們的消費，必須視爲是僱用他們的人的消費。他們是用一隻手取得，一隻手付還。……他們（工資勞動者）所支付的一切和他們所受得的一切，都應該說是購買他們的人的實在支出和消費。這是這樣確實的，所以我們如要知道，這種消費對於旣有的財富，是會給予多少的損害，還是會增加它，……則在每一場合，都必須知道，資本家是怎樣使用他們所購買的勞動"。（第234頁，235頁）。

不錯，企業家的利潤使他們能够支付他自己和游惰資本家的所得等等。但企業家的利潤，是由哪裏發生呢？

"人們會問，這種企業家怎樣能够賺到這樣大的利潤，他們又從哪裏能够得到利潤。我答說，他們是由這個方法得到這種利潤的：即，他們所生產的一切物，均比生產成本，以更貴的價格出售"。（第239頁）。

但是他們以更貴的價格，把這一切賣給誰呢？

"(1)就他們爲滿足本身需要而行的消費全部說，他們將相互售賣他們的生產物；因此，利潤的一部分，是他們相互支付的。

"(2)他們會把生產物售於工資勞動者。這種勞動者——他們自己所支付的，以及游惰資本家所支付的——除了他們能够做的節蓄以外，會由這個方法，把全部工資送回到他們手裏。

"(3)他們會把生產物售於游惰資本家。原來產業資本家的所得，有一部分，是不用來直接僱用勞動者支付工資的，這一部分所得，即游惰資本家逐年由產業資本家手裏取得的租金全部，就是由這方面或那方面，再流回到產業資本家手裏的"。(前書第 239 頁)。

現在，我們來看看這三種售賣。(1)資本主義企業家自己會消費他們的生產物（或利潤）的一部分。他們雖然欺騙了他們自己，並以成本以上的價格，把他們的生產物售賣給他們自己，但他們還是不能因此致富的。並且，也沒有誰能够由此欺騙誰。A 把他的生產物，產業資本家 B 所消費的，賣貴，B 也會把他的生產物，產業資本家 A 所消費的，賣貴。結果，是和 A 與 B 各依照實在價值相互把生產物售賣一樣。這第一項不過告訴我們，資本家怎樣把他們的利潤一部分支出；沒有告訴我們，他們是從哪裏取得他們的利潤。所以，"他們所生產的一切，雖都比生產成本，以更貴的價格出售"，但利潤是不會由此發生的。

(2)再說到生產物的這一部分，這一部分是他們以生產成本以上的價格，售於他們的勞動者的。他們也不能由這個生產物部分，取得任何利潤。依照前提，勞動者的全部消費，實際都是"購買他們的勞動的人的消費"。並且，特斯杜還附帶說明了，資本家把他們的生產物賣給工資勞動者（他們自己使用的或游惰資本家使用的勞動者）時，他們只會收回他們的全部工資。並且，還決不會是全部；必須除去他們的節蓄。所以，他們是賤賣還是貴賣給他們，是一點關係也沒有的；因爲，他們始終只能得回他們所已經給予的，且如上所說，“工資勞動者只用一隻手收進，一隻手付還”。資本家先把貨幣當作工資付給勞動者，然後他把他的生產物貴賣給他，並由此再取回這個貨幣。但因爲勞動者只能把他所受得的貨幣付還給他，所以，資本家售賣生產物給勞動者時，其售價，無論如何，不能比他爲勞動而支付的代價更高。在售賣他的生產物時，他只能由勞動者那裏得回這樣多的貨幣。一個銅板也不會更多。他的貨幣，怎樣會由這種“流通”增加呢？

在這裏，特斯杜還有一種胡說的主張。資本家C支付給勞動者A一鎊，作爲他的週工資，然後再憑一鎊的價格把商品賣給他，把這一鎊取回。特斯杜以爲，由這個手段，他就把全部工資再取回來了。但他先是給勞動者一鎊，其次又給他值一鎊的商品。實際他所給予的，是二鎊，一鎊貨幣和一鎊商品。在這二鎊中，他不過在貨幣形態上得回了一鎊。所以，在一鎊的工資內，他實際沒有得回一分錢，如果工資照這個方法“流回”也可以增加他的富，他馬上就會富到極點了。

在這裏，尊貴的特斯杜把貨幣流通和現實的商品流通混同了。因爲資本家不直接把值一鎊的商品付給勞動者，卻付他一鎊，使勞動者能够隨意購他所要的商品，而在勞動者由零售店獲得其可除部分以後，資本家給與他的由零售店兌付的支票，會再在貨幣形態上流回到資本家手裏來，所以，特斯杜就以爲，因爲有同一枚貨幣流回到他手裏，所以資本家會把工資再收回。在同頁，特斯杜先生還說，流通現象"不甚為人理解"。（第239頁）。在他，那眞是全然不理解。如果特斯杜不是用這個特別方法來說明工資全部的流回，這種胡說，依我們馬上就要說到的方法，至少還是可以想像的。

但在這以前還有下述一點，可以例解他的智慧。如果我進店去，店主人給我一鎊，我就用這一鎊在他店內購買值一鎊的商品；這樣，他就把這一鎊取回了。但誰也不會以為，他已經由這種操作發財了。他以前有一鎊貨幣和一鎊商品，現在只還有一鎊貨幣。就使他的商品本來只值十先令，但照一鎊賣給我，他還會比售賣以前更貧十先令，雖然他已經把一鎊貨幣全數收回。

當資本家C給勞動者工資一鎊，然後以價值10先令的商品，照一鎊的價值售於他時，他確實賺了10先令的利潤，因為他賣商品給勞動者時，貴賣了10先令。但從特斯杜先生的立場，C的利潤怎樣能够由這樣發生，還是看不出來的。

〔這裏賺到的〕利潤，是以這件事為基礎：即，C僅付他的勞動者以小的工資。在交換勞動者的勞動時，他實際付給他的生產物部分，比他名義上付給他的更小。如果C只給勞動者10先令，而售商品於勞動者時也只得10先令，則比之給他一鎊，但也照一鎊的價格售賣價值10先令的商品時，他會是一樣富裕的。並且，特斯杜在他自己的研究上，是從必要工資的前提出發。無論如何，在這裏至多只有工資的欺騙，被用來說明利潤是怎樣發生的。

所以，這第二種情形指示了，特斯杜全然忘記了什麼是生產勞動者；對於利潤源泉，連最小的感覺也沒有。至多，只能說，當資本家不把他的生產物售於他自己的工資勞動者，只把它售於游惰資本家的工資勞動者時，他可以由生產物在價值以上貴賣的事情，賺到一個利潤。但因爲不生產勞動者的消費，實際只是游惰資本家的消費的一部分，所以結局還是歸到第三種情形。

(3)產業資本家會把他的生產物，在它的價值以上，“貴賣”給游惰資本家。原來，產業資本家的所得，有一部分，是不用來直接僱用勞動者支付工資的。這一部分所得，即游惰資本家逐年由產業資本家手裏取得的租金全部，就是由這方面或那方面，再流回到產業資本家手裏的”。

以上，他是說工資會全部流回。現在他再說到租金的流回。那是同樣幼稚的見解。例如，C 把 100 鎊當作地租或貨幣租金付於 O（游惰資本家 oisif)。這 100 鎊，對於 C 是支付手段；對於 O，是購買手段。O 就用這 100 鎊，從 C 的棧房，取去 100 鎊的商品。這樣，100 鎊，當作他的商品的轉化形態，回到 C 手裏了。但他現在所有的商品，比以前更少 100 鎊了。他不把這 100 鎊商品直接給於 O，卻給他 100 鎊貨幣，讓 O 用這 100 鎊，購買他的商品 100 鎊。O 是用 C 的貨幣，不是用自己的基金購買這 100 鎊商品。但就因此，特斯杜以爲，O 從 C 處取去的租金會再流到 C 手裏。多麼可笑啊！這是第一種胡說。

第二特斯杜自己也說過，地租和貨幣租金，只是產業資本的利潤的扣除，所以，只是給於游惰資本家的利潤部分。現在，假設 C 由某種詭計，再把這部分全體收回來，那就是資本家 C 不支付任何租金於地主和貨幣資本家，他領受他的全部利潤。這樣，我們所要說明的，仍舊是他是從哪裏得到這種利潤，他怎樣賺到這種利潤，這種利潤是怎樣發生的。如果這件事不由他曾把它保有但不把其中任何部分給予於地主或貨幣資本家的事實來說明，也就同樣不能由某種名義下給於游惰資本家的利潤部分，會依某種方法，全部或一部，由游惰資本家手裏收回的事實來說明。這是第二種胡說！

資本家 C 向游惰資本家 O 租借了土地或資本。因此 C 向 O 支付 100 鎊的租金。C 是從他的利潤，支付這 100 鎊租金。但這種利潤是從哪裏發生的，我們還是不知道。現在，他把他的生產物賣給 O；這種生產物或由 O 直接消費，或是由他的共食者（不生產的工資勞動者）消費掉；C 售賣這種生產物給 O 時，把它賣得貴一點，比方說，在價值以上百分之 25。他把價值 80 鎊的生產物，照 100 鎊的價格賣出。在這場合，C 無條件賺到 20 鎊的利潤。他給 O 一張可憑以支取 100 鎊商品的支票。但當他實現這種支票時，C 卻僅給他 80 鎊的商品，因為他把他的商品的名目價格，提高在價值以上百分之 25。就使 O 滿足於這種狀態，同意只消費 80 鎊商品而支付 100 鎊的代價，C 的利潤也決不會提高到百分之 25 以上。假設這種價格，這種欺詐，會逐年繼續下去。O 也願意消費 100 鎊。如果他是土地所者，怎麼辦呢？他會〔把一塊土地〕向 C 抵押 25 鎊，對於這 25 鎊，C 又供他以價值 20 鎊的商品，因為他要在價值以上百分之 25 售賣。如果 O 是貨幣貸放者，他就會在他的資本中，給 C 以 25 鎊，C 就為這個供給他 20 鎊的商品。

假設資本或土地價值，是憑五釐借貸的，故其價值額為 2000 鎊。現在 O 只有 1975 鎊了。其租金應為 $98\frac{3}{4}$ 鎊。並且，這種情形會繼續下去，因爲O是不斷消費100鎊現實的商品價值。但他的租金卻會不斷減少，因爲要獲有100鎊的商品，他必須在他的資本內消費掉一個益益加大的部分。所以，C會逐漸把O的全部資本收爲已有，並且把這個資本的租金，連同這個資本，一道佔爲已有。這個過程，在特斯杜先生眼裏，分明出現了，因爲往下他說：

"但是，人們會說，如果情形是這樣，如果產業家實際每年所收獲的，會多於他所播種的，則在短時間內，他們就會把國內的一切財產收爲已有了；這樣，很快就會只有無產的工資勞動者和資本主義的企業家了。這是正確的。如果沒有企業家或他的後人自願在發財以後圖一點享受，並這樣不斷把游惰資本家階級補充，情形就的確會致到這樣。並且，雖然有這種不斷的遷移，我們還發覺，如果一國的產業繼續活動一個時期，沒有過大的停滯，資本就會不斷增加，其增加還不只比例於總財富的增加，卻將採取遙爲強烈的步驟。我們還可以附加說一筆，如果不是每年產業階級要在賦稅形態上把一個龐大的賦稅貢獻於政府，這種作用還會更顯著"。(第240頁，241頁)。

在一定點以內，特斯杜先生的話全是對的，雖然就他這裏所要說明的問題來說，不是這樣。在衰落的中世紀和興旺的資本主義生產時期，產業資本家的富的急速增加，都有一部分，要由他們直接詐欺地主的事情來說明。美洲發現的結果，貨幣價值下落了，租地農業家在名義上雖還支付舊來的地租，但實際不是支付舊來的地租，但產業家卻在商品價值以上，不只照着提高了的貨幣價值，把商品賣給他們。在國家的主要所得是在地租形態上歸到地主，君主等等手裏的國家，例如亞細亞的國家，也是這樣。在那裏，人數較少從而不受競爭〔驅使〕的產業家，就依照獨佔價格，把他們的商品賣給這些地主，君主等等，從而把他們的所得佔去一部分；這種產業家致富的方法，不是以無給勞動賣給他們，不過在賣商品時，使售價高在其內包含的勞動量以上。

不過特斯杜先生相信貨幣貸放者會同樣讓人詐欺，卻是不對的。這種人，多分會取高昂的利息，直接地或者間接地分享那種高昂的利潤，分享那種詐欺的結果。下面一段話表示特斯杜曾經想到這種現象：

“我們只要看看，三四百年前，在全歐洲，和國君的龐大的富比較起來，他們（產業資本家）總是顯得微弱。我們只要看看，現在，當國君的富減退時，他們的富卻大大增長了，增加了”。（前書第241頁）。

特斯杜先生要向我們說明的，是產業資本的利潤和高利潤。他對於這個問題，給予了兩重的說明。第一，因爲貨幣資本家在工資和租金形態上支付的貨幣，會再流回他們手裏，因爲這種工資和租金，會購買他們的生產物。但由此他實際不過說明了，爲什麼他不會付雙重的工資和租金，第一次在貨幣形態上，第二次在等貨幣額的商品形態上。第二種說明是，他們會在商品價格以上售賣商品，那就是貴賣。第一，是貴賣給自己，即欺騙自己；第二是賣給勞動者，那也是欺騙自己，因爲特斯杜先生曾對我們說，工資勞動者的消費，“即是傭用他們的人的消費”，（第235頁）；最後第三是賣給收租人，並欺騙這種人。但這實際不過說明，爲什麼產業資本家會把利潤的益益大的部分歸爲已有,不把它交給游惰資本家。這不過說明,爲什麽總利潤在產業資本家和非產業資本家間的分割,會越越犧牲後者,而有利於前者。它絲毫不能幫助我們理解這個總利潤是從哪裏來的。假設產業資本家會把它的全部佔領,它從何處來的問題,還依然是存在的。

所以,特斯杜不但沒有答覆什麽,卻不過暴露出了這種事實:他是把貨幣的歸流,當作商品的歸流看的。貨幣的這種歸流,不過表示資本家起初不是用商品支付工資和租金,而是用貨幣支付;用這種貨幣,他們的商品會被購去,所以,他們的商品也就是這樣迂迴曲折地,用商品支付。這種貨幣會不斷流回到他們手裏;不過,這種歸流,是有範圍的;那就是,它只能在有同貨幣價值額的商品,斷然從他們那裏被取去,歸工資勞動者和收租人消費的範圍內,進行。

特斯杜先生(純粹的法蘭西人似的;在蒲魯東的場合,我們也看見這種自吹自擂的驚嘆),十分嘆賞他自己的方法的"明暢"。他說:"這種考察財富消費的方法,對於社會的整個運動,會投下怎樣的光明啊。這種一致,這種光明是從哪裏來的呢?因爲我們會發現眞理呀!這個事實,叫我們想起鏡的作用;必須立在正確的焦點上,物品才會明晰地,勻稱地,反射出來。若立得過近或過遠,每一物都會像是混亂的,歪曲的了"。(第242頁,243頁)。

以後,特斯杜先生才偶然從亞當斯密那裏,想起了眞正的事態。大體說來,他不過用一些名詞,把這種事態複述一遍,並沒有理解它。否則,這位法國學士院會員,不能注射以上所說的光明了。

"游惰者的所得,是哪裏得來的呢?那不是從租金出來的麽?租金不是由那種人的利潤支付麼?那種人運用游惰者的資本,那就是用游惰者的基金,來僱用所產比所費更多的勞動。明白說,就是由產業家的利潤支付"。(第246頁)。

啊哈!產業資本家對所借基金付給游惰資本家的租金(以及他們自己的利潤),是由這樣發生:即他們會用這種基金,來僱用所產比所費更多的勞動。那就是說,勞動的生產物,會比付給勞動的代價,有更大的價值;所以,利潤的來源,就是勞動者在其費用以上生產出來的東西;那是一個剩餘生產物,產業資本家把它佔有,但他會在其中支付一部分給地租和貨幣租金的收取人。

特斯杜先生由此斷言,我們不要追溯到這種生產勞動者,只要追溯到僱用這種生產勞動者的資本家。"一切被別人使用的工資勞動者,實際都是由這種人維持"。(第246頁)。

當然,這種人是直接剝削勞動,游惰資本家卻只間接地,以他們爲媒介而這樣做。就這個意義說,說產業資本是富的源泉,原是正確的。

"如果我們要找到一切財富的源泉,我們必須常常追溯到這種人(產業資本家)"。(第246頁)。

"隨着時間的進行,財富蓄積成爲相當大的數額了,因爲以前的勞動的生產物,不會一經生產出來,就被消費掉。在這種財富的所有者中,會有一種人,只想由此取出一種租金來消費。這就是我們所說的游惰資本家。別一種更好活動的人,便去運用他們自己的基金,並向別人借到基金來運用。他們用這種基金來僱用勞動者。這種基金由勞動者再生產出來時,會帶回一個利潤來[90]。他們用這種利潤支辦他們自己的消費，並滿足別一種人的需要。他們的基金，也就由這種消費[91]，在增大一些之後，再回到他們手裏來。這就是流通的行程"。（第246頁，247頁）。

生產勞動問題的研究及其結果——生產勞動者是產業企業家購買的勞動者，他們的勞動會爲他們的直接的購買者生產利潤——使特斯杜先生推出這樣的結論：就高一層的意義來說，產業資本家實際是唯一的生產勞動者。

"靠利潤生活的人（產業資本家），扶養一切別的人，只有他們會增加社會的財富，爲我們創造一切享受的資料。由此，必然的結論是：勞動是一切財富的源泉；因爲他們會有利地運用蓄積的勞動，所以只有他們會給活的勞動以有用的方針"。（第242頁）。

說"他們會給活的勞動以有用的方針"，實際不過是說："他們僱用有用的勞動，僱用那種會生出使用價值的勞動。但說"他們會有利地運用蓄積的勞動"——如果這句話的意思，不應當再是上面講過的意思，即他們會爲產業的目的，爲生產使用價值的目的，而利用那蓄積的財富——不外是說，他們運用蓄積勞動的目的，是在這點：即，用它購得的活勞動，會比它裏面包含的勞動更多。在上面那個引語中，特斯杜天眞地把這個矛盾，形成資本主義生產本質的矛盾，總括起來了。因爲勞動是一切財富的源泉，所以資本是一切財富的源泉；所以，財富的眞正創造者，不是勞動的人，只是由別人的勞動取得利潤的人。勞動的生產力，即是資本的生產力。

90 所以不僅有這個基金的再生產；並且還有一個剩餘成爲利潤。

91 他們自已的和游惰者的消費！在這裏，以前講過的胡說，再被我們看見了。

"我們的能力，是我們唯一的原始的財富：我們的勞動，生產其他各種財富，每一種受適當指揮的勞動，都是生產的"。(第243頁)。

依照特斯杜的意見，很明白，是產業資本家"扶養其他一切人，只有他們會增加公共財富，只有他們會創造各種享受的資料"。我們的能力，是我們的唯一的原始的財富，所以勞動力不是財富。說勞動生產其他各種財富，不過是說，他們會爲自己以外的其他一切人，生產財富；勞動自身，不是財富；只有勞動的生產物是財富。說每一種受適當指揮的勞動都是生產的，不過表示每一種生產勞動，每一種爲資本家提供利潤的勞動，都是受適當指揮的。

特斯杜以次的見解——那無關於消費者的不同諸階級，只有關於消費資料的不同諸種性質——全然是抄襲亞當斯密的。亞當斯密在國富論第二篇第三章終末，研究何種（不生產）支出，換言之，何種個人消費卽所得的消費，是更有利益的，或是更少利益的。在那裏，斯密是用這樣的話，引導他的研究。

"旣然節蓄會增加資本的總量，浪費會減少它，所以剛好把所得消費掉，不侵蝕也不增大他們所有的基金的人，不會增加也不會減少一般的資本。但有幾種用錢的方法，好像比別一些，更能促進一般幸福狀態的增進"。

特斯杜是這樣概述斯密的議論：

"消費因消費者的種類不同而極不相同，也因所消費品的種類不同而極不相同。雖然一切物都代表一定量的勞動，但它們的價值，有的固定化在更耐久的物品上，有的在更不耐久的物品上。造一個花磁，和發現並磨琢一個金剛石，可以費去同樣多的勞動，從而前者可以和後者有同樣多的價值。但我們把這兩樣東西買進來，加以使用時，前者只要過半小時就無影無蹤了，後者卻在百年以後，還可以對於我的後人，成爲財富的一個源泉。……某些人（他指薩伊）叫做非物質生產物的東西，也是這樣。一種發現，是一個永久的使用價值，一個精神的作品，一張圖畫，也有相當可以經久的使用價值；反之，一個跳舞會，一個音樂會，一個戲劇表演的使用價值，卻很快就會過去的，消滅的。對於醫生，律師，兵士，僕役，和一般叫做官吏的人的私人服務，我們可以說同樣的話。他們的使用價值只在人們使用的瞬間存在着。……最不耐久的消費，就是最急速的消費，那大都會在同時間，把最多的勞動破滅，或在最短的時間內，把同量的勞動破滅。和這種消費比較，每一種更緩緩進行的消費，都可以說是一種貯藏，因爲這種消費會把現在的用品的一部分，留到未來的時間去消費。……每一個人都知道，如果價格相等，購買一件經穿三年的衣服，比購買一件同樣的但只經穿三個月的衣服，是更經濟得多的"。（第243頁，244頁）。

反對斯密所謂生產勞動與不生產勞動的著作家，大多數認消費是生產的必要刺激，所以那些靠所得來生活的工資勞動者，即不生產勞動者，在他們看來，和生產勞動者一樣是生產的，因爲他們會把物質消費的範圍，從而把生產的範圍擴大。這種看法，大體說，只是資產階級經濟學的辯護。一方面那是爲游惰的富者和"不生產勞動者"（他們的服務，就是由游惰的富者消費）辯護，一方面是爲"強大的政府"（這種政府實行着巨大的支出），爲國債的增加，爲教會和國家的俸祿，乾薪等等辯護。這種不生產勞動者——他們的服務，要算在游惰者的支出內——全有這個同點：他們生產“非物質品”，但要消費“物質品”，卽生產勞動者的生產物。別一些經濟學者，例如馬爾薩斯，雖承認生產勞動者和不生產勞動者間的區別，但又對產業資本家證明，甚至在物質財富的生產上，後者也和前者一樣是必要的。

在這裏，說生產與消費是同一的，說消費是一切生產的目的，或者說生產是一切消費的前提，都沒有用處。

不管目的是怎樣，這全部論爭的基礎也許是：平均說來，勞動者的消費，是等於他的生產成本，不是等於他的生產。這全部餘額，是他爲別人生產的；所以他的生產的這個部分，全是爲別人的生產。再者，驅使勞動者去進行這種剩餘生產（這就是，他們自身的生活需要以上的生產），並利用各種手段，圖使這種相對的剩餘生產（與必要的生產相對而言）儘可能增進起來的產業資本家，會直接把這種剩餘生產物佔爲已有，但當作人格化的資本，他是爲生產而生產，想發財而發財。在他只是資本的機能者，只是資本主義生產的擔當者的限度內，他是只關心交換價值及交換價值的增殖，而不關心於使用價值及其量的增加。他關心抽象財富的增殖，想多佔有別人的勞動。他是和守財虜一樣爲絕對的致富衝動所支配，不過他不以金銀貯藏的幻想形態爲滿足，他是致力於資本的形成，致力於現實的生產。勞動者的剩餘生產，是爲別人的生產。標本資本家卽產業資本家的生產，便是爲生產而生產。固然，他的財富越是增大，他會越是拋棄這個意想，甚至成爲浪費的，以誇示自己的富有。不過，這種享受的富，永遠離不開良心的呵責，離不開經濟和發財的念頭。無論是怎樣浪費，在本質上，他總是和守財虜一樣貪吝的。西斯蒙第(Sismondi)說，勞動生產力的發展，使勞動者能够有益益大的享受，但這種享受，如果〔分到〕他身上，他就會失卻以工資勞動者資格從事勞動的能力[92]。如果是這樣，我們也可以正確地說：產業資本家一經代表享樂的富，他一經專心於快樂的蓄積，則在某種程度以內，他會不適於他的機能。所以，他同樣是剩餘生產即爲別人的生產的生產者。這種剩餘生產發生在一方面時，對方面一定會發生剩餘消費(Überkonsumtion)。一方面發生爲生產的生產，他方面會發生爲消費的消費。產業資本家必須支付給收租人，國家，國債債權人，教會等等只消費所得的人。這樣支付的東西，固然會絕對減少他的財富，但也會維繫住他的致富衝動，維繫住他的資本主義的精神。如果收租人，收息人也把他們的所得，消費在生產的勞動上，不把它消費在不生產的勞動上，目的就全然錯了。他們也變成產業資本家了，不代表消費的機能了。關於這點，我們以後還會知道，一個里嘉圖學徒，和一個馬爾薩斯學徒，曾經發生過一次極滑稽的論爭。

生產和消費，本來是不能分離的。由這件事，我們可以推論說，因爲二者在資本主義生產體系內實際是分開的，它們的統一是由它們的對立來形成，所以，如果 A 必須爲 B 生產，B 就必須爲 A 消費。在個別資本家的場合，我們發覺，他爲他自己，會情願把浪費這

92　西斯蒙第說：產業和科學的進步，使每一個勞動者每日所能生產的東西，比較他每日必須消費的東西爲多。但同時，如果他的勞動所生產的財富，竟引得他去消費，那就會使他更不適於勞動了。（新經濟學原理第一卷第85頁）。

一回事，完全叫那些和他共享所得的人去做。同樣，舊的重商主義也全然立足在這種觀念上：一個國家自己必須是節儉的，但必須爲別的國家，生產奢侈品。一方面是爲生產而生產，從而在另一方面是他人生產物的消費。重商主義的這種觀念，比方說，就在巴利（Paley）博士所著的道德哲學（第六篇第十一章）內，表示出來了：

"一個節儉耐勞的民族，運用他的活動力，來滿足一個富有而專心在奢侈上面做工夫的國家的需要"。

〔孟德斯鳩相信，如果富人不多多支出，貧民就會餓死。他是用這個理由來辯護奢侈。特斯杜是批評這種奢侈的。其次，特斯杜又反對加尼爾；他稱他和孟德斯鳩爲"我們的政客"，並論到他們說〕：

"他們提出這個一般原則，說消費是生產的原因，說消費是愈大愈好。他們主張，國民經濟和私人經濟間的大差別，就在這裏"。（前書第249頁，250頁）。

還有下面一段話也是好的：

"貧國的人民是幸福的；富國的人民通例是貧窮的"。（前書第231頁）。

K. 斯托齊：精神的生產[93]

斯托齊（Henri Storch）的經濟學教程（巴黎1823年薩伊版）是1815年他所授於尼古拉大公的一套講義。

加尼爾之後，實際就是斯托齊最早對斯密區分生產勞動和不

93　草稿第408頁和409頁。末尾幾段，是由第182頁和183頁抄錄下的。——K.

生產勞動的主張，提出爭辯。他的爭辯，是立足在一個新的根據上。

他由直接的財貨，卽物質生產的成分，區分出了"內在財或文明的要素"；關於這種要素的生產法則，他是在討論"文明的理論"時，討論的。（參看前書第三卷第217頁）。

很明白，在人類未有內在財之前，換言之，在人類尙未發展其體力，智力，和道德力以前，是不會生產財富的。要有這種發展，必須已經有發展它們的手段，例如社會制度等等。一國越是文明，它的財富越是能够增加"。

反之，一國越是不文明，它的財富就越是不能增加。（前書第一卷第136頁）。

對於斯密，他說：

"斯密……把一切那些不直接參加財富生產的人，排在生產勞動者之外；不過，他也只把國民的富放在眼裏……"。

他的錯誤是，他沒有由財富，分別那些"非物質的價值"。（第三卷第218頁）。

這樣，問題是眞正完畢了。生產勞動與不生產勞動的區別，對於斯密所考察的事情，卽物質財富的生產，尤其是對於這種生產的一定形態，卽資本主義生產方法，是有決定的重要性的。在精神的生產上，好像有別一種勞動是生產的。但亞當斯密不考察這種勞動。最後，這兩種生產的交互作用與內部關聯，也不在他的考察範圍內。並且，必須物質的生產是在它的特殊形態下被考察，這種交互作用，和內部關聯的〔研究〕，〔才〕不會只引起空談。斯密也曾說到不直接生產的勞動者 但這只因爲，他們曾直接參加物質財富的消費，不是因爲他們曾直接參加物質財富的生產。

斯托齊雖然有物質的分工是精神的分工的前提這樣一類的創意，但在他，文明的理論云云，依然不脫陳腐的文句。情形何以一定會致到這樣呢？怎樣只能這樣把問題提出，根本談不到問題的解決呢？那是因爲有這樣一種情形。要考察精神生產和物質生產的關聯，最要緊的一件事，是對於物質生產，不把它當作一般的範疇，卻就它的一定的歷史形態去考察。比方說，資本主義生產方法，就和中世紀的生產方法，適合於不同的精神生產方法。如果對於物質生產，不就它的特殊的歷史的形態去考察，我們對於與這種形態相適合的精神生產的決定因素，以及二者的交互作用，是決無理解可能的。不用這個方法去考察，一切都會仍舊是空談。

這是由於"文明"這個名詞。

再者：由物質生產的一定的形態，第一，會生出社會的一定的組織，第二，會生出人類對自然的一定的關係。人類的國家制度和精神見解，是由這二者決定的。所以，人類的精神生產方法，也是由這二者決定的。

最後，斯托齊所謂精神生產，是指支配階級的各種職務，是指他們當作職業來幹的特殊機能。這個階級的存在及其機能，都只能根據生產關係的一定的歷史的組織，來理解。

因爲斯托齊不從歷史方面瞭解物質生產，那就是，他是把它當作物質財貨一般的生產，不把它當作一定的，歷史發展的，特殊的生產形態來考察，所以，他把他自己腳下的地盤抽去了；只有立在這個地盤上，支配階級之意識的成分和一定社會內的自由的[94]精神的生產，方才可以被瞭解。他不能超出一般的無意味的空論。關係並不像他當初想像的那樣簡單。比方說，資本主義生產，對於某一些精神的生產部門，例如美術和詩歌，就是敵對的。否則，我們就會得到十八世紀法國人那樣的被勒辛(Lessing)嘲弄過的幻想了。我們在力學等等上面固然遠勝過古代人，但爲什麽我們不能做出一篇大史詩來呢?爲什麽不再有伊利亞特而只有亨利亞特呢?

不過，斯托齊的這種強調是正確的。他反對加尼爾(最早和斯密辯駁的人)，說斯密的反對派，不過把問題弄得謬誤。

"批評斯密的人，做了些什麽呢?他們沒有指出這種區別(非物質的價值與財富間的區別)，不過把這兩種顯然有別的價值[95]，更加混同。因爲他們把非物質的勞動看做是生產的，所以他們假定這種勞動也會生產財富[96]；那就是，也會生產物質的交換價值，實際這種勞動直接只會生產非物質的價值。他們是從這個前提出發：非物質的勞動的生產物，和物質的勞動的生產物，須受相同的法則支配。究其實，它們是依照不同的原則支配的"。(第三卷第218頁)。

斯托齊如下的話，比起一切後來的抄寫，是值得注意的：

"因爲內在財，就一部分說，是勞務的生產物，便有人斷言，它是和勞務一樣不能經久，必然要在生產的時候被消費"。(第三卷第234頁)。"原始的[97]財物，不但不會因使用而破壞，還會由使用而增

94 這個字也可讀爲"feine"。——K.(原文是"freie"。——譯者。)

95 他們主張，精神生產物的生產或服務的生產，一樣是物質的生產。

96 那是說直接生產財富。

97 斯托齊在內財中，區別爲原始的和派生的。前項，他算入健康，熟練，知識，趣味；後項，他算入政府所提供的安全和僕役所促成的安樂。——K.

加擴大起來,所以,它的消費就會增加它的價值”。(前書第236頁)。“內在財物,和財富一樣是可以蓄積的,可以形成資本。爲要再生產那已經用掉的內在財,人們就可以利用這種資本的”。(前書第236頁)。“在人們能够想到如何把非物質的勞動實行分工時,產業的勞動必須已經實行分工,它的生產物必須已經被蓄積”。(第241頁)。

這不外是精神財富和物質財富間的廣泛的表面的關係。他的別一些主張,也是這樣。譬如,他說,〔精神上〕未發達的國家,會由外國吸收精神的資本,像物質上未發達的國家,會由外國吸收物質的資本一樣,(第306頁);還說,非物質的勞動的分工,依存於對於這種勞動的需要,卽依存於市場云云。(第246頁)。

但以下的話,不過是重抄的命題:

“內在財的生產,雖然需要用去物質的生產物,但這種消費決不會減少國民的財富,那寧可說是一種有力的增加國富的手段,反過來,財富的生產也是增進文明的有力的手段”。(前書第517頁)。“這兩種生產的平衡,使國家臻於富強”。(前書第521頁)。

照斯托齊說來,醫生是生產健康(但也生產疾病),教授和著作家是生產文化(但也生產曚昧),詩人,畫家等等是生產趣味(但也生產無趣味),道德家等等是生產道德,牧師是生產教化,國君的勞動是生產安全等等。(第347頁至350頁)。但我們也能說,是疾病生產醫生,是曚昧生產教授和著作家,是無趣味生產詩人和畫家,是不道德生產道德家,是迷信生產牧師,是一般的不安全生產國君。他實際是說,一切這種活動,這種勞務,都會生產一個現實的或想像的使用價值。他說這種話的態度,曾被後來的人,複述來證明他們都是斯密所說的生產勞動者，那就是，他們不直接生產他們的特別的生產物，卻生產物質勞動的生產物，從而是直接生產財富的。這種胡說，在斯托齊的場合，還是沒有的。這種胡說，是要這樣分解的：

(1)資產階級社會內各種不同的機能，是交互當作前提的；

(2)物質生產上的對立，使觀念階級的上層建築成爲必要；其作用或是好，或是壞，但因爲是必要的，所以總是好的；

(3)一切的機能，都是爲資本家服務，都是爲資本家的“好處”；

(4)最高貴的精神生產，也只能〔由如下的事實〕被人承認，而在資產階級面前得到饒恕：即，他們被表現爲並且謬誤地被證明是物質財富的直接生產者。

*　　*　　*　　*

一個哲學家生產觀念，一個詩人生產詩，一個牧師生產教化，一個教授生產講義綱要等等。一個犯人生產犯罪。我們且更仔細地考察這最後一個生產部門和社會全部的關聯能。這樣，我們會免去許多偏見。犯人不只生產犯罪，並且會生產刑法，並由此生產教授來講授刑法，此外還必然會生產一種講義綱要，在這種講義綱要裏面，這位教授會把他的講義，當作“商品”，投到一般市場上來。並且，這個綱要的草稿，像那個有權威的證人羅雪爾教授(Roscher)對我們說的那樣，還會給它的創作者，以私人的享受。就不說此，國富也是增加了。

並且，犯人還會生產警察審判處，刑庭審判處，獄卒，法官，刑吏，陪審官等等，而這種種職業（那也是社會分工上的部類），還會發展種種的人類精神能力，創造新的需要，和滿足這種需要的新方法。單是拷問一項，已經引起最多式最多樣的發明了，而在這種種工具的生產上，還使用着許多可敬的手工業者。

犯人會視情形如何，引起道德的印象或悲慘的印象，並爲公衆的道德感覺和審美的感覺的運動，提供一種"服務"。他不僅生產一個關於刑法的講義綱要，不僅生產刑法書籍和刑法家，且還生產美術，美的文學，小說和悲劇，比方說，不僅生產彌爾訥（Müllner）的罪和席勒（Schiller）的強盜，且還生產奧底庇亞斯和里嘉德三世。犯人打破市民生活的單調平凡，使市民生活不致陷於停滯，喚起不寧靜的注意和活動。沒有這個，也就沒有競爭的刺激了。所以，犯人會給生產力以一種刺激。犯法的事情，既然會從勞動市場，吸去一部分過剩的人口，從而減少勞動者間的競爭，在一定限度內，使工資不致落到最小限度以下，同時爲防止這種犯法事件起見，又會有別一部分的人口被吸收。所以，犯人還好像是一種自然的"平衡器"，賴有它，正確的水準才得以成立，並引起一些十分"有用"的職業部門。所以，無論從哪一點說，犯人都會在生產力的發展上，發生影響。如果沒有小偷，鎖店怎樣能夠發達到今日這個地步呢？如果沒有造假鈔票的事情，鈔票工廠又怎樣能夠像今日這樣繁榮呢？如果商業上沒有詐欺的事，顯微鏡怎樣會用到商業上來呢？（參看巴伯基 Babbage 的著作）。實用化學，固然要歸功於可尊敬的對於生產的熱心，但不一樣要歸功於商品僞造和發現僞造方法的努力麼？犯罪的事情，固然不斷引起新的方法來侵犯財產，但也不斷會引起新的手段來抵禦這種侵犯，並且像罷工有益於機械的發明一様，是生產的。

不說私人犯法的範圍罷。沒有國家的侵犯，有了國家，不是也不會有世界市場成立麼？自亞當的時代以來，不是罪惡的樹，同時就是知識的樹麼？

孟德維爾(Mandeville)在其蜜蜂寓言(1708年)內，曾證明英國一切的職業方法都是生產的。那已經把這全部議論的趨勢提示了。

"我們在這個世界內叫做罪惡(evil)的東西，無論是自然的還是道德上的，都是使我們成爲社會生物的大原動力，是一切職業的堅固基礎，生命，和支柱。我們要在這裏尋找一切藝術和科學之眞正的起源；罪惡滅絕的時候，社會一定會死滅並且破碎的"。

不過，和資產階級社會的庸俗的辯護者比較起來，孟德維爾是更勇敢得多，更可敬得多的。

L. 西尼耳[98]

西尼耳(W. Nassau Senior)傲慢地說：

"照斯密看來，希伯來的立法者也是一個不生產勞動者"。（經濟學的基本原理，法譯本約翰·阿里瓦本譯，巴黎1836年，第198頁）。

這是指埃及的摩西還是摩西·孟德桑？在西尼耳先生看來，摩西應該是斯密所說的"生產勞動者"。人們是這様拘守資產階級的

98 草稿第410頁至412頁。——K.

固定的觀念，所以他們覺得，把亞里斯多德或鳩里・凱撒這樣的人叫做“不生產勞動者”，簡直是侮辱他們。他們甚至覺得勞動者這個名稱已經是一種侮辱。

“受委托去醫治一個病孩，並使他活許多年數的醫生，不會生產耐久的結果麼”？（前書）。

廢話！如果這個孩子死了，結果是一樣耐久的。並且，就令孩子的情形不會好起來，醫生的服務也是一樣要付錢的。照西尼耳說來，醫生必須把人醫好，律師必須官司打贏，兵士必須打勝仗，才能得錢了。

但他還更傲慢地說：

“起來抵抗西班牙暴君的荷蘭人，和起來抵抗那更叫人害怕的暴君的英國人，只曾得到暫時的結果麼？”（前書第 198 頁）。

可笑的妄談！荷蘭人和英吉利人的革命，是自己支付代價的。對於他們在革命中的勞動，沒有誰支付了代價。說到生產勞動或不生產勞動，問題常常是勞動的買者和賣者。多麼瞎說啊！

這位市民的愚鈍的遊戲文學，在被用來反駁斯密的主張時，不過表示了，它是代表“開化的資本家”，斯密則是代表直爽的粗率的資產階級暴發戶。開化的資產階級和他們的發言人，都愚鈍到這個程度，以致對於每一種活動的結果，都照它對錢袋的效果來估量。同時，他們是這樣開化，以致一切與財富生產無關的機能和活動，都被他們承認，好像這種機能和活動，也會“間接”增加他們的財富，那就是，會實行一種機能，那對於財富是“有用”的。

人自身是他的物質生產的基礎，像是他所做的其他一切事情的基礎一樣。一切會影響人（生產的主體）的事情，會多少改變一切他的機能和活動，也會改變他創造物質財富（商品）的機能和活動。就這點說，我們已經證明了，一切人類的關係和機能不管是怎樣表示的，不管是在何時表示的，都會影響物質的生產，並且會給予以相當決定的〔影響〕。

“有些國家，在那裏，沒有兵士保護，便不能耕作土地。好了！照斯密的分法，收穫物並不是扶犂的人和在他旁邊執武器的人共有的勞動生產物；照他說來，只有農業勞動者是生產勞動者，兵士的勞動是不生產的”。（前書第202頁）。

第一，這是錯誤的，斯密將會說，兵士的活動是生產保衛，但不生產穀物。如果國內秩序恢復，農業勞動者一樣會生產穀物，但不必要生產兵士的給養，從而生產他的生命。兵士是生產上的虛費(faux frais)，像大部分不在精神方面也不在物質方面生產什麼的不生產勞動者一樣；他們所以是有用的，必要的，不過爲了有缺陷的社會關係——所以，他們的存在，只能歸因於社會的惡害。

但西尼耳會說，如果發明一個機械，使20個勞動者中可以省卻19個勞動者，這19個勞動者也就是生產上的虛費了。不過，兵士是可以在物質生產條件，耕作條件依然不變時，省去的。這19個勞動者卻只能在那一個勞動者的勞動，已經有二十倍的生產性那時候被開除；所以，他們的被開除，只由於一定的物質生產條件的革命。並且，布哈南(Buchanan)已經說過：

“比方說，如果因爲兵士的勞動支持着生產，我們便應當稱兵士爲生產勞動者，那麼，生產勞動者也有同樣的權利，要求軍事上的勳章了，因爲大家都承認，沒有生產勞動者的幫助，是不會有軍隊可以出陣打仗，爭取勝利的"。（布哈南斯密博士討論過的若干問題的考察愛丁堡 1814 年，第 132 頁）[99]。

西尼耳還說：

"一國的富，不是取決於生產服務的人與生產價値的人二者間的數字比例，那要看在他們之間，各人的勞動是否依照最適宜最有效果的比例去分配"。（前書第 204 頁）。

這一點，亞當斯密並沒有否認，因爲他要把官吏，律師，牧師等等"必要的"不生產勞動者，減至必要的最低限。只有依照這個比例，他們才能使生產勞動者的勞動，發揮出儘可能最大的效果來。但就其他的"不生產勞動者"——他們的勞動，是各人隨意購買的，購買的目的，是把他們的服務，當作他中意的消費資料，來享受的——說，是要加以分別的。如果靠所得來生活的勞動者，和生產勞動者比較起來，是人數過多了，那不外是由於下述兩個原因。那或是因爲財富一般說還是很小，或只是單方面的，例如中世紀的領主以及他們的臣民，有一個時期，是不大消費製造品，只消費他們的農產物。但當他們不消費這個而消費製造品時，他們的臣民就必須自己勞動了。在這場合，依靠所得來生活的人所以如此衆多，不過因爲年生產物的一大部分不被消費在再生產上。不過，總人口總是小的。如不是這樣，則依靠所得生活的人所以如此衆多，就是因

99 我沒有能夠親眼看見這個著作。培爾先生 (M. Beer) 告訴我，布哈南於 1814 年分成三大卷，刊行了斯密的國富論。布哈南把這裏所說的"考察"，當作第四卷加進去。所以這並不是單行本。——K.

爲生產勞動者的生產力很大，以致大領主的共食者所賴以生活的剩餘生產物也大。在這場合，不是因爲有這樣多的共食者，所以生產勞動者的勞動是生產的；反之，是因爲生產勞動者的勞動是這樣生產的，所以會有這樣多的共食者。假設兩國的人口相等，勞動生產力的發展程度又相等，則亞當斯密如下的話，常常是正確的：兩國的財富要由生產勞動者與不生產勞動者間的比例來尺量。這不外說，在生產勞動者人數比較多的國度，年所得中將有一個比較更大的量，被消費在再生產上，所以每年會有一個較大的價值量被生產出來。這樣看來，西尼耳不過抄襲了亞當斯密的命題，絕不會提出什麼異樣的新思想來。並且，在這裏，他自己也分別了服務的生產者和價值的生產者，他也是否認這種區別，同時又承認它，甚至使用它，和大多數反駁斯密這一種區別的著作家一樣。

很特色的一點是：一切在自己專門的範圍內毫無成就的"不生產的"經濟學者，都反對生產勞動者與不生產勞動者的區別。但在資產階級面前，這件事，一方面，表示了這樣一種奴才心理，把一切機能視爲是爲資產階級生產財富的機能；他方面，又表示了，資產階級世界是一切世界中最善的世界，裏面的一切都是有用的，並且資產階級自己也是這樣有教育可以把這一點認識的。

在勞動者面前，這件事又表示了這種思想：不生產者吃掉的全部東西，全是合於秩序的，因爲他們對於財富的生產，是和勞動者一樣有貢獻，不過貢獻的方法特別而已。

但最後，西尼耳大聲說了，並且表示他對於斯密的根本區別，是全然不瞭解的。他說：

"實在說來，在這場合，亞當斯密是全然把他的注意力，指向大土地所有者的狀況。他關於不生產勞動者所發的議論，只能適用於大土地所有者這一種人。他的假設——資本只使用生產勞動者，不生產勞動者卻是依賴所得來生活——除了這樣說明，是不能說明的。其實，主要地被他稱做不生產勞動者的人，有最大的一部分，如教師，如官吏，都是由資本維持的，那就是由墊支在再生產上的基金維持的"。（前書第204頁，205頁）。

在這裏，理解力實際是停止了。西尼耳先生的發現——國家和教師是靠資本生活，不是靠所得生活——是用不着進一步解釋的。如果西尼耳先生意思是說，他們是靠資本的利潤生活，所以是靠資本生活，他就忘記了，資本的所得不是資本自身，並且這種所得——資本主義生產的結果——"不曾墊支在再生產上"，卻寧可說是再生產的結果。或者他意思是說，因爲有某一些賦稅會加在某一些商品的生產成本內，所以會加在某一些生產的支出內嗎？這樣，他就應當知道，這只是由所得徵取賦稅的一種形態。

關於斯托齊，這位才子西尼耳說：

"斯托齊明白主張，這種種結果[100]，和別的有價物一樣，構成這種種結果的所有者的所得的一部分，並且是能夠交換的[101]。他這樣主張時，他無疑是錯誤了。如果是這樣，如果趣味，道德，宗教是人們可以購買的現實的物品，財富就和經濟學者……所謂財富，有全然不同的意義了。我們所購買的，不是健康，知識，或信仰。醫生，牧

100 健康，趣味等等。

101 那就是，在它們能夠由它們的生產者購買的限度內。

師，教師……只能生產工具，有了這種工具，我們結局就可以在相當確實並且完全的情形下，把這種種結果生產出來。……既然在每一個特殊的場合，要得到一個結果，都要使用最適合的手段，所以這種手段的生產者有要求一種報酬的權利，就令他沒有得到結果，沒有引起人們所期待的成果。忠告一經給予，課業一經授予，其工資一經支付，交易便告成了"。（前書第288頁，289頁）。

最後，偉大的西尼耳還是承認斯密的區別。他雖不區別生產勞動和不生產勞動，但區別了"生產的消費和不生產的消費"，（第206頁）。消費的對象是商品（在這裏，我們且不說到它），或是直接的勞動。

生產的消費，是指使用這種勞動的消費，這種勞動或者會再生產勞動力自身（如醫生或教師的勞動），或者會再生產商品的價值（那可以被用來購買勞動）。不生產的消費，是指使用那種勞動的消費，那種勞動不再生產這個，也不再生產那個。但斯密怎樣說呢？他說，只能用在生產的（即產業的）消費上的勞動，我叫它生產的勞動，只能用在不生產的消費（即依照性質不是產業的消費）上的勞動，我叫它不生產勞動。由此，西尼耳先生用新瓶裝舊酒的方法，顯示了他的機智了。

大體說來，西尼耳全是抄襲斯托齊。

M. 洛西[102]

102 草稿第413頁至416頁。——K.

聰明是在這裏！

洛西(P. Rossi) 的經濟學教程(1836 年至 1837 年)，1842 年在布魯悉出版。在第十二講裏面有這樣的話：

"有直接的生產手段和間接的生產手段。那就是說，有一種生產手段，是當前的結果所不可缺少的條件，是實行這種生產的力量。別一種生產手段，助成生產，但不能實行生產。前者可以進行生產，後者不過在生產之際，支持前者"。（第 268 頁）。

"（生產的）間接手段是極多數的。那包括一切促起生產的東西，包括一切在生產上排除障礙，使生產更有效力，更迅速，更便易的一切事情。每一種政治上的勞動，都是間接的生產手段。……製造帽子的人一定要承認，巡查街道的憲兵，法庭上的法官，管押犯人的獄吏，防制敵人侵入境內的陸軍都有助於生產"。(第 272 頁)。

那對於帽製造業者是一件何等快意的事啊！全世界都在運轉中，就因有此，他可以把帽子生產和售賣了。洛西因爲承認獄吏等等，只間接，不直接助成物質的生產，所以他的定義，實際是和斯密的定義一樣。

洛西還說：

"我並不以爲，只有那種終生從事製造麻布或鞋的人，是生產者。不論何種勞動，我都看重。……這種尊重，不應成爲筋肉勞動者獨佔的特權"。（前書第 273 頁）。

斯密也不欲這樣的。在他看來，著書，繪畫，作曲，鑄像的人，是第二義的生產勞動者，雖然吟詩的人，演說的人，唱歌的人不是。直接加在生產內的"服務"，在亞當斯密看來，是體現在生產物內的。

這不僅包括筋肉勞動者的勞動，並且包括經理，代理人，技師等等的勞動，甚至還包括學者的勞動，如果這種學者曾在工廠內外，爲他們發明什麽東西。他在分工中，說明這種種操作怎樣分配在各種人之間；結果成爲生產物或商品的，是他們的合作的勞動，不是他們當中任何一個人的勞動。但洛西之流的"精神"勞動〔的任務，是〕辯護他們在物質生產上何以會奪取這樣大的部分。

在第十三講，洛西職業的熱心的反對亞當斯密，事實上，幾乎〔是和他的〕前驅者一樣的。

他說，生產勞動者與不生產勞動者間的謬誤的區分，是由這樣三個原因發生的：

"(1)在購買者中，這一個購買者購買勞動的生產物，是爲要直接消費它自身；別一個購買者購買勞動的生產物，是爲要再把生產物售賣，這種生產物是他由所購買的生產手段和勞動，引出來的"。（前書第275頁）。

對於前者，決定的事情是使用價值；對於後者，決定的事情是交換價值。因爲人們總是牽掛着交換價值，所以他們都落到斯密的錯誤中了。

"我的僕役的勞動，對於我是不生產的；但我們且想想看，對於他自己，也是這樣嗎"？（前書第276頁）。

因爲資本主義生產全部建築在這個事實——即直接購買勞動的目的，是爲要在生產過程內，不經購買，就佔有勞動的一部分，然後在生產物的形態上售賣出去——上面，因爲這是資本的存在基礎，是資本的概念，生產資本的勞動和不生產資本的勞動二者間的區別，不就是理解資本主義生產過程的基礎麼？斯密並不否認僕役的勞動對於僕役自己是生產的。每一種服務，對於它的售賣者，都是生產的。對於爲金錢目的而行僞誓的人說，僞誓是生產的。對於爲金錢目的而僞造文書的人說，僞造文書也是生產的。對於爲金錢目的而殺人的人說，殺人是生產的。密告者，告發者，獻媚者，寄食者，追從者的服務，如果不是無償的，他們的職業，對於他們自己，就也是生產的了。所以，他們是“生產的勞動者”，不僅是財富的生產者，且還是資本的生產者。並且，有錢可得的詐欺師，也和法官一樣，“會依一定的方法，使用一種力量，來生產一種滿足人類需要的結果”，那就是滿足盜者的需要，也許還會滿足他的妻兒的需要。所以，只要他會生產一個可以滿足“需要”的結果，他就是生產勞動者。在以上的場合，只要他把他的“服務”售賣，從而使這種服務成爲生產的，他就是生產勞動者了。

“(2)錯誤的第二個理由是不區別直接的生產和間接的生產”。

所以，在亞當斯密看來，官吏是不生產的。

但是，“如果（沒有官吏的勞動）生產就幾乎是不可能的，那就很明白，這種勞動總歸是對於生產有貢獻的，雖然它不是提供直接的物質的助力，只是提供間接的活動，這種間接的活動，我們不應當忽視”。（前書第276頁）。

這種間接參加生產的勞動（那只是不生產勞動的一部分），正是我們叫做不生產勞動的東西。否則，因爲官吏沒有農民就不能生活，我們也可說農民是司法行政的間接的生產者了。眞是廢話！但還有一個與分工有關的觀點，等以後再說。

“(3)這種混亂還有第三個原因。人們沒有認眞分别生産現象上三個根本的事實：力量或生産手段，這種力量的運用，和結果”。（第276頁）。

我們向鐘錶製造業者購買一個錶；只有勞動的結果，使我關心；我們向縫衣業者購買一件上衣，以及諸如此類。但是：

“常常有一種老古板的人，他們不這樣處理事情。他們叫一個勞動者進來，把衣服的材料及一切勞動所必要的東西交給他，叫他替他們把衣服做成。這種人是購買什麼呢？他們購買一種力量[103]，一種手段，由他們自己冒危險，出費用，生出一定的結果來。……契約的目的，是一種力量的購買”[104]。

在僕役的場合，我購買了一種力量，那是可以服侍我許多次數的，其結果是看我怎樣使用它而定。（第276頁，277頁）。不過，這一切都與問題無關。

最後，不購買或租賃一定時間的勞動力，俾在一定程度內自由處分它時，“我們可以購買一種力量的使用權。……在這場合，我們不購買任何生産物，也不購買我們心目中的結果。律師的辯護，會使我勝訴麽？誰知道呢？在每一場合，你和律師之間的交易，都不過是他爲交換一定的價値，定在某日某地替你發言，並爲你的利益，運用他的精神力量”。（第276頁）。

這樣解釋之後，洛西又說：

103 但這裏也有力量的運用。

104 這不過表示，這些老古板的人所使用的生産方法，是和資本主義生産方法不同的；資本主義生産方法，所齎來的勞動生産力的發展，還是那種生産方法不能有的。這樣一種特別的區别，在洛西看來，會在大體上像是無關本質的區別，正是他的特徵。

"在交換行爲上，人就是這樣，把他的注意力，用在這三種生產要素中的某一種上面。但不同的交換形態，能够給一定的生產物以財富的性質，給一定的生產者階級的努力以生產勞動的性質麼？在這諸種見解之間，顯然沒有任何的關聯，可以爲這樣一個結論做辯護。會因爲我不是購買結果，只是購買生產這種結果所必要的力量，便說這種力量的運用不是生產的，其生產物不是財富麼？我們再以裁縫爲例。不管我們是向裁縫業者購買一件現成的上衣，還是把材料和工資給一個勞動者，叫他替我做成一件上衣，我們所得的結果會是一樣的。誰也不能說，前者的勞動是生產的，後者的勞動是不生產的。不過，在第二場合，那願意有一件上衣的人，是他自己的企業者。但那個到我家裏來勞動的裁縫業者和我的僕役，有什麼差別呢？對於生產力，那當中有什麼差別呢？沒有的"！（前書第277頁）。

這裏是全部卓越的智慧和隆重的饒舌之精華所在！如果斯密是照他的第二種淺薄的見解（關於生產勞動與不生產勞動的見解）來分別，那就是，看一種勞動是不是直接實現在一種對於買者可以售賣的商品上，來辨別那種勞動是不是生產的，則在這二場合，他都會把這個裁縫業者叫做生產勞動者。但依照他的更深刻的見解，則在其中一個場合，他是"不生產勞動者"。洛西不過表示了，他"分明"沒有瞭解斯密的意思。

"交換形態"在洛西看來是不關重要的，這好比生理學者說，一定的生活形態是無關重要的。好像它們都只是有機物的形態。但若問題是瞭解一個社會生產方法的特殊性質，那正要從這種形態着手。上衣就是上衣。但若你們是在第一種形態上實行交換，你們就有了資本主義的生產，和現代的資產階級社會。如果你們是在第二形態上實行交換，你們就有了一種手工勞動的形態，那是和亞細亞的情形或中世紀的情形相適合的。所以，這種形態，對於物質的財富有決定的作用。

上衣就是上衣，那是洛西的智慧。但在第一個場合，裁縫業者不只生產一件上衣，他還生產資本，也生產利潤；他把僱主當作資本家，把自己當作工資勞動者來生產了。如果我叫一個裁縫工人到我家裏來替我裁製一件上衣，備我自己穿着，則就範疇的意義來說，我決不是我自己的企業者；這好比一個裁縫企業的所有者，雖是一個企業者，但若他把那由勞動者縫好的一件上衣留下自己穿着，則就這一件上衣說，他並不是企業者。在當中一個場合，裁縫勞動的購買者和裁縫工人，是單純以買者和賣者的資格互相對待。一個支付貨幣，一個供給商品；我的貨幣，就轉化為這種商品的使用價值。這完全和我向商店購買一件上衣的情形相同。在這場合，買者和賣者就只以買者和賣者的資格發生關係。反之，在別一個場合，他們卻是以資本和工資勞動的資格發生關係。再說到僕役；他和第二種情形下的裁縫工人（在這情形下，我購買他的勞動，是為他的勞動的使用價值），有相同的形態決定性。二者是單純的買者和賣者。不過，在這場合，由使用價值享受的方法，還會發生一種家長式的關係(ein patriarchalisches Verhältnis)，一種主奴關係，從而，使這種關係，在內容上（即使不是在經濟形態上）發生變化，並成為可厭的。

並且,在別一種論調上面,洛西又不過複述加尼爾的見解:

"斯密說,由僕役的勞動,不會留下什麼來。他這樣說時,他所犯的錯誤的程度,是亞當斯密這樣的人不應當有的。工廠主自己經營一個大工廠時,他經營的工廠是必須有嚴密認眞的管理。……這個不使用任何不生產勞動者的人,是沒有僕役的。所以他不得不服侍自己。……他怎樣能在他從事這所謂不生產勞動的時間內,實行他的生產勞動呢?不很明白,你的僕人的勞動,使你能够做那種更與你的能力適合的活動麼?誰能說他們的服務,不會留下任何痕跡來呢?你所創造的東西都會留下來,但若沒有僕人服侍你的尊體,替你收拾家庭,這些東西你都會不能做了"。(前書第277頁)。

這裏我們再看見了加尼爾,洛賓德爾,甘尼爾等人的勞動省卻論。不過,好像不生產勞動還只能在如下的限度內成爲生產的:即,它會代置產業資本家或生產[105]勞動者的勞動,使他們能够有更多的自己勞動的時間,去做更有價值的勞動,而把那種更少價值的勞動交給別人去做。這樣,一大部分的不生產勞動者仍舊不能算在這裏面,例如只當作奢侈品看的婢僕以及一切只生產快樂的不生產勞動者。我能享受他們的勞動,只因爲我曾經使用同樣多的時間,來享受他們用同樣多的時間生產出來供給出來的東西。在這兩種情形下,都不會有勞動的"節約"。最後,就是那種會節省現實勞動的服務,也只能在消費者即是生產者的限度內,成爲生產的。如果他是一個游惰資本家,他們就只能節省他的無所事事的勞動。〔有

105 草稿原文是"不生產"。——K.

了他們〕，不過一個女太太[106]可以不必自己理頭髮，剪指甲；一個有錢的紳士，可以不必自己招呼馬房，自己做馬夫；一個好吃的人，可以不必自己下廚房，自己煮小菜而已。

還有，照斯托齊（前書）說來，會生產"閒暇"因而使人有自由時間可以從事享受，從事精神勞動等等的勞動者，也屬於這類。警察省卻我充當憲兵的時間，兵士省卻我自衞的時間，統治者省卻我統治自己的時間，擦鞋的人省卻我自己擦鞋的時間，過路僧省卻我思考的時間等等。

在這個問題上，正確的一點是——分工。每一個人除要實行生產的勞動或搾取生產的勞動之外，都要實行許多機能，那不是生產的，有一部分是加在消費的費用內的。（眞正的生產勞動者必須親自負擔這種消費的費用，必須親自做他們的不生產勞動）。如果這種服務是快適的，那就往往由主人替奴僕去做。這好比統治的勞苦；例如初夜權，自始就是主人擔任的。但生產勞動與不生產勞動間的區別，依然沒有由此廢止，不過這種區別將顯示爲分工的結果，並在這限度內，由如下的事實，促進勞動的一般生產力：卽，分工使不生產勞動成爲一部分勞動者的專屬機能，使生產勞動成爲別一部分勞動者的專屬機能。

但還有許多只壯觀瞻只滿足幻想的僕役的勞動，也不應當說是不生產的。爲什麼呢？因爲他們也會生產一些東西，例如幻想的滿足，虛飾，富的觀瞻等等，（前書第 277 頁）。這裏我們再看見了

106 這裏，原文是一個更不禮貌的名詞。——K.

那種胡說：卽，每一種服務都是生產的，妓女生產淫樂，殺人犯生產謀殺罪等等。並且，斯密還說過，每一種這樣的服務，都有它的價值。這種服務並不是無報酬的。問題並不在這裏。但就令它是無報酬的，它對於物質財富也不會增加一文。

下面是一段怪有味的娛樂文學：

"有人力說，歌女一停止唱歌，便不會留下任何物來。她會留給我們一個記憶呀[107]。你喝了香檳酒，又有什麼留下來呢？……消費是不是立卽隨在生產的結果之後，消費的緩速，固然會引起不同的經濟結果，但消費的事實，無論如何，不能爲生產物取得財富的性質。有些非物質性生產物，比許多物質性的生產物，更耐久。一座宮殿是耐久的了，但伊里亞特是更耐久的眞正的享受源泉"。（第277頁，278頁）。

多麼胡說啊！

洛西是這樣把財富當作使用價值看。在這種意義上，使生產物成爲財富的，正是消費，雖然消費有緩速之別，其耐久程度是由消費的性質和物品的性質決定的。使用價值只有使用上的價值；它的使用性，不過指示它是當作消費的對象存在的，不過指示它在消費內的存在。喝香檳酒雖可以使人醉，但不是生產的消費；聽音樂雖然會留下"一個記憶"，但也不是生產的消費。如果音樂好，並且聽的人也瞭解音樂，則音樂的消費會比香檳酒的消費更高尚，雖然後者的生產是"生產的勞動"，前者的生產不是。

107 好極了！

以上所說，是針對斯密區分生產勞動與不生產勞動的說法來說的。綜觀這一切議論，我們可以說，〔批判的能事〕已經由加尼爾，洛賓德爾和甘尼爾（雖然他也沒有什麼新的主張）做盡了，以後的人，（斯托齊的失敗的嘗試，且丢開不說），不過提供了一些小說似的說明，一些洗練了的妄談。加尼爾是攝政內閣和執政政府的經濟學者；弗里爾和甘尼爾是帝國的經濟學家。在別一方面，洛賓德爾是伯爵，所以他會把消費者當作"不生產勞動"的生產者，來予以辯護。這些先生們[108]都謳歌奴僕制度。反之，古典派經濟學的粗樸的性質，卻像是既存狀態的批判。

N. 查爾麥斯和斯密的幾種見解[109]

查爾麥斯（Th. Chalmers）是一個最熱狂的馬爾薩斯主義者，照他說來，除了勞動階級的宗教教育，再沒有什麼可以救治社會的弊害。他所謂宗教教育，就是指基督教化的牧師化的馬爾薩斯人口理論。同時他還竭力爲一切浪費，國家的支出，僧侶的巨額俸祿，和富人的狂妄的浪費，實行辯護。他看見時代的精神，看見"非常的忍餓的節約"，是嘆息不置的。他情願有重稅，使那些"高級"的不生產勞動者，牧師等等，可以大吃大用。這種種主張，都發表在他的著作：經濟學及其與社會道德狀態及道德前途的關聯（第二版，格拉斯哥 1832 年）內。〔參看該書第 241 頁以下，尤其是 260 頁，261 頁〕。

108 這裏草稿上原用的字眼，也是更不禮貌得多的。——K.

109 草稿第 416 頁至419 頁。——K.

不待說，他是極反對斯密這種分別的。在上述那部書內，他曾以一全章論述這個問題。那裏面，沒有包含什麽新見地，不過說明了節約只有害於"生產勞動者"，其傾向可總括在下面一句話內：

"這種區分，像是毫無價值的，應用起來，還似乎是有害的"。（第344頁）。

害處在哪裏呢？

"我們所以要這樣冗長地討論這種主張，是因爲我們覺得，我們這個時代的經濟學，太過與國教會敵視了。我們毫不懷疑地認爲，斯密這種有害的區別，無意地，大大助成了這個結果"。（第346頁）。

這個牧師所謂國教會，是指他自己的教會，指英格蘭的國家教會，由法律設立的。有些人曾用這種教會向愛爾蘭祝福，他就是這種人當中的一個？至少，這位牧師是直心直口的。

斯密卻是憎惡僧侶的[110]！

在國富論某一處，亞當斯密曾明白表示他對於不生產〔階級〕的憎惡。他說：

"國王，大臣們常常要注意人民的節儉，並由奢侈法或外國奢侈品輸入禁止令，來限制他們的支出，其實這眞是再僭妄再越權沒有。他們常常是，並且幾乎沒有例外地，是社會上最大的浪費者。他們好好注意自己的支出罷，人民的支出儘可以讓人民自己去注意。如果他們自己的浪費倘不致於使國家傾覆，臣民的浪費就決不會

110 在這裏，馬克思把國富論第五篇第一章的那一部分放在眼裏；在那裏，斯密討論了一切成年人的教育費用。——K.

有這個結果了"。(第二篇第三章)。

我們把這段話，和前面曾經從第二篇第三章引用過的一段話比較一下罷。

"社會上某一些最尊貴階級的勞動，是和侍僕的勞動一樣不生產價值[111]，不會固定在或實現在任何耐久的對象物或可賣品上。……例如，國王以及他屬下的文武官員以及全部海陸軍，都是不生產勞動者。他們是公衆的僕役，要由別一些人勤勞的年生產物的一部分來維持。……牧師，法律家，醫生，各種文人，是和戲子，魔術師，音樂師，歌女，舞女等等，屬於同一個階級"。(前書第146頁)。

以上是革命的資產階級所說的話。在那時，革命的資產階級，尙未將全社會全國家征服。這些卓越的歷來受人推崇的職業，君主，法官，官吏，牧師等等，以及舊觀念階級全體，文人，學士，牧師，在經濟上面，是和他們以及游惰者們(地主和游惰資本家)大羣豢養着的奴婢僕役，被放在相同的位置上。他們是公衆的僕役，像別些人是他們的僕役一樣。他們是靠別人的勤勞的生產物來生活，所以人數應減至必要的最小限度。國家，教會等必須爲生產的資產階級的共同利益而實行管理，方才是正當的；因爲他們自身只是生產上的虛費，所以他們的費用必須減至必要的最低限。這個見解，含有歷史的意義，因爲一方面它是尖刻地和古代的見解相對立，一方面又和由中世紀瓦解而成的專制帝國或貴族國家的見解相對立。在古代，物質的生產勞動是奴隸的標記，且只被看爲是游惰市

111 它有價值，從而會費去一個價值，但不生產價值。

民的立基地。至若那種專制帝國或貴族國家的見解,就連孟德斯鳩這樣的人,也還脫棄不了。他曾這樣素樸地表示這種見解如下(法之精神第七篇第四章):

"富者不支出這多,貧者就會餓死了"。

但資產階級只要把腳立牢,一方面把國家支配,一方面又和它的舊來的領有人妥協,承認觀念階級是他們的同胞,並在各處把他們轉化爲他們的使用人;只要他們一失卻生產勞動的代表者的資格,不再與不生產階級相對立,並且有眞正的生產勞動者興起來,對他們說,他們也是靠別人的勤勞生活;只要他們一經有充分的教化,不情願專心於生產,卻也想到種種高尙的消費;只要精神的勞動益益成爲爲他們服務,爲資本主義的生產服務,局勢就轉過來了。他們總想從他們自己的立足點,"在經濟方面",辯護他們從前批判地反對過的東西。他們的代言人和良心曲飾者,立在這個方向的,有加尼爾等等。此外,又有這種身爲牧師或教授的經濟學者,他們熱心要證明他們自己的"生產的"效用,並"在經濟方面",辯護他們自己的報酬。

附 錄 生產勞動的概念[112]

資本在這限度內是生產的,(1)如果它是對於剩餘勞動的強制力,(2)如果它是剩餘勞動的吸收器和佔有者,且並是社會勞動的生產力和一般的社會的生產力(例如科學)之人格化。

112 草稿第1320頁至1331頁。——K.

勞動的生產力移轉到資本上面來了，同一生產力不能計算兩次，一次當作勞動的生產力，一次當作資本的生產力，所以我們要問，與資本相對待的勞動如何或者說因何會表現成爲生產的，爲生產的勞動?

這個問題的解答，必須以上面已經講過的話爲根據。

資產階級的淺陋，認資本主義生產形態是生產的絕對形態，從而，是生產的永久的自然形態。只有資產階級的這種淺陋，會把這兩個問題混同。當中的一個問題是，由資本的觀點看，生產勞動是什麽；另一問題是，什麽勞動一般是生產的，生產勞動一般是什麽。因此，他們以爲，如下的答覆是極聰明的：一般會生產某種東西並結果爲某種東西的勞動，當然都是生產勞動。

只有那直接轉化爲資本的勞動是生產的；所以，只有可變資本當作可變量來推動的勞動，是生產的。〔我們以△V 指示勞動加在可變資本 V 上的增加額，所以〕把 V 轉化爲 V＋△V 的勞動，是生產的勞動。這就是待要說明的一點。所以，生產勞動是這種勞動，它會產出剩餘價值，或者說會侍奉資本，當作生產剩餘價值的手段，從而是當作資本，當作會自行把價值增殖的價值。

第二：勞動之社會的一般的生產力是資本的生產力；但這種生產力，只與勞動過程有關，只與使用價值有關。它是當作一種特性，加在那當作物，當作使用價值的資本上面的。它與交換價值無任何直接關係。〔假設在社會的必要生產條件下，形成一個生產物，須有一百個勞動者〕。無論這一百個勞動者是合起來勞動，還是一個一個分開來勞動，這個生產物的價值總是等於一百勞動日。在這裏，一百勞動日，表現爲多少生產物的問題，是毫無關係的；那就是，這個生產物的價值，與勞動的生產力是毫無關係的。

勞動的不等的生產力，只在一個方法上與交換價值有關。

假設勞動的生產力，比方說，在一個勞動部門發展了——比方說，蒸汽織機已經不復只是例外地在織布業上用來代替手織機，從而，織一碼布，用蒸汽織機，比較用手織機，已只需有半數的勞動時間。這樣，手織工人的 12 小時，將不復表現爲12小時的價値，將只表現爲6小時的價値了，因爲現在必要勞動時間已減爲6小時了。手織工人12小時，只代表6小時的社會勞動時間，雖然他現在照舊是勞動12小時。但這不是我們的問題。我們且假設有別一個生產部門，比方說是排字業。在這個生產部門，還沒有機械被使用，所以，這個部門的12小時，和那些已有充分機械發展等等的生產部門的12小時，將會生產同樣多的價値。當作生產價値的東西，勞動常常是個人的勞動，不過表現爲一般的。所以，生產勞動，當作生產價値的勞動而與資本相對待，總是當作個別勞動力的勞動，或者說，當作個別勞動者的勞動，不管這些勞動者會在生產過程內加入怎樣的社會結合。所以，與勞動者相對而言，資本代表勞動的社會生產力；與資本相對而言，勞動者的生產勞動，總只表示個別勞動者的勞動。

第三：奪取剩餘勞動，並把勞動的社會生產力，當作自己的生產力，好像是資本的自然性質，從而，好像是一個由資本的使用價値引起的性質；從相反的方面說，把自身的社會生產力，當作資本的生產力，把自身的剩餘生產物，當作剩餘價値，當作資本自己的價値增殖，也好像是勞動的自然性質[113]。

這三點，就是我們現在要說明的，並由此推出生產勞動和不生產勞動的區別來。

第一，資本的生產力是由這點成立的；卽，它會與當作工資勞動的勞動相對立。勞動的生產力是由這點成立的；卽，它會與當作資本的生產手段相對立。

我們已經講過，貨幣轉化爲資本，換言之，一定的交換價値轉化爲自行增殖的交換價値，爲價値加剩餘價値，那是因爲其中一部分會轉化成爲這諸種商品，它們可以在勞動面前，當作生產手段用（原料，工具，簡言之，物質的勞動條件）。別一部分則被用來購買勞動力。但把貨幣轉化爲資本的，並不是貨幣與勞動力間這最初的交換，並不是單純的勞動力購買。這種購買使一定時

113 草稿上面是"Prodnktivität"（生產力）。那顯明是筆誤。——K.

間內的勞動力的使用，併合在資本內，或者說，使一定量的活勞動，成爲資本的一種存在方法，或者說，成爲資本自身的實現形態。活勞動，在現實的生產過程內，轉化成爲資本，因爲一方面它會再生產工資，從而再生產可變資本的價值，別一方面它又會加入一個剩餘價值。由這個轉化過程，全貨幣額都變成了資本，雖然其中直接可變的部分，只是投在工資上面的部分。如果價值原來是＝C+V，它現在是＝C+(V+△V)，或說是＝(C+V)+△V，那就是說，原貨幣額，原價值量，已經自行增殖了；它是保存着又是增加了的價值了。

這待要考慮的事情以及資本只有可變部分會引起增加額的事情，絕不致影響下述的事實：由這個過程，全部原來的價值，都會發生價值增殖作用，增加一個剩餘價值，從而，原貨幣額全部都轉化爲資本。原價值是＝C+V（不變資本和可變資本）。在過程中，它變成C+(V+△V)；後項是再生產的部分，這是由活勞動轉化爲對象化勞動的過程發生的，但這個轉化的條件和先導，卻是V和勞動力的交換，是V到工資的轉化。但C+(V+△V)＝C+V(原資本)+△V。並且V能轉化爲V+△V，從而，C+V能轉化爲(C+V)+△V，不過因爲貨幣的一部分轉化爲C。一部分能够轉化爲可變資本，不過因爲別一部分轉化爲不變資本。

在現實的生產過程內，勞動實際轉化爲資本了，但這種轉化是以貨幣和勞動力間的最初的交換爲前提。就因爲勞動直接轉化爲不屬於勞動者但屬於資本家的對象化勞動，所以貨幣才轉化爲資本，其中那取得生產手段（勞動條件）形態的部分，也才轉化爲資本。貨幣以前只是資本自體，現在它卻是存在它的眞正的形態上，或是存在這一類商品（勞動生產物）的形態上，這類商品所採的姿態，使它們可以當作一種商品的生產手段來用。把貨幣或商品轉化爲資本的、就是這種確定的對勞動的關係。生產勞動就是這種勞動，它由它對於生產手段的關係（這種關係是和現實生產過程的一定的關係相符合的），把貨幣或商品轉化爲資本；這就是，使那種與勞動力相對而獨立化的對象化勞動，在價值上保存並且增大起來。生產勞動，只是這全部關係的速寫表現，或者說，只是勞動力在資本主義生產過程內所依以發生作用的方式的速寫表現。把這種勞動和別種勞動區別，是極重要的；因爲這種區別，把整個資本主義生產方法和資本自身所依以建立的勞動的形態決定性，表示出來了。

所以，生產勞動是這種勞動，——在資本主義生產的體系內——它會爲它的使用者生產剩餘價值，或者把客觀的勞動條件轉化爲資本，把這種勞動條件的所有者轉化爲資本家。這種勞動是把它自身的生產物，當作資本來生產的。

所以，我們說生產勞動，其實是說那種社會地規定了的勞動，這種勞動，包含着勞動買者與賣者間一種全然確定的關係。

雖然那已在勞動力買者手中的貨幣，或者說那當作勞動者的生產手段和生活資料，貯存在他手裏的商品，要經過這個過程，並且要在這個過程裏面，才轉化爲資本，並且在加入這個過程以前，尙不是資本，不過要由此轉成資本，所以還只是資本自體，但只要經過這個獨立的姿態，它們就會成爲資本的。在這個姿態上，它們會和勞動力相對立，勞動力也會和它們相對立。這種關係，引起了並且保證了它和勞動力的交換，以及跟着發生的勞動實際轉化爲資本的過程。這些東西，與勞動者相對立，自始就有這種社會決定性；使它們成爲資本，並使它們取得勞動支配權的，就是這種社會決定性。所以，與勞動相對立而言，它們是當作資本，預先被假定了。

所以，生產勞動可以這樣被表示出來：即，它直接與當作資本的貨幣相交換，簡言之，是直接與資本相交換。那就是和那種貨幣相交換，那種貨幣是資本自體，並且決定要當作資本來發生機能，或當作資本與勞動力相對待。在勞動直接與資本交換這個表現中，包含着這個意思：勞動與當作資本的貨幣相交換，貨幣則實際轉化爲資本。這裏用直接二字，爲了要表示得更加精密。

所以，生產勞動是這種勞動，對於勞動者，它只會再生產那原先已經決定的他的勞動力的價值。但當作創造價值的活動，它會使資本增殖，或使那種原來由它創造出來的價值，當作資本，而與勞動者自己互相對待。

在考察生產過程時，我們已經講過，在資本和勞動的交換上，有兩個根本上不同但互爲條件的因素，要加以區別。

第一：勞動和資本間的最初的交換，是一個形式上的過程，在其內，資本是當作貨幣，勞動力是當作商品的。在觀念上或法理上，勞動力是在這最初的過程上賣出了，雖然勞動要到做過勞動以後，在一日，或一星期或其他期間終了的時候，才得到給付。這種情形，對於勞動力售賣的過程，毫無影響。這裏直接被售賣出去的，不是已經有勞動實現在其內的商品，而是勞動力本身的使用，所以實際是勞動自身，因爲勞動力的使用，它的活動——就是勞動。那不是以商品交換爲媒介的勞動交換。當A以一雙皮鞋售於B時，兩種勞動互相交換了，其一是實現在皮鞋內的勞動，其他是實現在貨幣內的勞動。但在這場合，在一方面，是一般社會形態上的即當作貨幣的對象化勞動，在對方面是那仍然在一種力量形態上存在的勞動，二者互相交換。所買的，是這種力量的使用，是勞動自身，雖然所賣商品的價值，不是勞動的價值（一個不合理的用語），只是勞動力的價值。所以，在對象化勞動和勞動力（那會在事實上分解爲活的勞動）間，換言之，在對象化勞動和現實勞動間，直接發生了交換。工資——勞動力的價值——像以前所說明的，就表現爲直接的購買價格，爲勞動的價格了。

在這第一個因素上，勞動者和資本家的關係，還只是商品賣者和買者的關係。資本家支付勞動力的價值，那就是支付他所購買的商品的價值。

但勞動力所以被購買，只因爲它所能供給並且應當供給的勞動，較再生產勞動力所必要的勞動更大，從而，表現爲一個較勞動力價值爲大的價值。

第二：資本和勞動間的交換的第二個因素，實際與第一個因素毫無關係；嚴格說來，全然不是交換。

在第一個因素上，發生了貨幣和商品的交換，等價的交換——勞動者和資本家只以商品所有者的資格互相對待。這是等價物的交換（他們是在何時交換，勞動的價格是在勞動力的價值以上，或以下或相等，是與當中的交易無關的。這種交易，可以依照商品交換的一般法則，來發生的）。在第二個因素上，卻是全然沒有交換發生。貨幣所有者已經不是商品的買者，勞動者已經不是商品的賣者。貨幣所有者現在是以資本家的資格發生機能了。他消費他所購買的商品，勞動者則供給這種商品，因爲他的勞動力的使用就是他的勞動自身。由以前的交易，勞動自身，已經成了物質財富的部分。勞動者實行勞動，但這種勞動是屬於資本家的，並且不過是資本的一種機能。所以那要直接受資本的統制和指揮，它所依以對象化的生產物，也是資本所依以表現的新姿態；我們還可以說，它就是在這個新姿態上，在事實上，實現它的資本的資格。勞動由第一種交易而在形式上併合於資本以後，就在這個過程裏面直接對象化了，直接化爲資本了。但也就在這個過程上，它把更多的勞動轉化爲資本了；這所謂更多，是和以前購買勞動力的資本比較而言的。在這個過程上，無給的勞動部分被佔有了，並且只因有此，貨幣才轉化爲資本。

雖然在這裏，事實上並沒有交換發生，不過如果我把媒介的事情，除開不說，結果便是，在過程——兩個因素合起來看——裏面，有一定量的對象化勞動和一個較大量的活勞動相交換，或者用過程的結果來表示，即〔對象化在〕它的生產物內的勞動，比對象化在勞動力內的勞動，比付給勞動者的對象化勞動更大；或者說，在現實的過程內，資本家不僅收回了他投在工資上面的資本部分，且還取得一個無所費於他的剩餘價值。在這裏，勞動和資本的直接交換指示了：（1）勞動直接轉化爲資本，爲生產過程內的資本的物質成分；（2）一定量對象化的勞動，與同量活勞動加一個剩餘量的活勞動相交換。這剩餘量的活勞動，是不經交換被佔有的。

生產勞動是直接與資本交換的勞動。這種說法，把這一切因素包括在內了，並且不過是下面那種說法的派生的公式：即，生產勞動是這樣的勞動，它使貨幣轉化爲資本，它與當作資本的生產手段相交換。它自身，對於這種生產手段，也已經不是單純的勞動，卻已經包含着特殊的社會決定性了。

所以，這包含着下述三事：(1)貨幣與當作商品的勞動力相互間的關係，貨幣所有者和勞動力所有者間的買賣；(2)勞動直接被包攝在資本下面；(3)勞動在生產過程內實際轉化爲資本，那就是爲資本創造剩餘價值。在勞動和資本之間發生了二重的交換。第一種交換不過表示勞動力的購買，從而在現實上表示勞動的購買，表示它的生產物的購買。第二種交換，則表示活勞動直接轉化爲資本的事實，或者說，表示了活勞動的對象化，那是當作資本的現實化，來表示的。

資本主義生產過程的結果，不是單純的生產物（使用價值），也不是商品（即有定額交換價值的使用價值）。它的結果，它的生產物，是爲資本創造剩餘價值，並實際把貨幣或商品轉化爲資本，這貨幣或商品，在生產過程發生以前，不過在意向上，在自體上，在其決定性上，是資本罷了。在生產過程內，所吸收的勞動，比所購買的勞動會更多。在生產過程內，有別人的無給的勞動被吸收了，被佔有了，這種吸收和佔有，便是資本主義生產過程的直接目的，因爲當作資本，資本所欲生產的，（從而，當作資本家，資本家所欲生產的），既不是供自已消費的直接的使用價值，也不是先要轉化爲貨幣然後轉化爲使用價值的商品。它的目的，是致富，是價值的增殖，是價值的增大，從而是舊價值的保存和剩餘價值的創造。資本主義生產過程的這種特殊生產物，只能在它和勞動的交換中得到。所以，這種勞動就是生產勞動。

生產商品的勞動，必須是有用的勞動，必須會生產一個使用價值，並且表現在一個使用價值上。並且，只有那表現爲商品，爲使用價值的勞動，是和資本直接相交換的勞動。這是一個自明的前提。但對於資本而言，什麼是勞動的特殊使用價值呢？是什麼使一種勞動在資本主義生產體系內成爲生產勞動呢？那並不是勞動的具體性質，並不是它成爲鐵匠勞動，鞋匠勞動，紡績勞動，織布勞動等等的使用價值。對資本而言，它的特殊的使用價值，不是它的確定的有用性質，也不是它所依以對象化的生產物之特殊的性質。那是因爲它有這種性質，可以成爲交換價值之創造的要素；因爲它是抽象的勞動。並且，還不是因爲它代表一定量一般的勞動，卻是因爲和它價格內（即勞動力價值內）包含的勞動量比較，它代表一個更大的勞動量。

所以，資本主義生產過程，並不單純是商品的生產。它是吸收無給勞動的過程。這個過程，使生產手段成爲吸收無給勞動的手段。

由以上所述，可知成爲生產勞動，乃是勞動的一種規定，那絕對與勞動的確定的內容無關，絕對與它的特殊的效用無關，絕對與它所依以表現的特殊使用價值無關。

同一種勞動，可以是生產的，也可以是不生產的。

例如，著作失樂園的密爾頓（Milton）是一個不生產勞動者。反之，爲書商而提供編輯勞動的著作家，是生產勞動者。密爾頓生產失樂園，其理由是和蠶蟲生產絲一樣。那是他的本性的活動。也許到後來他才爲五鎊的代價，把這個生產物賣掉。但來比錫著作界的無產者，卻是在書商的指揮下編纂書籍（例如經濟學綱要），所以，他是生產勞動者。他的生產，自始就被包攝在資本之下，只是爲價值增殖的。一個自行賣唱的歌女，是不生產勞動者。但同一歌女，如其她是由一個企業家僱用，在企業家的指揮下賣唱，而以賺錢爲目的，她便是一個生產勞動者。因爲她生產資本。

在這裏，有各種的問題要決定。我們或是購買一條褲子，或是購買布，請裁縫師傅到家裏，利用他的服務（那就是他的裁縫勞動），把布做成一條褲子，而付以工錢。對於我只要有一條褲子可以得到，那是無論怎樣都行。如果我是向資本主義的裁縫業者購買，不採取後一種方法，那是因爲照後一種方法做，結果會更貴，因爲同是一條褲子，資本主義裁縫業者生產它，比我採用後一種方法生產它，只費較少的勞動，是便宜的。但在這二場合，我都不是把我購買褲子的貨幣，轉化爲資本。只是把它轉化爲褲子。在這二場合，我都是把貨幣當作單純的流通手段用，那就是把它轉化成爲某種使用價值。這裏，貨幣不是當作資本用，雖然在一個場合，它是和商品交換，在別一個場合，它是和當作商品的勞動自身交換。它只有貨幣的機能，更明確的說，它是當作流通手段。但在另一方面，〔那在我家裏勞動的〕裁縫師傅，不是生產勞動者，雖然他的勞動會給我以生產物（褲子），會給他以他的勞動的價格（貨幣）。裁縫師傅供給的勞動量，比他由我那裏得到的價格內包含着的勞動量，可以是更大的，這不但是可能的，並且是實有的；因爲他的勞動的價格，是由生產的裁縫師傅所受到的價格決定的。但對於我，這是全然沒有關係的事。價格一經決定，他是勞動8小時還是勞動10小時，我是全然可以不管的。我所要問的，是使用價值，是褲子；當然，在此際，無論我是用哪一種方法購買，我總有意要儘可能少付一點，但在一場合，不會比在別一場合更多或更少，或者說，我都只支付它的正常價格。這只是一種有關於我的消費的支出，不會使我的貨幣增加，只會使我的貨幣減少。這全然不是致富手段，任何爲自己個人消費而起的支出，都不是致富的手段。保羅・德・考克小說內的一位學者，也許會對我說，沒有這種購買，會和不買麵包一樣，致到不能生存，所以它雖不能使我發財，但它是一種間接的致富手段，至少是我所以能够發財的一個條件。這樣說來，我的血液循環過程和我的呼吸過程，也是我發財的條件了。但我的血液循環過程和我的呼吸過程，都不能使我發財，因爲這兩個過程都以多費的物質代謝的機能爲前提；沒有這種必要，世間也就沒有窮人了。所以，貨幣與勞動的直接交換，並不會使貨幣變爲資本，也不會使勞動變爲生產勞動。

然則，在這種交換上，有什麼特徵呢？有什麼事情可以分別這種交換和貨幣與生產勞動間的交換呢？一方面是由這件事情：貨幣是當作貨幣支出的，它當作獨立的交換價值形態，要轉化成爲一個使用價值，轉化爲生活資料，爲個人消費的物品。所以，貨幣不會變爲資本。反之，爲要當作使用價值來消費，它還會失卻它的交換價值的存在。在另一方面,對於我,這種勞動當作使用價值,當作使布疋變爲褲子的服務,(那是它特定的有用性質供給於我的),才使我關心。反之,資本主義裁縫業者所使用的裁縫工人,對於這位裁縫業者所供給的服務,卻不是使布疋變爲褲子,而寧說是在這一點上:即,對象化在一條褲子裏面的必要勞動時間,比方說,是等於 12 小時,但裁縫工人所得的工資,只等於 6 小時。所以,裁縫工人對裁縫業者提供的服務,是在這一點:他會無報酬地替他勞動 6 小時。這種服務是在褲子形態上提供的,但這事實,不過會把現實的關係掩蔽。資本主義裁縫業者只要能够,他就會把這條褲子,再轉化成爲貨幣;那就是,再轉化爲這種形態,在這種形態上,裁縫勞動的確定的性質,會全然消滅。在這種形態上所供給的服務,會這樣表現出:即,已經不是表現爲一定貨幣額的 6 小時勞動時間,而是表現爲加倍大貨幣額的 12 小時勞動時間了。我購買裁縫勞動,是因爲它會在裁縫勞動的形態上,供給一種服務,來滿足我的穿衣服的需要,那就是可以滿足我的一種需要。資本主義裁縫業者購買裁縫勞動,卻是把它當作由一台婁爾做出二台婁爾的手段。我購買它,因爲它會生產一定的使用價值,供給一定的服務。他購買它,只因爲它所供給的交換價值,會比它所費的交換價值更多,因爲它是以少量勞動交換多量勞動的手段。

在貨幣直接與勞動相交換,勞動不生產資本,從而,不是生產勞動的地方,勞動是當作服務購買的。一般說來,服務(Dienst)不外是勞動所供給的特殊使用價值的一種表示,和其他一切商品所供給的一樣,但它特別表示那種不以物品資格但以活動資格供給的特別的使用價值。並且,這種情形,也决不會使勞動和一個機械(例如一隻錶)互相區別。你做,所以我給;你給;所以我也給;你給,所以我做;你做所以我也做云云(Do ut facias, facio ut facios, facio ut des, do ut des),在這裏,是這種關係的極廣漠的表現,不過"你做所以我給"卻表示了對象化價值(所給的)和活的勞動(所受的)間一種極特殊的關係。但因爲在服務的購買上全不包含勞動和資本間的特殊關係,(那或是全然消滅了，或是原來就不存在)，薩伊，巴斯夏之流，當然會特別喜歡用這個形式，來表示資本和勞動的關係。

這種服務的價值怎樣規定，這種價值怎樣由工資法則規定，是一個問題，這個問題對於我們當前這種關係的研究，是毫無關係的，那應當屬於工資研究的那一章。

所以，使勞動轉化爲生產勞動的，並不是貨幣與勞動間的單純的交換，而在相反的方面，勞動的內容如何，〔對於它是不是生產勞動的問題〕，卻是原來就沒有關係的。

勞動者自己也能購買勞動，那就是能購買那在服務形態上供給的商品。他把他的工資支出來購買這種服務，但這種支出，和支出工資來購買任何別種商品，是沒有兩樣的。他所購買的服務，可以多少是必要的，例如醫生的服務和牧師的服務；這全然和他能够購買麵包或燒酒的情形一樣。當作購買者——這就是說，當作貨幣的代表而與商品相對待——勞動者是和那種祇以購買者資格出現的資本家，屬於全然相同的範疇，因爲這種資本家也不過要使貨幣轉化成商品形態。這種服務的價格是怎樣決定的？它對於眞正的工資持有怎樣的關係？它在什麽程度內由眞正的工資的法則支配？在什麽程度內不受這種法則支配？那種種問題，都應在討論工資的地方加以考察，對於我們當前的研究，是全然沒有關係的。

貨幣和勞動間的單純的交換，不會使勞動轉化爲生產勞動，那就是，不會使貨幣轉化爲資本；同樣，像我們已經講過的，勞動的內容，勞動的具體性質，勞動的特殊效用，也和下面這件事沒有關係；即，同一個裁縫工人的勞動，在一個場合是生產的，在別一個場合卻不是生產的。

有一些服務，或者說有一些活動或勞動的使用價值或結果，會體現在商品內；但別一些服務，卻不會留下任何可以捉摸的可以和人身分開來的結果；或者說，其結果不是任何可賣的商品。例如一個歌女供給於我的服務，會滿足我的審美的需要，但我所享受的東西，只存在一個與歌女自身分離不開的行爲上面，她的勞動，唱，一經完畢，我的享受也就完畢；我是享受這種活動自身，——享受它對於我的聽覺的反應。這種服務，和我所購買的商品一樣，可以是必要的，或者只像是必要的，例如兵士的服務，醫生的服務，律師的服務；或者這種服務，也可以只是供我享受的。但這種情形，毫無影響於它們的經濟性質。如果我身體健康，無需請醫生，或者有這樣好的造化，可以無需進行訴訟，我就不必要煩神花錢在醫生或律師的服務上了。

這種服務還可以是强制的，例如官吏的服務。

如果我購買一個教師的服務，其目的不在發展我的能力，僅能獲得一種賺錢的熟練，或者如果別人爲我購買這種教師，並且我又眞正學得了一些事情，——這本來與服務的代價，全然沒有關係——當中的學費，就要算在我的勞動力的生產成本內，完全和我的生活費一樣。但這種服務的特殊效用，不會影響到經濟的關係；我的貨幣不會由這種關係變爲資本；那個服務者，教師，也不會由這種關係，使我變爲他的資本家，他的主人。所以，醫生會不會把我醫好，教師會不會把我教好，律師會不會使我勝訴，毫無影響於這種關係的經濟性質。被支付以代價的，是服務本身；依照事物的性質，服務的結果，不能由勞務本身得到保證。服務的大部分是商品的消費費用(Konsumtionskosten)，例如廚師，婢僕等。

一切不生產的勞動，都有這個特徵：不生產勞動，像其他一切供我消費的商品一樣，有多少可以歸我指揮，就看我能搾取多少生產勞動者。所以，在一切人中，生產勞動者對於不生產勞動者的服務，只有最少的支配權，雖然他通例要對於那種强制性的服務(國家課稅)，實行支付。反之，我使用生產勞動者的力量，卻不是和我使用不生產勞動者的力量依同比例增加，寧可說是依同比例減少的。

生產勞動者，和我相對而言，可以是不生產勞動者。例如，如果我要把我的房間裱一下，但裱工可以是一個企業家的工資勞動者，我就是向這個企業家購買他的勞動。這樣，對於我，是無異購買一個裱好的房子，把貨幣支出在一個供我消費的商品上了。但就那個叫勞動者到我家裏來裱房間的企業家說，他們卻是生產勞動者，因爲他們會爲他生產剩餘價值。

不使用勞動者，從而不以資本家的資格從事生產的獨立手工人或自耕農民，又怎樣呢？他們常常是商品生產者（自耕農民就常常是這樣，雖然我僱到家裏來的園丁不是這樣），我向他們購買商品。雖然這種手工業者是依照定貨的方法供給這種商品，農民是依照他所有的資力程度來供給他的出產品，但這對於問題是沒有影響的事。在這情形下，他們對於我是以商品售賣者的資格出現，不是以勞動售賣者的資格出現；並且，這種情形，也與資本一般的交換無關，從而與生產勞動和不生產勞動的區別無關，因爲這種區別的唯一的基礎是：它是和當作貨幣的貨幣相交換呢？還是和當作資本的貨幣相交換？所以，他們雖然是商品的生產者，但他們不屬於生產勞動者的範疇，也不屬於不生產勞動者的範疇。他們的生產，是不包攝在資本主義生產方法下的。

這樣的情形是可能的：用自有的生產手段從事勞動的這種生產者，不僅再生產他們的勞動力，並且創造剩餘價值，因爲他們的地位，使他們可以佔有他們自已的剩餘勞動，或佔有其一部分，（別一部分則在課稅等等形態上從他們那裏取去）。在這裏，我們可以看見有一種生產方法支配着（雖然不是一切生產關係都已經隸屬在這種生產方法之下）的社會的特徵性質。比方說，在封建社會內，那與封建制度本質毫無關係的關係，例如單純貨幣關係，（在這種關係內，絕無所謂君臣相互間的人身的服務），也會取得封建的表現：例如，小農民把他的財產，當作封建的釆地來佔有。（這種情形，頂好拿英格蘭做例來研究，因爲在那裏，封建制度是現成地，在諾曼王朝導入的，它的形態被捺印在一個在許多方面極不相同的社會基礎上面了）。在資本主義生產方法內，獨立的自耕農民或手工人，也就是這樣被分成兩個人格[114]。當作生產手段的所有者，他是資本家；當作勞動者，他是他自己的工資勞動者。他以資本家的資格，把他的工資付給他自己，並由他的資本提取他的利潤，那就是把自己當作工資勞動者，搾取自己，並在剩餘價值內，把勞動應貢獻給資本的貢物，付給自己。也許他還會以土地所有者的資格，付自己以第三個部分（地租），像以後講的，用自有資本從事工作的產業家，會付自己以利息，這種利息所以會歸於他，並不是因爲他是產業資本家，卻係因爲他是資本家一般。但因爲生產手段在資本主義生產內的社會決定性——它表示一定的生產關係——是這樣與這種生產手段當作生產手段的物質存在合在一起，而在資產階級社會的表象方法上，又這樣和這種物質存在不可分離，所以，那種決定性（範疇的決定性），就在那種直接和它牴觸的關係上面，也會被人們使用。生產手段，只在它當作獨立的權力而與勞動相對而獨立化的情形下，才成爲資本。在上面講的那種情形下，生產者（勞動者）就是他的生產手段的佔有者，所有者。這種生產手段不是資本；與這種生產手段相對而言，他也不是工資勞動者。不過它們會被當作資本看，他自己則這樣被割裂，以致他自己當作資本家，又以自己爲工資勞動者。實在說來，這種表現方法，最初一看好像是不合理的，但在如下的程度內，卻是正確的：即在上面講的場合，生產者會創造他自己的剩餘價值，（假設他是照價值售賣他的商品），或者說全部生產物只體現他自己的勞動。在他看來，他所以能够把他自己的勞動的全部生產物佔爲己有，其生產物價值超過其日勞動平均價格的剩餘部分所以不會由第三者佔去，不應歸功於他的勞動，（就這層說，他和別的勞動者並無區別之處），而應歸功於生產手段的所有權。也就因爲他有生產手段的所有權，所以，他能够支配他自己的剩餘勞動，所以，他能够當作自己的資本家，把自己當作工資勞動者。在這種社會內，二者的分離是常態的關係。在這種分離尚未發生的地方，也會被假定已經有這種分離；

114 “在小經營上，企業者通常就是他自己的勞動者”。（斯托齊前書第一篇第 242 頁）。

並如上所說，在這限度內，很有理由這樣假定。因爲（和古羅馬的，挪威的情形，和北美合衆國西北部諸州的情形不同），在這種社會內，二者的結合只是偶然的，二者的分離才是常態的，從而，分離會被視爲是〔常態的〕關係，就令有各種不同的機能在同一個人身上結合着。在這種社會內，如下的情形，非常顯明：眞正的資本家只是資本的機能，勞動者只是勞動力的機能。依照法則，經濟的發展也會把不同的機能分配在不同的人身上；用自己的生產手段從事生產的手工業者或自耕農民，不是漸漸轉化成小資本家，也去搾取別人的勞動，便是失卻自己的生產手段（但在土地典押制度內，他可以依然是它的名義上的所有者）轉化成爲一個工資勞動者。在資本主義生產方法支配着的社會形態內，這是趨勢的所在。在考察資本主義生產的根本關係時，我們正可以假設，（因爲這種情形是益益接近，成爲原則的極限，並且也只有在這個情形下面，勞動的生產力可以發展到最高點），全商品界，物質生產——物質財富的生產——的全範圍，都已在形式上或實際上隸屬在資本主義生產方法下面。在這個表示極限並益益與精確的眞理相接近的假設下，一切在商品生產上從事的勞動者，都是工資勞動者，生產手段則在一切部門都當作資本，和他們相對待。這樣，他們的勞動會實現在商品內，實現在物質財富內這一種事實，也就可以被用來指示生產勞動者的特徵，可以被用來指示他們是生產資本的勞動者了。因此，生產勞動就取得第二個附屬性質了，這個性質和它的根本特徵是不同的。這個根本的特徵無關於勞動的內容，也與勞動的內容無關。

就非物質的生產物說，如果它是純然爲交換而經營的，是生產商品的，那就有兩種情形可能：

（1）它是結果爲商品，爲使用價値，有一種和生產者消費者都不相同的獨立姿容。所以，在生產和消費之間的期間內，它可以當作可賣的商品流通着，例如書籍圖畫，以及一切和藝術家當時供給的藝術活動有別的藝術生產物，在這場合，資本主義的生產只能在極有限的範圍內實行。例如，一個編輯公衆讀物，例如百科辭書的人，會僱用許多人做助手。不過像下面那樣的情形，至多不過是到資本主義的過渡形態：不同的知識生產者或藝術生產者，手工人或〔有高等教育的人〕，爲一個共同的購買資本，爲書商，而從事勞作。這種情形，與眞正的資本主義生產方法沒有關係，甚至在形式上尙不隸屬在資本主義生產方法之下。雖然勞動的搾取正是在這種過渡形態上面最劇烈，但問題決不因此而改變的。

(2)生產不能與生產的行爲分離；一切奏演的藝術家，表演者，教師，醫生，牧師等等，都是如此。在這場合，資本主義生產方法也只能在有限的範圍內發生，並且依照事物的性質，只能在少數部門內發生。例如學校裏的教師，可以只是學校企業家的工資勞動者。這種教育工廠，在英格蘭，是常慣看見的。與學生相對而言，他們不是生產勞動者，但與企業家相對而言，他們卻是生產勞動者。企業家用他的資本交換他們的勞動力，並由這個過程來致富，來發財。戲院，娛樂場所的企業，也是這樣。與公衆相對而言，表演家是藝術家，但與他的企業家相對而言，他是生產勞動者。不過和生產全部比較起來，資本主義生產的這一切現象，在這範圍內，是這樣不顯著，所以可以全然不顧及。

在眞正的資本主義生產方法下，有許多勞動者集合在一處勞動，從事同一種商品的生產。跟着這種資本主義生產方法的發展，他們各人的勞動直接和生產對象物間的關係，也自然會極不相同。例如上面講的那種助手，在一個工廠內，便無需直接參加原料的加工。監視那種直接製造原料工人的勞動者，就更遠地離開了一步。技師的情形又不同；他主要是用他的腦操作等等。固然從單純勞動過程的結果考察，生產那表現在商品或一個物質品上的結果的，是這種種其勞動力有不等價值的勞動者全體。他們全體合起來，當作勞動者，是這種生產物之活的生產機械，但從總生產過程考察起來，他們又都是用他們的勞動和資本相交換，並且把資本家的貨幣，當作資本再生產出來，那就是把它當作會自行增殖的價值，當作會自行增大的價值，再生產出來。正是資本主義生產方法的這種性質，使不同的勞動，從而使腦的勞動和手的勞動，換言之，使那些或偏重這面或偏重那面的勞動分離開來，分配給不同的人去擔任，雖然這種物質品仍不妨是這些人的共同的生產物，仍不妨是他們共同在物質財富上的生產物。同樣，在另一方面，各個人間的關係，也不妨是工資勞動者對資本的關係，並在最高的意義上，是生產勞動者的關係。這一切人都直接從事於物質財富的生產，但不僅如此，他們還直接用他們的勞動，去和當作資本的貨幣相交換，並且在他們的工資之外，直接爲資本家再生產一個剩餘價值。他們的勞動，是由有給勞動加無給的剩餘勞動構成的。

除了開採業，農業和工業，尚有第四個物質的生產部門，那也會通過手工業經營，製造業經營，和機械經營這三個不同的階段。那就是運輸業，那或是運輸人，或是運輸商品。生產勞動者的關係，那就是工資勞動者對資本家的關係，在這個部門，是和其他的物質生產部門完全一樣。並且，在運輸業上，勞動對象上也會發生物質的變化——即空間的或場所的變化。就人的運輸而言，這好像只是一種服務，是企業家供給乘客的服務。但這種服務的買者和賣者間的關係，是和紗的買者和賣者間的關係一樣，無關於生產勞動者對資本的關係。但若我們是就商品的關係來考察這個過程，則在運輸業，勞動對象（商品）也會在勞動過程內發生一種變化。它的地位將會改變，並由此在它的使用價值上發生一種變化，因爲這個使用價值的地位將會被改變。它的交換價值就看它的使用價值的變動需有多少勞動，而依同程度增加起來。這個勞動量，一方面是由不變資本的磨損決定，從而是由加在其內的對象化勞動的量決定；一方面是由活勞動量決定。就這層說，那是和其他一切商品的價值增殖過程全然一樣的。商品一經達到它的目的地，它的使用價值的變化就會消滅，而只表現在它的已經增進的交換價值上，只表示在商品已經更貴的事實上。雖然在這個場合，實在的勞動不會在使用價值上留下一點痕跡來，但它會實現在這種物質品的交換價值內。所以在這種產業上，是和在其他各種物質生產部門上一樣。那就是，它會體化在一個商品內，雖然它不會在商品的使用價值上，留下任何可以識別的痕跡來。

在這裏，還只要討論生產資本（那就是使用在直接生產過程上的資本）的問題。以後我們還要討論流通過程內的資本；要到以後討論資本當作商業資本採取的特殊姿態時，這如下的問題方才能够解答：即，商業資本所使用的勞動者，在什麼程度內是生產的，在什麼程度內不是生產的。

（第一卷終）

后记

“马克思主义经典文献传播通考”丛书经过三年多的立项、写作、编辑，终于呈现在广大读者面前。

“十月革命一声炮响，给我们送来了马克思列宁主义。”从此，以李大钊为代表的中国先进分子选择了这一思想并积极推动马克思主义政党的建立。中国共产党成立后，坚定地把马克思主义作为指导思想和理论基础，推动着中国革命、建设和改革事业不断胜利，推动着中华民族复兴伟业不断前行。2018年是马克思诞辰200周年，2020年是《共产党宣言》第一个完整中译本出版100周年，2021年是中国共产党成立100周年。在这样的背景下，我们推出了“马克思主义经典文献传播通考”，就是要探寻马克思主义经典文献是如何传入中国的；在传播过程中，无数前辈付出了怎样的努力和牺牲；这些经典思想又怎样与中国实际相结合、与中国文化相融合，从而成为指导中国革命和建设的强大思想力量。

辽宁出版集团和辽宁人民出版社秉承出版理想，担当出版使命，以强烈的主题出版意识，承担了这一重大出版工程的编辑出版工作；积极组建工作团队，配备优秀编辑力量，为此项出版工程的顺利推进提供了多维度保障。

在出版项目实施过程中，杨金海、李惠斌、艾四林三位主编以高度的责任意识、严谨的治学态度、扎实的学术功底和深厚的专业素养，为丛书的研究方向、学术内容、逻辑结构、作者选择、书稿质量把关等贡献了大量的智慧，是这套丛书得以顺利出版的根本保证。王宪明、李成旺、姜海波三位副主编全力配合丛书主编工作，为丛书的编写付出了大量心血。特别是常务副主编姜海波全身心投入丛书的编写工作，从丛书所附影印底本资料的搜集，到书稿编写的整体协调和联络，都精心负责，其认真的工作精神和勤奋的工作态度，令我们感动。原中央编译局的领导和研究人员为本丛书的出版作出了积极贡献。原副局长张卫峰在选题立项、主编人选的推荐和丛书的设计上给予热心指导；中央编译出版社原社长和龑先生和我们一起全力推动丛书的出版，贡献了智慧和力量。清华大学马克思主义学院作为项目的主持方，为项目的平台建设和未来学术发展提供了强有力的支持。每本书的作者都殚精竭虑、勤奋写作，奉献了自己的学术和研究成果，成就了如此大规模丛书的出版。我国理论界和翻译界的著名专家陈先达教授、赵家祥教授、宋书声译审等对丛书的出版给予鼎力支持，为丛书的出版立项积极推荐，给我们以巨大鼓舞。我们出版行业的老领导柳斌杰对丛书的出版给予大力支持，提出许多宝贵建议，提升了其出版价值。辽宁出版集团专家委员会的许多成员对该丛书的出版给予了智力和业务上的支持帮助。作为丛书的出版方，我们向他们表示深深的谢意！

一项浩大出版工程的背后，必定有一批人的智慧付出和竭诚奉献。今天，当出版成果摆在读者面前之时，我们由衷地向每一位对本丛书问世作出贡献的人致以崇高的敬意和诚挚的谢意。由于我们水平有限，在编辑出版过程中难免出现疏漏，还望广大读者批评指正。

编　者

2019年7月